U0519750

二十世纪人文译丛

# 16至20世纪知识史中的流亡者与客居者

〔英〕彼得·伯克 著
周 兵 译

商务印书馆
The Commercial Press

PETER BURKE

EXILES AND EXPATRIATES IN THE HISTORY OF KNOWLEDGE, 1500–2000

© Brandeis University Press, 2017

Published by arrangement with Brandeis University Press, Waltham, MA.

本书中文版由布兰迪斯大学出版社授权出版。

# "二十世纪人文译丛"
# 编辑委员会

\* 陈　恒（上海师范大学）

　陈　淳（复旦大学）

　陈　新（上海师范大学）

　陈众议（中国社会科学院）

　董少新（复旦大学）

　洪庆明（上海师范大学）

　黄艳红（上海师范大学）

　刘津瑜（美国德堡大学）

　　　　（上海师范大学）

　刘文明（首都师范大学）

　刘耀春（四川大学）

　刘永华（复旦大学）

　陆　扬（北京大学）

　孟钟捷（华东师范大学）

　彭　刚（清华大学）

　渠敬东（北京大学）

　宋立宏（南京大学）

　孙向晨（复旦大学）

　杨明天（上海外国语大学）

　岳秀坤（首都师范大学）

　张广翔（吉林大学）

\* 执行主编

〔英〕彼得·伯克

## 作者简介

彼得·伯克（Peter Burke, 1937— ），英国著名历史学家，牛津大学博士，现为剑桥大学荣休教授，专长欧洲近代早期历史，尤其专长社会史、文化史和思想史，其大量著作都出版了中译本，如《历史学与社会理论》《什么是文化史》《法国史学革命》《语言的文化史》《图像证史》《制造路易十四》等。

## 译者简介

周兵，原复旦大学历史学系教授，主要研究领域为世界史、西方史学史，主要著作有《西方史学通史》第六卷《现当代西方史学》《新文化史：历史学的"文化转向"》等，译作有《当代社会问题》等。

# 总　序

"人文"是人类普遍的自我关怀，表现为对教化、德行、情操的关切，对人的尊严、价值、命运的维护，对理想人格的塑造，对崇高境界的追慕。人文关注人类自身的精神层面，审视自我，认识自我。人之所以是万物之灵，就在于其有人文，有自己特有的智慧风貌。

"时代"孕育"人文"，"人文"引领"时代"。

古希腊的德尔斐神谕"认识你自己"揭示了人文的核心内涵。一部浩瀚无穷的人类发展史，就是一部人类不断"认识自己"的人文史。不同的时代散发着不同的人文气息。古代以降，人文在同自然与神道的相生相克中，留下了不同的历史发展印痕，并把高蹈而超迈的一面引向二十世纪。

二十世纪是科技昌明的时代，科技是"立世之基"，而人文为"处世之本"，两者互动互补，相协相生，共同推动着人类文明的发展。科技在实证的基础上，通过计算、测量来研究整个自然界。它揭示一切现象与过程的实质及规律，为人类利用和改造自然（包括人的自然生命）提供工具理性。人文则立足于"人"的视角，思考人无法被工具理性所规范的生命体验和精神超越。它引导人在面对无孔不入的科技时审视内心，保持自身的主体地位，防止科技被滥用，确保精神世界不被侵蚀与物化。

回首二十世纪，战争与革命、和平与发展这两对时代主题深刻地影响了人文领域的发展。两次工业革命所积累的矛盾以两次世界大战的惨烈方式得以缓解。空前的灾难促使西方学者严肃而痛苦地反思工业文明。受第三次科技革命的刺激，科学技术飞速发展，科技与人文之互相渗透也走向了全新的高度，伴随着高速和高效发展而来的，既有欣喜和振奋，也有担忧和悲伤；而这种审视也考问着所有人的心灵，日益尖锐的全球性问题成了人文研究领域的共同课题。在此大背景下，西方学界在人文领域取得了举世瞩目的成就，并以其特有的方式影响和干预了这一时代，进而为新世纪的到来奠定了极具启发性、开创性的契机。

为使读者系统、方便地感受和探究其中的杰出成果，我们精心遴选汇编了这套"二十世纪人文译丛"。如同西方学术界因工业革命、政治革命、帝国主义所带来的巨大影响而提出的"漫长的十八世纪""漫长的十九世纪"等概念，此处所说的"二十世纪"也是一个"漫长的二十世纪"，包含了从十九世纪晚期到二十一世纪早期的漫长岁月。希望以这套丛书为契机，通过借鉴"漫长的二十世纪"的优秀人文学科著作，帮助读者更深刻地理解"人文"本身，并为当今的中国社会注入更多人文气息、滋养更多人文关怀、传扬更多"仁以为己任"的人文精神。

本丛书拟涵盖人文各学科、各领域的理论探讨与实证研究，既注重学术性与专业性，又强调普适性和可读性，意在尽可能多地展现人文领域的多彩魅力。我们的理想是把现代知识人的专业知识和社会责任感紧密结合，不仅为高校师生、社会大众提供深入了解人文的通道，也为人文交流提供重要平台，成为传承人文精神的工具，从而为推动建设一个高度文明与和谐的社会贡献自己的一分力量。因此，我们殷切希望有志于此项事业的学界同行参与其中，同时也希望读者们不吝指正，让我们携手共同努力把这套丛书做好。

"二十世纪人文译丛"编委会
2015年6月26日于光启编译馆

# 译者序

自1999年彼得·伯克首次访华并在北京、南京和上海等地高校进行学术演讲、推介现当代西方史学，至今已经25年过去了。在过去的25年中，伯克以其广博的学识、开阔的视野、创新的观念和高产的写作，牢牢地确立了其在文化史研究领域的旗手地位。而在中文学界，通过频繁的访问交流、大量的翻译引进以及深入的研究实践，我们对彼得·伯克的史学观点和学术成就不仅耳熟能详，而且将之转化并拓展为引领当代史学潮流的新方法和新领域，诸如新文化史、大众文化史、图像史和知识史等。对于伯克论著和史学思想的翻译引进、学习借鉴，堪称新世纪中外史学交流中的"彼得·伯克现象"，如果借用本书及伯克知识史系列中其他著作里的观点，这一现象本身就可以作为一个分析当代史学跨区域、跨文化传播与接受的知识史研究案例。

这本标题为《16至20世纪知识史中的流亡者与客居者》的小书，聚焦于1500至2000年间两个特殊的知识分子类型——流亡者与客居者，属于伯克知识史系列的一种。梳理其有关的论著目录，可以看到，早在2000年前伯克就开始了对知识史的研究写作，并在其最擅长的近代早期欧洲史的领域内完成了《知识社会史》的上卷"从古登堡到狄德罗"；此后十多年里，他不仅续写了《知识社会史》下卷，并且为剑桥的Polity出版社著名的历史学分支学科专业指南系列撰写了《什么是知识史》，从而在实践和学科两个层面上明确了知识史的概念和范畴，为知识史的写作及其发展前景指明了方向。

1. *A Social History of Knowledge: From Gutenberg to Diderot*. Cambridge: Polity Press, 2000（《知识社会史（上卷）：从古登堡到狄德罗》，陈志宏、王婉旎译，浙江大学出版社2016年版）；

2. *A Social History of Knowledge: From the Encyclopédie to Wikipedia.*

Cambridge: Polity Press, 2012（《知识社会史（下卷）：从〈百科全书〉到维基百科》，汪一帆、赵博囡译，浙江大学出版社2016年版）；

3. *What is the History of Knowledge?* Cambridge: Polity Press, 2016（《什么是知识史》，章可译，北京大学出版社2023年版）；

4. *Exiles and Expatriates in the History of Knowledge, 1500–2000*. Waltham: Brandeis University Press, 2017（本书）；

5. *The Polymath: A Cultural History from Leonardo da Vinci to Susan Sontag*. New Haven: Yale University Press, 2020（《博学者与他们的时代：通才是如何练成的？从达文西到桑塔格，文艺复兴到当代最详尽的知识人文化史》，赖盈满译，麦田出版2022年版）；

6. *Ignorance: A Global History*. New Haven: Yale University Press, 2023（暂无中译本）。

在2015年完成《什么是知识史》后，伯克的知识史写作在之前的较为整体性研究的基础上转向了若干具体的专题，并且将知识的制造、传播和接受均置于相对较为长时段的空间与时间框架内，如本书所讨论的流亡者和客居者、2020年考察的"博学者"，在最新作品《无知的全球史》中则转向了知识的对立面——"无知"。

由于研究对象的特殊性，伯克在本书的写作中融合了知识史和移民离散史这两种研究取向，探索知识作为一种思想和观念的存在是如何随着人的迁移而发生转移和变化的。作为经历了历史学"文化转向"后的新兴学科，知识史与传统观念史或思想史之间最大的区别，一是自上而下地拓展了"知识"的范畴，二是打破了被认为是整体和静态的思想观念，丰富了"知识"的内涵和形态。具体来说，通过流亡或客居的知识分子个体和群体，"知识"获得了较之借由其他载体更为快速、直接的传播与接受，"知识"传授与接受的双方均经历了一种动态的、双向的"去地方化"的进程，伯克在书中又将这一过程进一步细分为转介调和（mediation）、疏离超然（detachment）和融合会通（hybridization）三个层次，以解释流亡者和客居者在近现代知识史上所发挥的作用。

伯克同时也注意到了这项研究的全球史意义，流亡者对于知识的贡献跨越了国家和地域的界线，具有全球性的特点。尽管本书的叙事仍然以欧美（包括拉丁美洲）为主，但伯克的视野并未局限在西方世界。

跟他曾研究的"博学者"一样，伯克也是一位知识异常广博的历史学家，尤其对近代以来欧美知识史上的人物和著作了然于胸、如数家珍。在书中被提及的一个个生动的个案，在伯克的生花妙笔之下，仿佛都是历史学家信手拈来、娴熟老到的"炫技"。全书读来，又令人不由得钦佩其对史料的充分掌握和熟练应用，赞叹选题和视角的独辟蹊径，折服于他在观点和方法论上的深入透彻，这是伯克众多论著留给读者的共同印象，也是他给从事历史研究的后学者们指点的路径和方向。

最后，本书的翻译，首先要感谢上海师范大学陈恒教授在2021年初的推荐。其时正值新冠疫情全球流行的高峰，日常生活和国际旅行均受到严格的管控，我由于之前很长一段时间在国外工作，回国探亲之路一时变得极其艰难。翻译反倒成为那段时期排解焦虑与乡愁的良药，工作至夜深时，我常常禁不住对书中那些有国难投、有家难回的历史人物生出感同身受的共情和相惜，甚至一度摘取陆游晚年流放忧愤时期的诗句，将书名的主标题改作为"书生江海寄飘零"。回想起来，竟有一丝自况的意味。

本书导论部分的译文，曾以《书生江海寄飘零》为题单独发表在复旦大学历史学系吴晓群、陆启宏两位教授共同主编的《西方史学史研究》集刊第2辑（商务印书馆2023年版）。全书的最终出版，离不开商务印书馆上海分馆编辑团队的努力，尤其是总编辑鲍静静女士的组织策划，以及责任编辑焦汉丰先生的细致工作。在此一并致谢！

周兵<br>
2024年4月于新西兰奥克兰

怀念

我的（外）祖父母们——

皆为移民

献给我最爱的客居者——

玛丽亚·露西亚

# 目　录

前　言——德洛尔·瓦尔曼 / 1
序　言 / 5

导　论 / 9
  咬文嚼字说流亡 / 10
  个人的问题 / 12
  银镶边 / 16
  聚　焦 / 18
  研究方法 / 20

第一章　来自边缘的视角 / 23
  流亡作为一种教育 / 24
  归土还乡 / 24
  去地方化 / 25
  转介调和 / 26
  疏离超然 / 29
  融合会通 / 34
  双焦视野 / 35
  理　论 / 37
  接　受 / 38

## 第二章　全球议题 / 41

拜占庭、波斯和阿拉伯人 / 42

基督教和佛教的云游僧侣 / 43

新闻传媒 / 44

## 第三章　近代早期的流亡者 / 47

希腊人 / 47

犹太离散 / 51

穆斯林离散 / 56

天主教离散 / 58

伊丽莎白时代的流亡者 / 62

新教离散 / 63

意大利 / 64

荷　兰 / 65

英　国 / 67

中　欧 / 68

法　国 / 71

17世纪80年代的大离散 / 73

失与得 / 74

医生和书商 / 75

改行转业 / 76

历史学家与新闻记者 / 79

公正性 / 81

流亡时刻 / 84

第二代人 / 85

文化交流 / 88

## 第四章　三种类型的客居者 / 91

商务客居者 / 92

商业公司时代 / 94

实用知识：语言和法律 / 96

纯知识与应用型知识 / 97

宗教客居者：传教士 / 105

耶稣会士 / 106

发现印度教 / 115

客居学者 / 118

在俄罗斯的教授们 / 120

近代晚期的客居者 / 130

在巴西的法国人 / 132

## 第五章　大逃亡 / 137

革命与流亡 / 137

俄国移民 / 140

大逃亡 / 145

意大利流亡者 / 147

西班牙流亡者 / 150

德国和奥地利 / 154

两所移民学术机构 / 161

两个学科：社会学与艺术史 / 163

杂陈的接受 / 168

其他学科 / 170

转介调和 / 174

疏离超然 / 175

综合？ / 179

威权人格 / 182

失与得 / 183

尾声：1945年后 / 186

**论英国脱欧 / 193**

**附录：人文科学领域100位女性难民学者，1933—1941年 / 195**

**注　释 / 209**

**参考书目 / 245**

**索　引 / 277**

# 前　言

德洛尔·瓦尔曼（Dror Wahrman）

多年前，我在剑桥听说过关于彼得·伯克教授的一则逸事，很可能只是杜撰出来的。但是作为历史学家，我们知道，故事就算并不真实，但有时候却比真人真事更能说明问题。故事讲的是，彼得要离开六七十年代时任教的苏塞克斯大学（University of Sussex）前往剑桥大学面试，一位面试官问他："伯克博士，你会说哪些语言？"彼得的回答字斟句酌："嗯，我懂并且在研究中用到了从莫斯科到里斯本之间的各国语言，不过我的挪威语口语不是很好。"最后，委员会聘用了他。

在其他的语境下，这个故事可能被解读成某些旧式大学当年教职招聘的场景（显然是被曲解了的），候选人的简历也许根本翻都不会被翻开。不过，我借用这个故事来介绍彼得·伯克，是因为他的语言能力确实不同寻常，甚至是独一无二的。这使得他能够驾轻就熟地博览各种欧洲语言的研究成果和原始资料，撰写出真正以整个欧洲为主题的著作。许多人也大言不惭，但真正能做到的，却少之又少。

又隔了多年以后，我了解到彼得的家族史后，对这个故事又多了一层理解。这个家族几乎横跨了整个欧洲，这也正是其作品所覆盖的范围。在他父亲一方，彼得·伯克的祖父母来自欧洲最西端的爱尔兰；而在母亲这一方，他的外祖父母是来自维尔纽斯（Vilnius）的犹太人。（他的母亲在嫁给他爱尔兰裔的父亲时，改信了天主教。）因此，彼得对欧洲的视野在某种程度上可能是基因的作用。

另一个需要提到的决定性时刻，是他在亚洲服兵役的经历，我相信是在新加坡。他是一个文职军官，因此肯定百无聊赖，于是便开始探索那些以前从未见到过且截然不同的人。在对文化差异有了一定的认识之后，他读到了著名的人类学家爱德华·埃文斯–普里查德（E. E. Evans-Pritchard）的著作。结果，彼得突然意识到，自己正在做的事情实际上在某些学派中被称为田野调查，也就是在所谓人类学的范畴内。当他最终成为历史学家后，他始终是在历史写作中积极运用社会科学方法的主要践行者之一。

那么，如何来看待作为历史学家的彼得·伯克呢？这个问题回答起来有点困难，因为几乎没有彼得未曾研究过的话题。真的，每当我想要改变自己的学术兴趣，在新的领域稍加涉足之后，我就会发现彼得的足印早已经清楚地印在眼前了。为了将艺术作品作为历史证据应用于写作和教学，我要先去读一读彼得的《图像证史》（*Eyewitnessing: The Uses of Images as Historical Evidence*，2001年）。当我决定开设一门课程探讨威尼斯作为欧洲文化的试验场时，连我自己都颇感意外，但果不其然的是，彼得的一部早期著作《威尼斯和阿姆斯特丹：17世纪精英阶层研究》（*Venice and Amsterdam: A Study of Seventeenth-Century Elites*，1974年）已论及于此，而我竟一无所知。再比如，我目前的研究工作是关于一位近代早期的专制君主萨克森的强者奥古斯特（August the Strong of Saxony）的自我形象，以及以其珍宝收藏而形成的文化政治，而彼得的《制造路易十四》（*The Fabrication of Louis XIV*，1992年）自然是我首先就不能绕开的。还有不少其他的例子，举不胜举……

因此，请允许我用几句话，总结一下包括上述几本书在内的彼得·伯克著作中所关注的三个重要的研究方向。

1978年，彼得的《欧洲近代早期的大众文化》（*Popular Culture in Early Modern Europe*）一书出版。这是一部无与伦比的杰作：它对一个令人振奋的新领域进行了全面而综合性的总结，是前瞻的预见而不是事后的回顾，这个领域在当时实际上仍有待成熟。他是怎么做到的呢？唯有博览了欧洲各地（包括北欧和巴尔干地区）的所有研究和大量资料，然后将三百年的历史融汇成文。这本书聚焦于民族主义兴起之前的时代,突显出了欧洲统一的牢固信念:历史的主要变量不是英国、德国、俄罗斯之间的钩心斗角,而是在高地与低地、城镇与农村、牧羊人与纺织工之间的相互作用,以及至为关键的,精英阶层与大众文化的关系:精英阶层先是在文艺复兴时期着迷于大众文化,然后却在宗教改革和反宗教改革期间对其敬而远之,最后到了18世纪的启蒙运动中,彻底脱离了大众文化。说到这本书的影响,任何溢美之词都并不为过。

我想讲的第二个方向,几乎可以说是由彼得创建起来的一个全新的领域:语言的社会史。这完全不意外,从某种意义上说,语言对他而言不仅是有力的研究工具,而且本身就是研究的对象。彼得的若干本书,从《对话的艺术》(*The Art of Conversation*,1993年)到《欧洲近代早期的语言和共同体》(*Languages and Communities in Early Modern Europe*,2004年),探讨了社会史家们的语言史。在特定的情境下,语言是如何被使用的?举一个具体的例子,在15至18世纪,它是如何与身份关联在一起的?等等。可以说,彼得将历史学带进了社会语言学的领地。(在此值得一提的是,彼得的每一部主要著作都令人难以置信地被翻译成多种语言。以《欧洲近代早期的大众文化》为例,译本包括:阿尔巴尼亚文、白俄罗斯文、保加利亚文、中文、克罗地亚文、捷克文、荷兰文、德文、匈牙利文、意大利文、日文、韩文、波兰文、葡萄牙文、西班牙文、瑞典文、土耳其文、乌克兰文。这再次证明,就文化和语言的影响范围而言,当代历史学家中几乎无人能够望其项背。)

最后一本书,我要再提一下《制造路易十四》。这本书重塑了我们对于欧洲专制君主制度全盛时代的理解,把路易十四作为第一个近代传媒的现象来研究,而国王本人被视为一个媒体大王,他再一次地早早地引领了这一种研究类型的风气。

我要就此打住了,尽管还有大概25本书可以滔滔不绝地讲下去。但是,如果可以的话,我想以一个更为个人化的插曲来结尾。彼得肯定不记得了,但我今天能够作为一名欧洲历史研究者站在这里，多亏有他的相助。他曾在80年代中期访问特拉维夫大学，我当时是一名物理学专业的博士生，但成天在历史系晃悠，想要了解他们的工作是不是比我未来的科学事业更有趣。我们在人文楼的餐厅见面，就历史学的未来及过去讨论了很长时间。他毫不吝惜宝贵的时间，把历史学讲得非常激动人心且易于入门（那时候我根本不知道要懂这么多种外语……）。于是，时至今日，恐怕他也不会相信我真的换了专业，非常感谢能够有机会在此为本书的读者们写几句导言，这本书根据彼得·伯克在耶路撒冷所做的精彩演讲整理而成。

# 序　言

像我的父母一样，我有幸从未有颠沛流离的经历，但是我的4位（外）祖父母都是在英国以外出生的。我母亲的家人在某种意义上属于流亡者，因为他们是难民，或者根据移民研究常用的二分法，是由于担心种族清洗而被"推出"了俄罗斯帝国。而我父亲的家人，则属于另一个方面，是客居者，为了过上更好的生活，他们选择搬到一个能够提供新机遇的地方，于是从爱尔兰西部被"拉进"了英格兰北部。

自1957年至今，作为一名英国的大学生和大学老师，我在学界同仁中认识了许多流亡者和客居者，同许多人成了朋友，同有些人则有着多年的交流讨论。在牛津大学读书时，埃德加·温德（Edgar Wind）的授课和讲座让我受益匪浅，在同一时期的圣安东尼学院（St Antony's College），亚诺什·鲍克（János Bak）的匈牙利史、胡安·麦加什卡（Juan Maiguashca）的拉丁美洲史等，让我得以初窥堂奥。在牛津以外，我从与阿纳尔多·莫米利亚诺（Arnaldo Momigliano）的交流中收获良多，我们之间展开的对话跨越了3个国家，历时20年，此外还有同恩斯特·贡布里希（Ernst Gombrich）和埃里克·霍布斯鲍姆（Eric Hobsbawm）的接触。同样地，我与大卫·洛文塔尔（David Lowenthal）和马克·菲利普斯（Mark Phillips）交往30年，让我理解了不少"远观近看"的道理。

在苏塞克斯大学工作之初，我与因反对战后新政权而流亡的罗马尼亚社会学家泽维·巴尔布（Zev Barbu）及1933年逃离德国的艺术史学家汉斯·赫斯（Hans Hess）结为了好友，其他经常往来的，还有印度历史学家拉纳吉特·古哈（Ranajit Guha）、有着英国和意大利血统的约翰·罗塞利（John Rosselli，其父亲卡洛也是一位流亡者，在法国遭法西斯暗杀身亡）、曾师从于格奥尔格·卢卡奇（Georg Lukács）的哲学家伊斯特万·梅萨罗斯（István Mészáros），以及在1968年被迫离开捷克斯洛伐克后任苏塞克斯大学比较文学教授的爱德华·戈尔德施蒂克（Eduard Goldstuecker）。在剑桥，我又结识了其他一些流亡者，包括另外两位捷克人欧内斯特·盖尔纳（Ernest Gellner）和达利博·维斯利（Dalibor Vesely），来自斯洛伐克的米库拉什·泰希（Mikuláš Teich）和匈牙利人伊斯特万·洪特（István Hont），以及旅居的日本学者草光俊雄（Toshio Kusamitsu）等。

还有一些致谢之意，更与本书的问世密不可分。促成此书的缘起，是2015年春天以色列历史学会邀请我主讲梅纳赫姆·斯特恩（Menahem Stern）纪念讲座。我非常感谢他们的邀请和玛延·阿维涅利-芮本（Maayan Avineri-Rebhun）为访问所做的无可挑剔的安排，还要感谢观众的热情回应，感谢伊莱休·卡茨（Elihu Katz）的点评，以及艾伯特·鲍姆加登（Albert I. Baumgarten）、亚科夫·多伊奇（Yaacov Deutsch）、亚伦·卡钦（Aaron L. Katchen），特别是约赛夫·卡普兰（Yosef Kaplan）在耶路撒冷期间的盛情款待和交流。

佩佩·冈萨雷斯（Pepe González）、坦妮娅·崔贝（Tanya Tribe）和乌尔夫·汉纳兹（Ulf Hannerz）都曾邀请我以流亡者在英国社会学和艺术史上的历史地位为题写过论文，我完全没想到这些文章能够成书。佩佩的建议和参考资料，帮助我完善了之前所写的关于20世纪30年代墨西哥等地西班牙流亡者的文章。乔安娜·科斯蒂洛（Joanna Kostylo）是生活在英国的波兰人，感谢她让我阅读了其书稿的部分章节，有关于16世纪时意大利新教徒医生们在波兰的情况。埃蒙·奥弗莱厄蒂（Eamon O'Flaherty）为我提供了有关爱尔兰流亡人士以及在爱尔兰的流亡者的宝贵信息。大卫·麦克斯韦（David Maxwell）鼓励我去研究非洲和传教士，而彼得·伯舍尔（Peter

Burschel）让我关注到移民离散带来的损失，尤其是对20世纪的德国而言。关于参考文献、图书资料、意见建议和网上交流，我还要感谢安东·德·贝兹（Antoon de Baets）、阿兰·贝克尔（Alan Baker）、安吉拉·巴雷托·哈维尔（Ângela Barreto Xavier）、梅丽萨·卡拉雷苏（Melissa Calaresu）、卢克·克洛塞（Luke Clossey）、娜塔莉·戴维斯（Natalie Davis）、西蒙·富兰克林（Simon Franklin）、伊莱休·卡茨、大卫·雷恩（David Lane）、大卫·莱赫曼（David Lehmann）、珍妮弗·普拉特（Jennifer Platt）、费利佩·索萨（Felipe Soza）和尼古拉斯·特普斯特拉（Nicholas Terpstra）等。在安卡拉、剑桥、格拉茨、马德里、麦德林、里约热内卢、维也纳和苏黎世，在宣读与本主题相关的论文的过程中，所有的观众都给了我不少的想法。部分的手稿，承蒙约赛夫·卡普兰、米库拉什·泰希和胡安-保·鲁比埃斯（Joan-Pau Rubiés）等的惠阅指正，而我的妻子玛丽亚·露西娅·加西亚·帕拉蕾丝-伯克（Maria Lúcia García Pallares-Burke）则通读了全书，并一如既往地提出了她的宝贵意见。

# 导 论

1891年，伟大的边疆史家弗雷德里克·杰克逊·特纳（Frederick Jackson Turner）便极有先见地指出："每个时代都参照自己所处时代最重要的条件来重新书写过去的历史。"[1] 与时俱进之间，我们往往会从一些新的角度来审视历史。例如，20世纪50年代历史人口学的兴起，是为了回应当时有关人口爆炸的讨论；而1968年5月巴黎的事件，则激起了20世纪70年代法国等地对近代早期民众暴动的广泛研究。到了今天，显而易见的是，环境史的兴起回应了当前有关地球未来的争论，全球史则反映了全球化的讨论，移民离散史涉及人口的迁徙，而知识史则关乎"知识社会"的辩论。

一些前辈学者早已展开过对这些论题的研究。例如，研究移民的历史学家，很多人本身就是移民，例如彼得·科瓦列夫斯基（Piotr Kovalevsky），他曾写过俄罗斯人的离散；或者是生长于移民家庭，例如奥斯卡·汉德林（Oscar Handlin），他出生在布鲁克林，父母是俄裔犹太人，著有《波士顿移民》（*Boston's Immigrants*，1941年）和《失根的人》（*The Uprooted*，1951年）；或是更晚近的例子，如马克·拉伊夫（Marc Raeff），他生于莫斯科，在柏林和巴黎受教育，在纽约任教，著有《境外俄罗斯：1919—1939年的俄侨文化史》（*Russia Abroad: A Cultural History of the Russian Emigration, 1919-1939*，1990年）。进入21世纪后，对离散史和知识史的兴趣依然有增无减、蔚为可观。

由当下的关切而开始研究，无论是对于个人还是群体来说，都无可厚非。尽管职业历史学家们反对所谓的"当下主义",但是须得分清问题和答案两者的区别。我们当然有权提出着眼于当务之急的问题,但是要避免所给出的答案只顾及眼前的利益,否则的话,就是对过去历史的异他性或陌生感的抹杀。借此历史学家就可以从长时段的角度审视当下,从而有助于人们从历史中理解现实。

本书是上述知识史和移民离散史这两种研究趋势的交集,涉及流亡者和客居者,以及可称为"流散的""移植的"或"转译的"知识。就像我之前的两本书一样,本书还可以被描述为一篇社会史、历史社会学或历史人类学范畴的论文,受到了皮埃尔·布尔迪厄(Pierre Bourdieu)、米歇尔·福柯(Michel Foucault)和卡尔·曼海姆(Karl Mannheim)等人著作的启发。曼海姆曾经两度流亡,先是从匈牙利到德国,再从德国转至英国,他认为知识是社会性存在的。此论原意本是泛指,但对于流亡者们却尤为适用,因为他们必须应对生活处境所发生的重大变化。[2]

## 咬文嚼字说流亡

在希伯来语中,galut一词可以大致用来形容强制性的迁移,而在许多欧洲语言中,很早就有"流亡者"(exiles)这个专有名词。[3]在意大利语里,但丁用*esilio*来描述流亡的状态,他对此可是深有感受的;而*èsule*则是指个人的流亡,见于16世纪的历史学家弗朗切斯科·圭恰迪尼(Francesco Guicciardini)的笔下。阿里奥斯托(Ludovico Ariosto)则用*prófugo*,指逃亡的人,而马基雅维利(Machiavelli)更偏向于较为中性的*fuoruscito*一词,泛指离家外出的人。在西班牙,"流亡"(*exilio*)一词要到20世纪才被使用。在西班牙语中传统使用的名词是*destierro*(意为"连根拔起"),生动地表现了背井离乡的情景。西班牙哲学家何塞·高斯(José Gaos)是一个相对乐观的流亡者,内战后在墨西哥避难,他更喜欢自创的新词*transtierro*,自称"不是连根拔起到了墨西哥,而只是……移植"(*no me sentía en México* desterrado, sino ... transterrado）。然而，与他一起流亡的阿道夫·桑切斯·巴斯克斯（Adolfo Sánchez Vázquez）却对此完全不能苟同。[4]

高斯可能只是特别幸运，在新环境里如鱼得水，但他所提出的概念却极有价值，就好像古巴社会学家费尔南多·奥尔蒂斯（Fernando Ortiz）提出用"跨文化"（transculturation, transculturación）的观念取代了早先（20世纪40年代）人类学家所使用的"文化适应"（acculturation）一词。[5]不同于"适应"或"同化"等"单向的概念"，"跨文化"和"移植"等指出了双方在相遇之后彼此所发生的变化，下文中有许多例子可证明这一点。[6]

"难民"（refugees）一词，最早在1685年左右出现在法语和英语中，毫不意外，这也正是《南特敕令》被废除后法国大举驱逐新教徒的一年。收录这个新词的文本，有1690年在柏林出版的《法国难民于勃兰登堡选帝侯治下安居之历史》（Histoire de l'établissement des François réfugies dans ... Brandebourg），作者查理·安西隆（Charles Ancillon）本人也是难民；还有同年由匿名作者在荷兰出版的《对于即将返回法国的难民的重要警示》（Avis important aux réfugiés sur leur prochain retour en France）。德语词 Flüchtling，意为流亡者，也可以追溯到17世纪，而 Verfolgte 则是指被追捕或判刑的逃犯，出现较晚。"流离失所者"（displaced persons）是一个相对较新的词，在第二次世界大战临近结束时才被收录，尽管1936年在伦敦就曾出版过一本《流离失所的德国学者名录》（List of Displaced German Scholars）。[7]

至于"客居者"（expatriates），意思是指自愿性质的移民，英语中，该词出现于19世纪初。客居者有时被描述为是被"拉"到一个新的国家里，而不是被"推"出其祖国的。这种机械的语言忽视了难民们不得不面临的困难选择，有时甚至毫无选择的余地。也就是说，自愿移民和被迫移民之间的区别并不总是泾渭分明的，通常只是程度不等而已，并非迥然相异。[8]举一个稍后将要讨论到的例子。在20世纪30年代，在土耳其的德国犹太学者以及在墨西哥的一些西班牙共和派学者，既可以说是流亡者（因为他们实际上是被迫离开家园的),也可以说是客居者(因为他们也受到其他地方的邀请)。再如在20世纪70年代,一些拉丁美洲知识分子既没有被驱逐出境,也未受到严重威胁,而只是因为反对非民主化的国内政权,选择了离开祖国。在存疑的个案中,我会用中性的名词"移民"(emigrant, émigré),而在同时讨论到流亡者和客居者的时候,也会如此措辞。

## 个人的问题

在主观上,"难民"或"流亡者"的标签有时很难令人接受。智利作家阿里尔·多夫曼(Ariel Dorfman)就拒绝使用"难民"一词,而自称是一个"流亡者"。同样,德国哲学家汉娜·阿伦特(Hannah Arendt)在1943年宣布:"我们不喜欢被叫作'难民'。我们彼此称对方为'新来者'或'移民'。"与此类似,20世纪30年代从德国移居美国的著名政治学家约翰·赫兹(John Herz),原名汉斯·赫尔曼·赫兹(Hans Hermann Herz),他对"流亡"从来避而不谈,而只是说"移民"。[9]

有些人不接受任何一种这样的标签。在到达新国家后的一段时间里,他们拒绝接受现实,认为自己只是暂别故土而已。社会学家尼娜·鲁宾斯坦(Nina Rubinstein)生于来自俄罗斯的难民家庭,后来在1933年,她自己也成为逃离德国的难民,她把这种最初阶段的抗拒或怀疑描述为离散迁移史上一个反复出现的现象。在17世纪80年代离开法国的许多胡格诺派教徒身上,抗拒的心态非常明显,例如牧师皮埃尔·朱利厄(Pierre Jurieu),就一心希望能够早日返回。同样,在1935年,艺术史学家尼古拉斯·佩夫斯纳(Nikolaus Pevsner)在抵达英国两年后,并"没有把自己看作一个移民或难民"。[10]

抗拒现实只是流亡者们所遇到的诸多问题之一。还有许多其他的问题,其中一些便涉及本书标题所指的知识的沦废。从故土家园迁移到异国他乡的"寄居国"(hostland),所带来的问题包括:背井离乡的创痛和事业的中辍、不安全感、孤独和乡愁,以及其他现实问题,如失业、贫困、语言不通、与其他流亡者和某些当地人的冲突(因为对外来移民的恐惧或仇恨并不新鲜)。[11]在移民之后,失去了原来的职业地位,一定让人非常难以释怀,在20世纪30年代犹太裔学者的"大逃亡"中,有许多的案例时时提醒着我们这一点(例如卡尔·曼海姆、维克托·埃伦伯格[Victor Ehrenberg]和尤金·陶伯勒[Eugen Täubler]等,均将在第五章中论及)。

流亡带来的冲击,还包括使得个人失去了原有的身份。这必然有重要的影响,成为难民后的艺术史学家凯特·斯坦尼茨(Kate Steinitz)选择用笔名写作,取名为"无名之辈安妮特"(Annette C. Nobody)。建立新身份的挣扎常常通过改名换姓来体现。于是乎,奥地利评论家兼记者奥托·卡普芬(Otto Karpfen)摇身一变,改名为奥托·马利亚·卡尔佩奥(Otto Maria Carpeaux),开始了在巴西的新生活,而波兰社会学家斯坦尼斯瓦斯·安德热耶夫斯基(Stanisłas Andrzejewski)发现自己的名字用英语无法发音,便更名为斯坦尼斯拉夫·安德列斯基(Stanislav Andreski)。[12]

简而言之,对于许多人来说,流亡带来了严重的精神创伤,有时甚至会导致自杀,比如作家斯蒂芬·茨威格(Stefan Zweig)和科学哲学家兼科学史家埃德加·齐尔塞尔(Edgar Zilsel),后者被同事誉为有着"聪明绝顶"的头脑。两人都是奥地利犹太人,于1938年纳粹德国入侵奥地利期间流亡海外。茨威格最终去了巴西,齐尔塞尔则到了美国。茨威格至今依然享有盛名,而齐尔塞尔几乎已无闻于世了,他曾获得洛克菲勒研究基金,以及位于加利福尼亚州的密尔斯学院(Mills College)的教职,但却在1944年服用过量安眠药自杀身亡。这位科学历史社会学的先驱戛然而止的人生,被称为"知识转移失败的惨痛案例"。[13]齐尔塞尔并不是唯一一个自杀的流亡知识分子。其他例子,还有浪漫文学研究者威廉·弗里德曼(Wilhelm Friedmann)、中世纪史家西奥多·蒙森(Theodor Mommsen)、西班牙历史学家拉蒙·伊格莱西亚(Ramón Iglesia)、德国历史学家海德维格·辛策(Hedwig Hintze)和德国艺术史学家安妮·利布莱希(Aenne Liebreich)

（后两人在逃亡失败后，像瓦尔特·本雅明［Walter Benjamin］一样选择了自杀）。

20世纪初期的流亡者尤其还要面对另一个大问题，就是需要熟练掌握一门新的语言。在这方面，许多近代早期的流亡者要方便许多，因为拉丁文是近代"学术共和国"（Respublica literarum）的通用语，而欧洲许多地方的人都能说和听懂法语。如茨威格这样的天才作家，身在海外却无法用母语抒发胸臆，其感受一定彻骨切肤。再比如，试想一下匈牙利小说家马洛伊·山多尔（Sándor Márai）的悲剧性命运，他是20世纪三四十年代匈牙利最成功的作家之一。1948年，马洛伊因不满新政权而离开祖国，他的著作在匈牙利国内被禁。虽然在国外，这些书仍可以自由发行，但只有少数懂匈牙利语的人才能阅读。毫不奇怪，在此后直至自杀前的40年里，马洛伊几乎没有写过任何东西。

学术界的流亡者也承受着同样的痛苦，尽管程度可能略轻一些。奥地利艺术史学家汉斯·蒂策（Hans Tietze）流亡海外时，已经58岁了，他对此有很生动的描述："新语言像是一道强制执行的过滤网，所有精妙的阴影和曲线都被滤净剔除了。"另一个例子是意大利学者莱昂纳多·奥斯基（Leonardo Olschki），他于1939年流亡美国，用黑色幽默的口吻在其流亡同胞的圈子里评论他们正在学习的英语，称之为"绝望的语言"（Desperanto）。[14]

德国艺术史学家欧文·潘诺夫斯基（Erwin Panofsky）也深有同感，他指出，居住在海外的人文学者"会发现自己身陷于现实的困境中。对他们来说，风格化的表述是传达意义的内在组成部分。因此，当不得不使用非母语的语言进行写作时，聒噪于读者耳中的，是他们所使用的冷僻生硬的单词、韵律和结构；而对文字的翻译，则像是戴着假发和假鼻子向听众讲话"（如此段话所示，潘诺夫斯基本人在此已然在用英语写作，并走出了困境，可他的一些同事却始终未能如此）。正如流亡艺术史学家尼古拉斯·佩夫斯纳在审读保罗·弗兰克尔（Paul Frankl）论哥特式艺术的经典著作的英文版时所说，其结果是"在转换之间麻木无感了"[15]。

塞巴尔德（W. G. Sebald）客居英国（但用母语德语写作），其小说中有许多关于生存与死亡、适应与排斥的故事，包括《移民》（*Die Ausgewanderten*，1992年）中虚构的四个生动感人的人生传奇。这些故事也验证了西奥多·阿多诺（Theodor Adorno）所提出的观点，他在结束流亡美国的生涯后，以其一如既往的教条武断方式评论道："每一个移民知识分子，无一例外，都是伤痕累累的（*beschädigt*）。"[16] 不论是在思想还是情感上，流亡者都出现了脱位。

来看16世纪的一个例子，学者兼印刷商亨利·埃斯蒂安（Henri Estienne）是一位从巴黎流亡到日内瓦的新教徒。他的女婿、著名的学者伊萨克·卡索邦（Isaac Casaubon）对埃斯蒂安有这样的描述，"一方面是有家不能回，另一方面却又无处安身"。这可能会令读者想起奥地利作家斯蒂芬·茨威格的自述："浪迹天涯，无家可归"，或者如评论家爱德华·萨义德（Edward Said）所言，在哪里都"格格不入"（out of place）。[17]

说到流亡者们身上的不安全感，不妨以两位匈牙利人为例，他们两人都是犹太人，于1919年逃离祖国，当时亲苏联的库恩·贝洛（Béla Kun）政权被霍尔蒂海军上将（Admiral Horthy）所取代，匈牙利国内陷入白色恐怖。居住在维也纳的哲学家格奥尔格·卢卡奇一直随身携带一把手枪，以防被绑架挟持回匈牙利。物理学家利奥·西拉德（Leó Szílárd）在1933年时居住在柏林，他将贵重物品装在两个手提箱中，以便随时转移。[18]

客居者有时也难免会面临严重的问题。他们也有思乡之苦，虽然只要愿意，他们的回国之路通常不会有阻碍。在布罗尼斯拉夫·马林诺夫斯基（Bronisław Malinowski）去世之后出版的日记中显示，人类学家在与其生活习俗迥异的环境中进行田野调查时，也受着孤独寂寞的煎熬。同样，对于客居者来说，即便能力出众，在他们选择生活的新国家里仍会遇到安身立业的问题。

以巴西和拉丁美洲研究的先驱吕迪格·比尔登（Rüdiger Bilden）为例。

比尔登是德国人，21岁时决定移居美国，正当第一次世界大战爆发前夕抵达。他先是在哥伦比亚大学学习，弗朗兹·博厄斯（Franz Boas）等一众知名学者都认为其未来不可限量。然而，预测的未来却未能成真。比尔登没有获得过任何固定的学术职位，尽管才思隽永，但却鲜有发表。虽然在某种程度上，他是陷入了自身过于追求完美而不能自拔，以致连博士学位论文都没能完成，但其所遭遇的不幸，也可归咎为天时地利的造化弄人，作为一名德国人，却在两次世界大战和大萧条时期身在美国。他去世时，潦倒无闻；他的年轻友人、巴西学者吉尔贝托·弗雷雷（Gilberto Freyre）却通过发展比尔登早前所提出的观点声名鹊起。[19] 同一般的历史一样，在流亡者和客居者的历史上，也是既有输家又有赢家的。[20]

甫一听闻，失败者的故事让人难以忘怀，它们就像是流亡生涯中的家常便饭一样，即便是成功者也难以例外。佩夫斯纳到英国后不久，在给妻子的信中写道："在这水里游泳，殊为不易。在这里，每句话、每堂课、每本书、每一次谈话所代表的含义，都与家乡完全不一样。"[21] 一些移民从一个新的国家迁移到另一个新的国家，或是在多个国家辗转迁移，充分说明了萍踪之无定、扎根之不易。"新的安身之所，有新的要求。"[22] 要在海外获得成功，通常必须要再造自我，进入一个新领域或是掌握一门新专业。

## 银镶边

俗话说，黑云也有银镶边，本书着重关注的，是流亡后的一些积极的后果，如荷兰人类学家安东·布洛克（Anton Blok）所说的"逆境之福"。布洛克认为，有创新成就的知名人物，通常都曾在人生和事业中遭遇过不同寻常的困难，方能以创造性的方式应对挑战。[23] 但我并不认同皆大欢喜的美好结局。本书研究的中心主题是，流亡者和客居者对知识的创造和传播做出了非凡的贡献，在积极的方面自然是功德无量的。但即便如此，流亡造成了事业的中辍，如果没有流亡，他们创作的论著和对知识的贡献可能更多，虽然具体的损失永远无法估算了。就连正面的收获也常常"无法衡量",以20世纪30年代的德裔难民历史学家为例,他们在英美两国产生的"主要影响",通常被认为主要体现在他们的教学和个人交往等方面,而不是所出版的论著。[24]

如同为流亡者的律师弗朗茨·诺伊曼(Franz Neumann)在20世纪50年代所指出的,许多流亡者之所以能够在某种程度上成功地扎根立足,主要采取了如下三种策略之一:融入新国家的文化,对其文化加以抵制,或者是采取第三种最为有效的办法,即整合或综合两种文化中的元素。[25]其中流亡者们的第二种策略,是通过自我隔离来抵制,他们试图在异国他乡的土地上重建自己原有的社区,流亡的同胞们比邻而居,讲母语,上自己的学校,读他们自己的报纸,在自己的教堂、犹太会堂或清真寺里祭祷拜神,于是建立起了具有各自独立社交模式的小意大利、小德国或小俄罗斯。尼娜·鲁宾斯坦关于法国大革命难民的研究论文指出,他们希望相互守望,而不是去适应寄居国的文化。[26]但正如诺伊曼所说的,采取某种折中的办法也不无可能。本书研究表明,对于知识的贡献,主要来自那些立身于这两个极端做法之间的学者。

流亡的经历也随着代际的不同而变化。对于第一代成年移民来说,他们通常很难适应寄居国的文化。对于年轻一代来说,同化则更为容易,因此有时会发生角色的易位,子女成为父母的"监护人和家庭的支柱",如出版家乔治·韦登菲尔德(George Weidenfeld)的例子,他是1938年随家人来到伦敦的。[27]至于第三代孙辈,尽管他们的成长过程中或多或少带有外国家庭的痕迹,但他们可能完全不再将自己视为流亡者了。这三代人,在知识的传播和创造中,都发挥了重要的作用。

流亡者的思想在新国家的被接受程度,也因其寄居国居民的代际而异。新移民可资贡献的最重要的东西,不是情报信息,而是思维方式,是与其所移居国家原本占主导地位的思维方式不一样的某种心态或习惯。因此,难民在其寄居国的同一代人或更年长的成员中,常常得不到充分的理解或欣赏。反而在下一代人中,包括流亡者所教授的学生们,通常对他们的思想更为开放。尽管很多人在有生之年未能亲见，但从长期来看，流亡者的到来为其寄居国带来了巨大的变化。

## 聚　焦

本书所呈现的，是过去500年间发生在欧洲和美洲知识史上的一些经过挑选的案例研究，更确切地说，它开始于1453年奥斯曼帝国占领君士坦丁堡，截至1976年阿根廷成立军政府。为了使这样一个庞大的主题便于操控，需要对其有所限制。尽管"实用知识"和"技能移民"都非常重要，但以下的研究主要集中于学者和科学家群体，以及他们对于所谓"知识共同体"和"科学王国"的贡献。

在学术世界中，有关自然科学的讨论会相对少一些，尽管为了比较的需要，我会时不时简要地提及各门科学。这种缺漏，一定程度上是由于我的能力所限，就好像是天主教会所称的"不可克服的无知"（invincible ignorance）。但是无论如何，即便科学家是在国外生活期间发现了新的植物，或是在与外国同事的讨论中提出新的假设，科学家的知识生产对于其所居住地点的依赖性要低于人文科学。另一方面，在人文和社会科学领域，背井离乡对于知识生产的影响更为广泛。在讨论这些影响时，有时我会乘便从自己的学科专业中举一些例子，这对于一项缘起于在以色列历史学会所做系列演讲的研究来说，倒也恰如其分。

由于研究既涉及知识的生产，也涉及知识的传播，因此书中为一些非学术群体保留了特殊的篇幅，特别是翻译家、印刷商、新闻记者和出版商等，他们将在下文的叙述中频频出现，此外还包括一些图书馆员，从伊斯坦布尔大学的沃尔特·戈特沙克（Walter Gottschalk）到东安格利亚大学的威利·古茨曼（Willi Gutsmann）。的确，近代早期欧洲的一些印刷出版商，例如也是流亡者的普洛斯佩尔·马尚（Prosper Marchand）和让-弗雷德里克·贝尔纳（Jean-Frédéric Bernard），其主要身份可以被看作某些知识的传播者,这同样也适用于20世纪20年代生活在柏林的俄国出版商,或20世纪40年代在墨西哥城和布宜诺斯艾利斯的西班牙出版商们。

为了进一步缩小题目的范围,旅行者、学生和外交官等将被排除在本书所讨论的客居者之外,因为他们一般在国外居住的时间相对较短。内部的流亡者也不包括在内,许多人因反对当权的政治或宗教制度,虽然人未离境,但却过着像流亡海外一样自我放逐的生活。在近代早期欧洲,有无数类似的例子,他们虽然不接受所在地区的官方宗教,但却能忍辱偷生——如生活在基督教国家的犹太人和穆斯林、生活在新教国家的天主教徒(反之亦然),以及一些信仰悖于任何地区正统的异端群体,如"爱之家"(Family of Love)教派,其成员可能包括印刷商克里斯托夫·普朗坦(Christopher Plantin)、地理学家亚伯拉罕·奥特利尔斯(Abraham Ortelius)和圣经学者贝尼托·阿里亚斯·蒙塔诺(Benito Arias Montano)等。在20世纪,类似的持不同政见者范围更广,如犹太人语言学家维克多·克莱普勒(Victor Klemperer),他在希特勒统治下的德国得以幸存偷生,将自己真实的思想倾诉在日记里;再如俄罗斯核物理学家安德烈·萨哈罗夫(Andrei Sakharov),他因参与人权运动而受到内部流放,从莫斯科被驱逐到了高尔基市(Gorky)。

流亡和客居的小说家和诗人们,例如卡蒙斯(Luís de Camões)和塞万提斯(Miguel de Cervantes)、康拉德(Joseph Conrad)和密茨凯维奇(Adam Mickiewicz)、乔伊斯(James Joyce)和纳博科夫(Vladimir Nabokov)等,也均不在本书的讨论范围内,因为人总要适可而止,再者说,这本书的主题还是宁缺毋滥的为好。如果以同样的篇幅再写一部流亡小说家的研究,恐怕也不是很困难。例如,亨利·詹姆斯(Henry James)在观察英国和美国时置身于外的立场,与本书的中心主题之一极为吻合。[28]同样,作家露丝·鲍尔·贾华拉(Ruth Prawer Jhabvala)生于德国,在英国长大,并在印度和美国均生活了数十年,她的小说展示了局外人的敏锐视野。她也以同样敏锐的眼光审视自己的困境,在1979年的一次公开演讲中,贾华拉讲道:"站在你们面前的，是一个没有任何家国可依的作家，也无从写起。真好像是从一个国家飘到了另一个国家，从一个文化飘到了另一个文化，直到无知无觉，直到无物无我。碰巧的是，我恰恰喜欢这个样子。"在其他场合，她又重谈起这个问题。"一旦为难民，就永远是一个难民。我知道，不论身何处，我都可以安之若素，但你不会全身心地钟情于某个地方，或是完全地认同所生活的社会。"[29]

本书试图揭示的，是不仅在知识传播，而且在知识创造方面，流亡者和客居者们所做出的不同寻常、数量惊人的贡献。生活在今天的英国，我们对于流亡者和其他移民为这个国家的精神生活所做的贡献很难无动于衷（尽管包括政府部长在内的某些人，确实对此熟视无睹）。虽然如此，直到开始这本书的写作之前，我仍然还不十分清楚如此众多的流亡者到底有过多少贡献，不仅在英国（在作为移民国家的美国，人数更多），而且还有世界的其他地区。

## 研究方法

要衡量流亡者对知识所做贡献的重要性，就需要将这一群体的成就与一个非流亡者的对照组进行相互比较，并在其他的各个方面与流亡者相对应，这对于历史学家来说，几乎是不可能满足的条件。相反的，本书下文将集中在一些个案的研究上，将侧重在流亡者们对知识的贡献与创造这些知识的个人和群体所身处的境遇之间的关系上。

尽管我对这个题目的研究路径并不完全具备全球的视野，但至少是比较性的。目标之一是将全景的广度与个案的深度结合在一起，即对西方的流亡学者在五百多年里的主要活动做一总体的描述，同时通过个案研究呈现出更多的细节。另一个目的，是通过鲜明的比较和对比的方法，既强调周而复始的循环过程，又突出特殊的历史语境，以使这两者之间保持平衡。

比较历史学家通常关注的，是不同的地点，而不是不同的时代。但是在我看来，也需要在不同的历史时期之间进行系统的比较和对比，以发现每个时代的特点。例如，早期和晚期的现代性之间，有什么关键的差异？为了促进近代早期（early modern）历史学家和近代晚期（late modern）历史学家之间的对话，本书作为这一长期努力的一部分，对这两个时期均有所涉及。例如，在对客居者进行的个案研究中，我对18世纪在俄罗斯工作的德国学者与20世纪30年代在巴西学习和教学的法国知识分子进行了比较和对比。

书中最主要的比较和对比，是在17世纪的新教流亡者与20世纪的犹太流亡者之间的比较。这两个离散群体之间的相似性非常明显，有几位以色列历史学家，其中包括米丽娅姆·雅德妮（Myriam Yardeni）（她在第二次世界大战后从罗马尼亚离开时，还是个孩子），他们在写到前者的时候，都会联想到后者，这绝非偶然。艾琳·斯科洛蒂（Irene Scouloudi）曾长期担任位于伦敦的胡格诺派研究会的秘书，她生于一个希腊移民家庭，其研究的灵感也来自过去与现在之间的相似性。

这两个离散群体之间的差别，也同样明显：例如，由于身处一个宗教迁移的时代，前一个群体中的神职人员起到了重要的作用；而在第二个离散群体中，教授们的影响更为显著，因为当时的大学在知识文化领域占据了主导的作用，其地位超过了历史上的任何时代，甚至自20世纪30年代以来的大学，也无法望其项背。在第二个群体的个案研究中，我还将比较和对比难民学者的到来对英国和美国两种文化的影响，以及他们为社会学和艺术史这两个学科所带来的变化。

本书所展开的分析，是基于集体传记或"群体传记学"的研究方法，这是由德国的古罗马史家所开创的，后由移民历史学家刘易斯·纳米尔（Lewis Namier）引入英国。采取这种方法对流亡或客居学者展开研究，带来的主要问题或可称之为"冰山问题"。也就是说，有证据可查的流亡者，即所谓的"著名移民"只是在一个更大的群体里相对较为明显的一角。[30] 在近代早期，我们所知道的，常常不过是个别学者的名字而已，更多的人早已湮没无闻，而他们很可能对知识也做出过重要的贡献。唯有在20世纪30年代犹太人大离散的研究中,才有了较为充分的学者数量,可以提供足够信息展开人数比例的分析。即便如此,例如附录中所列举的一些女性学者,即使在标准的参考书中,也缺少她们的许多关键信息。

虽然存在这些空白,集体传记仍然提供了不少重要的细节,使我们避免了草率笼统的泛化归纳,而使冰山的更多面向得以呈现。它提醒我们认识到,那些略次一等的学者所做贡献的重要价值,从而免于陷入如社会学家罗伯特·默顿(Robert Merton)所提出的著名的"马太效应"(指《新约》中的一段话"因为凡有的,还要加给他"),即一些不知名的科学家的发现和观点常常被记在了一些著名学者的名下。[31]

通过书信和回忆录,20世纪难民知识分子们的个人事迹较之他们近代早期的前辈更加为人所知。二手的文献也相当丰富。因此,我将试着采用马克·布洛赫(Marc Bloch)所说的"回溯法"(regressive method),就近代早期的情况,尤其是17世纪80年代,提一些研究者们曾在20世纪30年代就已提出过的问题,但试着以更符合过去时代的方式加以解答。

# 第一章　来自边缘的视角

本书讨论的是流亡者对知识所做出的特殊贡献。因此，似乎有"以成败论英雄"的嫌疑，即过分关注成功的一面，而忘却了失败的情况。因此，有必要在一开始就强调，外来者受到了很多限制，尤其对于当地或内部的情况缺乏了解。反过来说，当地人同外来者一样，都带有所谓的"认知特权"（cognitive privileges），尽管他们对知识的贡献不在本书的讨论范围之内。此外，人们也注意到，"并非所有流亡者所写作的历史著作都是有意义和创新价值的……移民自身往往也存在着固有的偏见、辩解和不满"[1]。这一看法，显然也适用于除历史学以外的其他学科。尽管如此，不同的偏见之间公开的对抗，也可能会产生新的识见。

这项研究和写作的动因，不仅是罗列流亡者们对知识所做出的各种贡献，而且要探究其根本，是什么使得其贡献卓然不凡？在审看最终"产品"的同时，也检视生产的"过程"，试图揭示移民们对知识的各种贡献是如何做到的。[2] 这个问题也许可以用一个词来回答——"去地方化"（deprovincialization）。更确切地说，流亡者与接纳他们的东道主之间的不期而遇，导致了一场双重的去地方化的进程。流亡者因其由一种文化迁入另一种文化，而发生了去地方化。他们还通过向东道主展示不一样的知识，以及更为重要的，不一样的思考方式，帮助后者也实现了去地方化。简而言之，对于接触的双方来说，流亡海外以及相对程度略低的客居国外，都是一种教育。

## 流亡作为一种教育

本书试图解答的一个基本问题是,流亡者和客居者们在不同的地域和时代中,是否对知识做出过独特的贡献。本节提前将全书研究的结论展示一二,并将在以下章节中加以论证。本书认为,流亡是某种形式的教育,对流亡者本身来说,这种教育形式困难重重,而对于在寄居国接触到流亡者的人们来说,则是一种较为温和的教育形式。

把流亡呈现为一种教育,即使称之为无情的教育,也是有风险的,因为也许会过分低估这些事件中的消极面。而与外界自我隔绝的移民们,可能既不会学到什么新东西,也不会轻易忘却过往,塔列朗(Charles Maurice de Talleyrand)就是这样评论1815年后重回法国的王室成员的。反过来也一样,东道主们也常常不会向新移民们虚心学习,反而误解丛生。

但是在更多的情况下,双方在接触当中都会学到一些有价值的东西。流亡者有了新的见识,在陌生的文化中奋斗求生也可算是一种收获。客居者也能够从海外的生活经验中获益良多,尽管在他们身上,这一学习过程中的压力较小,因为他们毕竟还有后路可退。或者可以这么说,在他们的口袋里,总有一张回程的车票,而且有朝一日重返故乡后也是有前程可期的。对于寄居国的民众来说,接触到流亡学者的学生们,常常在他们身上发现从其他老师那里学不到的东西,20世纪50年代我自己在牛津大学的亲身经历,便可证明这一点。而如果流亡者回国之后,其祖国的学生们也会有同样的感受。

## 归土还乡

本书研究的大部分内容,是流亡者或客居者与其所移居国家的文化之间的相互作用,但在移民们的原居国,对知识造成的影响也值得略做评述。虽然"人才外流"的消极后果显而易见,但有时也有积极的方面,至少在某些流亡者返回故乡或"再移民"之时是如此。正如在最后一章中将提到的，1945年后，许多还乡的流亡者将新的观念和新的方法带回了德国。

另一个有意思的"还乡"案例，是巴西历史学家和社会学家吉尔贝托·弗雷雷，他在18岁时就被家人送到美国学习，历时近5年。其间他在英国度过了紧锣密鼓的两个月，主要是在牛津大学，这使他确信自己应该生来就是一个英国人。在访问里斯本时，他是"用英国的而不是巴西的眼光"在领略这个城市。当然，他在1923年回到故乡巴西伯南布哥州（Pernambuco）时，其实也是用类似的眼光看待巴西的。在他的成名之作《华屋与棚户》(*Casa Grande e Senzala*，1933年）中，他透过甘蔗种植园去观察殖民时代的巴西。据对弗雷雷最有研究的评论者、人类学家达西·里贝罗（Darcy Ribeiro）的描述，该书最显著的特点，就在于结合了内部和外部两种视角，这要归功于作者身上的两种认同——"伯南布哥人和英国人"[3]。

## 去地方化

以上所描述的这种教育，可以概括为视野的增广或去地方化的进程。德国神学家保罗·蒂利希（Paul Tillich）谈到，来到美国生活后，他才"意识到"自己身上"之前无意识的地方主义"，并且逐渐"开始消退"，由此不再把德国看作神学研究的中心。根据两位人类学家的一项社区研究，阿塔尼（Átány）的村民曾经开玩笑称："匈牙利是世界的中心，阿塔尼则是匈牙利的中心。"[4]玩笑归玩笑，地方主义（provincialism）的定义之一，就是自认为自己生活的社会处于世界的中心（美国社会学家威廉·萨姆纳［William G. Sumner］将民族中心主义［ethnocentrism］定义为"认为自己的族群是万物中心的观点"）。[5]在去地方化过程中有亲身感受的，不是仅有蒂利希一人。例如，德国历史学家哈约·霍尔本（Hajo Holborn）于1934年移居美国并成为耶鲁大学教授，他宣称："成为美国人的转变，使我对德国的一切有了更开阔的视野。"[6]

同样，秘鲁新闻记者兼理论家何塞·卡洛斯·马里亚特吉（José Carlos Mariátegui）①于20世纪20年代曾在意大利生活，他称在海外的日子大大开阔了他的眼界，"去外国不是为探寻他人的奥秘，而是在寻找我们自己的真义"。英国作家切斯特顿（G. K. Chesterton）也曾经这样写道："旅行的目的不是为了远涉他乡；而是在重回故土时，却可如在异国。"（后来成为历史学家的）巴西记者塞尔吉奥·布瓦尔克（Sergio Buarque）于1929至1930年间在柏林生活，他在晚年回忆道："唯有身在远方，才能眼见到祖国的全貌。"⁷正如德国历史学家恩斯特·康托洛维茨（Ernst Kantorowicz）曾经所说的："一弊必有一利。"⁸

去地方化是一个所谓的"伞式术语"（umbrella term），涵盖了多个进程。不妨对其三个不同的过程略做细分，首先是转介调和（mediation），其次为疏离超然（detachment），第三是融合会通（hybridization）。

## 转介调和

卡尔·曼海姆在写到其所谓的难民的"功能"时，强调了他们在其祖国的文化与流亡国家的文化之间发挥的转介作用。⁹转介的过程也包括了传播宣传，因此本书的研究也关注了许多印刷商和出版商。而进行传播就自然会遇到语言的障碍。尽管如此，在新的国土上，母语对于流亡者来说，有利也有弊。它是某种形式的智力资本，使他们能够通过教授语言或编订语法书和词典来谋生。在奥斯曼帝国征服拜占庭后，许多流亡的希腊难民成为古希腊语老师，而流亡阿姆斯特丹、伦敦和柏林等地的法国新教徒，也常以教授语言为生。离乡背井的遭遇，让许多流亡者顺其自然地成为翻译者，大概是恰如英语里该词的古义，他们自己也经历了被"转译"的过程，换言之，由一地转移到其他地方。

---

① 原著误作José Maria Mariátegui。——译者

语言之间的转介，自然而然地延及文化之间的转介。生活在意大利文艺复兴时期的希腊学者们，将古代希腊世界介绍给了他们的东道主。胡格诺派难民们将法国文化传播开去。在英国和美国的俄国流亡者，其中包括以赛亚·柏林（Isaiah Berlin）、格奥尔格·弗洛罗夫斯基（George Florovsky）和格奥尔格·韦尔纳德斯基（George Vernadsky）等，带动了俄罗斯文化的传播。20世纪30年代后来到美国和英国的德裔犹太学者，讲授德国历史并出版了大量相关著作。不论是因为思乡情切，还是迫于生计，许多流亡学者都从原来擅长的专业转到了对其国家文化的研究，例如康斯坦丁·莫丘利斯基（Konstantin Mochulsky），原本专长于浪漫主义文学，在十月革命后流亡巴黎，开始转而用俄语著书介绍俄国作家，尤其是陀思妥耶夫斯基。

一些流亡者则反过来成为其新国家文化的研究专家。胡格诺派教徒保罗·德·拉宾-托莱（Paul de Rapin-Thoyras）以所著英国史闻名于世，该书用法语撰写，在欧洲各地流传甚广。其他一些胡格诺派难民则通过翻译和发表文章，让英国和德国文化在法国和其他地区广为传播。德国社会主义者爱德华·伯恩斯坦（Eduard Bernstein）于1888至1901年间流亡伦敦，专注于17世纪英国激进思想家的研究，他最早注意到了杰拉德·温斯坦利（Gerard Winstanley）的作品。伊斯雷尔·葛兰奇（Israel Gollancz）是第二代难民后代，于1903至1930年任伦敦国王学院的英语文学教授，是著名的莎士比亚研究者。

流亡意大利的俄罗斯历史学家尼古拉·奥托卡（Nikolay Ottokar），后来成为佛罗伦萨史的专家。两位俄国流亡者保罗·维诺格拉多夫（Paul Vinogradoff）和迈克尔·波斯坦（Michael Postan），先后于20世纪初和20年代来到英国，均成为英国中世纪史的权威，一如来自波兰的刘易斯·纳米尔在18世纪英国史研究中的地位。在20世纪30年代的难民中，杰弗里·埃尔顿（Geoffrey Elton）是都铎时代英国史的权威，尼古拉斯·佩夫斯纳是英国建筑史的权威。彼得·汉诺克（Peter Hennock），原名恩斯特·彼得·汉诺赫（Ernst Peter Henoch），选择19世纪英国史作为研究领域，他指出移民们通常"对收留他们的国度情有独钟"，而"作为历史学家，他们有时会觉得，在对所在国家关键问题的认知中，自己可以比土生土长的历史学家更为敏锐"。汉诺克解释说，作为移民，他永远不会把英国历史看作理所当然的（在此也体现了一种超然疏离）。[10]

移民们帮助当地人更好地理解自己的文化，这不仅发生在英国。来自维也纳的奥托·马利亚·卡尔佩奥，于1938年后流亡巴西，成为巴西著名的文学批评家，同时向巴西读者介绍了许多重要的欧洲作家，如弗朗茨·卡夫卡（Franz Kafka）和罗伯特·穆齐尔（Robert Musil）等。

人类学家可以被比作一种职业的转介者，就好像职业的译员，在田野调查（类似于临时的流亡）所在地的文化与其自身文化之间进行转译的工作。所谓"文化翻译"的概念，便出自英国人类学家爱德华·埃文斯-普里查德。因此，在人类学的历史上留下了众多的流亡者和客居者的名字，尤其以英国和美国为甚，这也并不意外。以英国为例，来自波兰的布罗尼斯拉夫·马林诺夫斯基，实际上是该学科的创立者。在美国，担当同样角色的，是德国移民弗朗兹·博厄斯。在他的学生当中，罗伯特·罗维（Robert Lowie，原为Löwe）来自维也纳，保罗·拉丁（Paul Radin）来自俄占波兰地区，而阿尔弗雷德·克鲁伯（Alfred Kroeber）虽然在美国出生，但来自一个家中讲德语的移民家庭。

留守国内的学者也可以充当转介者的角色，闭门书斋也可以"运筹帷幄"，特别是在一些中心城市，他们可以收集到流亡者和客居者所提供的信息，加以综合。[11]一个典型的例子是德国耶稣会士阿塔纳修斯·基歇尔（Athanasius Kircher），他虽然身在罗马，但却能够利用各地耶稣会士所提供的信息。有的传教士写信向他报告观测信息（例如1652年的彗星），或是在书信往来中解答他的问题。有的传教士则在回来以后，向基歇尔讲述他们在中国、印度等地多年的见闻。[12]借由耶稣会的网络，基歇尔广著博述，内容涉及中国、地质学、医学等诸多主题。他的研究对知识所做出的贡献，得赖于在海外现场的传教士们，就好像后者通过与当地人面对面的交流直接获得信息一样。

## 疏离超然

同"去地方化"一词一样,"疏离"的概念也涵盖了许多不同的情况。其中最重要的一项,就是所谓的"全局"。亚历克西斯·德·托克维尔(Alexis de Tocqueville)曾经把理论家比作登凌绝顶而得览众山的旅行者:"他终于第一次看到了全貌。"历史学家奥古斯特·施洛策尔(August Schlözer)此前也曾有过同样的描述:"一个人可以认识城市里的每条街道,但是如果没有地图或俯瞰的视角,就不会有了如指掌的整体感。"[13]

与此相类似,流亡者们在观察距离上的若即若离,使一些研究者得以采用鸟瞰的视角,较之以往更为清晰地看到了全局。例如,埃里希·奥尔巴赫(Erich Auerbach)在被解除教职之后,于1935年离开马尔堡大学前往伊斯坦布尔,他转而将无法利用德国图书馆资源这一不利因素,扭转为一种优势,写下了经典名著《摹仿论》(*Mimesis*,1946年),对上自《圣经》和《荷马史诗》下到弗吉尼亚·伍尔夫(Virginia Woolf)的西方文学进行了全景式的分析。

再来看巴西历史学家和社会学家吉尔贝托·弗雷雷,他的名著《华屋与棚户》便写于流亡途中,在1930年革命后,热图利奥·巴尔加斯(Getúlio Vargas)上台,作者流亡海外,先是在里斯本,后去了斯坦福。诚如弗雷雷的好友罗德里戈·梅洛·弗朗戈·德·安德拉德(Rodrigo Mello Franco de Andrade)评论所说,《华屋与棚户》一书是这场革命带来的极少数积极结果之一。[14] 西班牙人阿梅里科·卡斯特罗(Américo Castro)在国内时,主要是一位中世纪语言学家,但在流亡美国后,他雄心勃勃地写下了其赖以成名的巨著,对西班牙历史进行了高度原创而又具争议的解释,试图解释信仰不宽容的缘起,强调西班牙与其他国家不同的缘由。[15]

并非所有的流亡学者,都像奥尔巴赫、弗雷雷和卡斯特罗那样来回应距离所带来的挑战。例如,与奥尔巴赫同在伊斯坦布尔流亡的奥地利语言学家利奥·斯皮策(Leo Spitzer),依然偏爱微观而不是宏观的分析,执着于探寻宏大图景中的繁枝细节。但总的来说,对于全景大局的关注,反复不断地出现于流亡者和客居者的思想史上。

费尔南·布罗代尔(Fernand Braudel)可以作为客居者中的一个著名个案,他的主要作品基本上都完成于海外。虽然布罗代尔也是一个流亡者,曾在两处德国战俘营中被关押,但在此之前,他在阿尔及利亚生活了十多年,在中学教书(并在那里遇到了未来的妻子),并且还在巴西生活过两年(1935—1937年),在当时新成立的圣保罗大学任教。布罗代尔曾经将距离和疏远(le dépaysement, l'éloignement)比作重要的知识工具(grands moyens de connaissance):有意思的是,他从没有专门提到过近距离有什么作用。布罗代尔关于地中海的名著,以奥林匹亚众神的视角,生动阐释了他对宏大图景的渴望和需求(mon désir et mon besoin de voir grand)。他所选择的远距离观察,也与其对长时段(longue durée)的关注有关,长时段在时间跨度上远远超出了人类生命历程之所及。[16]

流亡的经历促进了这种冷眼旁观的视角。德国社会学家格奥尔格·齐美尔(Georg Simmel)曾写到所谓的"陌生人的客观性",认为这种客观性不仅只是"单纯的孤高",还有"超脱和介入"的混合。以曼海姆为例,他所强调的"获取视角",换句话说,就是正视其他形式的存在,对于祖国或寄居国的传统智慧保持一定的距离,以推动创新。[17]由于人已经背井离乡,但在新的家园却尚未生根落脚,这也难怪在流亡者有关两种文化的言论中,始终持的都是局外人的观点。皮埃尔·贝尔(Pierre Bayle)就是一个典型的例子,他在17世纪80年代因躲避法国对新教徒的迫害而流亡荷兰(下一章中将详述)。贝尔就好像是17世纪的曼海姆,是一个人性的冷静观察者,着迷于不同观点和偏见之间的差异。他曾经承认,他阅读历史学家的作品,并不是为了了解过去发生的事情,而只是为了发现"每个国家和每个派别都说了些什么"。[18]

刘易斯·纳米尔也是一个有关疏离的鲜明个案,他来自俄占波兰地区,原名路德维克·伯恩施塔因·涅米洛夫斯基(Ludwik Bernsztajn

Niemirowski）。1907年，纳米尔来到英国，就读于牛津大学贝利奥尔学院（Balliol College），在第一次世界大战爆发之前就成为英国公民，并且改了名字。他的身份认同很难界定。由于身为波兰移民，纳米尔在英国是一个外来者。而在波兰，因为是犹太人，他也是一个外来者。但是在犹太人中，他也身处局外，因为他生于一个地主家庭，自幼信奉天主教。至少在某些方面，纳米尔是认同英国的，在其有关议会史的著作中也反映出这种认同感。但是也可以说，他与英国文化是疏离的，他对于英国人有关自身的神话缺乏情感共鸣，包括一些历史学家的传统智慧，这使他得以用全新的眼光审视英国历史，从而揭开了18世纪政党制度的神秘面纱。公平起见，需略做补充的是，这种去神秘化的研究也引来了批评，其中一些显然切中要害。纳米尔被指责淡化了诸如热爱自由等观念和理想，因而将政治史简化成了争权夺利。[19] 从正面来看，由于对欧洲其他地区历史研究趋势的了解，纳米尔将德国学者在古罗马历史研究中所开创的群体传记学的研究方法引入英国，尽管这种集体传记的方法有时也被批评为"机械式的科学"。[20]

疏离的另一个生动例子是足迹遍及四方的埃里克·霍布斯鲍姆，他生于亚历山大港，在维也纳和柏林长大，1933年16岁时搬到英国与其姨妈和叔叔共同生活，先后在伦敦和剑桥完成学业。长寿的霍布斯鲍姆在英国度过了漫长的80年余生，但始终与接纳他的国家若即若离。例如，他把他学生时代的剑桥形容为"远乡僻壤"，并对其所谓的"20世纪30年代英国人狭隘的地方主义"颇有微词。[21]

来自捷克斯洛伐克的欧内斯特·盖尔纳和霍布斯鲍姆一样，也是在第二次世界大战开始前来到英国的文法学校上中学。他在《词与物》（Words and Things，1959年）一书中发表过一篇著名的评论文章，抨击当时占主导地位的英国哲学传统，用一种保持距离的、人类学的眼光观察英国，对知识社会学做出了重要的贡献，他质疑"语言哲学"为什么在特定的时间和地点竟"如此大受欢迎"，称其为"非常适合绅士们"的哲学，尤其适合"北牛津的民粹派们"。正如他的传记作者所说，"由于他的背景和经历，盖尔纳就是一个望着陌生世界的局外人"。[22] 由于对主流哲学的批评，盖尔纳在英国获得教职的机会微乎其微，因此他转向了另一个知识领域——社会人类学。然而，盖尔纳始终是一个局外人，被哲学家们视为人类学家，而又被某些人类学家看作哲学家，而他在伦敦政治经济学院的学术生涯则开始于社会学系。

人类学是一门以疏离超然和转介调和为特征的学科，采取克劳德·列维-斯特劳斯（Claude Lévi-Strauss）所谓"远观"（*le regard éloigué*）的方法。[23] 不过，有些人类学家相对更为离世而处。有些人可能是生而如此。在南非，相当一部分以英语为母语的人类学家出生于犹太家庭，既不属于占人口少数的白人，也不属于占人口多数的黑人。[24] 有些人则是在离开故乡以后，才逐渐变得超然不群。同费尔南·布罗代尔一样，皮埃尔·布尔迪厄也在阿尔及利亚生活多年，这使他与法国文化特别是资产阶级文化保持了一定的距离，在《区隔》（*La distinction*，1979年）一书中，他由外部对此进行了深入的观察。与布尔迪厄的研究相类似，美国社会学家托尔斯坦·凡勃伦（Thorstein Veblen）在其《有闲阶级论》（*Theory of the Leisure Class*，1899年）中，对镀金时代的美国资产阶级做了剖析。凡勃伦的父母是务农为生的挪威移民，而布尔迪厄则是乡村邮递员之子，所以说，即使不是公然反对，他们两人与所研究的社会阶层也都是相脱离的。

此外，在方法上较为接近人类学的经济学家阿尔伯特·赫希曼（Albert Hirschman）生于柏林，在经过他所说的"第四或者是第五次移民"之后，终老于美国。赫希曼被认为尤其特立独行：超然于所在的大学，独立于同事们所尊崇的传统智慧，并且远离各种政治团体，他宣称"我离群而与激进者为伍"，"我离群而与自由派为伍"。[25]

有效的比较研究，得赖于同被比较对象之间的疏离。因此，无怪乎在这种分析研究形式中，流亡者和客居者们的成就之高，与其人数极为不成比例。例如，在比较宗教学领域，有生活在牛津的德国人马克斯·缪勒（Max Müller）、芝加哥的罗马尼亚人米尔恰·伊利亚德（Mircea Eliade）；在比较史学领域,有在比利时的波兰人约阿希姆·莱勒维尔(Joachim Lelewel)、移居美国的德国人弗里茨·雷德利希(Fritz Redlich);以及在比较社会学领域,有在美国的德国人莱因哈特·本迪克斯(Reinhart Bendix)、移民以色列的波兰人什穆埃尔·艾森施塔特(Shmuel Eisenstadt)。

就历史学而论,赫尔穆特·柯尼斯伯格(Helmut Koenigsberger)从德国来到英国后,进入当地学校学习,他对课程中对议会史的强调留下了深刻的印象,以至于向历史老师提问,为何德国的历史学家对他们的议会就缺乏同样的重视。后来,他与同为难民的弗朗西斯·卡斯坦(Francis Carsten)一样,都转向了议会史的比较研究。[26] 在比较文学领域,流亡者的例子更多,包括在伊斯坦布尔和巴尔的摩的奥地利人利奥·斯皮策、剑桥的德裔新西兰人彼得·德隆克(Peter Dronke)、哈佛的捷克人勒内·韦勒克(René Wellek),以及两位意大利人,哈佛的雷纳托·波吉奥利(Renato Poggioli)与在纽约和斯坦福任教的弗朗科·莫雷蒂(Franco Moretti)。而由于概括多建立在比较之上,因此流亡者在社会和文化理论方面的贡献也高出了其相应的人数比例。

借用德国评论家和历史学家西格弗里德·克拉考尔(Siegfried Kracauer)的话,流亡者(以及程度略低的客居者)在知识领域之所以能够成就卓越,从某种意义上,是因为他(她)是"超然域外"(extraterritorial)的,是既不属于寄居国又不属于其祖国的局外人。[27] 虽然并不是所有的流亡者都带有这种意识,但是流亡的经历确实加大了这种感受。因此,流亡者像孩子一样,是用新鲜的眼光看待周围的世界。例如,佩夫斯纳有一本书讨论英国艺术的英国性,完全是从本地学者所司空见惯、习以为常的主题切入。

卡尔·曼海姆承袭年长的同事阿尔弗雷德·韦伯(Alfred Weber),对疏离超然做了不无夸张的描述,他把知识分子形容为"自由浮动"(freischwebende)的,是"无依无靠、几乎不属于任何特定阶级的一个阶层"。[28] 以下我们不妨称之为"曼海姆悖论",指的是他非常强调的"情境化"知识与"自由浮动"之间明显的矛盾或冲突,"浮动"的隐喻很有吸引力也有危险。其危险在于，它宣扬了如那不勒斯的历史学家詹巴蒂斯塔·维科（Giambattista Vico）所说的知识分子的孤傲（boria），或者说，是他们相对他人的优越感，在知识分子眼中，其他人困于狭隘的地方性及相伴随的偏见的泥沼中。可以说，不论是在过去还是现在，流亡知识分子们的地位相对超然独立，这可以符合曼海姆的描述。尽管他们并不能摆脱所有的羁绊而自由浮动，但确是处在了两种文化的边缘地带。置身于此，并不让人悠然，不过也能带来独到的识见，尤其是能够敏锐地认识并改换新的思维方式，这种见识是那些安居于本土且易感染地方主义甚至狭隘的乡土观念的人所不具备的。

原为曼海姆助手的诺贝特·埃利亚斯（Norbert Elias），作为难民于1933年后流亡英国，余生的写作研究一直索然离群，笔下也常论及于此。他强调"涉入式思维"的危险，诸如"一厢情愿""短时感受"和"无法摆脱传统"等思考方式。另一方面，他将现代科学的兴起与"人类知识从以涉入为主导到以超然为主导的突破"联系在一起。[29] 与布罗代尔一样，对于疏离超然的消极方面，或是参与涉入在特定问题上可能给知识带来的好处，他几乎未着一墨。埃利亚斯的许多著作都可以被看作对自身流亡经历的回应，如最早的一篇有关胡格诺派被逐出法国的短文，以及专论疏离的文章，乃至于厚厚的一部研究外来者的专著。[30]

## 融合会通

比利时科学史家乔治·萨顿（George Sarton）的职业生涯大部分在美国度过，他的一项研究题为"移民或外来者在催化知识和社会发展中的作用"，对流亡者和客居者做了深入的诠释。[31] 美国社会学家罗伯特·帕克（Robert Park）指出，移民的结果之一是出现了一种"新型人格"，他称之为"文化混合体"，"它密切地生活并共享于两个不同民族的文化生活和传统之中"。帕克以"解放后的犹太人"为例，他的文章将我们引到较早之前另一位美国社会学家托尔斯坦·凡勃伦（如前文所及，他本人亦是移民之子）的论文《犹太人在近代欧洲思想中的卓越成就》("The Intellectual Pre-Eminence of Jews in Modern Europe")。凡勃伦认为，犹太民族最具创造力的时刻，恰是在他们脱离自身传统而又尚未受到异邦外族同化的时候；换言之，即处于不同的世界之间时。20世纪30年代，如果能有足够的远见或运气及时地远避他乡的话，他们会再一次发现自己身处于不同世界的夹缝之间。[32]

一些流亡者对于自己的祖国和寄居国的优缺点都有敏锐的观察。例如阿多诺，据说"作为美国人，他显然是一个离乡背井的欧洲人，而作为欧洲人，在美国生活的日子给他留下了深深的印记。因此，在这两种环境之下，他都能始终处于流亡的状态"[33]。再比如，伯恩哈德·格罗修森（Bernhard Groethuysen）生于柏林，但在巴黎生活，并用法语发表了他的名著《资本主义精神的起源》（Origines de l'esprit bourgeois，1927年）及其他作品，有论者称其为在德国和法国"两个世界之间的流浪者"[34]。

## 双焦视野

历史学家弗里兹·斯特恩（Fritz Stern）自幼从德国来到美国，也可以被看作一个流浪者。在自传里，斯特恩说自己"渐渐地有了某种双焦点的视角……我会用美国人的眼睛去看待德国的事物，而在看美国的事物时，则用的是德国人的眼睛"。与此类似，出生于南斯拉夫，后在以色列、德国和匈牙利生活的历史学家和科学哲学家耶胡达·埃尔卡纳（Yehuda Elkanah）用了另一种不同的比喻，他在一次采访中说道："在欧洲，我发现自己是用美国的声音在说话，而在美国，则用欧洲的声音说话。"[35]而第三位流亡者则对这种状况略感窘迫，亨利·帕赫特（Henry Pachter）回忆道，"我发现自己经常陷于两个阵营之间，要向美国人解释欧洲，还要向欧洲人解释美国"[36]。

这样的流亡者最能够胜任将两种传统"融合会通"的任务，该词出自另一位流亡者——弗朗茨·诺伊曼。当然，这是一项需要众人合力的工作，流亡者和"本地人"都需参与其中，而有关德国理论与英美经验主义相遇的情况，我将在后文中做详细的讨论。能够在不同文化传统的事物中认识到它们之间的相似性，才可以使之合而为一，例如天主教传统中的圣母玛利亚与佛教中大慈大悲的观音菩萨之间的相似性，就是一个典型的例子。

客居者对于知识的融合也有贡献，不论他们在新环境中是进行教学还是以学习为主，抑或是兼而有之。例如，最近有一篇关于知识和殖民主义的文章，讨论英国的医护人员在印度和非洲与当地巫医之间的文化接触，文章标题里"一知半解"（pidgin-knowledge）一词生动而形象。[37] 同样，美国心理学家斯科特·佩奇（Scott Page）的《差异》（*The Difference*）一书，所讨论的尽管只是在当下状态中的小团体而非长期范围内的大型群体，但他认为，当需要解决问题时，较之能力更为重要的是所谓的"认知多样性"。换句话说，也就是"三个臭皮匠赛过诸葛亮"的意思，在一个包容了不同文化背景的个人的群体中，尤能体现出这种多样性。[38]

知识的传播常常依赖于文本以及其他物品的移动，如从1851年开始便长期连续举办的国际博览会的深远影响，即为明证。尽管如此，通过面对面的交流，可以取得更好的传播效果，匈牙利哲学家迈克尔·波兰尼（Michael Polanyi）关于个人知识的阐释对这一点有令人印象深刻的论证，他也是一位流亡者。概言之，"思想随人而移动"[39]。有一位瑞典地理学家强调指出："非常规的信息，需要直接的人际联系。"[40] 隐性知识尤其难以通过其他方式进行交流。手工技艺的传承也是一个典型的例子，因为学徒们的学习过程，就是通过对老师的观察，然后再在老师的观察和纠正下模仿老师的作品。

面对面的交流不仅有助于创新，还能传承传统。如我们所见，新思想常常来自不同思维方式的人们之间的交互，因此应从不同的角度看待同一个问题。在创新过程中，所谓"概念的位移"极为重要，常常可以看到，善于用创造性方式处理概念的人，本身就是位置发生过改变的人，即便不是从一个国家迁移到另一个国家，也是在不同的网络之间进行了换位。[41]

在历史学家的研究中，时常出现这样的情况，他自以为是发人所未发的见解，其实早在他们所研究人物的预料之中，值得一提的是，本书所提出的一些主要观点，早已在20世纪即由诸如卡尔·曼海姆、弗朗茨·诺伊曼和诺贝特·埃利亚斯等流亡者阐述过了。其中曼海姆和埃利亚斯均分析了有关疏离超然的问题，而诺伊曼，则如前所述，划分了流亡科学家或学者们可能采取的不同应对策略。如果说有一种叫作流亡理论的学术传统，那么他们三人都能在其中占有一席之地，而追溯起来，这个传统远不止百年。

## 理　论

社会学家格奥尔格·齐美尔在德国未能获得教席，原因是其犹太人的身份，也就是说他不完全算是一个德国人。1908年，他发表了一篇有关"陌生人"（der Fremde）的著名文章，聚焦于那些像他一样在某个社会群体中地位忽内忽外的人所做出的创新性贡献。80年之后，另一位社会学家，也是流亡英国的波兰裔犹太人齐格蒙特·鲍曼（Zygmunt Bauman）写道，犹太人好像是"齐美尔所说的陌生人的缩影，即使进入却总是身处在外，审视熟悉的事物仿佛它是陌生的研究对象，问别人不会问的问题，质疑无可置疑的规则，挑战不容挑战的权威"[42]。

罗伯特·帕克也提出过类似的观点，他是所谓的芝加哥社会学派的代表人物，该学派重点研究城市及其居民，包括移民在内。1928年，帕克发表文章指出，移民导致了"人格类型的改变"，他称之为"边缘人"，这是一种"被解放的个人"，他"学会用一种陌生人的超脱姿态看待他所生长的世界"。[43]

后来的研究者们对这一主题做了进一步的演化，研究指出，有的时候，流亡者通过展示陌生新奇的观点，而使他们的东道主，或者至少是其中的一部分人，接受了去地方化。两位20世纪六七十年代的波兰流亡者——哲学家莱谢克·科拉科夫斯基（Leszek Kołakowski）和社会学家齐格蒙特·鲍曼——对此有过令人印象非常深刻的描述。哲学家莱谢克·科拉科夫斯基由于批评政府而在60年代离开波兰流亡海外，他的文章笔锋犀利、剑拔弩张，其中一篇标题就叫作《流亡赞》，开篇即开宗明义地提出，"众所周知，并且毫无疑问，局外人的身份在认知上具有优势"，他进而指出，与其说流亡是一种不幸，不如说是挑战，尤其是需要面对不同观点的挑战。[44]

在一次接受采访时，科拉科夫斯基的同胞齐格蒙特·鲍曼在被问及是否适应英国文化，鲍曼回答说："适应永远都不是当务之急。"真正的挑战是，"要向我的英国同事和学生们揭示我身上的差异所包含的意义，也许再说服他们对那些迥异的事物产生兴趣或善加利用"。在此基础上，鲍曼继续补充说道，"报答我的英国东道主的唯一办法，是向他们提供一种之前尚不具备而且不经由面对面的交流也无法获得的思考和行动的替代方式"，这种方式"将使他们进益丰富，就像我在英国日常待人接物中所获得的收获一样"。他总结认为，"无家可依"的所得远远大于其所失。"进入'内部'，但又部分'在外'……可以保持眼界始终新鲜、率真和坦诚。"[45]

爱德华·萨义德的感受略为含糊一些，他虽客居美国，但之前是来自巴勒斯坦的难民。萨义德认为，流亡是一次"可怕的遭遇"，但在"迷失方向"后也有所补偿，他尤其喜欢称之为"对位的"视野，这是一种"双重的观点"，"一个想法或经验，总有另一个与其相对应……两者有时都呈现为一种新的、不可预测的形式"。简言之，流亡者们本身虽然"萍踪不定"，但却仍有力量撼动他人。[46]

## 接　受

流亡异乡和客居海外是文化接触的形式之一，因此显然需要从两个方面加以审视。就像个别的移民或整个离散族群对于其寄居国文化的开放程度有多有少一样，对于外国人或是不同类型的外国人，在这些寄居国的被接纳程度也是不等的。相对而言，流亡意大利的希腊学者要幸运一些，因为有许多意大利人愿意学习他们所教授的东西。胡格诺派的学者们四散到阿姆斯特丹、伦敦或柏林等地后,所遇到的情形也较为相似。再来看20世纪30年代的情况,例如,流亡墨西哥的西班牙人对于新文化的适应就比流亡英国的德国人要容易一些,因为西班牙人和他们的东道主说的是同一种语言(或是如其中一位流亡者所嘲讽的,差不多是一样的语言)。由于有接纳流亡者的传统,英国在20世纪30年代对待外国人的态度相对开放,而同时期的美国则更为开放。以研究型大学的系科作为微观层面来看,从伊斯坦布尔到墨西哥城,一些正处于扩建发展中的大学,较之缺少经费难以提供更多教职的大学,更乐于接纳外国学者。

在这一点上,不妨引述两位20世纪30年代流亡学者的话以作证明。欧文·潘诺夫斯基称之为"神同步",即一方面犹太艺术史学需要逃离德国,而另一方面美国的艺术史学科恰好兴起。社会心理学家玛丽·雅荷达(Marie Jahoda)则用"错综复杂的相互作用",来指移民身上的文化与"他们寄居国的新文化"之间的关系。[47]

有关寄居国一方,或者更确切地说,是那些寄居国里的个人和团体,在接受方面的问题,在后文中将会不断出现。事实上,整本书都可以说是一项接受史的研究,其中有两重的意义,既包括寄居国的人们对于流亡者或热情或冷淡的接纳,也指对他们的观念及所带来的知识给予的或积极或创造性的接受。接下来的内容,将主要集中在欧洲和南北美洲的一些案例上。但是,这个话题是一项全球性的议题,因此,在西方的例子之外,简要地述及古代、东亚和现代阿拉伯世界的流亡者们对知识的贡献,仍不无启示。

# 第二章　全球议题

流亡者对知识的贡献当然是一个全球性的议题，自古代、中世纪到现代的例子不胜枚举。

在古典时代，关于流亡的讨论褒贬不一，如奥维德（Ovid）的"流亡即死亡"（*exilium mors est*）之说，以及普鲁塔克（Plutarch）说的人人都是流亡者，以此来宽慰友人。[1] 生活在罗马的希腊学者中，客居者盖伦（Galen of Pergamon）和流亡者波利比阿（Polybius）都是其中的佼佼者，在当时，希腊人的身份是可以令学者增光显耀的，就像文艺复兴时期意大利人的身份一样。佩加蒙的盖伦以其医学论著而声名远播，于公元162年定居罗马，先后担任过3位皇帝的御医。而移居到大都市，很可能对盖伦思想的形成和传播大有助益。[2]

古代世界的两位著名历史学家——波利比阿和约瑟夫斯（Josephus），都是流亡者。波利比阿来自阿卡迪亚（Arcadia）的希腊城市梅格洛玻利斯（Megalopolis），于公元前167年与其他希腊贵族一起被挟至罗马作为人质，并生活了17年。作为生活在罗马的希腊人以及游走于贵族上层的经历，为其写作《历史》（*Histories*）打下了基础，罗马的崛起是其历史著作的中心主题。波利比阿在写作中，"胸中同时怀有希腊和罗马的民众"，尤其是作为一名中介者，向他的希腊同胞们介绍罗马。[3]

公元70年罗马攻占耶路撒冷，拆毁圣殿后，犹太学者四处离散，也是一个流亡而影响知识世界的典型例子，尽管"犹太人的离散早在圣殿沦陷之前就已经开始了"（巴比伦之囚发生于公元前597至前538年）。在犹太世界可以与波利比阿相提并论的，当属提图斯·弗拉维奥·约瑟夫斯，他参与了对犹太人的战争，作为翻译效力过两位罗马皇帝，并改用了罗马名字，然后用希腊语完成了历史著作《犹太战史》。⁴这两位历史学家的历史识见，是他们能够不仅从外部而且在内部观察罗马人，这显然与其人生境遇是相关的。

## 拜占庭、波斯和阿拉伯人

在西方历史学家所说的古代晚期或中世纪早期，拜占庭、波斯和阿拉伯之间往来频繁，推动了知识和思想的传播。公元489年，位于埃德萨（Edessa，今土耳其境内）的聂斯脱里学院（Nestorian academy）被拜占庭皇帝查封，聂斯脱里派教徒被宣布为异端，该学院作为医学和哲学知识中心的作用被其他一些类似的机构取代，尤其是位于贡德沙普尔（Gundeshapur或Jundisabur，今伊朗境内）的一所学院。这所学校成为来自希腊、波斯和印度的知识相交汇的地方。同样，当拜占庭皇帝于529年关闭了雅典著名的柏拉图学院后，许多希腊哲学家迁移到了敌对的萨珊王朝，萨珊的帝国中心位于今天的伊朗。萨珊王朝的统治者霍斯劳一世（Khusrau I，亦作Chosroes）重视并奖励学术，他本人亦精通梵文和希腊文，并参与了文献的翻译工作。霍斯劳延请印度和中国的学者至其宫廷，庇护从拜占庭帝国流亡而来的聂斯脱里派教徒，组织由希腊文和叙利亚语（Syriac，类似阿拉姆语）至巴列维语（Pahlavi，古波斯语）的翻译。通过这种方式，来自不同文化背景的学者之间的人际接触，促进了不同知识的广泛传播。

例如，亚里士多德（Aristotle）的《工具论》（*Organon*）和托勒密（Ptolemy）的《天文学大成》（*Almagest*）就是在这一时期从希腊文被翻译至巴列维语的，同时翻译的还有许多医学文献。后来，这些文献被再次翻译，即在阿拉伯人征服波斯后，从巴列维语译至阿拉伯语。后经由阿拉伯人,这些文献辗转流传到了中世纪时代的西方,并再次被翻译,这一次是译成拉丁文。因此,在这一次古希腊知识的协同式传播过程中,波斯以及霍斯劳一世发挥了关键的作用,当然具有讽刺的是,拜占庭的皇帝们可能也功不可没。鉴于经历了多次的转译再译,在传播过程中也包括了一定的融合会通,即有意或无意中对文本的改动以使其适应相应的接受地的文化。[5]

## 基督教和佛教的云游僧侣

在基督教和佛教传播的历史中,以及一些世俗知识的传播史中,云游僧侣们发挥了重要的作用。在6世纪的欧洲,爱尔兰传教士高隆邦(Columbanus)及其追随者所创立的修道院,不仅对基督教的确立,而且对古代知识的保存和传播都具有重要意义。高隆邦在意大利北部建立了博比奥修道院(Bobbio),在勃艮第创建了吕克瑟伊修道院(Luxeuil),其门徒之一在瑞士建立了圣加仑修道院(St Gallen),以及吕克瑟伊的修士在皮卡第(Picardy)创建了科尔比修道院(Corbie)。这四座修道院都成为中世纪早期欧洲主要的知识中心。

佛教在中国、韩国和日本的被接受,也要归功于在几百年中无数对学习知识或传播知识孜孜以求的客居者。从4世纪到14世纪,参与这一传播的主要人物有:鸠摩罗什(Kumarajiva)、玄奘、鉴真、圆仁和提纳薄陀(Dhyanabhadra,又名指空)等。公元4世纪,印度僧人鸠摩罗什来到长安,将佛教经典由梵文翻译成中文。公元7世纪,中国僧人玄奘历经长达17年的跋涉,抵达印度并返回,带回了大量梵文经书,并翻译直至圆寂。8世纪,另一位中国僧人鉴真东渡日本,在那里度过了余生的最后10年。在日本,他建立寺庙和学校,将佛教教义介绍给日本贵族。9世纪,日本僧人圆仁来到中国,在寺院修行和抄写佛经,为时9年,回到日本后大力弘扬密宗佛法。14世纪,印度僧人提纳薄陀到达高丽,模仿著名的那烂陀寺(Nalanda)的形制建了一座寺院。

这个漫长的接受过程一直延续到近代早期，并使早期的印度佛教转变为在中国兴起后又传入日本的禅宗。例如17世纪，中国僧人隐元隆琦携弟子东渡日本，创建禅宗寺庙。像鉴真一样，他余生都留在了日本。[6]

## 新闻传媒

在被西方人称为中古时代的伊斯兰世界，流亡者和客居者们在创造与传播知识方面发挥了重要作用。同古代世界一样，边界在这个时期远不如后世那么紧要，而古典阿拉伯语以及语言学家称为"新波斯语"的语言在各地学者中普遍通行。尽管如此，文化上的差异仍然非常明显，许多学者都有亲身的经历。波斯天文学家阿布·马沙尔（Abu Ma'shar，在西方亦作Albumasar）在贝纳勒斯（Benares）求学，但在巴格达工作。波斯哲学家（或更准确地说，博学家）法拉比（Al-Farabi），在当时被称为亚里士多德再世，其对亚里士多德本人的学说亦著有评注，他来自今天位于哈萨克斯坦境内的某个城镇，后在巴格达和大马士革生活。地理学家伊德里西（Al-Idrīsī）来自摩洛哥，但在巴勒莫（Palermo）工作。语法学家阿布·海扬（Abu Hayyan）来自格拉纳达，但居住在开罗。历史学家伊本·赫勒敦（Ibn Khaldun）来自突尼斯，后来在菲斯（Fez）、格拉纳达和开罗生活。

进入现代后，一些流亡者因其思想对西方知识分子、其穆斯林同胞或同时对两者的重要影响而引人注目。爱德华·萨义德就是其中之一，他对自己流亡者身份的认识可谓最为清楚，无论是好是坏。另一个较早的例子是贾迈勒丁·阿富汗尼（Jamal al-Din al-Afghani），他出生于伊朗，居住在印度和埃及，以对西方帝国主义的批判而闻名。

体现流亡者在知识传播中的重要作用的一项集体性的例证，来自新闻史。来自叙利亚的阿拉伯人在移居埃及后，创办了许多重要的报刊，因为在赫迪夫·伊斯梅尔（Khedive Ismail）和英国总领事克罗默勋爵（Lord Cromer）的时期，新闻审查制度较为宽松。在这些阿拉伯记者中，包括创办《金字塔报》（*Al-Ahram*，1875年）的萨利姆（Salim）和比沙拉·塔克拉（Bishara Taqla）兄弟，为《金字塔报》撰稿的法拉赫·安吞（Farah Antun），创办《穆盖塔姆山》（*al-Muqattam*）等多本杂志的法里斯·尼姆尔（Faris Nimr），以及为《灯塔》（*al-Manar*）杂志撰稿的伊斯兰社会改革家穆罕默德·拉希德·里达（Muhammad Rashid Rida）等。这些作家大多居住在亚历山大港或开罗，但他们的文章面向整个阿拉伯世界，由于有共同的文字，更易达及各地的读者。[7]

在各个地方、各个时期，新闻记者是许多政治流亡者普遍选择的职业。著名的例子包括：来自南美的安德烈斯·贝略（Andrés Bello），他在伦敦生活期间出版了《美洲文荟》杂志（*Repertorio Americano*，1826年）；俄国的亚历山大·赫尔岑（Alexander Herzen）的杂志名叫《钟声》（*Kolokol*），也在伦敦出版（1857—1865年）；以及中国的改革派梁启超也在流亡日本后，用中文出版《新民丛报》（1902—1907年）。更多的例子，尤其是生活在柏林、伦敦和荷兰的新教流亡者，请见后文。

诸如此类的例子提醒我们，在过去大约五百年间，流亡者和客居者们对知识的贡献并不像本书其余章节中的案例所示的那样，仅仅局限于西方世界。不过，我们现在将转向这些个案的研究，先从近代早期欧洲的流亡者们开始。

# 第三章　近代早期的流亡者

本章所要讨论的，是德国历史学家海因茨·席林（Heinz Schilling）所谓的发生在16和17世纪的"因信移民"（confessional migration），如此"大规模的宗教难民"，在历史上可能也是空前的一次。[1]文中涉及5个宗教群体对知识所产生的影响，分别为：犹太人、穆斯林，以及东正教徒、天主教徒和新教教徒。

## 希腊人

从离散的角度来看，近代早期的历史分期可以从1453年君士坦丁堡陷落开始，苟延残喘的拜占庭帝国的帝都终于陷于奥斯曼帝国苏丹"征服者"穆罕默德二世（Mehmet II）的铁蹄之下。城陷之后，包括许多著名学者在内的大批希腊人逃往意大利。实际上，民众的逃亡早就伴随着奥斯曼帝国的逐渐入侵而开始了。须知道，从1422年开始，君士坦丁堡一直处于"长期的围城之中"。[2]难民的迁徙也一直延续到1453年之后很久，尤其是来自希腊诸岛的流亡者，如科孚岛（Corfu），特别是克里特岛。

作为这场运动的后果，1453年在传统上被看作是文艺复兴的开端，或者至少是文艺复兴时期的人文主义的开端。这种观点可以被称为"1453年神话"，即将一个持续性的进程戏剧化地用某个带有确切年份的单一事件来指代，使其更易记忆。这种观念一直可以追溯到15世纪。在15世纪60年代，人文主义者皮耶尔·坎迪多·德切布里奥（Pier Candido Decembrio）宣称："自从君士坦丁之城被蛮族异教徒摧毁后……许多意大利人已变成了希腊人，尽管并不十分可靠。"即便在三百多年后，这种观念虽然当时已受到不少学者的批评，但支持者仍然大有其人，如伏尔泰（Voltaire）等。[3] 毕竟，古典传统在文学、学术和视觉艺术等领域的复兴，显然早在1453年之前便已在意大利开始了，如佩特拉克（Petrarch, 1304—1374年）、罗瓦托·洛瓦蒂（Lovato Lovati, 1241—1309年）的时代，甚至更早。一些意大利人文主义者在1453年之前就在希腊世界生活多年，其中包括：乔瓦尼·奥里斯帕（Giovanni Aurispa），他定居于希俄斯岛（Chios），收集了索福克勒斯（Sophocles）、修昔底德（Thucydides）和其他古代作家的大量文稿卷册；维罗纳的瓜里诺（Guarino of Verona）曾在君士坦丁堡随曼努埃尔·赫里索罗拉斯（Manuel Chrysoloras）学习；而弗朗切斯科·菲莱尔福（Francesco Filelfo）则曾师从曼努埃尔的侄子亚诺什（Janos）。

也许可以说，希腊学者的大逃亡适逢其时。与神话的说法相反，希腊学者们到来之时，正值早期文艺复兴方兴未艾之际，对希腊语言和希腊哲学知识的需求高涨，流亡者们又恰能够提供这些知识，于是乎这些知识首先在意大利，然后在欧洲其他地区广为传播。希腊学者的不断增多，迎合了其意大利同行们不断增加的接受需求。

要列举出50名在这一传播中卓有贡献的希腊人，可以说是易如反掌。最重要人物之一，是曼努埃尔·赫里索罗拉斯，他应科卢乔·萨卢塔蒂（Coluccio Salutati）的邀请于1397年来到佛罗伦萨，为列昂纳多·布鲁尼（Leonardo Bruni）、安布罗焦·特拉沃萨里（Ambrogio Traversari）和维罗纳的瓜里诺等重要的人文主义者教授希腊语，并出版了一部希腊语语法书。其次当属塞奥多鲁斯·加扎（Theodorus Gaza），他来自塞萨洛尼基（Thessalonika，土耳其称萨洛尼卡[Salonika]），于1430年城市被土耳其人占领后逃往意大利。他先是在费拉拉（Ferara）教授希腊语，后移居罗马，从事希腊哲学著作的翻译，最后又去了那不勒斯。第三位是德美特里·卡尔孔狄利斯（Demetrios Chalcondyles），来自雅典，于1447年抵达意大利，成为帕多瓦大学的首位希腊语教授，并在佩鲁贾、佛罗伦萨和米兰等地执教。第四位是约翰内斯·阿尔吉罗波洛斯（Ioannis Argyropoulos），实实在在来自君士坦丁堡的难民，在1453年城破时曾被俘虏。与其前辈赫里索罗拉斯一样，他也在佛罗伦萨教书。

得益于这些老师，一大批意大利人文主义者得以通过希腊语原文阅读亚里士多德和柏拉图的著作，从而避免了在由阿拉伯文译本再转译至拉丁文后可能出现的歧义（阿拉伯人首先在中世纪时期将古代希腊的知识辗转传播至西方）。如果没有这些流亡者的帮助，人文主义者的口号"回到源头"（ad fontes）可能就沦为一句空话了。同样助有一臂之力的，还有同时代的犹太流亡者约哈南·阿莱曼诺（Yohanan Alemanno），他生于君士坦丁堡，大约1453年前后来到了意大利，著有多部哲学论著，并为人文主义者乔凡尼·皮科·德拉·米兰多拉（Giovanni Pico della Mirandola）教授希伯来语。

还一些流亡者则将书籍从希腊文翻译成拉丁文，以飨博学家之外的更多公众。例如，塞奥多鲁斯·加扎翻译了亚里士多德的著作。德美特里·卡尔孔狄利斯帮助费奇诺（Marsilio Ficino）翻译柏拉图作品。特拉比松的乔治（George of Trebizond）译有亚里士多德和柏拉图的作品（尽管其译本在当时因不准确而受到批评）。在其后一代人中，曾在希腊基西拉岛（Cythera，亦作Kythira）任主教的克里特人马克西莫斯·马古尼奥斯（Maximos Margounios），后在威尼斯生活，著有诗集，并将诸如尼撒的贵格利（Gregory of Nyssa）和大马士革的约翰（John of Damascus）等神学家的希腊语文本翻译成拉丁文。马古尼奥斯本身生于混合家庭（父亲为希腊人，母亲为威尼斯人），他不仅在语言之间而且在信仰之间进行转介调和，曾试图调和天主教、路德教和希腊东正教的信仰，但未能成功。

流亡学者并非只向意大利人传授了古代希腊的语言和文化知识，也面向其他的欧洲地区。例如，塞奥多鲁斯·加扎教授的学生还有：德国学者约翰·鲁赫林（Johann Reuchlin）、英国人威廉·格罗辛（William Grocyn）

和托马斯·林纳克（Thomas Linacre）；塞奥多鲁斯·加扎的表弟安德罗尼库斯·卡里斯蒂斯（Andronicus Callistus），曾教过西班牙人文主义者安东尼奥·内布里哈（Antonio Nebrija）。这些外国人是前来意大利学习的，但在后来，一些希腊学者也移居到法国和其他地方。来自斯巴达的乔治·赫尔蒙尼莫斯（Georgios Hermonymos）后移居巴黎，在那里他的学生包括伊拉斯谟（Erasmus）和纪尧姆·比代（Guillaume Budé）。亚诺斯·拉斯卡里斯（Janos Laskaris）于1453年逃出君士坦丁堡，先在意大利教授希腊语，后也移居巴黎。来自克里特的德米特里欧斯·杜卡斯（Demetrios Doukas），先是移居威尼斯，后受邀前往西班牙，在阿尔卡拉大学（University of Alcalà）教授希腊语，并参与了多语种版圣经的翻译工作，即《康普鲁顿合参本圣经》（Complutensian Polyglot）。

即使是知名度较低的学者，也在意大利等地教授希腊语，而其他流亡者亦以其他不同的方式为知识做出了贡献。有些是医生，（不同于法律方面）移民从事这一行业较为容易。担任英格兰红衣主教博福特（Henry Beaufort）私人医生的托马斯·弗兰克（Thomas Frank）是名希腊人，尽管其姓名已不像希腊人了，后来他又成为法国国王查理七世的私人医生。其他一些流亡者以誊抄希腊文手稿为生，当时对此需求旺盛。来自希腊的主教亚诺什·贝萨里翁（Janos Bessarion）移居意大利并成为红衣主教后，出资赞助了许多抄写员，其去世时留下了近800份希腊文手稿，遗赠给了威尼斯的圣马可教堂。

抄写员的工作，同印刷工场里的希腊文排字印刷工或校对员非常接近。由于印刷术这一新发明在1453年尚未传到拜占庭，因此并没有印刷商从君士坦丁堡迁出，但是一些难民后来加入了印刷行业。例如，来自克里特岛的德米特里斯·达米拉斯（Demetrios Damilas）是米兰等地非常活跃的一名抄写员和印刷商。经他印刷的书，包括一部希腊语语法。另一位克里特人扎卡里亚斯·卡列尔吉斯（Zacharias Calliergis），来到了威尼斯，以其精美的书法而闻名，之后他于1515年转为印刷商，设计了一款希腊文印刷字体，雇用来自克里特的同胞在其工场担任排版和校对工作。到15世纪末,在威尼斯生活着大约4000名希腊人,其中大部分是克里特人,因此卡列尔吉斯可招募的雇员人选大有人在。著名学者兼印刷商阿尔杜斯·马努提乌斯(Aldus Manutius),出生在教皇国领地内,于1494年移居威尼斯并创办了自己的印刷场。由于他精通希腊文,因此将工场选址在威尼斯很有可能是为了便于接近当地能够识读希腊文的工人(包括马库斯·马索鲁斯[Marcus Musurus]等学者),以及原始资料,即贝萨里翁所遗赠的大量手稿。

这些教师、翻译、抄写员、印刷商和制版校对员,都可以看作是转介者,不过不同寻常的是,他们并不是寄居国与其自身的拜占庭、东正教文化之间的转介者,而是寄居国与古代希腊的语言和文化之间的转介者。不过,流亡者与他们在意大利等地的学生也对那些讲希腊语的"教会教父"充满兴趣。来自克里特的流亡者特拉比松的乔治就翻译了早期教会作家尤西比乌斯(Eusebius)的《福音初步》(The Preparation for the Gospel),而曾跟随流亡的曼努埃尔·赫里索罗拉斯学习希腊文的人文主义者列昂纳多·布鲁尼,则翻译了4世纪神学家该撒利亚的巴西勒(Basil of Caesarea)的一部作品。

## 犹太离散

欧洲流亡史上接下来的一个重要年份是1492年,随着基督教徒征服格拉纳达,犹太人为了避免强制改宗而大举逃离西班牙。(如本书中所讨论的自1453至1933年的其他案例一样)这次逃亡不仅只是一个事件,而是一个过程中的一部分,因此具体的年份需要被置于更宽广的语境下来看,可以上溯到更早一次反犹迫害和强制改宗的事件,所谓"1391年的不散阴影"。[4]在1492年为逃避改宗而流亡的犹太人有10万多人(尽管早年的估计曾高达20万人)。其中超过一半的人逃到葡萄牙,但在1497年,他们将再次面临改宗或逃亡的生死选择。

例如，亚伯拉罕·萨库托（Abraham Zacuto），原为萨拉曼卡大学（University of Salamanca）的天文学教授，于1492年逃往葡萄牙，后移居突尼斯。他并不是唯一一位前往北非避难的学者：雅各布·贝拉夫（Jacob Beirav）从西班牙逃到菲斯（后辗转经埃及、耶路撒冷、大马士革，最后到达采法特［Safed］），而托鲁蒂尔的亚伯拉罕·本·所罗门（Abraham ben Salomon of Torrutiel），以编年史家而知名，在年幼时便被从西班牙带到了菲斯。还有一些难民去了意大利，例如阿布拉瓦内尔父子，拉比以撒（Issac Abravanel）和他的儿子哲学家犹大·莱昂（Judah Leon Abravanel），他们在离开西班牙后来到那不勒斯；或是移居意大利的雅各布·曼蒂诺·本·塞缪尔（Jacob Mantino ben Samuel），他曾在帕多瓦大学学习，终生致力于将希伯来语文献翻译成拉丁文。[5]

还有一些人逃往奥斯曼帝国，特别是伊斯坦布尔、萨洛尼卡和采法特等地。[6]其中包括：律师和神秘主义者约瑟夫·卡罗（Joseph Caro）；塔尔木派（Talmudist）和卡巴拉派（Kabbalist）拉比约瑟夫·泰塔扎克（Joseph Taitatzak），他流亡到萨洛尼卡；来自格拉纳达的医生摩西·哈蒙（Moshe Hamon），自幼被带到了伊斯坦布尔，后成为苏丹苏莱曼一世（Suleiman the Magnificent）的御医，他收藏图书、撰写论著，并积极赞助学术。[7]卡巴拉（Kabbalah）的知识也从西班牙流传到奥斯曼帝国，尤其是在采法特。

还有一些学者，其在西班牙或葡萄牙的家庭已改宗皈依基督教，在移民离开后重新恢复了犹太人身份。典型的例子是两位身为人文主义者的医生：于16世纪中叶移居萨洛尼卡的阿马图斯·鲁西塔努斯（Amatus Lusitanus），以及移居拉古萨（Ragusa）的戴达库斯·皮洛斯（Didacus Pyrrhus）。到17世纪，采法特和萨洛尼卡（后被称为"第二个耶路撒冷"）已成为犹太教法和卡巴拉研究的中心。伊斯坦布尔、萨洛尼卡和采法特"取代了托莱多、科尔多瓦和巴塞罗那，成为犹太学术和知识生活的主要中心"。[8]

阅读这一离散犹太学者群体有关成就的研究，很难不产生这样的印象，即这些流亡学者主要保持了研习圣经、律法书（Torah）和卡巴拉教义的传统,而不是向其所迁居地的文化学习或为之做贡献。在这一方面,他们与20世纪30年代那场大离散中的同胞们完全不一样。逃离西班牙来到意大利的拉比约瑟夫·亚维兹(Rabbi Yosef Yavetz)认为,西班牙犹太人对世俗知识过于感兴趣了,这个观点可能得到了广泛的认同。

尽管如此,亚维兹的论著本身就反映了在这种传统中的一大例外:历史的书写。在中世纪的犹太文化传统中,历史从未占据过重要的地位。然而,在1492年之后,一些学者转向了这个方向。1492年的严重创伤,激发起许多人来记录和解释所发生的事件,例如,以撒·阿布拉瓦内尔、摩西·阿尔莫斯尼诺(Moses Almosnino)、亚伯拉罕·阿尔杜蒂尔(Abraham Ardutiel)、约瑟夫·柯亨(Joseph ha Cohen)、谢姆·托夫·伊本·贾米尔(Shim Tov ibn Jamil)、吉达拉赫·伊本·亚赫亚(Gedaliaah ibn Yahya)和亚伯拉罕·萨库托等。1492年被驱逐的命运,被视为犹太历史的重演,是新的"出埃及记"。它也被解释为对犹太人所犯之罪的神谴。但也有另一种观点,例如,以撒·阿布拉瓦内尔相信上帝的安排,并期望弥赛亚不久即将到来,以此回应来自基督教的攻击。简言之,如约瑟夫·耶鲁沙尔米(Yosef Yerushalmi)所说,"16世纪犹太史学兴起的主要动力是大灾大难"[9]。以此类推,1494年法国入侵意大利,以及随之而来的如何解释这场灾难的心理需要,激发起一批有关这一事件及其后果的历史著作,包括弗朗切斯科·圭恰迪尼的名著《意大利史》。

17世纪,第二波流亡者大规模逃离西班牙、葡萄牙和西属尼德兰,大部分流向了在当时又被称为"北方的耶路撒冷"的阿姆斯特丹。[10]其中最著名的犹太学者有:传教士和神学家玛纳西·本·以色列(Menasseh ben Israel),他与雨果·格劳秀斯(Hugo Grotius)和克劳迪乌斯·萨尔马修斯(Claudius Salmasius)等一批著名欧洲学者常有书信互通;乌列尔·达·科斯塔(Uriel da Costa),带有许多流亡者身上常见的超然疏离,他严厉批评传统犹太教思想,因此被驱逐出教,最终自杀身亡;当然还有哲学家巴鲁克·斯宾诺莎(Baruch Spinoza),由于其非正统的信仰,于1656年被驱逐出阿姆斯特丹的犹太社区。

斯宾诺莎的家人于1492年被驱逐出西班牙，先迁移到葡萄牙，之后又辗转到了法国和荷兰共和国，斯宾诺莎即是在荷兰出生。但是，他的母语为葡萄牙语。不管他是否以塞法迪犹太人（Sephardic）的眼光审视荷兰文化，还是以荷兰的眼光回望塞法迪犹太文化，在不同文化之间的生活经历，很有可能促成其摆脱了任何一种正统观念，而形成原创的思想。

这些流离失所的移民也随身带来了一些宝贵的技艺。一位在伊斯坦布尔的法国外交官注意到，城里的犹太难民中有教土耳其人制造枪炮弹药的能工巧匠。[11]在西班牙和葡萄牙，很多医生都是犹太人，其中许多人在1492年后纷纷逃离。但在另一方面，与流亡意大利的希腊人不同，流亡的犹太学者教学和著书的对象主要仍然是犹太人，仅有少数的例外，如伊利亚·德尔·梅迪戈（Elia del Medigo），出生于来自德国的难民家庭，曾在佩鲁贾居住，并为著名的人文主义者皮科·德拉·米兰多拉教授希伯来语和阿拉伯语。

犹太印刷商早在1492年之前便已在西班牙经营业务，也奔走离散，并在新的家园重开工场。在这方面，有两个印刷商家族尤为重要：桑奇诺（Soncino）和伊本·纳米亚斯（Ibn Namias）家族，他们在15世纪末16世纪初在伊斯坦布尔、萨洛尼卡和马纳斯蒂尔（Manastýr）等地创办印刷场。由于他们为犹太读者印刷希伯来语书籍，因此得以被豁免苏丹下达的印刷禁令。同样，17世纪阿姆斯特丹的犹太印刷商，例如约瑟夫·阿蒂亚斯（Joseph Athias）、伊曼纽尔·本韦尼斯特（Immanuel Benveniste）、大卫·德·卡斯特罗·塔尔塔斯（David de Castro Tartas），以及之前作为学者已经提到的玛纳西·本·以色列，均精于希伯来文图书的印刷，也印刷犹太文本的西班牙语译本。

不过，阿蒂亚斯的印刷事业并未仅限于此类书籍。他声称印刷了超过一百万册英语版《圣经》，也印刷过天主教会的礼拜仪式用书。[12]塔尔塔斯印刷意第绪语的书籍，其中包括一部亚瑟王传奇，说明骑士传奇文学在当时广受欢迎。这绝非个案：在1600至1732年间，可查有318名犹太印刷商在阿姆斯特丹工作过，他们印刷的意第绪语书籍主要出口波兰，而希伯来语书籍主要供当地犹太社区，也销往其他地区。13

在世俗知识方面，1688年在阿姆斯特丹出版了一本西班牙语的奇书，作者约瑟夫·彭索·德拉·维加（Joseph Penso de la Vega）是一位学识卓越的塞法迪犹太商人，书名意味深长，叫作《混乱中的困惑》(*The Confusion of Confusions*)。该书采用生动的对话体例，对话者分别是"一个智慧的哲学家、一个审慎的商人和一个无所不知的经纪人"，介绍了当时方兴未艾的股票交易。作者详细描述了投机者的策略，最早以书面的形式提到了"牛市"和"熊市"的概念。他把股市比喻为"错综复杂的迷宫"，并且是上演最佳人间喜剧的剧场。不难想象，他会怎样妙笔生花地描写后来发生的投机乱象，如严重影响阿姆斯特丹及伦敦经济的1720年的南海泡沫事件，或者甚至如2008年的国际金融泡沫。14

正是在17世纪的阿姆斯特丹，来自东欧的阿什肯纳兹犹太人（Ashkenazi Jews）因躲避三十年战争之乱以及乌克兰博格丹·赫梅利尼茨基（Bohdan Khmelnytsky）起义后对犹太人的大屠杀，遇到了来自伊比利亚半岛的塞法迪犹太人。15双方的这次相遇是否产生了重要的知识成果，并不易判断，但是至少根据一些证据显示，答案应该是肯定的。

例如，出生于阿姆斯特丹的尤里·菲巴斯·哈列维（Uri Phoebus Halevi），是当地活跃的印刷商，也曾在波兰工作过一段时间，他在不同时期参加了阿什肯纳兹或塞法迪会众中的礼拜，两个族群中都有排字工人为其所雇用。大卫·德·卡斯特罗·塔尔塔斯出生于来自葡萄牙的"新基督徒"家庭，在资金上得到了阿什肯纳兹商人的支持。其所印刷的书刊报纸同时面向两个群体，一类是西班牙语的《阿姆斯特丹周报》(*Gazeta de Amsterdam*)，另一类则是意第绪语《周二周五报》(*Dinstagishe un Freytagishe Kuranten*)。16索尔·列维·莫特拉（Saul Levi Mortera）是塔木德的权威，斯宾诺莎也是其弟子之一，他是来自威尼斯的阿什肯纳兹犹太人，但不同寻常的是，他却在阿姆斯特丹的塞法迪犹太社区担任拉比。同样活跃于塞法迪社区的阿什肯纳兹犹太人还有沙卜泰·巴斯（Shabetai Bass），他最有名的贡献是编订了首部希伯来语印刷文献的书目，书名充满诗意，叫作《沉睡的唇》(Sifte yeshenim, 1680年）。同样在阿姆斯特丹，一些阿什肯纳兹的排字工和校对员也在塞法迪犹太人开办的印刷场里工作。[17]

简而言之，犹太流亡者对知识的贡献并不在于两种文化之间的转介调和，而主要是在逆境当中勉力维持其宗教传统。在调和转介方面较为明显的个例，是为葡萄牙人工作的犹太翻译（linguas），但即使是在印度或葡萄牙帝国的其他地方，他们也未能逃脱被驱逐的命运。例如，瓦斯科·达·伽马（Vasco da Gama）就曾雇用过犹太翻译，而发现巴西的佩德罗·阿尔瓦雷斯·卡布拉尔（Pedro Alvares Cabral）的手下也有犹太翻译。[18]

在这些犹太流亡者中，加西亚·德·奥尔塔（Garcia de Orta）可能是最典型的一个例子。他是所谓的"新基督徒"，出生于西班牙难民的家庭，曾任葡萄牙国王若昂三世（João III）的医生。在30多岁时，可能是为了躲避宗教裁判所的调查，加西亚·德·奥尔塔来到果阿（Goa）。他研究当地的草药，发表了一部有关印度草药的《草药对话录》（Colóquios dos simples），该书的拉丁文译本流传甚广。书中的对话参与者中有一位是印度医生，这说明加西亚在钻研草药之外，还向当地医生求教。[19]

另一个例子是雅各布·卡斯特罗·萨尔门托（Jacob Castro Sarmento），他为逃避宗教裁判所而于1720年从葡萄牙逃到英国。他的第一本书以葡萄牙语写作，于1737年在伦敦出版，通过研究潮汐的理论以支持艾萨克·牛顿（Isaac Newton）的观点。这本书究竟吸引了多少读者，不得而知。不过，卡斯特罗另一本用葡萄牙语撰写的英语语法书，于1751年在里斯本出版，可能更受欢迎。[20]

## 穆斯林离散

像犹太人一样，生活在西班牙和葡萄牙的穆斯林也不得不在改宗和流亡之间做出抉择。许多人选择了离开，1492年从格拉纳达、1497年从葡萄牙、1502年从卡斯蒂利亚，以及16世纪20年代从阿拉贡，大约有10万穆斯林离开西班牙，主要是去了北非，随后从葡萄牙逃离的穆斯林，人数则略少。[21] 接着在1609—1614年出现了第二波流亡潮，西班牙政府大举驱逐所谓的"摩里斯科人"（Moriscos），也就是（至少在表面上）已改宗皈依基督教的穆斯林。大约又有30万人逃离西班牙，其中三分之一来自巴伦西亚。大部分人流向了突尼斯或摩洛哥，还有一些去了阿尔及利亚或伊斯坦布尔。对于西班牙来说，"技能移民"流失严重，包括蔬果菜农、丝织工、陶瓷工（包括著名的阿兹勒赫瓷砖［*azulejos*］）、泥瓦匠和木匠等。而关于学者的流失，所知道的并不多。

同犹太人的情况相类似，穆斯林流亡者们在转介调和方面似乎并未发挥很明显的作用。尽管也有例外，如来自格拉纳达的西迪·阿里（Sidi Ali），后前往印度担任葡萄牙总督阿方索·德·阿尔布克尔克（Afonso de Albuquerque）的翻译。不过，由于我们对这些来自西班牙的流亡者在寄居国的影响知之甚少（至少对于不通阿拉伯语的历史学家而言），因此任何形式的结论都是有欠妥当的。

还有一个广为人知的知识转介的例子，但实际上颇有些迫不得已。哈桑·瓦桑（Hasan al-Wazzân）出生于格拉纳达，在西方世界又被称为利奥·阿非利加努斯（Leo Africanus）。1492年，他与父母一起来到菲斯，学习成长，成为一名外交使节。在20多岁时，他被基督教海盗俘获并挟至罗马，被以其恩主教皇利奥十世（Leo X）之名受洗后改教名为"利奥"，他曾在博洛尼亚教授阿拉伯语，并编写了一部阿拉伯语语法书。应教皇的要求，瓦桑撰写了著名的《非洲记》（*Description of Africa*），该书于1550年先以意大利语出版，在1600年前，就先后被翻译成法文、拉丁文和英文，对于西方人了解非洲尤其是北非具有重要的作用。[22] 瓦桑与意大利的犹太学者雅各布·曼蒂诺合作编写了一部阿拉伯语—希伯来语—拉丁语词典，展现了一个通过融合会通为知识做出贡献的成功典范。

## 天主教离散

1492年后，下一波重要的移民离散发生在欧洲宗教改革之后，不过并没有非常确切的日期，至少持续到1685年《南特敕令》被撤销，后者将在后文中另做讨论。天主教徒主要从英格兰、苏格兰、瑞典和新成立的荷兰共和国等新教国家逃离，而新教徒则纷纷离开仍信仰天主教的国家，特别是意大利和西班牙等。

天主教徒流亡的一个显著特征是成立了许多专门面向流亡者的学校，其中包括：位于罗马的日耳曼与匈牙利学院（Collegium Germanicum et Hungaricum，1552年成立）、英国学院（English College，1579年成立）和圣伊西多尔学院（College of St. Isidore，1625年成立，主要面向爱尔兰移民）；位于法国杜埃（Douai）的英国学院（1561年成立）；巴利亚多利德（Valladolid）的皇家英国学院（1589年成立）；塞维利亚的圣格雷戈里学院（College of St. Gregory，1592年成立）；萨拉曼卡（Salamanca）的皇家爱尔兰学院（1593年成立）；圣奥梅尔学院（College of St. Omer，1593年成立）；以及马德里的皇家苏格兰学院（1627年成立）。[23]

那么这些流亡者对知识有怎样的贡献呢？尽管上述的学院提供了普通教育，但它们的主要目的是训练神父以回国宣教。换句话说，就像犹太人的情况一样，天主教流亡者在知识方面的主要作用是教育其他的流亡者，以保持其宗教传统，而不是在文化之间进行转介或创造新的知识。这一论点也适用于这些流亡者所撰写的大量书籍。例如，任圣伊西多尔学院校长的爱尔兰圣方济各会修道士卢克·瓦丁（Luke Wadding），历时多年撰写了圣方济各会的年代记。再如英国人理查德·史密斯（Richard Smith），是牛津大学的神学教授，后担任由西班牙国王菲利普在杜埃所创办大学的校长。在他的笔下，不论是为天主教信仰辩护，还是对加尔文（Jean Calvin）、西奥多·贝扎（Theodore Beza）和梅兰希顿（Melanchthon）等的口诛笔伐，可能主要并不是想要说服新教徒们，而只是为了防止其他天主教徒的立场动摇。史密斯的拉丁文秘书、神父理查德·拉塞尔斯（Richard Lassels），反倒是发挥了积极的转介作用。他翻译了天主教史家塞萨尔·巴罗尼奥（Cesare Baronio）的一部作品，但他最为知名的是他所写的《意大利行记》（*Description of Italy*），根据其为上流贵族阶层导览意大利的经历，向英国公众介绍和描述意大利的文化。[24]

上述的规律也有一些例外情况。首先，流亡者传播了天主教思想的最新变化，也就是通常所说的"反宗教改革"。[25]例如，英国的天主教徒就是从流亡在法国、佛兰德斯、意大利和西班牙的同胞那里，了解到新的信仰形式。在17世纪，尼德兰南部的天主教徒获知所谓"詹森派"（Jansenism）的神学思想，乃是通过该派领袖法国人安托万·阿尔诺（Antoine Arnauld）和帕斯奎尔·盖内尔（Pasquier Quesnel），他们两人都逃亡到了布鲁塞尔。

在这一新型的天主教思想的传播过程中，翻译当然不可或缺。如英国印刷商约翰·海格汉姆（John Heigham），在流亡杜埃和圣奥梅尔期间，翻译了许多意大利、西班牙和法国神学家的作品。来自北尼德兰城市米德尔堡（Middelburg）的马特奥·马丁内斯·沃奎尔（Mateo Martinez Waucquier），为了逃避宗教改革而迁至南部的安特卫普，一生致力于将天主教改革的宗教文献翻译为拉丁文，如亚维拉的德兰（Teresa of Avila）和圣方济各·沙雷氏（François de Sales）的神学作品，以使它们可以更加广为传播。同样，另一位来自北尼德兰阿默斯福特（Amersfort）的难民米凯尔·伊瑟尔特（Michael Ab Isselt），住在科隆，将西班牙神学家路易斯·德·格拉纳达（Luis de Granada）的作品翻译成拉丁文。从1592至1597年去世，伊瑟尔特还在科隆编辑出版了期刊《信使报》（*Mercurius Gallo-Belgicus*）。科隆（许多天主教神学著作以拉丁语在当地出版）以及罗马和安特卫普，成为当时天主教思想传播的主要中心。

在一些情况下，天主教流亡者也在世俗知识的传播方面发挥了重要作用。较早的例子是乌普萨拉（Uppsala）大主教约翰尼斯·马格努斯（Johannes Magnus）和他的弟弟奥劳斯（Olaus），他们是瑞典人，在古斯塔夫·瓦萨（Gustav Vasa）国王推行新教后，流亡威尼斯，后于1537年来到罗马。像很多流亡者一样，兄弟两人转而开始研究自己祖国的历史。约翰尼斯写下了一部哥特人国王的历史列传（瑞典人认为哥特人是其祖先），而奥劳斯则发表了一部北欧史，从而传播了斯堪的纳维亚半岛的文化知识。其后，移居尼德兰的爱尔兰炼金术士兼历史学家理查德·斯坦尼赫斯特（Richard Stanihurst），在安特卫普出版了一部爱尔兰史（1584年）和圣帕特里克（St. Patrick）的传记（1587年）。[26] 马格努斯兄弟的历史研究，完全有理由怀疑主要是出于思乡之情。

至少有一位天主教徒流亡者将翻译工作主要集中于世俗作品。艾吉迪乌斯·阿尔贝提努斯（Aegidius Albertinus）来自北尼德兰的德文特（Deventer），在流亡西班牙后，又到了慕尼黑，任宫廷的图书馆员，他将西班牙伦理学家安东尼奥·德·格瓦拉（Antonio de Guevara）的作品译成拉丁文，并将流浪汉小说《古斯曼·德·阿尔法拉切》（*Guzmán de Alfarache*）译成了德文。

还有一些天主教流亡者，成为耶稣会士，并被派往海外传教，如英国人托马斯·斯蒂芬斯（Thomas Stephens）曾到过印度。虽然主要作为客居者而不是流亡者的耶稣会士，将在第四章中得到详细讨论，但还是有一项例外的情况有必要在此一提。1776年，西班牙国王卡洛斯三世（Carlos III）下令耶稣会士离开其治下的领地，有超过2000人被迫离开西班牙和西属美洲地区，大部分人去了意大利。[27]

在这些西班牙人中，有一部分是学者，例如语言学家洛伦佐·埃尔瓦斯（Lorenzo Hervás），他被认为是"西班牙启蒙运动中被遗忘的伟大人物"。尽管据传他曾前往新世界传教，但赫尔瓦斯事实上并没有离开过欧洲。他就坐镇在仍是知识中心的罗马，像早前的阿塔纳修斯·基歇尔一样，从远在海外且已习得美洲印第安语的传教士那里获取信息，然后再分享给威廉·冯·洪堡（Wilhelm von Humboldt），后者将这些信息运用于其比较语言学的研究中。埃尔瓦斯在意大利的大部分时间，主要是利用罗马丰富的图书馆资源，致力于编纂一部世界语言录。尽管如此，他不仅仅是一位收藏家；他也是一位理论家，不仅为洪堡提供了资料信息，也为其理论的形成提供了许多真知灼见。[28]

另一位西班牙耶稣会士胡安·安德烈斯（Juan Andrés）也采用类似的方式，在流亡期间写下一部"各种"文学的起源和发展史。并不是所有的西班牙耶稣会学者都同赫尔瓦斯和安德烈斯一样，追求"百科全书"式的理想，但其他人在意大利似乎比在西班牙更具有欧洲感，因而也为西班牙与意大利文化的融合（una compenetración de culturas）卓有贡献。[29]

一些来自西属美洲的流亡耶稣会士，则从另外一个方面撰写了他们家乡地区的历史。来自今天智利的胡安·伊格纳西奥·莫利纳（Juan Ignacio Molina）用意大利语出版了《智利的地理、自然与历史》（Compendio della storia geografica, natural e civili del regno del Cile，1776年）。他细致的观察能力和准确的描述，直到晚近仍然受到赞扬。同样来自智利的米格尔·德·奥利瓦雷斯（Miguel de Olivares）写下了西班牙在该地区的征服史。[30] 胡安·德·贝拉斯科（Juan de Velasco）来自今天的厄瓜多尔，撰写了《基多王国史》（Historia del Reino de Quito，1789年）。来自墨西哥的弗朗西斯科·哈维尔·阿莱格里（Francisco Javer Alegre），撰写了在新西班牙的耶稣会传教士史。其中最重要的著作，乃是弗朗西斯科·哈维尔·克拉维耶罗（Francisco Javier Clavijero）完成的《墨西哥古代史》（Historia Antigua de México，1780—1781年）。克拉维耶罗懂得纳瓦特尔语（Nahuatl），他特别强调土著史料对墨西哥历史的重要意义，并指出早在西班牙人到来之前墨西哥已有了高度发展的文明。这些学者都是出生于美洲的克里奥尔人（creole），他们反对欧洲人对新世界的批评，当时以布丰伯爵（Comte de Buffon）和康奈利斯·德保（Cornelis de Pauw）等为代表的学者认为美洲的文化幼稚而落后。[31]

非常有意思的是，上述5位耶稣会士最重要的作品都是流亡国外后完成的，不知道是因为去国离家后的思乡之情使然，还是仅仅是以著书写作来打发这强制受迫而来的闲暇光阴。在最近的有关这些耶稣会士的一项研究中，作者提出了疑问，如果他们没有流亡，是否还会写出同样的著作。尽管作者的回答是"也许会"，但其论文的副标题"创作的悲怆"却暗示了相反的意味。[32]

## 伊丽莎白时代的流亡者

文至于此，是时候将重点进一步转向到爱德华六世（Edward VI）和伊丽莎白一世（Elizabeth I）统治时期背井离乡的英国天主教流亡者身上。他们大多数人流亡尼德兰，主要在鲁汶（Leuven）和安特卫普，或者去了法国，尤其是鲁昂（Rouen）、兰斯（Rheims）和杜埃。大约从1580年开始，鲁昂就成为"英国天主教印刷业的中心"，由于其距离英国较近的地利，便于从海上将书籍走私进入英国。[33]

天主教流亡者们的两项集体性的成就尤其值得一提。其一是格里高利·马丁（Gregory Martin）的圣经英文新译本，他以杜埃为基地，得到了许多其他流亡者的协助，包括威廉·艾伦（William Allen）、理查德·布里斯托（Richard Bristow）、威廉·雷诺兹（William Reynolds）和托马斯·沃辛顿（Thomas Worthington）等。另一项是针对英格兰教会及其捍卫者的笔诛墨伐，特别是著有《为英格兰教会辩护》（*Apology of the Church of England*）的索尔兹伯里主教约翰·朱厄尔（John Jewel）。天主教流亡者一方，是同在牛津大学新学院学习又流亡鲁汶的一群同道好友——托马斯·多曼（Thomas Dorman）、托马斯·哈丁（Thomas Harding）和托马斯·斯台普顿（Thomas Stapleton）等。他们所写的书则是由在鲁汶的另一位英国流亡者约翰·福勒（John Fowler）印刷出版，福勒也曾在新学院学习。福勒还印刷过另一本攻击朱厄尔的书，作者约翰·拉斯特（John Rastell），也是新学院的校友，但移居去了德国。

至此不难得出这样一种印象，即许多英国流亡者不愿意被同化，即使是在法国、西班牙或意大利，他们也是在英语学校学习和教书，用英文写作著书，在杜埃或鲁汶由诸如约翰·福勒、亨利·杰伊（Henry Jaye）或劳伦斯·凯兰姆（Laurence Kellam）等同为流亡者的英国印刷商印刷出版，而读者则是留在故乡英国的天主教徒们。

但是，千篇一律之中也有偶尔的例外。例如尼古拉斯·桑德斯（Nicholas Sanders），他用拉丁文撰写了一部英国"分裂"的历史，即《英国国教分裂的兴起与发展》(*De origine ac progressu schismatis Anglicani*，1585年)，该书在科隆、因戈尔施塔特（Ingolstadt）、罗马等地有多个版本被印刷出版，为其赢得了国际性的声誉。威廉·雷诺兹将他的好友艾伦和哈丁的作品翻译成拉丁文，也吸引了不少非英语的读者。移居安特卫普的理查德·维斯特根（Richard Verstegan），以其对英国古代文物的研究而留名至今，著有《文物修复》(*The Restitution of Decayed Intelligence*，1605年)一书，而这也是一本因思乡情切而成的作品。但是，正如其传记作者所指出的那样，他作为一名"文化的转介者"也非常重要，他能够自如地使用法语、弗拉芒语和西班牙语，是一本名为《新潮》(*Nieuwe Tijdinghen*)的杂志的出版人、翻译和新闻撰稿人；还是一个信息情报网络的组织者；并著有《现时代中的异端惨剧》(*Theatrum Crudelitatum Haereticorum Nostri Temporis*，1586年)一书。[34]

在这个充满宗教冲突的时代，很多印刷商唯利是图，但求书刊的市场销路，同时出版天主教和新教的作品；但还有一些印刷商，如上述的流亡者们，在图书印刷出版当中，始终秉持着牢固的信念。

## 新教离散

犹太人、穆斯林和天主教徒的迁移离散都对欧洲等地的知识文化产生了一定的影响，但是，如下文所要展开的，新教徒的离散留下了更为充分的记录，产生的影响也更显著，可能也更重要。流亡者的到来对所到地区知识方面的重要影响，有一定的先后顺序，一般手工技艺方面的表现最为迅速和明显，其后才逐渐在学术领域体现出来。

## 意大利

离散迁居的新教徒们主要来自北欧，但也并不尽然。以南欧的西班牙为例：米格尔·塞尔维特（Miguel Servet）因异端罪而在日内瓦受火刑而死；弗朗西斯科·恩济纳斯（Francisco Enzinas）将《新约》翻译成西班牙文；西普里亚诺·德瓦尔（Cipriano de Val）则选择流亡英国避难。

但是，意大利的新教流亡者人数更多。在1542年罗马宗教裁判所成立后，不同派别的新教徒（从加尔文宗到一神普救派）纷纷离开意大利半岛，四散前往瑞士、英国、德国、特兰西瓦尼亚（Transylvania）和波兰等地。他们在到达后，经常充当转介者的角色，通过向他们的东道主介绍意大利文艺复兴时期的众多学术和文化成就，为知识的传播做出了积极的贡献。[35] 例如，有不少难民是医生，有些还曾在帕多瓦大学学习。其中尼科洛·布切拉（Niccolò Buccella）和詹巴蒂斯塔·杰玛（Gianbattista Gemma）成为波兰国王斯特凡·巴托里（Stefan Batory）的御医，很有可能就是他们将在帕多瓦和意大利其他地区所取得的医学新发现传播到了中东欧。[36] 另一位难民雅科波·阿孔齐奥（Jacopo Aconcio）是一位工程师，他在英国受雇从事沼泽疏浚和城防修筑工作。阿孔齐奥还著有一部有关历史阅读和写作的书，风格流畅，于1574年被译成英文出版。

其他的难民则更偏向于人文科学，例如：文学评论家卢多维科·卡斯泰尔韦特罗（Ludovico Castelvetro），以对亚里士多德《诗学》的评注而闻名，他在离开意大利后，先后移居里昂、日内瓦和维也纳等地；他的侄子贾科莫（Giacomo）在伦敦赞助出版了两篇著名的意大利文田园诗，分别是托尔夸托·塔索（Torquato Tasso）的《阿敏塔》（*Aminta*）和贾安巴蒂斯塔·瓜里尼（Giambattista Guarini）的《牧羊人菲多》（*Pastor Fido*）。另一位难民，律师西皮奥内·詹蒂莱（Scipione Gentili）将塔索的史诗《耶路撒冷的解放》（Gerusalemme Liberata）翻译成拉丁文；而他的侄子罗伯特，生于伦敦，通晓多种语言，以将拉丁语、意大利语、西班牙语和法语的书籍翻译成英语为生。约翰·弗洛里奥（John Florio）是一位更为知名的翻译家，从其姓名就能看出融合了不同背景的身份，他也出生于伦敦，其父亲米开朗基罗·弗洛里奥（Michelangelo Florio）是一位难民。父子两人都发表过介绍意大利语的论著，而约翰除了意大利语之外，而教授法语，更以将蒙田（Montaigne）的散文翻译成英文而留名至今。

巴塞尔是当时意大利语对外翻译的主要中心，正是在这里，马基雅维利、历史学家弗朗切斯科·圭恰迪尼和保罗·乔维奥（Paolo Giovio）以及其他人文主义者的著作被译成拉丁文，从事翻译的流亡者包括：巴塞尔大学的修辞学教授切里奥·塞昆多·库里昂（Celio Secundo Curione）；医生兼巴塞尔大学教授乔瓦尼·尼科洛·斯托帕尼（Giovanni Niccolò Stoppani）；原本笃会修士弗朗切斯科·内格里（Francesco Negri）；以及马基雅维利《君主论》的翻译者西尔维斯特洛·泰利奥（Silvestro Teglio）。这些译本中相当一部分的出版商，是另一位意大利新教流亡者、曾为多明我会修士的彼得罗·佩尔纳（Pietro Perna），他移居巴塞尔，另外还出版了许多新教作家的作品。[37] 此外也有反向的转介，原为奥斯定会修士后成为新教徒的奥尔滕西奥·兰多（Ortensio Lando）在巴塞尔担任校对员，将托马斯·莫尔（Thomas More）的《乌托邦》（Utopia）翻译成意大利语（1548年）。[38]

## 荷 兰

来自荷兰的难民在知识传播方面的重要贡献，可以追溯到较早时期的丹尼尔·邦伯格（Daniel Bomberg），他是一位印刷商，于1516年离开安特卫普前往威尼斯，并长期印刷出版希伯来语书籍，直到1549年去世。虽然邦伯格本人是基督教徒，但他聘用犹太学者做排字工和校对员，就像阿尔杜斯雇用希腊人一样。

大规模的难民潮要稍后才到来。受西班牙国王菲利普二世之命,阿尔瓦公爵(Duke of Alba)总督尼德兰地区,大肆迫害新教徒,在1567至1573年间,约有60000名新教徒避祸逃离。第二波难民潮发生在16世纪80年代,由于西班牙军队重新控制了安特卫普等城市,有10万到15万新教徒离开尼德兰南部。其中第二波难民潮被称为"近代早期西欧四大人口迁移之一",其他三次分别为1492年的犹太离散、16世纪60年代和17世纪80年代的两次新教徒离散。[39]

许多尼德兰人移居德国和英格兰。其中有商人、银行家(如约翰·冯·博德克 [Johann von Bodeck] 于1584年离开安特卫普后定居法兰克福),以及许多能工巧匠,他们将各种专门技艺带到了他们的寄居国,建立起了诸多行业,引入了许多创新之举,"大规模生产的新形式,新型的技术和劳工组织形式"。例如,难民的到来使得正在快速发展中的城市但泽(Danzig,今格但斯克 [Gdańsk]),成为玻璃和家具制造的重要中心。[40] 来自列日(Liège)的镌版师提奥多尔·德·布莱(Théodore de Bry)先后移居斯特拉斯堡和安特卫普,最后来到法兰克福,成为一名印刷和出版商,尤专长于有关新世界的插图书籍,他的儿子让-提奥多尔(Jean-Théodore)后来也承袭父业。

至少在一段时期里,还有一些来自尼德兰的新教难民移居到英国,尤其集中在伦敦和东安格利亚(East Anglia)地区。其中至少有5位牧师发挥了在原籍国与寄居国文化之间进行转介的作用,他们学习英语(当时鲜有外国人能够掌握的一门语言)并将一些神学著作译成荷兰语,如著名神学家威廉·珀金斯(William Perkins)等的著作。文森特·默瑟沃(Vincent Meursevoet)曾在诺维奇(Norwich)生活,翻译了超过35本书;而扬·拉穆特(Jan Lamoot)自幼就来到英国,并在伦敦上学,他至少译有8本书。

不过,大多数佛兰德斯新教徒离开尼德兰南部来到了北部,尤其是在1585年西班牙重新占领安特卫普后。其中包括一些著名的学者,例如工程师西蒙·斯蒂文（Simon Stevin），于1581年从布鲁日（Bruges）移居莱顿（Leiden）。人文主义者卡斯帕·巴拉乌斯（Caspar Barlaeus）于1584年出生于安特卫普，后即随家人移居北部，先后在莱顿和阿姆斯特丹任大学教授。约翰内斯·德·莱特（Johannes de Laet）将商人和学者的身份集于一身，在1584年3岁时随家人从安特卫普搬到阿姆斯特丹。彼得勒斯·普朗修斯（Petrus Plancius）是一名牧师，也是天文学家，由布鲁塞尔流亡阿姆斯特丹，在制图和航海测绘领域卓有建树。圣经研究者约翰内斯·德鲁修斯（Johannes Drusius）与神学家兼历史学家威廉·博达尔缇厄斯（Wilhelmus Baudartius）二人都来自南部，在英国短暂流亡后移居尼德兰北部。二人均成为莱顿大学的教授，后前往弗里斯兰（Friesland）的弗兰纳克大学（University of Franeker）。

在这些难民中仍然不乏一些印刷商。如洛德维克·爱思唯尔（Lodewijk Elsevier），于1581年从鲁汶移居莱顿；而扬·康梅林（Jan Commelin）是一个印刷和学者世家的开创者，由安特卫普来到阿姆斯特丹。两位专长于地图制作的印刷商科内利斯·克拉兹（Cornelisz Claesz）和尤斯特·德·洪特（Joost de Hondt），于16世纪80年代初从安特卫普移居阿姆斯特丹。重新安家立业之后，他们两人合作制作出版地图，使阿姆斯特丹在17世纪成为地图制作和地理知识的主要中心。来自根特的印刷商和仪器制造者列维努斯·赫尔休斯（Levinus Hulsius），流亡后将工场搬到了纽伦堡，后又迁至法兰克福。

## 英　国

在信奉天主教的玛丽女王（Queen Mary）统治时期（1553—1558年），英国新教徒也纷纷流亡国外。他们被称为"玛丽流亡者"，通常的流亡地包括斯特拉斯堡、法兰克福、苏黎世和巴塞尔等地。虽然他们停留的时间并不长，但是在国外的流亡生活不啻某种正规或非正规形式的教育。在1554

至1559年间,巴塞尔大学的入学登记册中有38名英国学生,"他们都是新教难民"。从总体来看,由于他们的海外经历,"这些岛国居民的思想视野得以大大拓宽,达到了新的境界"[41]。流亡日内瓦的斯蒂芬·怀特斯(Stephen Wythers),翻译了加尔文批判圣物的论纲和路德派学者约翰·施莱丹(Johann Sleidan)关于古代四大帝国的历史著作。流亡斯特拉斯堡的约翰·福克斯(John Foxe),以拉丁文发表了第一版的《事迹与见证》(Acts and Monuments),该书后来被奉为英国新教的经典,也被称为《福克斯殉道者书》(Foxe's Book of Martyrs)。

在英国人离散迁移中,更为有名的例子,是所谓新世界的"朝圣先辈"们。他们是脱离英国教会并移居荷兰的新教徒,从1620年开始又陆续启程前往新英格兰。他们所关心的,基本上是要在一个新的地方重建社区,而不是寻求新的知识,尽管初来乍到之时,他们对许多当地动植物都一无所知,在陌生环境中,必然会学习掌握一些新的东西。同样地,他们也并不想向其印第安人邻居们传递任何知识。不过这样的论断中也有例外,牧师罗杰·威廉姆斯(Roger Williams)于1631年抵达波士顿,但在1636年去了新的定居点普罗维顿斯(Providence)。威廉姆斯学习掌握了印第安部落纳拉甘西特人(Narragansetts)的语言,在返回英国后出版了一本词汇集《美洲语言入门》(A Key Into the Language of America,1643年)。但是,威廉姆斯并不像耶稣会士等其他学习美洲语言的神职人员那样,试图改变印第安人的信仰。他是因为其本身而学习印第安文化的,是出于对它们的欣赏,尤其是其和谐的精神,同时也借此批评清教神权政治。[42]

## 中　欧

在捷克,随着1621年改宗加尔文教的国王在白山(Bílá Hora)战役兵败失利,新教徒和其他宗教异见者纷纷逃离波西米亚。例如,以夸美纽斯(Comenius)的名字为人熟知的扬·阿姆斯·考门斯基(Jan Amos

Komenský），是前新教团体摩拉维亚兄弟会（Moravian Brethren）的牧师，倡导其所谓的"泛智论"（*Pansophia*），认为普世的知识带来普遍的智慧。17世纪20年代，他先是逃亡波兰，此后辗转瑞典、普鲁士、英国和特兰西瓦尼亚等地。[43] 夸美纽斯所到之处，积极宣扬其教育等方面的思想。在英国期间，夸美纽斯与志同道合的苏格兰人约翰·杜里（John Dury，曾在荷兰、法国和波兰居住）和塞缪尔·哈特利布（Samuel Hartlib，生于波兰，但母亲为英国人）一起，对17世纪40年代的思想变革有过一定的贡献。

夸美纽斯、哈特利布和杜里都是弗朗西斯·培根（Francis Bacon）的追随者，怀有"普世改革"的理想（即通过教育改造社会），他们在1641年受反王室党派的邀请来到英国，被称为"英国革命中真正的哲学家、唯一的哲学家"[44]。三人之中，夸美纽斯的思想最具原创性，也是领袖，甚至有说法认为他对英国的访问与皇家学会的成立不无关系。不论是真是假，其追随者中确实有学会的创始人。[45] 其中哈特利布尤其功不可没，他与1641年反对国王的议会反对派领袖约翰·皮姆（John Pym）过从甚密，同时也是一位出色的转介调和者，是"17世纪欧洲重要的思想中间人之一"[46]。他交友广泛，关系网遍及从法国到波西米亚的欧洲各地，又被誉为"欧洲伟大的情报员"。

如一项经典研究所称，这"三个外国人"（尽管杜里出生在爱丁堡）属于较大规模的一个"因信"流亡的群体，他们向东前往波兰（如女天文学家玛丽亚·库尼茨［Maria Cunitz］）和特兰西瓦尼亚（像百科全书作者约翰·海因里希·阿尔斯泰德［Johann Heinrich Alsted］及其以前的学生约翰·海因里希·贝斯特菲尔德［Johann Heinrich Bisterfeld］），向西则流亡荷兰和英国。

其中不少流亡者便在哈特利布关系网络中。例如，德国牧师约翰内斯·莫里亚恩（Johannes Moriaen），其父为荷兰加尔文宗流亡者，在移居阿姆斯特丹后成为一名商人，经手安排夸美纽斯的著作在当地的印刷。亨利·奥尔登堡（Henry Oldenburg）来自17世纪30年代加尔文宗的重镇不来梅，移居英国后，先在肯特郡暂时担任家庭教师，随后任皇家学会秘书，并从哈特利布那里接手管理由其同道好友及书信往来构成的国际网络。除了这些形式的转介外,奥尔登堡还笔耕翻译不辍,将弗朗索瓦·贝尔尼埃(François Bernier)著名的印度行记翻译成英语。

哈特利布关系网络的第三位成员也是来自中欧的流亡者,西奥多·哈克(Theodore Haak)出生于德国(母亲为胡格诺派难民),但一生大部分时间都生活在英国。哈克也是文化间的转介者,尤其是通过其翻译。在德国期间,他将新教牧师丹尼尔·戴克(Daniel Dyke)①的一部论稿翻译成了德语,而在英国期间,他又将《失乐园》(*Paradise Lost*)译成了德语,并将新版的荷兰语圣经的注释翻译成英文。在英吉利联邦(English Commonwealth)时期,他在国务会议(Council of State)任职,负责将官方文件译成德文。哈克作为会士在英国皇家学会工作期间,还曾将一篇关于染色的意大利语论文和一篇关于琥珀的德语论文翻译成英文。[47]作为一个群体,这些中欧人为培根所谓的"学术的进步"做出了重要的贡献。

尽管同后文中将讨论的20世纪30年代的大逃亡相比,近代早期新教徒的离散迁徙在规模上要小得多,但也不妨将两者略做比较。在这两次离散中,难民都表现出对国际学术理想的坚定信念,这种理想超越了政治的冲突,甚至有可能成为消弭冲突的一种手段。由于他们在自己的祖国与寄居国之间的转介调和,学术共和国才得以进步。尽管难以准确衡量,但英国的学者们,如化学家罗伯特·波义耳(Robert Boyle)和发明所谓"哲学语言"以促进国际交流的约翰·威尔金斯(John Wilkins)主教等,都受益于与难民们的交往,如哈特利布、哈克、奥尔登堡,以及夸美纽斯的助手、语言学家塞普利安·金纳(Cyprian Kinner)等。

一些难民学者也坚信疏离超然的理念,或是他们所谓的公平公正。"公正无私是莫里亚恩对一个群体或个人最高的赞誉之一",而约翰·杜里则自称是"不偏不倚的调停人"。[48]有关公正的问题在17世纪80年代的胡格诺派流亡者身上也有反映,这将在本章后文中另做讨论。

---

① 原文误作David Dyke。——译者

## 法　国

最有名的新教流亡群体肯定当属法国人，位居首位的就是约翰·加尔文，他在逃离巴塞尔后出走斯特拉斯堡，然后于1541年在日内瓦建立起自己的教会，此外还有加尔文的门徒西奥多·贝扎，他于1548年到达日内瓦。有研究认为，加尔文思想的形成，在很大程度上受到了其自身难民经历的影响。[49]

1572年，随着在巴黎发生了史称"圣巴托洛缪大屠杀"的对新教徒的屠戮清洗，再次出现了一波新的难民潮。法国人四散逃亡。以新译拉丁文版圣经而闻名的老弗朗西斯库斯·尤尼乌斯（Franciscus Junius the elder），移居海德堡。逃亡日内瓦的，有学者弗朗索瓦·霍特曼（François Hotman）、伊萨克·卡索邦、路易·杜尔盖特·德·梅耶内（Louis Turquet de Mayerne）和约瑟夫·贾斯图斯·斯卡利杰（Joseph Justus Scaliger）等，以及学者兼印刷商罗贝尔（Robert）和亨利·埃斯蒂安。另一位印刷商安德烈·韦歇尔（André Wechel）于1572年逃往法兰克福，同样流亡法兰克福的，还有他的女婿印刷商让·奥布里（Jean Aubry）以及奥布里的同事克洛德·德·马恩（Claude de Marne）。弗朗索瓦·卡隆（François Caron）是一位事业成功的胡格诺派教徒，他出生在布鲁塞尔的一个法国难民家庭，于1619年随荷兰商船到达日本并生活了20余年，升任荷兰东印度公司驻日本商馆的负责人，他对日本和暹罗王国的记载，极大地促进欧洲人对东亚的了解。

法国新教徒也流亡至英国和荷兰。提奥多尔·杜尔盖特·德·梅耶内（Théodore Turquet de Mayerne，前述历史学家路易之子）就是一个典型的例子，他是一位出色的医生，在亨利四世国王遇刺后离开法国。梅耶内成为詹姆斯一世的御医兼密探，在英国生活了40年，尽管"除非迫不得已，拒不讲或写英语"[50]。许多难民通过教授自己的母语为生，法语成为他们主要的知识资本。不论是在过去还是现在，语言教学这一领域都与手工工艺非常相似，面对面的交流至关重要，而学生也需要像学徒一样，亦步亦趋地模仿他们的老师。一项关于16和17世纪英国的法语教学的研究，列举了1685年以前较为活跃的18位法语老师（其中包括两名女性和两名来自安特卫普的难民）。⁵¹但是，在历史记录有迹可循的语言老师只是冰山一角，能够留下名姓的，通常只有那些出版过语法、词汇或词典等作品的人。

生活在伦敦的流亡者中，克劳德·德·塞利恩斯（Claude de Sainliens）（在英国一般以其英文名霍利班德［Holyband］而知名）教授法语、意大利语和拉丁语，并著有多种语言学习手册和字典，如《法语识字本》(*The French Schoolmaster*, 1573年)、《法国通》(*The French Littleton*, 1576年) 和《意大利语识字本》(*The Italian Schoolmaster*) 等。雅克·贝洛（Jacques Bellot）写了一本早期的法语自学教材《日常对话》(*Familiar Dialogues*, 1586年)。皮埃尔（彼得）·埃隆德尔（Pierre/Peter Erondell）著有一部名为《法语园地》(*The French Garden*, 1605年) 的词汇手册，且专门针对女性学习者。塞利恩斯和贝洛两人的作品均经由也是流亡者的法国同胞托马斯·沃托利耶（Thomas Vautrollier）印刷出版，他还出版过加尔文的《基督教要义》(*Institutes*)、信奉加尔文宗的诗人纪尧姆·杜·巴塔斯（Guillaume Du Bartas）作品的英译本、贝扎的拉丁文圣经译本，以及其他一些新教的护教学作品。⁵²

在荷兰，流亡的托马斯·拉格（Thomas La Grue）用拉丁文发表了一本法语语法著作，并将荷兰语书籍译成法语；而牧师巴特勒米·皮耶拉特（Barthelémy Pielat）出版了一本所谓"反语法"的书（*L'anti-grammaire*, 1673年）。纳撒内尔·杜伊兹（Nathanael Duez）在莱顿大学教授法语和意大利语。一位客居的天主教徒让-尼古拉斯·德·帕利瓦（Jean-Nicolas de Parival）也在莱顿教法语，并著有《荷兰趣事》(*Les délices de la Hollande*, 1651年) 一书，向自己祖国的人民介绍其寄居国的文化。

如上述一些例子所示，即使在《南特敕令》（1598年）颁布后，法国新教徒获得宗教信仰上的自由，但其向海外迁移的趋势并未止歇。

## 17世纪80年代的大离散

1685年，路易十四悍然废除《南特敕令》，其后发生的离散流亡对知识带来的后果最为明显，也得到了最为完整的记载，因此，我们对于此次离散的讨论，也会比之前所涉及的其他案例要更为详细深入。信奉加尔文宗的法国新教徒，被称为胡格诺派，大约有80万之众。他们不得不面对或改宗天主教或被驱逐的两难选择，这与大约两百年前西班牙犹太人所面临的境遇完全相同。究竟有多少人选择离开他们所谓的"巴比伦"，具体的计算结果不一。根据传统观点所统计的人数较多：有30万人或15%的胡格诺派教徒。但是，晚近的学者将人数减少到20万，更后来的研究者则进一步修订到15万人。[53]废除《南特敕令》的极端事件，在新教徒流亡迁徙的漫长历史中，只是短暂的一刻，但这一刻却对知识的传播产生了极大的影响。

15万甚至更多的胡格诺派流亡者，大部分流向了荷兰（尤其是阿姆斯特丹、鹿特丹和海牙）、英国（尤其是伦敦）和普鲁士（尤其是柏林）。在普鲁士以及荷兰的某些地区，流亡者被赋予特权以鼓励其安家定居。在荷兰和伦敦，他们还与16世纪就已流亡海外并在这些国家建立起瓦隆教会（Walloon church）的前辈先人建立起了联系，成为一种延迟了的链式移民的特例。

这次大迁徙被称为"逃难"，流亡者们也被称为难民（*réfugiés*）。在这些满脑子都是圣经的新教徒眼中，荷兰尤其被认为是一种挪亚方舟，如皮埃尔·贝尔所说的"落难者的方舟"（la grande Arche des fugitifs）。[54]这些落难者也得到了来自多方的协助，得以较好地适应新环境，其中包括较早之前流亡的胡格诺派难民，以及一些地方的市政当局，以鹿特丹为例，就专为诸如皮埃尔·朱利厄和贝尔等学者设立了教席。在联省共和国的精英阶层中（以及柏林的宫廷里），法语被广泛使用，这也使得新来者们更易适应新的生活。

还有的胡格诺派流亡者，则散布到瑞士、爱尔兰、瑞典、俄罗斯、好望角,以及从马萨诸塞到南卡罗莱纳的北美各地。例如,著名学者让·达耶(Jean Daillé)的儿子皮埃尔·达耶(Pierre Daillé),即选择在波士顿安下新家;同样如此的,还有商人皮埃尔·博杜安(Pierre Baudouin),为更好地适应美国文化,其家族后来将姓氏改为鲍登(Bowdoin),1794年在缅因州成立的一所同名的文理学院,即由该家族创办。55

## 失与得

对法国来说,胡格诺派教徒的外流是其国家智力资本的重大损失。除了本节主要讨论的少数的学者和其他知识从业者之外,法国还流失了大量的纺织工人(尤其是丝织工和麻布织造工),以及皮匠、木工、印刷工、钟表匠、玻璃工、造纸师、制皂工、制帽匠、象牙雕刻师和金属工匠等,包括移居伦敦并制作至今依然被称为"胡格诺银饰"的银匠们。

对荷兰、英国和普鲁士等其他国家地区来说,在技术领域则大有收获。56在英国,丝织业的复苏在很大程度上要归功于移民们;而在爱尔兰,在胡格诺派难民的帮助下,麻布成为一项主要产品。在伦敦避难的多伦德(Dollond)家族,是一个颇有意思的个案,可以反映出手工艺与学术知识之间的相互作用。父亲是一位丝织工,从诺曼底移居到斯皮塔佛德(Spitalfields)。其子让(Jean),或称作约翰,放弃了织布行业,转而从事光学制镜方面的研究实验,并因此成就而当选为英国皇家学会的会士;约翰的儿子彼得,在1750年创办了一家光学仪器公司(后于1927年更名为多伦德与埃奇森[Dollond and Aitchison],2009年被博姿公司[Boots]收购控股)。人的流动成为一种强有力的技术转移的方式,这在历史上,既非空前,也并不绝后。57毋庸置疑,当地的工匠并不会以这种积极的态度看待外来的移民们,而是不满于他们所带来的竞争。

撤销敕令所带来的经济后果,在当时就已被注意到了。法国元帅沃班(Vauban),不仅善于攻城略地,对经济也有非常敏锐的观察和评论,他将驱逐胡格诺派与17世纪西班牙驱逐摩里斯科人进行比较,指出了两起事件的消极影响。流亡鹿特丹的新教牧师皮埃尔·朱利厄,也做过类似的比较,对于法国因此在工业方面的衰落深感惋惜。[58]

下文中,有关技能工人迁徙的讨论将被暂搁置于一旁,而集中于胡格诺派的学者和其他参与知识传播的人员,重点关注96个人物,其中包括在17世纪80年代的大离散中的一些最负盛名的成员。

## 医生和书商

像工匠一样,诸如医生、书商等世俗流亡者,在异国他乡仍然可以继续从事自己的本行。如前述提奥多尔·德·梅耶内的例子所示,在早期到达伦敦等地的胡格诺派移民中,不乏非常有名的医生,包括外科医生和药剂师等。在17世纪90年代,有4位移居伦敦的法国医生当选英国皇家学会会士,其中包括国王威廉三世的御医保罗·比絮埃(Paul Buissière)和保罗·西尔维斯特(Paul Silvestre)。

在前面提到的96人的名单中,有17人是活跃在伦敦、阿姆斯特丹或鹿特丹等地的印刷商、出版商或书商(在当时,这些身份通常相互交叉、集于一身)。印刷商兼书商亨利·德伯尔德(Henri Desbordes)把生意从法国移到了新的国家,于1682年从拉罗谢尔(La Rochelle)移居阿姆斯特丹,此前由于印刷了一份抨击法国著名主教雅克·博絮埃(Jacques Bossuet)的书稿,他的书店被查封,而且本人也曾受到短期监禁。其他人还包括,阿姆斯特丹的胡盖坦(Huguetan)兄弟,他们在当地拥有十多家印刷场,并在伦敦开办了分部;移居伦敦的保罗·维扬(Paul Vaillant),专门经营从阿姆斯特丹和巴黎进口的宗教书籍。1734年,维扬的儿子们出版了贝尔的名著《历史与批判词典》(Dictionnaire Historique et Critique)的英文版,在18世纪40年代他们仍在河岸街(Strand)经营着一家书店。这些出版商经常雇用自己的流亡同胞为所印刷的法文书籍做校对,并出版流亡作家的作品。例如,从迪耶普（Dieppe）移居鹿特丹的亚伯兰·阿赫尔（Abram Acher）出版了同胞皮埃尔·朱利厄所写的多本著作。亨利·德伯尔德聘用了皮埃尔·贝尔，并出版了他的作品。皮埃尔·布鲁内尔（Pierre Brunel）在阿姆斯特丹开业的招牌叫作"金圣经"，也确实印制圣经以及其他胡格诺派教友的书籍。

## 改行转业

有的流亡者则选择或被迫选择了新的行当。例如法律就存在着地区的差异，后文中讨论的1933年的离散迁移中，就有一些从德国或奥地利移居美国的难民不得不改行成为政治学家或国际关系方面的专家。在17世纪也同样如此，法学家查理·安西隆成为勃兰登堡-普鲁士选帝侯的官方历史学家。另一位法学家让·巴贝拉克（Jean Barbeyrac），在先后出任洛桑大学和格罗宁根大学法学教授之前，曾在柏林教授美文写作（belles-lettres）。第三个例子，是从梅斯（Metz）移居柏林的雅各布·勒·杜哈特（Jacob Le Duchat），他改行当了一名文学作品的编辑。有一些难民，由于不愿意或是无法适应新环境，在行业之间转换不定。例如亚伯·博耶（Abel Boyer）就做过私人教师、翻译、记者和历史学家等多个职业。[59]

神职人员（准确地说，有680人）在整个离散人口中所占的比例极高。在他们所流亡移居的新教国家中，早已不乏大量的传道者（其中405人进入荷兰）。[60]其中一些人，例如朱利厄等，在阿姆斯特丹、伦敦、柏林等地的教堂继续担任牧师，特别是在为流亡者所建并使用法语布道的教堂（在1688年时，荷兰有62座这样的教堂，在伦敦约有25座）。[61]

但是，即使信徒的人数有所增加，在各寄居国的加尔文宗牧师的人数还是过剩了。[62]许多流亡的神职人员都面临失业。那么，这个受过良好教育又能说会道的群体怎么办呢？在适应新环境方面最传奇的一个案例，可能是尼古拉斯·谢瓦利埃（Nicolas Chevalier），他是一位流亡荷兰的牧师，并将书商和奖牌雕刻师这两种职业结合在了一起，制作了一套歌颂威廉三世丰功伟绩史的奖章，堪与路易十四著名的"奖章史传"相媲美。其他的流亡牧师也纷纷凭借语言能力各展所长，成功地在寄居国的文化中获得了一席之地，尤其在其祖国与寄居国之间发挥了重要的转介作用。同文艺复兴时期的意大利语一样，法语在海外社会享有尊崇的地位，这也是其文化资本中的一个重要组成部分。[63]

这些流亡者中的许多人成为教师和教授。例如，皮埃尔·朱利厄不仅是鹿特丹法国教会的牧师，还同他的学生皮埃尔·贝尔一起，出任新成立的伊吕斯特学院（École Illustre）的教授。流亡英国并开启新生的米歇尔·梅泰尔（Michel Maittaire），成为威斯敏斯特学校（Westminster School）的老师。移居柏林的埃蒂安·肖万（Etienne Chauvin），同时兼任牧师和哲学教授的工作，任法国学院（成立于1689年）的督学，并创办了一本学术期刊。这些新老师，一般教授神学或哲学，而埃蒂安·莫林（Etienne Morin）则从1686年开始便在阿姆斯特丹的雅典娜学院（Athenaeum）教授东方语言，这是当时阿姆斯特丹城内的最高学府。

有些流亡者成为私人教师。亚伯·博耶教格洛斯特公爵（Duke of Gloucester）学习法语；而在下一代人中，日后被称为腓特烈大帝（Frederick the Great）的腓特烈亲王，有一位胡格诺派的女教师玛尔特·德·蒙特贝尔（Marthe de Montbail）和一位胡格诺派的家庭教师，出身贵族的军官雅克-埃吉德·杜亨·德·约登（Jacques-Egide Duhan de Jandun）。另一位贵族所罗门·德·傅贝尔（Solomon de Foubert），曾在巴黎拥有一所骑术学校，他于17世纪80年代在伦敦重新开办了一所骑术学校。在较低的社会阶层中，17世纪晚期的伦敦及周围地区，有大量担任法语教师的胡格诺派难民，其中不少人如今都埋骨于圣保罗教堂的墓地中。幸运的是，在教师人数增加的同时，对法语课的需求也在不断上升，"对法语教师日益迫切的需求，随着新教难民的大量流入，得到了缓解"。[64]

还有的难民成了图书馆员。彼得·科洛梅兹（Peter Colomiez）成为坎特伯雷大主教位于兰柏宫（Lambeth Palace）官邸的图书馆员。埃利·布埃

69 罗（Élie Bouhéreau）是一位流亡爱尔兰的医生，1701年，他出任都柏林大主教图书馆（Marsh's Library）的图书馆员，他也是爱尔兰第一位公共图书馆员。学者亨利·朱斯特尔（Henri Justel）于1681年来到英国，由于早前即以通信方式参与英国皇家学会的活动而当选为会士。朱斯特尔在法国曾经拥有7000册私人藏书，因而被任命为皇家手稿的保管员和国王位于圣詹姆斯宫的图书馆的馆员。[65]有的流亡者则成为参考书的编写者，例如博耶编写的法英词典、贝尔著名的《历史与批判词典》（后文将另做讨论）；也有的人成为文学作品的编辑，例如，原为律师的雅各布·勒·杜哈特，编有维庸（Villon）、拉伯雷（Rabelais）和布朗托姆（Brantôme）等人的作品。

至少有20名难民及其子女以翻译而留名，再次为翻译这种文化间转介调和的常见形式提供了例证。大部分翻译作品是从英文翻译成法文，最有名的翻译者是皮埃尔·科斯特（Pierre Coste），他定居伦敦，译有约翰·洛克（John Locke）的三部著作——《论教育》（On Education）、《基督教的合理性》（The Reasonableness of Christianity）和《人类理解论》（An Essay Concerning Human Understanding），以及牛顿的《光学》（Optics）。[66]弗朗索瓦·米歇尔·贾尼松（François Michel Janiçon）自幼流亡乌得勒支，做过家庭教师和记者，译有理查德·斯蒂尔（Richard Steele）的《淑女图书馆》（Ladies' Library）。斯蒂尔创办的杂志《闲话报》（The Tatler），被阿尔芒·德·拉·夏佩尔（Armand de la Chapelle）翻译成法文，取名为《喋喋不休者》（Le babillard）。由斯蒂尔与约瑟夫·艾迪生（Joseph Addison）合作的《旁观者》（The Spectator）的法文版译者为埃利·德·容库特（Élie de Joncourt），他是一位牧师兼老师，还译有亚历山大·蒲柏（Alexander Pope）和乔治·贝克莱（George Berkeley）的作品。[67]于1685年流亡伦敦的皮埃尔-安托万·莫妥（Pierre-Antoine Motteux，又称彼得·安东尼·莫妥[Peter Anthony Motteux]），还是一位拍卖师和剧作家，他的续译完成了将拉伯雷作品翻译成英文的工作。皮埃尔·迪·梅佐（Pierre Des Maizeaux）则协助传播了另一个更为遥远的文化，他翻译了德国医生恩格尔伯特·坎普弗（Engelbert Kämpfer）所写的《日本史》（该书英文版很早即已印刷出版，而德文原稿却一直只是手稿）。

在法文英译方面，亚伯·博耶将费奈隆（Fénelon）的政治小说《忒勒马科斯历险记》（*Télémaque*）翻译成英语；而莫妥则除了翻译拉伯雷之外，还翻译了塞万提斯的作品。体现当时知识世界国际化的另外两个典型例子：一位是瑞士流亡者让·巴贝拉克，他将德国学者塞缪尔·普芬道夫（Samuel Pufendorf）论自然法的著作翻译成了法文，并在阿姆斯特丹出版；另一位是流亡柏林的雅克·朗凡（Jacques Lenfant），他将法国哲学家尼古拉·马勒伯朗士（Nicolas Malebranche）的一部论著翻译成拉丁文并在日内瓦出版。简而言之，可以略带一点夸张地说，《南特赦令》的被撤销，在翻译史上标志着一个时代的降临。[68]

## 历史学家与新闻记者

有一些难民成为历史学家。有些人被委任为官方史家，就像下一章中将讨论到的部分16世纪的意大利客居者。这其中包括：流亡柏林的查理·安西隆，他被选帝侯任命为官方历史学家；移居柏林的另一位官方史家，安托万·泰希尔（Antoine Teissier）；效力于荷兰省的历史学家亨利·巴斯纳吉（Henri Basnage）；效力于荷兰国民议会的历史学家艾萨克·德·拉里（Isaac de Larrey）；以及威廉三世的御用史家尼古拉·弗雷蒙·达布兰考特（Nicholas Frémont d'Ablancourt）。还有一些则是非官方的历史学家。巴斯纳吉兄弟的好友保罗·德·拉宾-托莱曾在爱尔兰推动新教传播，并对英国历史产生了浓厚的兴趣。拉宾在其所著的《英国史》（*Histoire de l'Angleterre*，1723年）中解释说，该书是"出于教育外国人的目的而写的"，这部充满转介特点的作品后由另一位流亡者大卫·杜兰德（David Durand）续写完成。[69]埃利·贝诺瓦（Elie Benoist）是在流亡中才首次转向了历史，有研究者认为，其所著有关《南特赦令》的历史著作，是意图"建构一个独特的流亡者身份认同"的集体性历史写作的一部分。[70]

在很多情况下,这些历史学家的研究选题与他们的宗教信仰之间有非常明显的关联。"胡格诺派教徒的历史研究当然主要是为了应对来自天主教的挑战。"[71] 为了捍卫信仰,许多流亡者转向了历史写作,特别是异端史。例如,雅克·朗凡撰写了有关教会宗教会议和胡斯派(Hussites)等异端派别的历史,他们通常被认为是新教的先驱。艾萨克·德·博索布勒(Isaac de Beausobre)则写了另一个异端教派——摩尼教(Manichees)(认为他们的领袖是路德的先驱)。皮埃尔·朱利厄研究了犹太历史,雅克·巴斯纳吉所著的犹太史非常有名,并且特别关注其所谓的这些"难民"的"散布"(despersion)。有研究认为,他所写的历史包含"隐喻",他落笔写作的是一个离散的民族,但同时脑中所想的却是另一次离散迁移(事实上,他的著作曾被视作是"反天主教的寓言")。巴斯纳吉写道:"我们在此所看到的,是一个饱经1700年敌视和迫害的教会,顽强生存至今,依然人数众多。"这样的评论必然令许多胡格诺派的读者心有戚戚焉。[72] 或者,不妨借用弗洛伊德的观点再做一些揣测,巴斯纳吉对犹太人的研究兴趣源于其对自己的同胞教友的一种"替代"机制,他的这种替代并不一定是有意识的。

还有一个最重要的行业领域,就是之前曾经提到的新闻行业。但是,在此必须先区分两组不同的难民作家群体。在一方面,是少数为政治报刊撰稿的作家,例如,亚伯·博耶担任《邮童报》(*Post-Boy*)的编辑,弗朗索瓦·米歇尔·贾尼松为鹿特丹、阿姆斯特丹和乌得勒支等地的报纸撰稿。而另一方面,是有更多的流亡者撰写书刊评论、编辑学术期刊或担任撰稿人。[73] 换一种说法,如果用当代的事物来打比方,可以说大部分胡格诺派记者不是在为《泰晤士报》撰稿,而是为《泰晤士文学增刊》(*Times Literary Supplement*)写文章。典型的例子包括:亨利·巴斯纳吉主编的《学术著作史》(*Histoire des Ouvrages des Savants*),由雅克·贝尔纳(Jacques Bernard)编辑过一段时间的《万有书库》(*Bibliothèque Universelle*),以及先后有6任主编的《文学杂志》(*Journal Littéraire*)。这些期刊是早期启蒙思想传播的重要载体。

这些杂志并不是我们今天所熟悉的专业出版物,而是提供所谓"知识共和国新闻"的期刊,同名的一本杂志《知识共和国新闻》(Nouvelles de la République des Lettres)最为有名,由流亡印刷商亨利·德伯尔德在鹿特丹出版,从1684至1687年,历时三年,主编是当时最重要的流亡知识分子之一、哲学家和历史学家皮埃尔·贝尔。贝尔靠自学成才,亲自为杂志撰稿。[74] 其中所报道的"新闻",从书评(属于当时的新发明)到学者的讣告,不一而足。流亡者与他们的祖国以及与流亡到其他国家的难民之间的联系,形成了一个重要的关系网络,为期刊杂志提供了丰富的素材,也使信息的传播得以更加广泛。以贝尔为例,他通过与生活在英国的流亡者们通信往来(如记者丹尼尔·德·拉罗克[Daniel de Larroque]、外科医生保罗·比絮埃和医师保罗·西尔维斯特等),得以及时掌握英国的学界动态。

## 公正性

胡格诺派教徒的离散在知识的产生和传播方面的重要意义,可以用两个词来概括:转介调和和疏离超然。流亡者们在其自身的法国文化和荷兰、英国、普鲁士这三个主要寄居国的文化之间,发挥了积极的转介作用。流亡者通过翻译、教学以及文化新闻方面所进行的转介活动,非常显而易见。其中一些期刊的名称就彰显出了这一目的,如1720年在柏林创刊的《德国文库》(Bibliothèque Germanique),由埃蒂安·肖万、阿方索·迪·维尼奥尔(Alphonse Des Vignolles)和雅克·朗凡等主编,以及由米歇尔·德·拉·罗歇(Michel de La Roche)主编的《英国文库》(Bibliothèque Anglois)。

再来看有关流亡者超然疏离的问题,爱德华·吉本赞扬了两名胡格诺派历史学家巴斯纳吉和博索布勒的"公正性",认为他们与之前同样研究犹太教和摩尼教的天主教历史学家形成了鲜明的对比。[75] 博索布勒在其历史著作的序言里,专门谈到需要公正性;而巴斯纳吉的《犹太史》(Histoire des Juifs)更标榜其公正性，作者声称"我们既不打算冒犯也不想要去奉承"犹太人。虽然他以一个基督徒的身份展开研究写作，讨论了如何采取最好的办法以使犹太人改宗，但他对其所遭受的苦难深表同情，并高度评价他们对学术的贡献，对于犹太学者、印刷商和"神学院"（*yeshivot*）做了非常详尽的描写。[76]

再如，专门研究《南特敕令》的胡格诺派历史学家埃利·贝诺瓦，批评其之前的学者所写的历史中存在着"太多的辩解而太少的历史"（*trop d'apologie et trop peu d'histoire*）。他对于道德判断并不避讳，认为这是与历史学家的公正性（*le désintéressement d'un historien*）相一致的。[77]

著有英国史的拉宾-托莱，也批评之前学者们身上的偏见，特别是在查理一世的历史评价问题上，他认为需要一个"优秀的、中立的历史学家"（*un bon historien neutre*）从那些以偏概全的历史著作中挖掘出事实。尽管他对辉格党持有一定的同情态度，但拉宾始终同英国政党政治保持距离，他认为这是一个亟须向外国人解释清楚的有趣现象。再加上他主要生活在海牙和一些德语地区（韦瑟尔［Wesel］、克利夫斯公国［Duchy of Cleves］），在英国以外进行写作的事实也有助于其在观点上的超然。如他自己所预料的那样，拉宾的作品也被批评对王室和教会存在偏见，就像英国的读者对了意大利人文主义者波利多尔·维吉尔（Polydore Vergil）所撰英国史的反应一样，后者将在下文中再行讨论。尽管如此，其冷静镇定的文风和相对不带偏见的立场，使得其所撰历史著作不仅在欧洲大陆而且在英国（有两个不同的译本）都大获成功，在英国史领域独领风骚长达一个世纪，直至苏格兰哲学家大卫·休谟（David Hume）的英国史问世，才遇到了竞争对手。[78]

疏离超然的立场推动了历史研究中的批判方法，在17世纪末和18世纪初勃兴的"批判史学"就是重要的例证，许多流亡者对此亦有不小的贡献。贝尔的《历史与批判词典》是这一研究类型最著名的代表。

与历史写作一样，由于流亡者们身处两种文化之间，也有助于其保持公正的立场，公正的品质在这一时期已被视为新闻记者理想的一个标志。匿名出版的《文学与学术著作评论杂志》（*Critique désintéressée des journaux littéraires et des ouvrages des savants*，1730年出版于海牙），即以此标榜自身及其他一些期刊，声称期刊中所发表的书评"并不考虑作者或书商们的感受"（*sans égard, ni pour les Auteurs, ni pour les libraires*）[79]。

在胡格诺派的离散迁徙者中，最能体现这种超然疏离状态的，非皮埃尔·贝尔莫属。作为一个外来者，"来自外省的贫穷的……新教徒"，贝尔不喜欢墨守成规，常常将两种对立的观点并列进行比较，但又各不偏袒。他认为，当证人们的说法彼此矛盾时，就有必要暂停审判。贝尔最为热衷于讨论早先的作家们身上的偏见。他在主编的《知识共和国新闻》中，曾经写道："历史被弃如敝屣。每个民族和宗教所采用的都是相同的史实，但却依各自的喜好来粉饰，而读者们则根据其是否符合他们个人的一己之见来判断真伪。"贝尔"热衷于追求公正性的理想"。在他看来，理想的状况是，宗教改革的历史既不应该由天主教徒也不应该由新教徒来书写。如果不能做到这一点，那么至少应由一位对争议持中立态度的读者（*quelque personne neutre*）来对文本进行细致的审读。[80]

我们不妨以他在《历史与批判词典》中有关"穆罕默德"的著名论述为例，来看贝尔是如何实践其超然的立场的。如最近的一项研究所指出的，在这篇论述中，他认为伊斯兰教要比基督教过去一直所认为的"更加合理和值得尊敬"。按照其惯常采取的做法，贝尔并不是在正文当中直陈己见，而是在注释里针对过去敌视伊斯兰教的观点进行批驳，即其所谓的"评注"。[81]

也许有人会说，对于处在两种文化之间的人而言，采取搁置判断的做法相对容易。作为一个法国新教徒，贝尔是迫不得已而转向相反方向的。[82]另一位生活在20世纪的法国人皮埃尔·布尔迪厄也有置身事外的超凡能力，他称自己有"分裂的习性"（*habitus clivé*）。这样的描述对于皮埃尔·贝尔似乎同样适用。

需要强调的是，贝尔对自身流亡命运所采取的回应方式并不是一个必然的结果，将他与其同事兼好友的皮埃尔·朱利厄试做比较，即可看出他的不同之处。朱利厄与贝尔一样，于1681年离开法国流亡鹿特丹，他之后的工作以及生活都受到流亡环境的影响，因为他的大部分精力都投入到反对天主教会尤其是教皇的写作当中，预言其"反基督教的王国"终将难逃灭亡。但是，朱利厄的适应能力远不及贝尔。他对知识的贡献停留在批判过去的错误上，而不是像贝尔那样，从流亡的命运中汲取出积极因素而另有所作为。

《世界各民族的宗教仪式与习俗》(*Cérémonies et coutumes religieuses de tous les peuples du monde*)是一部继承贝尔传统的巨著（该书的作者和插图画家对贝尔都敬佩有加），而且可能比贝尔著名的《历史与批判词典》影响更大，堪称世界宗教的百科全书，作者让-弗雷德里克·贝尔纳和贝尔纳·皮卡特（Bernard Picart）将在本章稍后讨论。该书的不同寻常之处，不仅在于其卷帙浩繁和大量重要的精美插图，而且在于其所采取的疏离超然的立场。书中采取贝尔的做法，以一视同仁的态度介绍世界各地的宗教，以鼓励读者暂时放弃信仰的不宽容、搁置对于某种宗教形式的"偏见"。[83]

## 流亡时刻

虽然在此谈论人们被放逐流亡是否恰逢其时似乎显得不近人情，但在时机上肯定是有好坏之分的。17世纪80年代抵达荷兰的法国难民，在天时地利上，遇到的是一个对于外来移民相对更为接纳的环境。阿姆斯特丹之所以成为流亡者的理想之选，有很多原因。它是17世纪最繁荣的新兴城市，通过较低的利率即可借贷到资本，有利于移民创业（如印刷商需要资金来购买金属字模和纸张）。当地对图书经营的监管微乎其微，因而在17世纪的阿姆斯特丹，相关行业新注册的企业数量有"惊人的增长"，在17世纪初期只有96家，17世纪末达到273家。[84]

除了其国内市场（包括来自法语地区的各类流亡者，以及懂法语的本地精英阶层），图书的出口也成为荷兰贸易帝国的一个重要组成部分，书籍的语种包括了拉丁语、德语、希伯来语、意第绪语、英语、瑞典语、西班牙语、葡萄牙语、捷克语、俄语、亚美尼亚语和格鲁吉亚语等。[85]这种多语言出版的繁荣景象，得益于大量流亡者的存在，包括前文中提及的犹太印刷商。荷兰，特别是阿姆斯特丹的社会环境，可以称之为是一种"宽容文化"（culture of tolerance），在美国都市理论研究者理查德·佛罗里达（Richard Florida）所总结的创新的三大条件中，宽容是其中之一，另两个条件分别为人才（talent）和技术（technology）。[86]

难民来到荷兰时也正值报纸和学术期刊方兴未艾的时期。例如，之前曾提到的《阿姆斯特丹周报》，创刊于1675年，该报的意第绪语版于17世纪80年代问世。17世纪末和18世纪初也是非专业性知识期刊的黄金时代。其中许多刊物由流亡难民主编，撰稿者也多来自难民。它们通常以法语出版，在荷兰和普鲁士发行，这在当时并不存任何问题，因为在这些国家，受过教育的人一般都通晓法语。必须承认，这类法语期刊在英国并不多，《英国文库》（1717年创刊）是一个少有的例外。其主编米歇尔·德·拉·罗歇也主编英文期刊，如《文学回忆》（Memoirs of Literature，1710年创刊）和《文学期刊》（A Literary Journal，1730年创刊），而《绅士杂志》（Gentleman's Journal）的主编则是第二代的流亡者彼得·安东尼·莫妥。

这些期刊的兴起为流亡者们提供了施展才华的一席之地，而流亡者们同时也得以在知识传播过程中发挥积极的作用。以此类推，如前所见，阿姆斯特丹为流亡的书商和出版商提供了新的机遇，但他们反过来"或许也挽救了阿姆斯特丹图书业的衰落"[87]。流亡者们得以将法语传播到所移居的国家，也相应地帮助"加速了法语的国际化"[88]。

## 第二代人

17世纪法语在欧洲的广泛传播，就像今天英语在世界各地的普及一样，使得许多流亡者不愿意学习寄居国的语言，不论是德语、荷兰语还是英语。这种不愿意说或写外语的现象一直持续到下一代人。[89]

如荷兰、普鲁士和英国等地的许多事例所示,第二代胡格诺派流亡者在知识史上的重要性几乎不亚于第一代人。以荷兰为例,可以想到的代表人物有让-弗雷德里克·贝尔纳、普洛斯佩尔·马尔尚和埃蒂安·卢扎克（Étienne Luzac）等。贝尔纳自幼移居阿姆斯特丹,是一位书商、编辑和翻译。他最著名的贡献是7卷本的皇皇巨著《世界各民族的宗教仪式与习俗》,全书从1523至1537年出版,历时15年,书中文字作者匿名,插图由改宗新教后由巴黎移居阿姆斯特丹的画家贝尔纳·皮卡特制版刻印。[90]

与其好友皮卡特一样,马尔尚实际上也是新来的移民,与第二代胡格诺派流亡者是同时代人。马尔尚在改宗新教后,于1709年移居阿姆斯特丹,是一位印刷商、新闻记者和印刷史家,并通过大量的书信往来同许多胡格诺派教徒、书商和新闻记者有密切的联系。[91]卢扎克则出生于阿姆斯特丹,父母为胡格诺派难民,他先是与其兄约翰（Johan）一起在莱顿从事书刊销售,并在《莱顿报》（Gazette de Leyde）工作,后成为该报纸的主编并开创了一个新闻业王朝。[92]

在普鲁士,生于莱比锡的西蒙·佩鲁蒂埃（Simon Pelloutier）,在柏林成为一名牧师,著有一部凯尔特人史。两位居住于斯德丁（Stettin,今什切青[Szeczin]）的牧师保罗-埃米尔·德·莫克莱可（Paul-Emile de Mauclerc）和雅克·佩拉尔（Jacques Pérard）共同主编了《德国文库》。塞缪尔·福米（Samuel Formey）是当时最杰出的知识分子之一,他出生于柏林,父母为胡格诺派难民。福米是一所法国新教教会的牧师,任法国学院的哲学教授、柏林的普鲁士科学院的秘书,也是一位多产的作家。[93]

在英国,皮埃尔·迪·梅佐于1685年离开法国时还是一个孩子,于1699年移居伦敦,并为法语报纸期刊撰稿。由他参与编辑的《理性文库》（Bibliothèque Raisonnée）,是向法国人提供"英国的事件和观点的主要新闻来源",同时迪·梅佐还是"将贝尔带到英国的传道者",撰有贝尔的传记并编辑了他的书信集。[94]约翰·西奥菲勒斯·德萨古里耶斯（John Theophilus Desaguliers）出生于胡格诺派牧师家庭,在牛津大学求学,后成为皇家学会会士，是非常受欢迎的科普讲座作者，著述以法语或英语发表，这也说明在第二代移民中至少有一部分人有着良好的语言能力。马修·马蒂（Matthew Maty）生于荷兰，来自胡格诺派流亡者家庭，移居伦敦后，成为一名图书馆员和新闻记者，创办了《不列颠杂志》（*Journal Britannique*，1750年），将法文作品介绍给英国文学界。约翰·乔廷（John Jortin）生于伦敦，在剑桥大学学习，后成为牧师，著有《教会史评注》（*Remarks on Ecclesiastical History*）和《伊拉斯谟传》（*Life of Erasmus*）。在这个第二代移民群体中，他可能是同化程度最深的一位。

对于两代胡格诺派流亡者，他们抵制被同化的程度究竟如何，是一个很难回答的问题。在伦敦，由于其人数众多，因此如果愿意的话，他们完全可以选择生活在某种较为封闭的聚居区，或者至少主要在彼此之间内部往来。据说，生活于难民社区的知识分子们喜欢在某些特定的咖啡馆聚会，例如位于舰队街（Fleet Street）的彩虹咖啡馆，经常出入其间的，有迪·梅佐和德萨古里耶斯，翻译洛克作品的皮埃尔·科斯特，以及著有概率论并与牛顿关系密切的数学家亚伯拉罕·棣莫弗（Abraham de Moivre）等。就像1917年后的俄国流亡者（将在第五章讨论）一样，胡格诺派教徒有自己的教堂和学校。其接受同化的速度较为缓慢，尽管最终不可避免。

检测同化程度的两个重要指标是语言和婚姻。皮埃尔·贝尔在鹿特丹生活了25年，他从未学过荷兰语（他也从没学过英语，但在当时，能够掌握英语的外国人仍然非常少见）。[95]塞缪尔·福米也承认，尽管生活在柏林，但在很长一段时期里，他对德语始终毫无所知（La langue du pays m'est demeurée inconnue）。[96]但在另一方面，亨利·巴斯纳吉在荷兰生活数年后，即能在其杂志上发表文章，评论用荷兰语和英语出版的书籍。[97]在婚姻方面，试看一下两个截然相反的例子：马修·马蒂在22岁时来到英国，他结过两次婚，但两次都是与胡格诺派教徒联姻；而雷纳图斯·约丹（Renatus Jordain）则与一位英国女子结婚，他的儿子就是前文提到的同化程度最深的约翰·乔廷。

## 文化交流

综上所述：构成胡格诺派难民一部分的以上这些个人，通过各种形式展示了其转介调和的作用。亨利·朱斯特尔作为法国和英国学者之间文化转介者的角色，早在1681年（《南特敕令》被撤销前夕）移居英国之前即已开始。例如，正是朱斯特尔为满足皮埃尔·贝尔的研究需要，而组织将英国皇家学会学报译成法语。[98] 语言之间的翻译是转介的一种主要形式，其他的形式还包括信息的传播和文化的介绍。历史学家拉宾-托莱在其所著《辉格与托利党史论》（*Dissertation sur les Whigs et les Tories*，1717年）中，向外国人解释了英国的政治制度。

对于流亡者本身来说，背井离乡所带来的影响极为深远。米丽娅姆·雅德妮认为，在荷兰言论自由要比法国宽松，"将思想被压抑了数十年的强大能量，爆炸性地释放了出来"[99]。如前所述，流亡的经历促使皮埃尔·贝尔等人表现出疏离超然的态度。

在寄居国方面，数量相对较少的难民能够对荷兰、普鲁士和英国的文化产生较大程度的影响。由于法国文化在当时拥有极高的地位，流亡者受到了普遍的欢迎，被视为"法国学术大使"（*Sendboten der französische Erudition*）。[100] 而流亡者则在他们新的移居地拓展或加深了关于法国文化的知识。他们尤其推动了欧洲知识史上的一项重要发展，即荷兰及其最大的城市阿姆斯特丹快速崛起成为一个信息交汇的中心和知识的集散地。[101]

其崛起当然不仅仅是流亡者的功劳。早在17世纪初，阿姆斯特丹就已经是一个新闻和报纸的中心，同时也是制图业的中心，而荷兰东印度公司（VOC）则将阿姆斯特丹与果阿、巴达维亚、长崎及其他地区联系在一起，形成一个重要的信息网络。对此，我们在第四章中将再做讨论。[102] 也许有人会因此提出，胡格诺派受益于阿姆斯特丹作为信息中心的崛起，尽管他们对这一崛起也有所贡献。

再来看离散迁徙对法国国内的知识所带来的后果，对此需要指出两个相反的观点。从消极的一面看，技能和知识资本（更不用说金融资本）的流失是显而易见的。但从积极的方面来看，由于大量使用法语写作或将外国作品翻译成法语的流亡者，法国得以获取到更多来自外部世界的知识，尤其是英国的。由于英国和荷兰的审查制度没有法国严格，因此流亡者可以相对自由地发表自己的观点。他们的著作常常经走私进入法国，使得异见思想仍得以广泛传播。[103]

就融合会通的方面来说（这在第四章中将是一个比较重要的主题），其中一个显著的问题，是关于笛卡尔和洛克以及他们赖以兴起且又予以加强的哲学传统。得益于让·勒克莱尔（Jean Leclerc）和皮埃尔·科斯特等流亡者，法国读者至少得以通过其母语阅读《人类理解论》，而英国人则可以读到拉丁文版的笛卡尔著作，译者中包括胡格诺派牧师亨利·德玛雷（Henri Desmarets）及其瑞士同事埃蒂安·德·库尔塞（Etienne de Courcelles），他们两人都是流亡荷兰的难民。

至少有足够的证据表明，法国人对洛克的学说怀有兴趣，而且法国的理性主义与英国的经验主义之间存在着对立。在洛克的法国崇拜者中，包括伏尔泰，他以"智者"（*esprit sage*）来尊称其所景仰的英国哲学家；还有出版商和作家让-弗雷德里克·贝尔纳，他同时也是培根的忠实信徒；此外还有历史学家保罗·拉宾。尽管拉宾对《人类理解论》的兴趣不及洛克的政治著作，但其历史研究方法可以说是经验主义的，他通过频频引用原始文献来佐证其解释。尽管如此，在笛卡尔和洛克的思想之间，或者在更为宽泛的法国和英国的哲学传统之间，几乎没有出现真正的融合的迹象。[104]

最后以一个正面的结论作为小结：就像意大利的新教徒流亡者传播了文艺复兴后期的文化一样，胡格诺派流亡者，尤其是贝尔、贝尔纳和皮卡特等人，也广泛传播了早期启蒙时代的文化，并通过其他的各种方式促进了学术的国际化并强化了"知识共和国"。

# 第四章　三种类型的客居者

正如导论中所言，围绕着流亡的话题早已有数量丰赡的历史论述。相形之下，历史学家们对于客居者的关注相对较少。在此所用的"客居者"（expatriate）一词，指的是那些并非被迫离开故土而选择远走他乡的个人，通常是因为受到了国外工作条件的吸引。其中一些人是出于自愿主动移居海外的，但也有许多人是因为收到了寄居国的邀请。历史学家对于这个问题的相对忽视（也有一些明显的例外，将在后文中讨论），与社会学家和经济学家对此的浓厚兴趣相比，形成了鲜明的反差。正是在有关客居者的研究背景下，在半个多世纪前英国皇家学会的一份报告中首次出现了"人才流失"（brain drain）的提法。自此以后，对不同国家（主要是科学人才）的人才净损益情况进行比较研究，已是司空见惯的了。[1]

如今，不仅在自然科学界，而且在包括历史学在内的人文科学领域，人才的流动都已变得非常显著。例如，试想一下目前在美国工作的英国历史学家，其中包括西蒙·沙玛（Simon Schama）、尼尔·弗格森（Niall Ferguson）、琳达·科利（Linda Colley）、保罗·肯尼迪（Paul Kennedy）和杰弗里·帕克（Geoffrey Parker）等，或者活跃在印度以外的印度历史学家，他们遍布从法国到澳大利亚的世界各地，包括拉纳吉特·古哈、迪佩什·查卡拉巴提（Dipesh Chakrabarty）、吉安·普拉卡什（Gyan Prakash）和桑杰·苏布拉曼亚姆（Sanjay Subramanyam）等。

在某些时期和某些地区，对于某些类型的知识会出现特别大的需求。科学家和学者移居海外,常常与学习模仿外国的模式相关。这往往是对特定态势的一种回应,诸如统治者或政府认为国家在知识水平上处于落后局面,因此需要学习外国知识以奋起直追。[2]有的时候,统治者派团出使国外,例如,1697—1698年,沙皇彼得大帝（Peter the Great）派遣"大特使团"（Great Embassy）访问西欧,从而获得了推动俄罗斯海军实现近代化所需的知识；1826年,穆罕默德·阿里（Muhammad Ali）向法国派遣了45名埃及留学生,以学习西方的知识；或如1871年,日本的新政权派往世界各地考察学习工业技术的岩仓使团（Iwakura Mission）。

或者,国家政府可以邀请外国的科学家、学者和技术专家,例如工程师、造船师或军官来他们的国家工作。在文艺复兴时期,意大利人文主义者应邀去往许多欧洲的宫廷,也有在意大利以外的大学任教。在18世纪,俄国政府,特别是在彼得和叶卡捷琳娜大帝（Catherine the Great）统治时期,向许多外国学者,尤其是德国人发出邀请,请他们前来俄罗斯执教或开展研究工作。在位于圣彼得堡的俄罗斯科学院,德语是课堂讲课交流的通用语言,他们在俄罗斯出版的论著也多用德文。同样,在19世纪末,日本要求外籍学者以母语授课,以鼓励学生学习西方语言。[3]

在另一些情况下,则是由另一方采取的主动,例如基督教的传教士,或法国政府派往巴西的民间使团。下文中,将介绍一些集体性客居海外的著名案例,不仅要讨论客居者所带去的知识,也要分析他们旅居海外所学到的知识。客居者将被分为三种类型：商务、宗教和学术,基于不同的目的而涉及不同类型的知识,分类尽管并不绝对,但基本可以覆盖到大多数的情况。

## 商务客居者

很多人客居海外是出于经商的目的。商业网络也是一种知识网络,知识沿着所确立的贸易路线在欧洲内外渐次传播开去。

从知识传播的角度来看,从15世纪后期开始,印刷商在这一群体中占据了重要的一席之地。印刷技术本身是就是由来自德国的客居者们传播开来的，或是如科技史家所说的，是一种"转移"。例如，印刷术被康拉德·斯威恩海姆（Konrad Sweynheym）和阿诺德·潘纳茨（Arnold Pannartz）带到了苏比亚科（Subiaco）和罗马，被约翰（Johann）和温德林·冯·斯佩耶（Wendelin von Speyer）兄弟带到了威尼斯，经克隆伯格（Kromberger）家族传到了塞维利亚，等等。⁴

有的客居者以家族企业代表的身份旅居海外，例如生活在布鲁日的佛罗伦萨人和在伊斯坦布尔或阿勒颇（Aleppo）做生意的威尼斯人，他们通过信件向家乡传递信息。一些人在此基础上走得更远，例如葡萄牙人杜阿尔特·巴尔波萨（Duarte Barbosa）和托梅·皮列士（Tomé Pires），他们两个都留下了各自的游记。两人都采用了所谓的"人种志的方法"，关注在不同地方所见到的文明行为的种种正规或非正规的规则，有时还会根据当地人的方式进行描述。⁵

杜阿尔特·巴尔波萨在16世纪初期来到印度，担任商务代表、文员和翻译。他记录了印度的贸易、城市，以及当地和东南亚地区居民的风俗习惯，为了强调是其亲眼所见，其书名被定为《闻见录》（*O livro do que viu e ouviu*）。巴尔波萨的文笔富有表现力，例如，他对马六甲港（Malacca）云集的中国帆船（*juncos*）及其满载的各种货物如数家珍，对在爪哇所见的食物、服饰和住房都有生动的描述，在谈到爪哇人的特点时写道："极其傲慢、易怒而狡诈，尤其是诡计多端。"⁶

托梅·皮列士是一位具有人文主义教养的药剂师，于1512至1515年在马六甲生活，曾到访过爪哇和苏门答腊，并率首支葡萄牙使团出访中国，著有《东方志》（*Suma Oriental*），这是他向葡萄牙国王提交的报告，内容涉及今天马来亚和印度尼西亚等地的许多情况。对于其曾经生活过一段时间的马六甲，皮列士对当地历史做了详尽的记载，并描述了其贸易和行政管理的情况。在关于爪哇的记录中，他描述了其社会体系、寡妇自焚殉夫的习俗，以及爪哇人沉迷赌博的风气等。他还是第一个对"精神错乱下胡乱杀人"

（*amoco*）的行为做出解释的西方人。⁷

在大型商业公司于1600年左右纷纷成立之前，葡萄牙人和西班牙人已经成立了专门的机构，用以收集、保存和分析有关地理知识。两个国家的君主都委任有诸如"印度宇宙学家"（*Cosmógrafo de Indias*）等头衔的专职宇宙学者，以提供有关天文、地理和航海的情报。地图和海图被严密保管在位于里斯本的"几内亚库"（*Armazém de Guiné*）和"印度堡"（*Casa da Índia*），以及塞维利亚的贸易馆（*Casa de Contratación*）等处。西班牙官员试图严密封锁这些情报，要求宇宙学者宣誓不得向外国人透露他们所掌握的知识，但后来终究是徒劳无功，这也是在预料之中的。⁸

## 商业公司时代

其后在17和18世纪，许多客居者担任某个商业公司的海外代理人。例如，英国商人成立了黎凡特公司（Levant Company，1592年）和东印度公司（1600年），而荷兰人则在1602年成立"联合东印度公司"（Vereenigte OstIndische Compagnie，简称VOC），1621年又成立"西印度公司"（West-Indische Compagnie）。为了获取成功，这些公司的商人们需要掌握各类知识：香料、糖、咖啡或呢绒等用来交易的商品的知识；关于要与之开展贸易的国家的知识，如其统治者、语言，以及当地居民可能希望从西方购买的商品等。

商家还需要了解船只航行前往这些地方的最佳路线。英国东印度公司成立不久，就聘任了两位数学家向雇员讲授航海知识。同样，荷兰东印度公司也组织专家讲授航海知识，并对领航员进行测试，所聘的专家中包括著有《领航术》（*Kunst der Stuerluyden*，1621年）的科内利斯·拉斯特曼（Cornelis Lastman）等。

荷兰东印度公司还委任了一批专职的制图师，包括前文中曾提到的来自尼德兰南部的难民彼得勒斯·普朗修斯，以及来自布劳（Blaeu）家族的威廉（Willem）和约翰（Joan）父子。地图、航海图和东印度公司的航海日志等，被严密保管在位于阿姆斯特丹的东印度公司大楼（Oostindisch Huis）内的办公室（相当于里斯本的印度堡），公司大楼被看作是一个"计算中心"，或至少是一个地理知识的收藏中心。荷兰东印度公司在其位于亚洲的总部巴达维亚（Batavia，今雅加达）亦设有办公室，制作、保管地图和海图。[9]

同一些近代早期的国家政府和塞维利亚的贸易馆一样，荷兰东印度公司也竭尽全力严守这些知识的秘密，但由于有船员向外界泄露和出售情报，很多信息流入到公共的地图印刷行业。在位于巴黎的法国国家水文地理中心（Service Hydrographique de la Marine）档案馆中，保存有一份航海图，其背面注有"购自荷兰船员"的字样。[10]印刷出版的地图包括由约翰·布劳制作的著名地图，他竟将东印度公司专职制图师与印刷商这两个完全对立的身份集于一身。因此，公司的一位董事痛批其保密制度"愚蠢透顶"，因为"人多嘴杂就很难保守秘密"。[11]与东印度公司相反，要获取西印度公司的档案就更容易了。因为约翰内斯·德·莱特本人就是董事之一，因此他不仅能方便地接触到公司档案，更令人惊讶的是，他可以自由地发表相关的研究成果。[12]

随着贸易规模的扩大，这些公司位于伦敦或阿姆斯特丹的总部需要更多来自各地分部或"贸易站"的情报，如阿勒颇、苏拉特（Surat）、巴达维亚等地。早在1609年，伦敦东印度公司总部就下令将往来信件予以登记保存。不过，就信息收集而言，荷兰东印度公司可以说无人能及。荷兰东印度公司被认为是一个"跨国公司"，它对情报的需求不输于任何一个近代早期的帝国，公司强大的竞争力也部分得益于其"高效的通信网络"，在这一方面，没有一个竞争对手堪与之匹敌。[13]

荷兰东印度公司的信息系统中，最引人注目的一点，是其实行了定期书面报告的制度。自成立以后，公司就要求船长们每天记录日志（*daghregister*），包括航行的船速、风向、发现的其他船只等各种信息。更有甚者，在船员登岸后也需要保持日志的记录，当船只返回基地后，即须提交日志。可以说，记录是荷兰东印度公司的一项"重要工具"。[14]

公司的报告中通常会包含统计信息。各个贸易站的负责人向坐镇巴达维亚的总督汇报，总督再向在阿姆斯特丹的公司董事们提交年度报告。荷兰东印度公司的董事们看来比他们的竞争对手，更敏锐地意识到系统性的信息（尤其是统计信息）收集在市场战略上的重要性，在董事之中包括约翰内斯·胡德（Johannes Hudde），他是当时著名的数学家，也是阿姆斯特丹的市长。由于胡德的作用，公司早在1692年便已经开始对销售数据进行分析以确定价格以及胡椒等亚洲货物的订单等公司的未来策略。[15]

而在英国于1857年接管印度后，测绘和制图对于东印度公司变得更加重要。参与这项工作的两个主要代表人物，是詹姆斯·伦内尔（James Rennell）和科林·麦肯齐（Colin Mackenzie）。伦内尔是在东印度公司服役的海军军官，于1764年被任命为孟加拉（Bengal）地区的总测绘师，在他的努力下，《孟加拉地图集》（*Bengal Atlas*）于1879年出版。而在南部工作的麦肯齐，对马德拉斯（Madras）和迈索尔（Mysore）进行了勘测，之后于1815年出任印度的总测绘师。[16]

## 实用知识：语言和法律

为了进行贸易、统治和让当地人改宗皈依，许多商业公司的成员掌握了当地的语言知识。例如，一部荷兰语—马来语词典于1623年在海牙出版，作者卡斯珀·威尔滕斯（Caspar Wiltens）是荷兰东印度公司的一位牧师（此处"马来语"指的是今天的印尼语）。威尔滕斯的任务，不仅是作为东印度群岛上荷兰人社区的神职人员，而且还要将当地土著居民改宗为基督徒。泰米尔语词典《马拉巴尔的语言》（*Malabaarsche Spraakkunst*）于1672年出版，作者菲利普·巴尔达乌斯（Philipp Baldaeus）是在印度南部和锡兰（今斯里兰卡）传教的荷兰东印度公司的牧师。

进入18世纪，英国行政官兼翻译纳桑尼尔·哈尔海德（Nathaniel Halhed）出版了一部孟加拉语语法书，他强调语言作为"统治的欧洲人与被统治的印度人之间……交际媒介"[17]的重要价值。学者兼印刷商查尔斯·威尔金斯（Charles Wilkins）出版了一本梵文语法书；原为外科医生后成为语言学家的约翰·吉尔克里斯特（John Gilchrist），编写了一部被他称作"印度斯坦语"（Hindoostanee，现分为印地语和乌尔都语）的词典和语法书；亚历山大·坎贝尔（Alexander Campbell）编写了泰卢固语（Telugu）语法；而军官詹姆斯·莫尔斯沃思（James Molesworth）则编写了马拉地语（Marathi）词典。上述四人均受雇于英国东印度公司。虽然这些语法书原来只是计划在印度当地使用，但是这些语言的知识也吸引了在英国国内的学者们的兴趣。

而在印度，东印度公司自1757年开始统治印度，作为新的统治者迫切需要了解印度教的法典，于是将其翻译成了英文，分别编为（从梵文原版的一个波斯语译本转译的）《印度法典》（*Code of Gentoo Laws*，1776年）和（直接从梵文翻译的）《印度法律制度》（*Institutes of Hindu Law*，1794年）。纳桑尼尔·哈尔海德和威廉·琼斯（William Jones）等客居者（以及一些当地学者），参与了这项重要的转介工作。[18]

## 纯知识与应用型知识

在就任阿姆斯特丹雅典娜学院教授的就职演说中，佛兰德斯人文主义者卡斯帕·巴拉乌斯高度评价"聪明的商人"（*Mercator sapiens*）以及贸易之神墨丘利与智慧女神帕拉斯·雅典娜之间的结盟。虽然我们已经无从知晓当时的听众们对其论点的看法了，但不论是荷兰的还是英国的商业公司，对所获取的知识本身都未抱有太大的兴趣。

但在另一方面，许多公司职员个人却对此表现出了浓厚的兴趣，特别是荷兰东印度公司的情况尤为显著，下文中将予说明。约翰内斯·德·莱特是荷兰西印度公司的创始董事之一，也是一位业余学者，著有《新世界史记》（*Description of the New World*，1625年），还为著名的荷兰出版商爱思唯尔（Elsevier）编辑了不少著作，其中包括有关莫卧儿帝国的系列报告（1631年）。尼古拉斯·维特森（Nicolaes Witsen）曾任阿姆斯特丹市长和荷兰东印度公司的执行董事，博学多才（所著论著的主题从造船到西伯利亚均有涉猎），与许多学者保持着密切的通信来往。尽管如此，维特森曾向荷兰古物学家盖斯伯特·库珀（Gijsbert Cuper）抱怨说，荷兰东印度公司缺乏对"印度的求知兴趣"。"我们的人一心逐钱追利，不求学问。"（*het is alleen gelt en geen wetenschap die onse luyden soeken aldaer*）[19] 1781年时，驻巴达维亚的董事们在信件中验证了维特森60年前所发出的不满（或许想到了巴拉乌斯上述的结盟之说），写道："在世界此一隅，人们通常只祭拜墨丘利，而不知有帕拉斯。"[20]

荷兰东印度公司有时候甚至会阻挠知识的传播，不仅对通往东印度群岛的航线秘而不宣，而且也压制了其雇员格奥尔格·兰普夫（Georg Rumpf）在安汶岛（Amboina）进行的植物学研究（其研究成果直到作者去世39年后于1741年才得以出版）。甚至连语言学家和植物学家赫伯特·德·雅格（Herbert de Jager）从东印度群岛手书寄给尼古拉斯·维特森的报告，也因为被荷兰东印度公司中途没收而未能送达，这样做的原因可能是为了防止情报泄露为竞争对手所用，而采取的保密措施。[21]

英国东印度公司在这方面也不相上下，至少直至18世纪末公司在印度由一家商业公司扩展成为政治实体之前。在17世纪，自然哲学家罗伯特·波义耳和皇家学会秘书亨利·奥尔登堡均曾试图说服公司收集其贸易所至地区的情报，但未能如愿。[22]在公司历史上，直至相对较晚的时候方才设置了如历史学家（1769年）和植物学家（1778年）等职位，或是资助出版由公司雇员所撰写的图书，例如帕特里克·拉塞尔（Patrick Russell）的《印度蛇类记略》（*Account of Indian Serpent*，1796年）和威廉·格里菲斯（William Griffith）的植物学论著（1847年）等。

而另一方面，许多在公司任职的客居者们，如神职人员、外科医生、医生、士兵和行政人员等（其中多为大学毕业生），以非正式的方式利用业余时间在所任职地区收集和传播有关自然及文化的各类知识。以荷兰东印度公司为例，在1603到1798年（公司宣布破产）之间，对于知识的贡献始终不断，但尤以17世纪七八十年代最为集中。而在英国东印度公司方面，知识生产的黄金时代晚了一个世纪，于18世纪70、80和90年代始至。

在这方面贡献最著的，当属一些医生和外科医生，他们致力于研究之前所未知的热带疾病及当地人的治疗手段，许多人又由草药转向了植物学研究。在荷兰东印度公司中，有10位代表人物：雅各布·邦提乌斯（Jacob Bontius）、格奥尔格·兰普夫、安德列斯·克莱耶尔（Andreas Cleyer）、恩格尔伯特·坎普弗、威廉·特恩·赖因（Willem Ten Rhijne）、赫尔曼·尼克拉斯·格里姆（Herman Niklas Grimm）、保罗·赫尔曼（Paulus Hermann）、亨德里克·范·里德（Hendrik van Reede）、雅各布·拉德马赫（Jacob Radermacher）和卡尔·彼得·图恩伯格（Carl Peter Thunberg）。以邦提乌斯为例，他是公司派驻爪哇的医生，研习热带病，著书记载当地人的疗法，研究岛上植物，对加西亚·德·奥尔塔著作中的记录进行修订，并坦陈自己得到了当地人的帮助。[23]

有意思的是，在服务于荷兰东印度公司的这10人中，只有4个人是荷兰人（邦提乌斯、赖因、范·里德和拉德马赫）。还有4人是德国人（兰普夫、克莱耶尔、坎普弗和赫尔曼），而格里姆和图恩伯格则是瑞典人。其中7人在植物学方面有重要的贡献，研究涉及印度、锡兰、爪哇、苏门答腊、安汶和日本等地。曾任马拉巴尔（Malabar）总督的范·里德出身贵族，聚众人之力组织起集体项目，在其于1678至1693年间编著出版的12卷本《马拉巴尔花园》(*Hortus Malabaricus*)中，罗列了100多位欧洲和亚洲的研究者（如维纳亚卡·潘迪特[Vinayaka Pandit]）。而格里姆、克莱耶尔和特恩·赖因等，则对锡兰、中国和日本的传统医学有较深入的研究，特别是针灸疗法，吸引了许多生活在海外和故乡的欧洲人的强烈好奇。[24]

一些生活在印度的英国人也在植物学方面卓有建树，其中有两位苏格兰外科医生帕特里克·拉塞尔和威廉·罗克斯堡（William Roxburgh），以及东印度公司军官罗伯特·基德（Robert Kyd），基德在1787年提议在加尔各答建立植物园，并担任园长。还有两名外国人在印度植物的研究方面也做出了重要的贡献，德国人约翰·科尼希（Johan Koenig）是林奈（Linnaeus）的弟子，于1778年以植物学家身份加入东印度公司，以及加尔各答医学院的植物学教授丹麦人纳撒尼尔·沃里奇（Nathaniel Wallich）。而得益于约瑟夫·班克斯（Joseph Banks）与这些远在海外的植物学家的通信来往，伦敦或更确切地说是邱园（Kew Gardens），俨然成了热带植物知识生产和传播的中心，而巴达维亚与加尔各答则是当地的重要知识中心。[25]

至19世纪初，一些被戏称为"东方通"（Orientalists）、在印度工作的英国医生，对阿育吠陀（Ayurvedic）医学的兴趣渐浓。如怀特洛·安斯利（Whitelaw Ainslie）的《印度本草经》（Materia Medica of Hindostan，1813年）和约翰·罗伊尔（John Royle）的《印度古医》（Antiquity of Hindoo Medicine，1837年）等著作，即为此方面的代表，其中既有医学实践，也有史学研究。[26]而与此同时，其他一些属于"英国派"（Anglicists）的英国医生对于西方学问的优越感则越来越盛，认为印度的医学实践是不科学的，很多西方医生至今依然持有这种态度。

历史学家的研究主要集中于医学和植物学领域，以探究西方有关亚洲知识的增益。这些研究无疑是非常重要的，但其他的领域也不应被忽视。两家东印度公司均有一些员工试图建立自己的学会，以便与欧洲的学术团体保持联系，发展当地自身的学问。在巴达维亚，以在爪哇进行植物学研究而闻名的拉德马赫，兴趣广博，成立了一个"文学与科学"的社团（Bataviaasch Genootschap van Kunsten en Wetenschappen，1778年），并创办了机构刊物。在加尔各答，琼斯和友人共同成立了亚洲学会（Asiatic Society，1784年），互相传阅论文并在学会刊物上发表。其后成立的孟买文学社（Literary Society of Bombay，1805年）和马德拉斯文学社（Madras Literary Society，

1817年）等，均沿袭了这个模式。²⁷

在天文学领域，两家公司的成员也均有贡献。德国牧师约翰·莫里斯·莫尔（Johan Maurits Mohr）供职于巴达维亚的荷兰东印度公司，先后在1761年和1768年两次观测到金星凌日的天象，其中第二次他使用了专门建造的天文台。莫尔曾向公司自荐担任专职天文学家，但未获批准。几年后，曾在加尔各答等地担任行政职务的塞缪尔·戴维斯（Samuel Davis）发表了研究印度天文学的论著，并以此当选为皇家学会会士。有一些英国东印度公司的成员参习牛顿科学，与印度传统天文学一起研究。²⁸

客居者对亚洲语言的研究，不仅是为了帮助贸易或传教，也是为了这些知识本身。在英国，最著名的贡献来自威廉·琼斯，他博学多才，曾在印度任法官。琼斯注意到梵文、希腊语、拉丁语、波斯语和凯尔特语之间存在相似性，由此提出了"印欧语系"的概念。在他之前，也曾有其他来到印度的欧洲人谈论到这些相似之处，尤其是法国耶稣会士加斯顿-洛朗·库尔杜（Gaston-Laurent Coeurdoux），他在1767年曾就此向法国铭文研究院提交报告，但琼斯对此避而未谈，也很有可能是并不了解这一情况。琼斯的著作非常有名，后人有较多研究论及，而库尔杜的作品则直到晚近才被重新发现。总的来说，以英国为代表的"新教东方学"较之早前的"天主教东方学"，如意大利、西班牙、法国或葡萄牙人的作品，在后世相对更有影响。²⁹

派驻马德拉斯的弗朗西斯·怀特·埃利斯（Francis Whyte Ellis），虽不及琼斯博学，但他与一些同事共同研究南印度的语言，提出了泰米尔语、泰卢固语、马拉雅拉姆语（Malayalam）和卡纳达语（Kannada）等语言有共同起源的所谓达罗毗荼假说（Dravidian），否定了南印度语言源于梵语的观点。³⁰

一些客居者将有关语言的研究兴趣延伸到所遇民族的文化，收集文物、研习风俗。包括天主教和新教在内的一些传教士，试图超越"异教徒"或"偶像崇拜者"等陈规陋见，对我们所说的印度教展开较为公正平实的论述，在下文中将做展开。

在印度的英国人当中,曾就职东印度公司任外科医生的约翰·泽费奈亚·霍尔威尔(John Zephaniah Holwell)于1767年发表研究报告,论"印度的神话、宇宙、斋戒与节庆",而在公司服役的军官亚历山大·道(Alexander Dow)则撰写或翻译了一部《印度斯坦史》(1768年)。这两个人日后在被称为"英国发现印度教"的过程中有重要的贡献,对此下文中将另予讨论。[31]测绘师科林·麦肯齐的研究不仅有迈索尔的地形地理,还兼及该地区的不同民族,包括他们的历史、社会组织与物质文化。麦肯齐积极收集当地古物,同样收集文物的还有詹姆斯·普林塞普(James Prinsep),他曾在加尔各答和贝拿勒斯(Benares)的铸币厂工作,专长于钱币和碑铭研究。普林塞普的研究著作《印度古物论》(Essays on Indian Antiquities)在其去世后于1858年出版。

荷兰东印度公司在派使团出使中国后,成员之一的德国人约翰·纽霍夫(Johan Nieuhof)发表游记详述中国之行,该书由荷兰语被译成法语、德语、拉丁语和英语,更被称为是"自马可·波罗(Marco Polo)的游记之后,在欧洲出版的最为成功的关于中国的著作"。[32]不过,在欧洲人有关亚洲的知识中最重要的一部分来自荷兰东印度公司驻日本的一批雇员。[33]其中之一是胡格诺派教徒弗朗索瓦·卡隆,他的著作《日本与暹罗王国实录》(Beschrijvinghe van het Machtigh Coninckryck Japan und Siam, 1636年)于1663年被译成德文和英文。第二位是极富好奇之心的恩格尔伯特·坎普弗,他之前曾在俄罗斯和波斯等地游历,后作为医生加入荷兰东印度公司并被派驻日本的出岛(Deshima),出岛是位于长崎港外的一座小岛,荷兰商人在1641年后便被限制在岛上不得离开,除非是前往首都江户(Edo)觐见。长崎作为西方与日本文化交汇之地,堪称是一个知识积累、传播和转化的中心。[34]

坎普弗曾在17世纪90年代初参加了两次觐见,得以有机会详细记录在日本的见闻,其书以德语写作,但直至1727年在其去世后英译本才得以先行出版。他经眼所见,不仅有幕府将军的宫廷,还包括筷子("他们给了我们两把细棍子，而不是刀叉"）、旅店里有着"纸制移窗"的空房间，以及"在齐膝深稻田泥水里禾田的农民"等。坎普弗对日本植物的研究，也引起了不少历史学家的关注。[35]

第三位细心的观察者，是"出岛三杰"中的最后一位，瑞典植物学家，也是林奈的学生卡尔·彼得·图恩伯格。图恩伯格是荷兰东印度公司的医生，于1775至1776年间居于出岛，后发表自己的游记和《日本植物志》（*Flora japonica*，1784年）。来自出岛的第四位博学者是外科医生、外交官和学者伊萨克·德胜（Isaac Titsingh），他于1779年来到日本，学习日语，收藏了大量日本工艺品，在1820年以法语出版了其在日本期间的回忆录，此时荷兰东印度公司已破产倒闭了20多年。得益于这四个人的记载，西方读者获知了种种日本风俗，从神道（Shinto）到切腹（*seppuku*），不一而足。[36]

这些客居者的贡献，可以再次归结到本书的三个中心主题——转介、疏离和融合。转介的典型例子，是由两家公司的成员所编写的当地语言的词典和语法书，更遑论威廉·琼斯和查尔斯·威尔金斯等翻译的梵语古典文学作品，他们的译本在英国及德国等地均深有影响。另一位重要的转介者，是曾任贝拿勒斯梵文学院院长的詹姆斯·罗伯特·巴兰坦（James Robert Ballantyne），他著书向欧洲人介绍印度思想，又将基督教和西方科学介绍到印度。[37]

至于客观超然地研究精神，在亚伯拉罕·罗吉尔（Abraham Rogier，又名罗杰乌斯［Rogerius］）有关印度宗教的描述中即可见一斑，罗吉尔是供职于荷兰东印度公司的荷兰牧师，在马德拉斯工作数年，著有《通向隐秘的异教国的大门》（*De Open-Deure tot Verborgen Heydendom*，1651年）。该书以"异乎寻常的客观和冷静"著称。在坎普弗关于日本的作品中，也有同样的特点。坎普弗是一位眼光敏锐的旅行家，充满了好奇探索的精神，但并不企图去改变他人的文化，他被认为采取了"一种不偏不倚的方式正视日本的精神和思想方式"[38]。

不过，在本部分的个案研究中，最重要的主题应该是融合会通。长期以来，至少在欧洲，一直认为这些客居者基本上是依靠他们自己而做出了重要的发现和解释。但是，在过去一个世代，欧洲和印度的学者都越来越认识到当地人在这方面的贡献，其中包括许多当地的学者，他们所做的不仅仅是提供"一手的"情报。客居者不但依赖于本地助手展开研究，而且还通过他们了解当地的植物分类体系，欧洲学者还采用或试图将之与林奈的分类法相结合。正如一位科学史家最近所指出的，"南亚……在一个新兴的知识领域中，是积极的但却并不平等的参与者"[39]。

一些当地学者，如协助科林·麦肯齐工作的卡瓦利·文卡塔·鲍拉亚（Kavali Venkata Borayya），或又作鲍里亚（Boria），直到最近才在"东方研究"的历史上获得或者说恢复了重要的一席之地。尽管如此，穆斯林医生（*hakims*）和阿育吠陀医生（*vaidyas*），以及精通梵文的学者（*pandits*）和精通波斯语的专家（*munshis*），对英国的医生和律师们做出的真正贡献，已无从探知了；甚至于，在后者的眼中，这些当地人究竟是被利用的工具还是共事合作的研究者，也难以评判。[40] 再而言之，在不同文化体系（印度、中国和日本）中，行医者们个人间的交往，即便未能融而为一，也至少是促进了多元化的结果，鼓励或至少是使得一些医生能够偶尔在不同体系间转换腾挪。

即使是恩格尔伯特·坎普弗，虽然所写的主要来自亲身观察所见，但他也不得不承认，在与其在出岛的家中做客的日本人的交流中获益良多，尤其是年轻的翻译今村英生（Emamura Gen'emon Eisei）。[41] 与之相应，至少有一些日本人，通过与出岛上的荷兰人的交流以及外国人随身携来的书籍当中，获得不少西方的知识，尤其是地理学和医学。日本人称之为"兰学"（*Rangaku*），即来自荷兰（*Oranda*）的学问（*gaku*）。简而言之，荷兰东印度公司应可被看作是东西方间在知识和经济贸易两个方面的中间人，其所创造出的条件，帮助某些欧洲人和日本人得以完成语言和文化译介的使命。[42]

近代早期西方对日本的了解，相对较为贫乏。但另一方面，在这几百年间，西方对中国的了解却较为充分，其传播要归功于人数众多的一批西方人士，其中大部分为耶稣会传教士。

## 宗教客居者：传教士

不论是佛教（如前所述）、基督教还是伊斯兰教的传教士，都是一种非常重要的客居迁移的转介类型，因为他们长期以来都坚信人际间的交流在传教改宗中具有重要的作用。基督教在宣教过程中，也经常带来了世俗知识，尤其是西方的科学知识。从16世纪开始，许多传教士相信，需要对所谓的"目标文化"有深入的研究，包括其语言、宗教、观念、习俗等。于是乎，他们成就了一项预料之外的成果，在诸如语言学以及其他知识领域的东方研究中做出了重要贡献。

在近代早期，也就是所谓的"反宗教改革"时期，天主教会不仅试图在欧洲重新征服被新教信仰所夺去的地区，而且还在亚洲、非洲和美洲采取主动的战略，希冀在精神上一统天下。正如印度的英国史研究者一样，在研究传教活动的学者当中近来也出现了所谓的"认知转向"，他们较之以往更加关注知识的问题，尤其是传教士所携入的知识与其宣教对象们的知识之间的碰撞接触。[43]这种研究方法所取得的成果之一，是发现了传教士们本身在认知转向中的心得，研究发现，作为传教士，不仅需要学习当地语言，还需要熟悉当地的文化，才能够以一种既易理解又具吸引力的方式传播基督教的福音。

除了耶稣会以外，方济各会、嘉布遣会（Capuchins）、多明我会和奥斯定会等其他修会也加入到传播福音的活动中，在其各自所传教的各个民族中，他们不仅获取了大量知识，有时也发挥了知识传播的功能。贝尔纳迪诺·德·萨阿贡修士（Fray Bernardino de Sahagún）即是一个典型的例子，他是来自西班牙的方济各会修士，于1529年到达新西班牙（今墨西哥），并生活直至终老，逾60年，他学会了纳瓦特尔语，在一些当地土著和4名助手的协助下着手研究阿兹特克文化。[44]

萨阿贡常常被视为人类学的开拓者或是最早的一位人类学家，尽管对异域风俗习惯的兴趣可以追溯至希罗多德，甚至还能再继续向前上溯，但由兴趣而演变为学科是一个渐进的过程，须经历若干阶段，而不是横空"出世"的。不论后人如何评价其身份，萨阿贡的巨著《新西班牙诸物志》(*Historia de las cosas de Nueva España*)都是对知识的一项重要贡献，他将这些知识从纳瓦特尔语翻译为西班牙语，该著作先以手稿形式广为传播，后在19世纪被正式出版。

一些新教传教士也在欧洲以外的地区非常活跃，特别是在18世纪以后。摩拉维亚教会在这方面尤为积极，活跃于加勒比海地区、北冰洋地区、南北美洲、非洲及其他地区。一度在印度南部传教的敬虔派（Pietists）传教士巴托洛缪·契根巴格（Bartolomäus Ziegenbalg）在知识领域有重大的贡献，他从一个名叫阿莱帕（Aleppa）的当地老师那里学习泰米尔语，借此与当地印度人交流，并在他们的帮助下撰写了《马拉巴尔的印度教》(*Beschreibung der Religion der malabarischen Hindous*)，该书完成于1717年，但到1791年才得以出版。[45]

## 耶稣会士

不过，认知转向在耶稣会的历史里尤为显著，这不仅是因为随着该修会的快速发展，其所派出的传教士数量庞大，而且修会也形成了一套复杂的组织方式以收集和传播不同类型的知识，这种组织方式丝毫不逊于荷兰东印度公司的体系。[46]首先，如教长等修会领导层需要掌握修会自身的各项情况。他们要求下设学院的院长和传教团的负责人频繁且定期地向其"教省长"（provincial）汇报（包括个人行止的详细信息）。同样，教省长们须再向位于罗马的教长报告。各级报告中采用了印制的表格和问卷，进而汇编成档案卷宗（informationes）。[47]

其次，耶稣会士非常关注学术知识。自修会成立之初，即大兴教育，在整个天主教欧洲建立了许多学校，后来又扩展至其传教所及的各个地区，包括墨西哥城、阿雷基帕（Arequipa）、圣保罗、果阿、澳门、天草

（Amakusa）、马尼拉、罗安达（Luanda）等地，他们除了教授修辞学、逻辑学和神学之外，还有所谓"自然哲学"，也就是今天的科学。耶稣会传教士们不仅向罗马寄送各种情报（从彗星的观测到新植物的发现），他们还相互之间传递信息，从而建立起一个强大的网络。⁴⁸

至少在最初阶段，对世俗知识的研究和传播在理论上只是为了宗教的目的。如耶稣会的信条所言，一切都是为了"愈显主荣"（*ad majorem dei gloriam*）。耶稣会士遵从其创始人圣伊格纳修斯（St. Ignatius）的主张（亦是沿袭了圣保罗的训示），采取了"适应"（accommodation）的策略，也就是所谓"为一切人，成为一切"（*omnia omnibus*），旨在更好地开展传教改宗的工作或至少能得到人们的支持。在"一切人"中，也包括了有学问的人。但是，不同于其他许多神学家，伊格纳修斯本人并不反对求知好奇之心（"有某种好奇心并无大妨，这乃是人之常情"），而且有人认为，一些耶稣会士之所以获取知识也有他们个人的目的。事实也确实如此，他们所谓的出于宗教目的而获取知识的"虔信"之说，已受到批驳，而更被看作是某种"合理"的实践。⁴⁹在我看来，至少在某些情况下，尽管最初的研究存在宗教的原因，但研究者却渐渐为好奇所驱使了。耶稣会士们作为个人，不论是否曾在动机问题上有过矛盾的煎熬，但其传教过程确实经历了在"好奇"与"教化"之间的摇摆，并试图将两者合二为一。⁵⁰

遵循"适应"的原则，耶稣会士在传教中努力使基督教教义的宣讲适应于本土的文化。因此，除了学习当地的语言之外，他们还必须研习其文化，很多人身体力行，尽管也有传教士对此坚拒不为。⁵¹一些活跃于南美的耶稣会士在对非西方语言的研究中做出了重要贡献，当然并不仅仅只有他们。例如，多明我会传教士多明各·德·桑托·托马斯（Domingo de Santo Tomás）于1560年出版了第一本克丘亚语（Quechua）语法书，而方济各会修士的阿隆索·德·莫利纳（Alonso de Molina）则在1571年出版了一本西班牙语—纳瓦特尔语词典《墨西哥语与西班牙语词汇》（*Vocabulario en lengua castellana y Mexicana*）。

100　　　在1555至1645年间，有6位在西属和葡属美洲传教的耶稣会士发表了有关当地语言的重要成果。西班牙人何塞·德·安切塔（José de Anchieta）在巴西传教，于1555年撰写了一部图皮语（Tupí）语法，后在1589年出版，题为《巴西沿海最常用语言之语法的艺术》(*Arte de gramática da língua mais usada na costa do Brasil*)。安东尼奥·德·林孔（Antonio de Rincón）生活在墨西哥，其本人的母语即为纳瓦特尔语，他于1595年出版了一部名为《墨西哥艺术》(*Arte mexicana*)的语法书。意大利传教士贺拉西奥·卡洛齐（Horacio Carochi）继续他的工作，于1645年出版《墨西哥语言艺术》(*Arte de la lengua Mexicana*)。卡洛齐对另一种墨西哥语言奥托米语（Otomi）的研究，也颇有建树。与此同时，西班牙传教士路易斯·德·瓦尔迪维亚（Luis de Valdivia）于1606年发表了《智利的语言艺术》(*Arte de la lengua de Chile*，也就是马普切语［Mapudungun］)，而另一位西班牙人迪亚哥·冈萨雷斯·奥尔金（Diego González Holguín）则在1607年发表了一本克丘亚语语法书，次年又出版了一部词典。1612年，意大利传教士卢多维科·伯托尼奥（Ludovico Bertonio）出版了一部关于另一种秘鲁语言艾马拉语（Aymara）的语法与词典的合集。

　　有观点认为，传教活动与单纯的文化研究之间存在"内在的矛盾"，"传教士所创造的知识是出于其自身的目的"，是为了传教活动而服务的。[52] 上述的这些语法著作和词典的编写，其初衷都是为了帮助他们在海外传教的同事们，并在日后成为传教士必备的工具。但是，传教士们的知识常常被其他一些人根据各自的需要和目的加以利用。这些文本为那些对语言感兴趣的欧洲学者提供了宝贵的信息，最终推动了比较语言学的兴起。

　　传教士利用他们所掌握的西方自然哲学的知识吸引当地的精英阶层，同时运用他们了解到的印度、中国、日本、墨西哥、南美洲等全球各地的知识唤起了欧洲人的兴趣。因此，耶稣会将其所谓的"教化报告"（edifying report）出版发表。这些报告，以及根据这些报告撰写的有关世界各地的记录，构成了近代早期欧洲认识世界的主要信息来源，特别是关于美洲和东亚。在1702至1776年间出版的34卷《耶稣会士书简集》(*Lettres édifiantes et curieuses*)，内容覆盖了耶稣会传教所至的众多地区，被译成德语等多种文字。

有关于阿兹特克和印加帝国，一个主要的知识来源是来自秘鲁地区的教省长西班牙人何塞·德·阿科斯塔（José de Acosta），其所著《西印度群岛自然与人文历史》(*Natural and Moral History of the Indies*) 于1590年在塞维利亚出版，主要基于其本人在海外的亲历见闻，也援引了其他客居人士的记录，如帝国官员胡安·波罗·德·昂德加多（Juan Polo de Ondegardo）。该著作被称为一项"比较民族学的成果"，并且对自然史也有重要的贡献。[53]

在非洲也有不少耶稣会士，尤其是17世纪在埃塞俄比亚的三个葡萄牙人：路易斯·德·阿兹维多（Luis de Azevedo），佩德罗·佩斯（Pedro Paez）和曼努埃尔·德·阿尔梅达（Manuel de Almeida），他们为增进西方人对于埃塞俄比亚的了解卓有贡献，尽管这并非他们的初衷。[54] 更多的耶稣会士活跃于南北美洲。其中最著名的一位是让-弗朗索瓦·拉菲托（Jean-François Lafitau），他在1711年被派驻魁北克，在易洛魁人（Iroquois）中工作生活了6年时间，为其日后所著的《美洲野蛮人风俗》(*Moeurs des Sauvages Amériquains*，1724年) 收集资料，该书在18世纪中期先后被译成荷兰语和德语。不过，大多数在美洲的耶稣会传教士主要集中在墨西哥和秘鲁的西班牙属地，他们除了学习当地语言之外，还研习所在地区的历史和自然史。在亚洲也有许多耶稣会传教士，由方济各·沙勿略（Francisco Xavier）开始，足迹遍及印度、印度支那、暹罗、中国内地及西藏、日本。除了学习泰米尔语、泰卢固语和藏语等当地语言外，他们还通晓中文和日语等，与新教传教士一样，一些耶稣会士尝试描述和认识婆罗门教和佛教的思想，下文中将予阐述。

在中国的传教活动是最为有名。耶稣会并不是唯一的传教团体，部分多明我会传教士在16世纪80年代来到中国，而早在13世纪就有方济各会教士在中国传教。同样，耶稣会也并不是唯一推动西方人了解中国的修会。例如，奥斯定会修士胡安·冈萨雷斯·德·门多萨（Juan González de Mendoza），于1586年发表了《大中华帝国史》（*Historia de las cosas más notables, ritos y costumbres del gran reyno de la China*）。事实上，冈萨雷斯本人从未到过中国，其书乃是基于西班牙士兵米格尔·德·卢阿尔卡（Miguel de Luarca）的日记而写成的，后者曾作为使团成员，在中国有过两个多月的游历。尽管如此，该书出版后极为畅销，在10年内先后有6种译本问世，包括意大利文、法文、英文、德文、拉丁文和荷兰文。

不过，最广为人所知的，当属1582年抵达澳门的意大利耶稣会士利玛窦（Matteo Ricci）。在传教之初，利玛窦常着教士装束，但却并未得到旁人的敬重，于是他改穿儒家士人的服装，以使基督教的传播适应中国的文化。像其他耶稣会传教士一样，利玛窦也专注于使当地精英人士改宗基督教，为了吸引他们的好奇心，他展示欧洲所绘制的世界地图，展示文艺复兴时期记忆术，以及将基督教教义与儒家思想相结合。经与徐光启、李之藻两位中国天主教信徒的合作，利玛窦翻译了欧几里得及耶稣会学者克里斯托夫·克拉维乌斯（Christoph Clavius）有关数学和天文学的著作。[55]

利玛窦是耶稣会传教活动第一阶段的代表人物，这一阶段可以称之为意大利时期（尽管其他如波兰传教士卜弥格［Michał Boym］和金尼阁［Nicolas Trigault］的重要性也不容忽视），大约是从16世纪80年代至17世纪60年代。主要的意大利传教士，还包括利玛窦的同事罗明坚（Michele Ruggieri）及后来的卫匡国（Martino Martini）等人。在知识传播中，这些传教士均有非常重要的贡献。

在一方面，利玛窦向中国学者介绍了西方的自然哲学和数学，而另一位意大利人罗雅谷（Giacomo Rho）也将西方天文学著作译成中文，帮助中国同事革新历法。一些中国学者也接受了地球为球体的观念，同时将来自外国人的情报应用或者可以说"迎合"于自身的传统中。[56]在另一方面，利玛窦的日记经金尼阁翻译成拉丁文并出版，在向西方学者介绍中国方面发挥了重要作用。利玛窦还与同事罗明坚一起合编了汉语—葡萄牙语词典，而罗明坚则将一些儒家文献译成拉丁文。卜弥格发表了有关中国植物和中药的著作，并编写了汉语—拉丁语和汉语—法语词典。

而卫匡国则编写有一部汉语语法，于1696年在其去世后出版。不过，他更为著名的，是有关中国历史和地理的作品。他著有关于1644年明清易代（当时他已在中国居住多年）的历史记录，以及一部中国通史和一部地图集。该地图集以多幅中国地图为基础，"纠正了许多中国内陆地理的错误信息"[57]。德国耶稣会博学家阿塔纳修斯·基歇尔在其所著《中国图说》（*China Illustrata*，1667年）中，用到了（其弟子）卫匡国和卜弥格所提供的许多信息。基歇尔虽然也曾计划前往中国传教，但却一直留在罗马，并以此为中心获得了诸多知识，从音乐到磁力学，不一而足。[58]在华传教团所发回的信息还定期发表于耶稣会《年报》（*Annual Letters*），一般以意大利语书写，同时翻译至拉丁文、德文、葡萄牙文和法文等。[59]

在印度的情况同样如此，耶稣会士积极学习当地语言，编写语法书和词典。例如，16世纪80年代活跃于印度的英国人托马斯·斯蒂芬斯著有一部孔卡尼语（Konkani）语法书，1640年在其去世后出版。活跃于17世纪50年代的德国耶稣会士海因里希·洛特（Heinrich Roth），懂得波斯语、卡纳达语和印度斯坦语（Hindustani），但以对梵文的研究最负盛名，这是其从阿格拉（Agra）的一位婆罗门处习得的。在回到欧洲后，他向基歇尔提供了许多信息，在德国介绍莫卧儿帝国的有关情况，并准备出版所写的梵文语法（但被修会主事否决）。意大利人康斯坦佐·贝斯齐（Costanzo Beschi）于1711年到达印度，著有一部泰米尔语语法；而于1732年来到印度的法国人加斯顿-洛朗·库尔杜，不仅懂得泰米尔语，还学会了泰卢固语和梵语。

耶稣会总部所在地罗马是将传教士们收集到的知识汇总并扩散传播的中心，其中居功至伟者，除了基歇尔之外，还包括吉安佩特罗·马非（Giampietro Maffei），他用拉丁语编写了耶稣会在亚洲的传教史（1588年），以及也曾立志赴海外传教的耶稣会士达尼埃尔·巴尔托利（Daniele

Bartoli），他用意大利语著书记述了其同道们的宣教事迹，著有在日本（1660年）和中国（1663年）的传教史各一卷。罗马在传教活动中的中心地位，随着教皇格里高利十五世（Gregory XV）于1622年建立的"传道总会"（De Propaganda Fide）而大为巩固。由传道总会组织的传教活动，有时还与耶稣会发生竞争。它下设有印刷场，出版多语言版本的教理教义图书。[60]

另一个传播有关中国知识的中心是阿姆斯特丹。虽然有人曾试图在罗马出版卫匡国新编的中国地图集，但实际上却是于1655年在阿姆斯特丹由印刷商约翰·布劳出版的，如前所述，他是服务于荷兰东印度公司的地图印刷方面的专家，于是乎，耶稣基督的事业因此也与东印度公司的活动有了联系。[61] 基歇尔的《中国图说》也是于1667年在阿姆斯特丹出版的，印刷商是布劳的竞争对手扬·扬松（Jan Janszoon）。

天主教在中国传教的第二阶段，始于17世纪70年代至18世纪初，意大利人将原先的优势让给了法国人，并且从原来对宗教教化和知识猎奇的平衡兼顾，转向更侧重于后者。发生这种转变的原因之一是路易十四对传教活动的介入，1685年路易十四向中国派遣了6名耶稣会士，其任务不仅包括在中国传教，还要向法兰西科学院提供情报。在这一阶段，后世历史学家的研究主要集中在天文学领域。由于熟知天文学，法国人洪若翰（Jean de Fontaney）、德国人汤若望（Adam Schall）等传教士在中国皇帝的宫廷中颇为得宠，而他们的星象观测成果则被寄送给了在欧洲的天文学家。

不过，这一阶段活跃于中国的耶稣会士也在其他知识领域中有不凡的贡献。洪若翰是1685年派出的传教团负责人，他对人员预先进行了分工，一人负责历史和语言，另一人负责自然史和中国医学，第三人负责人文和工艺，第四人负责研究中国的法律和政府，而洪若翰本人则负责天文和地理。虽然实际情况并非完全如计划的那样精确，但是洪若翰的传教士同事之一李明（Louis Le Comte）在回到法国后，向科学院呈献了鞑靼地区（Tartary）的地图、植物和鱼类的图绘以及天文观测的资料，并出版了《中国近事报道》（Nouveau mémoire sur l'état présent de la Chine，1696年）一书。[62]

其后，两位耶稣会士雷孝思（Jean-Baptiste Régis）和宋君荣（Antoine Gaubil）在清朝政府组织的疆域和地图测绘中发挥了重要作用，这虽是由中方主导的项目，但耶稣会也不乏推动之功。耶稣会的植物学家汤执中（Pierre Nicolas d'Incarville）于1740年到达中国，在引入欧洲植物的同时，也将中国植物介绍到了欧洲（他是第一个对猕猴桃进行描述的欧洲人）。尽管如此，在第二阶段中最为瞩目的耶稣会著作是由集体编译的中国古代哲学经典《中国贤哲孔子》（Confucius Sinarum Philosophus，1687年），该书由来自弗拉芒法语区的柏应理（Philippe Couplet）领衔翻译。正是归因于该书的翻译，孔子在西方世界以其译名Confucius而为人所知。

在第二阶段中，巴黎取代了罗马和阿姆斯特丹成为传播中国知识的中心，这尤其要归功于自1702年起在巴黎出版的34卷本《耶稣会士书简集》，主编是两位留守在欧洲的耶稣会士郭弼恩（Charles Le Gobien）和杜赫德（Jean-Baptiste Du Halde）。杜赫德还依据该书及其他材料撰写了著名的《中华帝国全志》（Description de la Chine，1735—1736年），其中引用了至少27位传教士的回忆文章。其书的写作，源于1684年法国科学院应位高权重的国务大臣卢福瓦侯爵（Marquis de Louvois）的要求所拟出的34个问题，这个问题清单（类似于德国博学家戈特弗里德·威廉·莱布尼茨［Gottfried Wilhelm Leibniz］在1689年所列的清单）显示出西方世界对于中国文化不断增长的浓厚兴趣。[63]

回顾教会的传教史，耶稣会士居中传介的作用显而易见，他们一方面向中国人介绍西方知识，另一方面又将包括中国学者著作在内的有关中国的情报传送回欧洲，获得情报的不仅有杜赫德，而且还有莱布尼茨等。许多近代早期的耶稣会士在翻译方面都发挥过重要作用，在中国的传教士们也毫不例外，其中既有西书中译，也有中书西译。[64]在这一过程中，超然置身于外的现象并不明显，毕竟传道是耶稣会士们长途跋涉的主要目的。而在融合会通方面，耶稣会士在罗马等地常常受到指责，称其非但未能让中国人皈依基督教，自己反而被中国人改变了信仰。《中国贤哲孔子》一书的文本，就是这种融汇的一个典型例证。虽然有着良好的哲学训练,但是耶稣会士们也在如何将中国的阴阳等概念译成拉丁文时一筹莫展,因而不得不借用亚里士多德哲学中物质与形式范畴。

简而言之,在将世界各地尤其是东亚和美洲的知识引入欧洲的过程中,近代早期的耶稣会功不可没,对于西方知识在其他文化中的传播,他们也贡献卓著。至少在某种程度上,同历史上的许多相似的例子一样,这种贡献也可以说是无心插柳的意外收获。耶稣会的根本目的,是其格言所标榜的"愈显主荣"(*Ad Majorem Dei Gloriam*),传教士们的目的是拯救他们自己以及信徒们的灵魂。[65]不过,为了实现这一目的,他们需要学习当地的语言、了解当地的文化或他们所谓的"风俗"。恰如我们所见,对于有些传教士而言,手段本身反而变成了目的。

这种对知识的集体贡献表现为若干种形式。最常见的形式是情报的收集以及通过信件、手稿和印刷品及其他出版物进行传播。另一种形式,涉及改变了人们对世界不同地区的观念。例如,阿科斯塔将基督教欧洲以外的民族分为三类:其中居于顶层的,是中国等文明程度最高的民族;其后是已形成国家但尚无文字的民族,如阿兹特克人;最底层的是"野蛮人",如位于巴西的印第安人部落等。[66]

拉菲托被誉为是"科学人类学的先驱"和"最具想象力地继承阿科斯塔思想的作者",因为他不仅详细描述了易洛魁人的文化,而且严厉批评了那些仅根据"自身的举止和习俗"而妄加评判的欧洲人。他在对易洛魁人的研究中,注重研究对象自身的特点并运用了他们的语言。拉菲托还将其风俗与古代希腊进行比较,并主张使用被两百年后的历史学家马克·布洛赫称为"回溯法"的研究方法,利用自身的观察对其所谓"初世"(first ages)的习俗得出更为深入的理解。与萨阿贡一样,拉菲托也被后世视为人类学的先驱者。可能会有观点认为萨阿贡更像弗朗兹·博厄斯,擅长于对信息的系统收集,而拉菲托对于比较分析的兴趣,使其更接近于阿尔弗雷德·拉德克利夫·布朗(Alfred Radcliffe-Brown)。[67]不论如何评价,诸如"首位人类学家"或"人类学之父"的说法（克劳德·列维-斯特劳斯对让-雅克·卢梭也有类似的尊称）极具误导性，因为将对于礼仪和风俗的兴趣逐步制度化、专业化并使之成为一门研究学科，需要经历漫长的过程。

再者，由欧洲远赴各地的传教士也帮助他们留守在家乡的同事们获得了认识欧洲自身的新视角，认识到许多居住在天主教欧洲范围内的普通人，对于自身宗教也只是一知半解，同远在印度群岛的土著居民和其他传教地区的人并无二致，他们也同样需要重新接受福音的教化。例如，耶稣会士弗朗切斯科·朱塞佩·布列萨尼（Francesco Giuseppe Bressani），曾在加拿大易洛魁人中传教，后返回意大利继续传教。嘉布遣会修士乔瓦尼·弗朗切斯科·罗曼诺（Giovanni Francesco Romano）曾在刚果传教，后也回国传道。而把西班牙或意大利戏称为"另一个印度"（otras Indias）的说法，在当地颇为常见。再如，耶稣会士克里斯托弗罗·兰迪诺（Cristoforo Landino）主要在亚平宁山区和科西嘉岛传教，受到阅读到的有关欧洲以外地区传教事迹的启发，他把科西嘉称为"我的印度"。[68]

在所谓的理论层面，诸如利玛窦和诺比利（Roberto de Nobili）等耶稣会士对知识所做出的贡献，主要体现在他们所做出的反思，哪些是基督教的基本要义，以及哪些欧洲文化的包袱在异域是可以被抛弃的。他们与其他众多的传教士一起，共同帮助基督教以更为积极的态度认识其他宗教，而不是仅仅重复所谓"异教"和"偶像崇拜"等刻板的成见，如在下一节"发现印度教"中将看到的那样。

## 发现印度教

不同类型的客居者帮助欧洲人认识到，我们今天所说的印度教乃是一个重要的宗教体系，是世界主要宗教之一。从狭义上理解，他们"构建"了其所描述的对象。[69]在英语里，"印度宗教"（Hindoo religion）和"印度教"（Hindooism）最早出现于18世纪末，见于亚历山大·道、纳桑尼尔·哈尔海德和查尔斯·格兰特（Charles Grant）等人的著述，这几人都曾在东印度公司任职。在他们之后，浸信会传教士威廉·沃德（William Ward）则将印度人的"宗教"作为一个"体系"加以研究。[70]

这并不是英国人独有的发现。几乎在同一时间，来自欧洲其他地区的传教士也提出了类似的观点。意大利嘉布遣会马可·德拉·汤巴（Marco della Tomba）曾在印度北部传教，在撰写于1766年的《印度宗教的不同体系》（*Diversi sistemi della religione dell'Indostano*）一书中，德拉·汤巴将其所谓"异教徒"（Gentili）的"体系"与基督教和伊斯兰教进行了对比。再如，耶稣会士加斯顿-洛朗·库尔杜（如之前所述，他以语言学的研究而闻名至今）著有《印度的风俗习惯》（*Moeurs et coutumes des Indiens*，1777年），他在书中不仅描述了婆罗门的习俗，还论述了他们所具有的神性及其称之为轮回的"系统"（从18世纪末开始，"系统"一词开始越来越频繁地被用于对思想观念和社会的记述中）。

不过，把印度教看作一种可以与基督教或伊斯兰教相对应的宗教，而不是通常用诸如"偶像崇拜"和"异教"等贬义词来描述的地方信仰，可以追溯到更早时期，很可能是来自生活在印度的穆斯林。早在17世纪，有关"印度商人"（Barnian）或古吉拉特商人的宗教信仰的一则记录，即由东印度公司的牧师亨利·罗德（Henry Lord）在1630年发表；居住在印度的法国人弗朗索瓦·贝尔尼埃，曾述及"印度人的教义"；再如前已提到的，亚伯拉罕·罗吉尔曾试图记述婆罗门教信仰（Geloove）及其崇拜仪式，虽尚不系统但较为客观。在写作中，他参考了吠陀等传统经文，并结合了个人的观察以及与一名叫作帕德玛那巴（Padmanabha）的婆罗门的对话。

罗吉尔的著作《通向隐秘的异教国的大门》在欧洲产生了广泛的影响，不久便被翻译成法文和德文。其后，另一位驻锡兰为荷兰东印度公司工作的荷兰牧师菲利普·巴尔达乌斯，也与婆罗门有过深入的交谈，并出版了一本关于婆罗门教的书，题为《马拉巴尔和科罗曼德尔详记》（*Nauwkeurige beschrijving van Malabar en Choromandel*，1672年）。不过，其书中的许多内容在18世纪时早已为人所知，因为他的书中有对一位葡萄牙耶稣会士手稿的大段抄录。[71]

我们再一次看到，耶稣会士仍是这一领域的先驱者（此外还有葡萄牙的奥斯定会修士阿格斯蒂诺·德·阿兹维多 [Agostinho de Azevedo]）。早在17世纪初，先于罗吉尔和巴尔达乌斯，至少有5位在印度的耶稣会士就曾对婆罗门的"仪式"进行过描述，他们分别是：贾科莫·费尼西奥（Giacome Fenicio）、安东尼奥·鲁比诺（Antonio Rubino）、迭戈·冈萨尔维斯（Diego Gonçalves）、贡萨洛·费尔南德斯（Gonçalo Fernandes）和罗伯托·德·诺比利。这些了不起的观察报告，与耶稣会不尽如人意的传教事业相比，堪称是意料之外的成果。[72]

例如，费尼西奥撰文记述了其所谓的东印度"教派"（*Livro da seite dos Indios orientais*），但并未出版。贡萨洛·费尔南德斯在发表于1616年的一篇文章中，将所观察到的宗教仪式和信仰合称为"婆罗门教的机制"（*esta maquina do bramanismo*），这也是"婆罗门教"一词的首次出现。[73]耶稣会传教士们的写作目的，意在批驳印度教教义，鲁比诺甚至称婆罗门为"魔鬼的祭司"。但与之相对，意大利耶稣会士罗伯托·德·诺比利则把他们称为"智者"（*sapientes*），对其各种形式的知识（*scientiae*）表示出尊重，有时甚至将之与古希腊哲学家及其思想相提并论（到17世纪，人们常常认为婆罗门教义媲美于毕达哥拉斯及其弟子们的思想）。[74]

天主教和新教传教士有关印度教的记录多以传教改宗为目的，而东印度公司世俗职员们的研究则相对独立客观，尽管两种类型的文献在写作背景上存有差异，但这些记述都产生于外来者与婆罗门教徒之间的互动，经由不同的方式，他们共同促进了印度教被逐渐认识为一种宗教体系，即它是一种世界性的宗教，而不是地方信仰的混合体。虽然局外人对于细节常常会发生误解，但旁观者往往更容易注意到全局的真相。对于社会和知识体系来说，在来自外部的视角中会显得更为明显。正因为有了这些"不在此山中"的外来者，许多印度教徒才逐渐认识到自己的信仰方式实际上是一个宏大宗教体系的一部分。

与印度教的情况相似,西方传教士对于佛教的"发现"也有贡献,或如有学者所称的,是"想象的创造",并将之推溯至19世纪的英国人。[75]同样,早期的西方人士,尤其是在日本、中国和印度等地活动的耶稣会士,包括沙勿略、利玛窦和罗伯托·德·诺比利等人,已经尝试记述佛教的仪式和信仰,并与当地僧侣多有交往。再如,恩格尔伯特·坎普弗在旅日期间就对被其称之为"释迦教义"(即佛教)以及"古老的并且可能是日本的原始宗教"的神道教产生了兴趣。[76]在基督徒和佛教徒的交往接触过程中,双方都互有误解。就像有的传教士(在不认为其是"无神论"或"异教"的时候)把佛教看作是基督教的一种变体,佛教僧侣们也常将基督教视为佛教的某种变化形式。[77]

在前文中曾提到的柏应理所著有关孔子哲学思想的书中,他对"佛"的宗教也有所描述。[78]不过,耶稣会中最出色的佛教研究专家当属伊波利托·德西迪利(Ippolito Desideri),他于1776年进入西藏,精习藏文,在拉萨的一所佛学院学习了长达5年时间。在所撰写的有关西藏的报告中,他用了较长的篇幅对被其称之为"西藏所见独特宗教之伪教派"(*Della falsa setta di religione particolarissima che s'osserva nel Thibet*)进行了讨论。[79]因为"以开放的态度去学习其他宗教信仰的真谛和要义,尽管初衷是为了驳斥对方"[80],德西迪利颇受称誉。在欧洲人发现其他宗教的语境下,他对诸如"教派"和"宗教"等专有名词的使用是值得肯定的,此外也包括对其所说的"教义"(*dogmi*)的分析。尽管如此,他并未能够推动对这一问题的国际性讨论。不知出于何种原因,德西迪利在返回罗马后,并未能获准发表其报告。直至20世纪,其研究才正式被出版。

## 客居学者

第三种类型的客居者是学者。在文艺复兴时期,来自意大利的人文主义者像艺术家一样,在欧洲其他地区都广受欢迎,就像古代罗马时期的希腊人一样。在前一章中提到的意大利新教流亡者之前,便有意大利的客居侨民开始移居海外。他们中许多人活跃在国外的大学,有的则是外国宫廷的座上客。例如,在萨拉曼卡大学任教的西西里人卢卡·马里诺(Luca Marineo),在牛津大学任教的米兰人的斯特凡诺·苏里戈内(Stefano Surigone),以及任教于巴黎大学的希腊裔托斯卡纳人格雷戈里·提弗纳斯(Gregorio Tifernate)。

再由大学而至宫廷,为人所熟知的是,如葡萄牙国王阿方索五世(Afonso V)延纳了两位意大利人文主义学者——斯特法诺·迪·纳波利(Stefano di Napoli)和多梅尼科·巴尔迪尼(Domenico Baldini),他们受邀来教授其子、未来的国王若昂二世(João II)。其他的君主,尤其是那些新兴的王朝统治者,也很乐意聘请意大利人担任其秘书或宫廷史家,希望这些人文主义者用刚刚被复兴的典雅隽永的古典拉丁文,为其统治和国家写信著书、歌功颂德。例如,匈牙利国王马加什·科尔温(Matthias Corvinus)委托安东尼奥·邦菲尼(Antonio Bonfini)撰写了《匈牙利王国史》(*Rerum Hungaricarum Decades*)。西班牙的斐迪南和伊莎贝拉将卢卡·马里诺延召入宫,为西班牙撰写颂词及为斐迪南的父亲阿拉贡的胡安二世(Joan II of Aragon)修传。此后,皇帝查理五世时期,卢卡继续得到留用,皇帝又请来了另一位西西里人修士贝尔纳多·詹蒂尔(Bernardo Gentile)担任皇室御用的编年史家。法国国王查理八世和路易十二,任用了乔瓦尼·费兰吉里(Giovanni Filangieri)和保罗·埃米利(Paolo Emili)为宫廷史家。人文主义诗人兼秘书菲利波·布纳科西(Filippo Buonaccorsi)因其所模仿的古希腊诗人而又被戏称为"卡利马科斯"(Callimachus),由于参与了针对教皇保罗二世(Paul II)的一场未遂阴谋,他在1468年从罗马逃亡至波兰,此后长期担任国王卡西米尔四世(Kasimierz IV)的秘书。另一位人文主义诗人安德里亚·阿蒙尼奥(Andrea Ammonio)被教皇尤利乌斯二世(Julius II)派往英国,成为国王亨利八世(Henry VIII)的拉丁文秘书。可以看到,这类任命在当时有着非常旺盛的需求。此外,诸如弗拉维奥·比昂多(Flavio

Biondo）和安吉洛·波利齐亚诺（Angelo Poliziano）等知名的人文主义者，也曾主动写信给葡萄牙国王，表示愿意为其效劳。[81]

尽管如此，流亡者身上的疏离感，使得他们所写作的历史并非只是一味地逢迎吹嘘，人文主义者们有时也能够克服雇用他们的王室贵胄们所施加的压力。例如，来自乌尔比诺（Urbino）的波利多尔·维吉尔，于1502年被派往英国为教皇征税，并就此居住了半个世纪。波利多尔甫一到达，就受到了国王亨利七世（Henry VII）的热情接待，并开始写作《英国史》（Anglica Historia），后于1534年出版。遵循良好的人文主义风格，波利多尔对缺乏可靠来源的历史叙述表示质疑，包括特洛伊的布鲁特斯（Brutus the Trojan）创建英国的传说和亚瑟王（King Arthur）的故事等，他将之比作为"愚妇妄谈"（anilibus fabellis），尽管后者对于都铎王朝统治的合法化至为关键。波利多尔对于公认的"神话历史"所采取的中肯描述，引起了当地学者的怒火和激烈抨击，他被指责破坏了资料来源，以及"玷污了我们英国的编年史"。[82]

回到导论中提出的论点，即相较于书籍的流动来说，人的流动不论在过去还是现在，都是更为有效的知识传播方式，我认为这些意大利学者在外国宫廷和大学的存在，乃是人文主义思想得以传播的主要因素，特别是在15世纪的早期阶段。这一观点似乎也得到了当时代人的认同。在16世纪，最著名的人文主义者伊拉斯谟曾应邀访问过多个国家，从西班牙到波兰，并在许多地方均生活过若干年，直至其在巴塞尔去世。

## 在俄罗斯的教授们

对外籍客居者的欢迎程度取决于东道国的接受度，而这又往往取决于他们，尤其是政府，是否认识到自身在文化上处于落后地位并亟待赶超其他竞争对手。例如，在16世纪的丹麦，国王克里斯蒂安三世（Christian III）为了给哥本哈根大学招募教授，在国外进行了所谓的"大规模招贤行动"。[83]而在17世纪的瑞典，尽管类似倡议最早始于个人（即埃里克·施罗德［Eric Schroder］，他在1606年题献给国王卡尔九世［Karl IX］的一本书中阐述了自己的计划），但古斯塔夫·阿道夫（Gustav Adolf）当政时期，为了急起直追欧洲其他地区的文化发展水平，由官方发动了一场"翻译运动"。[84]古斯塔夫·阿道夫的女儿和继任者克里斯蒂娜（Christina）女王延请了许多外国学者至其宫廷，其中最著名的便是笛卡尔，他在瑞典去世，死因可能是肺炎，此外还有诸如胡格诺派圣经学者塞缪尔·伯沙特（Samuel Bochart）、伯沙特的朋友兼弟子天主教徒皮埃尔-丹尼尔·休特（Pierre-Daniel Huet）、古典学家克劳德·萨马伊斯（Claude Saumaise），以及来自荷兰的博学家艾萨克·沃西斯（Isaac Vossius）等。

然而，在18世纪作为俄罗斯帝国西化和现代化规划中的重要组成部分而应邀前来的德国学者群体，对于双方都产生了更为深远的影响，其主导者是沙皇彼得大帝及其继任者们，包括叶卡捷琳娜一世（Catherine I）、彼得二世（Peter II）、安娜（Anna）、伊丽莎白（Elizabeth），以及特别需要提到的叶卡捷琳娜大帝。在这些学者到来之前，在17世纪30年代至70年代，有一波或者甚至可以说是"浪潮"般的一大批军事专家先行来到俄罗斯。不过，沙皇的新计划更加野心勃勃。它始于1697—1698年沙皇彼得一世本人的荷兰、英国之行，即著名的"大特使团"，在其行程中包括英国皇家学会的报告厅以及位于查塔姆（Chatham）和赞丹（Zaandam）的造船厂。之后，沙皇还接见了莱布尼茨，后者向其提交了一份如何获取各种知识的报告书，建议在俄罗斯展开动植物调查、将西方书籍翻译成俄语，以及成立科学院等。[85]

大规模的翻译计划开始于彼得大帝时期，其时至少有69位翻译家在从事相关工作。鲍里斯·沃尔科夫（Boris Volkov）翻译了一批法语书籍，内容涵盖地理、航海、火炮甚至园艺等，而瓦西里·基普里亚诺夫（Vasily Kiprianov）则组建起一个翻译工作室，他自己就将维尼奥拉（Vignola）的建筑学经典翻译成了俄文。凯瑟琳大帝的翻译委员会成立于1768年，持续了

15年，出版了100多本书，其中包括威廉·罗伯逊（William Robertson）所写的查理五世史，女沙皇本人曾阅读过该书的法文版，并非常欣赏。

同样，人员的流动比文本的流动有着更为深远的影响。不少俄国人被派往国外学习：格里高利·特普洛夫（Grigory Teplov）被派往柏林，后成为科学院的主管；亚历山大·拉迪什切夫（Alexander Radischev）前往莱比锡大学，他后来因批评政府而遭到流放。而由外而内来看，人员的流动就更加频繁了。不论是在人文科学还是自然科学领域，众多德国学者的到来为俄罗斯的知识世界带来了翻天覆地的变化。[86]

活跃在俄罗斯传播知识的客居者并不仅限于德国人。例如，在1707年，因德里希·西尔巴赫（Indrich Silbach）、约翰·福斯库尔（Johann Foskul）和安东·德梅（Anton Demey）等3位印刷商由阿姆斯特丹来到俄国。[87] 率科学考察团前往俄罗斯远东地区堪察加半岛（Kamchatka）的海军军官维图斯·白令（Vitus Bering）是丹麦人；同样在堪察加半岛从事研究工作的雅各布·林德诺（Jakob Lindenau）、矿物学家约翰·费伯（Johann Ferber）和圣彼得堡的化学教授埃里克·拉克斯曼（Erik Laxmann），均是瑞典人。天文学和地理学家约瑟夫-尼古拉斯·德利尔（Joseph-Nicolas Delisle）是法国人；而英国人中，包括海军建筑师塞缪尔·边沁（Samuel Bentham），他曾在俄罗斯生活了10年时间，其兄长就是名声更著的哲学家杰里米·边沁（Jeremy Bentham），还有曾短暂在喀琅施塔得（Kronstadt）任数学教授的苏格兰人约翰·罗比逊（John Robison）。[88]

众所周知，彼得大帝热衷于造船和航海，其统治时期甚至被描述为一个"海军革命"或"航海转向"的时代。俄语中的科学（nauk）一词，即与彼得对实用知识的兴趣有密切的关系，均源于拉丁语和荷兰语中的"航海"（navigatio/navigatie）一词。来自海外的水手在18世纪的俄罗斯极受欢迎，有英国历史学家戏称，英国的海军军官在这个时期对俄罗斯"大举入侵"。同样很受欢迎的还有来自英国的技术专家，例如，詹姆斯·瓦特（James Watt）就曾受邀访问俄罗斯。虽然他本人并没有如约前往，但一些不太出名的技术专家多有成行，从造船工到铸炮师不一而足。外籍的科学家和学者构成了大规模技术移民潮中的一大组成部分。[89]

在整个18世纪，从1698直至1826年，在俄罗斯工作的客居侨民大多数是德国人，或至少会说德语，且多与位于圣彼得堡的科学院（Akademiya Nauk）有关系，该科学院于1724年由彼得大帝在其晚年根据莱布尼茨的建议并以柏林的科学院和法国科学院的模式创建。圣彼得堡科学院不仅致力于新知识的发现，而且也注重其传播。除了开展研究工作，科学院的研究人员还要整理汇总国外新发布的情报信息，在大学授课，以及进行公开的演讲。[90]

学院薪资丰厚，并且在莱布尼茨和哲学家克里斯蒂安·沃尔夫（Christian Wolff）的建议下，不断派人去海外搜罗和邀请合适的人才。新来者中人才济济，有不少来自莱比锡和哥廷根大学的毕业生，在讲课和写作中通常用他们的母语德语，这可能也是当时在俄罗斯最主要的外语语种，至少在学术领域是如此，直到18世纪下半叶才逐渐被法语所取代。事实上，俄语中的"外国人"一词——"涅梅茨基"（nemetsky），原意就是指"德国人"，引申后又指来自北欧的外国人，如荷兰人、英国人或斯堪的纳维亚人等。

按照导论中所说的群体传记学的研究方法，在此我将介绍80位讲德语的客居人士，他们在1700至1826年间到达俄罗斯，对俄罗斯的知识建设做出了重要贡献。这批人中包括71名德国人、8名瑞士人和1名奥地利人。有些人在年轻时来到这里，并很快得到了晋升。有些人在几年后就离开回国，也有人英年早逝，或是因为西伯利亚的恶劣气候而自然死亡，或如天文学家乔治·莫里茨·洛维茨（Georg Moritz Löwitz），在叶梅连·普加乔夫（Yemelyan Pugachev）领导的农民起义期间（1773—1774年）被哥萨克骑兵所杀。不过，也有一些客居者终生留在了俄罗斯，如历史学家格哈德·弗里德里希·穆勒（Gerhard Friedrich Müller）在俄罗斯生活了长达58年之久。

关于这一群体，需要确定的一个问题是他们各自所属的学科。尽管名曰科学院，但其中不仅包括外籍的学者，而且还有翻译、建筑师、图书馆员、制图师，以及一位艺术家。其中，院士泽赫（J.-E. Zeiher）曾就望远镜的制造发表过演讲。由官方组织并由外籍学者具体执行的对俄罗斯帝国进行的一些勘探和测绘工作，也反映了俄国政府对于实务的重视。其中有11名自然学家（尤其是植物学家）、9名数学家、8名医生或外科医生、7名物理学家、4名化学家，还有2名天文学家。

外籍学者中最著名的是数学家和科学家，包括瑞士数学家莱昂哈德·欧拉（Leonhard Euler）；参加了第二次堪察加考察的自然学家约翰·乔治·格梅林（Johann Georg Gmelin）；医生格奥尔格·威廉·斯特勒（Georg Wilhelm Steller）也参加了探险考察，并成为阿拉斯加地区自然历史研究的先驱；化学家J. G. 莱曼（J. G. Lehmann）；物理学家格奥尔格·沃尔夫冈·克拉夫特（Georg Wolfgang Krafft）；生理学家卡斯珀·沃尔夫（Caspar Wolff）；以及另一位博物学家彼得·帕拉斯（Peter Pallas），后任科学院的自然史教授。帕拉斯曾历时6年在俄罗斯帝国各地旅行考察，研究植物、动物、化石和岩石。[91]

有的学者一人从事多门学科的研究，或者是所从事的工作及研究兴趣偏离了原来的专业。例如，丹尼尔·梅塞施密特（Daniel Messerschmidt）最初被聘为沙皇的御医，但后来在植物学和自然史领域多有成就，而作为博物学家的帕拉斯则受其恩主叶卡捷琳娜女皇之命收集世界各地的语言，编辑了一部多语种的词典《全球语言比较词汇》（*Linguarum totius orbis vocabularia*，1786年）。[92]

与本书其他部分一样，此处也将着重介绍人文学科领域的客居者，包括语言和文学7人、法学5人、哲学2人，以及政治学（*Staatswissenschaften*）1人。至少有18名德国客居学者活跃在历史学领域，其中之一的雅各布·施塔林（Jacob Stählin）最初受邀来到俄罗斯的原因，是由于他熟知烟花制造。虽然历史学家的人数之多略显夸张，但是彼得大帝相信历史研究就像造船铸炮一样，具有实用的价值。

戈特利布·拜尔（Gottlieb Bayer）是一位熟知多种语言的东方学家，著述内容涉及中国、美索不达米亚的埃德萨、巴克特里亚（Bactria）古国

(位于今伊朗和乌兹别克斯坦境内)、斯基泰人(Scythian),以及俄罗斯的起源等问题,特别擅长利用古钱币进行考证。在18世纪30年代,其著作以拉丁文在圣彼得堡出版。[93]哈特维格·巴克梅斯特(Hartwig Bacmeister)将米哈伊尔·罗蒙诺索夫(Mikhail Lomonosov)所写的俄罗斯史翻译成了德文,并发表了多篇关于彼得大帝的文章,从1772年开始,他主持编辑了俄罗斯的第一部文学期刊《俄罗斯杂志》(*Russische Bibliothek*)。奥地利人菲利普·狄尔西(Philip Dilthey)是新成立的莫斯科大学的历史学和法学教授,在1762年出版了一部专供青年贵族学习使用的世界历史教科书。

另一个更为重要的人物是格哈德·弗里德里希·穆勒,他是俄罗斯帝国的御用历史学家,著有《俄罗斯史料汇编》(*Sammlungen zur russischen Geschichte*, 1732年)。穆勒在20岁时就来到俄国,26岁成为历史学教授,终生留在了俄罗斯。在教学和研究中,他强调对史料的批判方法。他编辑俄罗斯编年史,穷档案以寻史料,强调物质文化中实物所具有的资料价值。凭借其身为俄罗斯帝国历史学家的力量,他对帝国内的诸多民族进行了研究,尤其是西伯利亚地区的民族。[94]

尽管笔耕不辍,但穆勒的许多工作仍需要协助。助手之一的约翰·费舍尔(Johann Fischer),在1768年出版了一部《西伯利亚史》。另一位助手最有名,是奥古斯特·路德维希·施洛策尔。[95]施洛策尔毕业于哥廷根大学,那里是当时以新方法开拓历史研究的中心,他师从著名的东方学家约翰·大卫·米凯利斯(Johann David Michaelis)。施洛策尔本是一个雄心勃勃、风风火火的年轻人,在26岁时来到俄国,最初只是把它作为继续向东旅行的一站,但不久便改变了行程,很快学会了俄语。不过,他对放弃了自己的东方梦想不无遗憾,对哥廷根更满是思乡之情,也不满于仅作为穆勒助手的角色,想要独立撰写历史,他在来到俄罗斯两年后,就向科学院提交了一份有关如何编撰俄罗斯历史的报告(*Gedanken über die Art, die Russische Historie zu traktieren*)。[96]施洛策尔根本瞧不起同样也正在撰写俄罗斯历史的博学家米哈伊尔·罗蒙诺索夫,认为他不过是个"化学家"。虽然他与罗蒙诺索夫和穆勒

的关系势如水火，但在女沙皇叶卡捷琳娜的支持下仍然得以继续工作。⁹⁷

施洛策尔在俄国生活了6年后就回到了哥廷根，任职俄国史的教授，并一直执教逾40年。他成为当时最著名的历史学家之一，在历史研究中融入了自己对北欧（包括俄罗斯帝国内不同民族的历史）的兴趣和全球的视野，像穆勒一样，他也将物质文化史纳入其中，包括土豆、烟草、糖、茶和咖啡等的历史。总结施洛策尔的学术生涯，可以说，他首先把哥廷根带到了俄罗斯，然后又把俄罗斯带回了哥廷根。

外籍客居者的涌入，对俄国人带来了什么影响？首先，仍然是转介调和的作用，其中包括知识的"转移"，特别是技术方面。换言之，就是传播了西方世界已知的知识，使俄罗斯人获悉最新的进展，其途径包括在科学院的公开讲座、在其附属文理学校（在成立之初的5年里，即招收学生342名）或1755年新成立的莫斯科大学等的教学活动。作为建筑师或工程师而来的外籍人士，在各自专业领域训练俄罗斯当地人才。从俄罗斯的角度来看，雇用外籍人士虽是当务之急，但也是临时的权宜之策。在很多情况下，俄罗斯的学者，例如著名的博学家米哈伊尔·罗蒙诺索夫，对于外国人的欢迎态度并不像他们的沙皇那样来者不拒。一定程度上也归功于罗蒙诺索夫的努力，原本几乎被外国人所垄断的科学院，得以逐渐地变得越来越俄罗斯化。⁹⁸

其次，如前所述，高层次的外籍客居者们需要开展研究工作并发表成果，通常刊载于科学院的论文集，并以拉丁文书写，以向学界彰显俄罗斯对学术研究的贡献。

对于俄国学者来说，与外籍人士的接触也是一种学习，使他们获知研究自然和文化的最新方法。例如，穆勒和施洛策尔编辑了专业版中世纪俄罗斯编年史，尤其是内斯特（Nestor）的编年史，又称《往年纪事》（Russian Primary Chronicle）。施洛策尔引入了史料考证的实用方法，在其《关于俄罗斯历史研究方式的思考》（*Gedanken über die Art, die russische Historie zu traktieren*，1764年）中对此进行了详述。⁹⁹穆勒要求助手们在档案中查找信息（虽然说利奥波德·冯·兰克［Leopold von Ranke］的成就标志了在编年史纪事和档案记录两种史料之间平衡关系的决定性转变,但他并不是第一个利用档案进行研究的历史学家)。受过专业训练的古典学家戈特利布·拜尔,利用物质文化的遗存对古代斯基泰人展开研究。穆勒也非常重视其他所谓的"古物"(*Antiquitäten*),收集武器、钱币、圣像和其他物品,作为俄罗斯历史研究的史料。

我把堪称是这些德国客居者们所做出的最重要的成就留在最后来讲。梅塞施密特、穆勒、帕拉斯等许多人,参加了对俄罗斯帝国内许多偏远地区(包括堪察加、奥伦堡和高加索山脉)的考察,研究不仅涉及当地的岩石、动物和植物,还包括居民们的宗教和风俗习惯。虽然1728至1743年期间对堪察加的第一和第二次探险是最为著名的,但早在1720至1727年,医生丹尼尔·梅塞施密特便奉彼得大帝之命对西伯利亚进行了探险,而以帕拉斯为首的探险队,在1768年出发开始对俄罗斯南部地区进行考察,几乎与此同时,库克船长(Captain Cook)也正启航前往南太平洋。这些探险多以勘测和绘图为主,反映了对帝国内自然和人文资源的现实需要,但领队们也收集了许多并没有任何明显实际用途的情报,包括有关当地古代文物的状况。[100]

在这些考察对知识产生的诸多重大贡献中,包括后来被称为"芬兰-乌戈尔语"的研究,因为其证明了在匈牙利语、芬兰语和一些西伯利亚语言——如沃古尔语(Vogul)①和奥斯蒂亚克语(Ostiak)②——之间存在结构上的相似性。丹尼尔·梅塞施密特在西伯利亚的考察中,与来自瑞典的战俘菲利普·冯·斯特拉伦伯格(Philip von Strahlenberg)一起,收集当地语言的有关资料。[101]穆勒对这些语言也很感兴趣,他的助手约翰·费舍尔在瑞典人雅各布·林德诺的协助下,编辑了一部西伯利亚词汇集。费舍尔意识到这些语言与匈牙利语之间存在一些相似之处,同时身兼语言学家和历史学家的巴克梅斯特也注意到了这一点,并发表文章论及两种语言之间的联系,这些均要早于1799年萨缪尔·加马西(Sámuel Gyarmathy)正式证明匈牙利语和

---

① 沃古尔语为曼西语(Mansi)的旧称。——译者
② 奥斯蒂亚克语为汉特语(Khanty)的旧称。——译者

芬兰语之间亲缘关系的论著。[102]

知识也会发生反向的传播。参加这些探险考察的德国学者,从他们的俄国助手和西伯利亚当地人那里得到了多少具体的帮助,我们所知甚少。晚近以来许多关于科学考察的研究都强调,虽然功劳均被归于来自外国的领队们,但当地人所发挥的作用也是极为重要的。乔治·亨特(George Hunt)就是一个著名的例子,在弗朗兹·博厄斯对加拿大西北部夸扣特尔人(Kwakiutl)的研究中,他提供了非常重要的协助。[103]

在历史学方面,穆勒和施洛策尔既向俄罗斯的史学前辈瓦西里·塔季谢夫(Vasilii Tatishchev)学习,同时也向自己在当地的"助手"(adjunct)求教。施洛策尔在俄罗斯编年纪事的研究中,从助手谢米扬·巴希洛夫(Semyon Bashilov)和阿列克谢·波列诺夫(Alexei Polenov)身上受益良多。[104] 再以斯捷潘·克拉舍宁尼科夫(Stepan Krascheninnikov)为例,他参加第二次堪察加考察队时虽然还只是一名学生,但已能独立进行调查工作,并发表了《堪察加土地志》(*Opisanie zemli Kamchatki*),斯特勒在未对原作者充分注明的情况下对其中的内容有过一定的借用。克拉舍宁尼科夫还协助格梅林研究植物。此外,帕拉斯也与不少俄国助手有合作,如参与其在俄罗斯南部考察的尼古拉·雷奇科夫(Nikolai Rytschkov),还有一些学生后来也都荣升成为科学院院士。[105]

概言之:就这些客居的德国学者的情况来看,转介调和的特点显而易见。对外籍客居者本身来说,在俄罗斯的岁月也是一种学习教育,拓宽了其视野,让他们发现了新的植物、新的动物、新的语言、新的民族等等,同时也发现了当时在西方鲜为人知的俄国历史。反之亦然,对于俄罗斯学者来说,这些外国人的到来更是一种教育,使他们了解到研究自然和文化的最新方法。《死魂灵》(*Dead Souls*)的作者尼古拉·果戈理(Nikolai Gogol),同时也是圣彼得堡大学的历史学教授,他对施洛策尔有过一段非常著名的评价:"施洛策尔是第一个将历史作为一个伟大的整体来感知的历史学家……他的作品就像闪电一样,瞬间照亮了一切。"[106] 施洛策尔的作品也深深激励了俄罗斯后来一代的历史学家，特别是尼古拉·卡拉姆津（Nikolai Karamzin）。

这种迁移对德国文化的影响也很重要，不妨仍以施洛策尔为例。在回到哥廷根后，他出版了《北方通史》（Allgemeine nordische Geschichte，1772年），翻译了内斯特的中世纪俄罗斯编年史名著，进行世界历史的教学和写作，并最终完成了《世界历史辑要：节选与联系》（Weltgeschichte nach ihren Haupttheilen im Auszug und Zusammenhange，1792—1801年）。并且，他还积极地在俄国之外，尤其在德语世界里，介绍并普及俄罗斯的历史。

一些外籍客居者也表现出常见的中立疏离感。因为距离而产生比较，因此亦无怪乎客居者们在对语系的研究中一枝独秀，例如芬兰-乌戈尔语的研究。与罗蒙诺索夫等俄国学者的观点相反，穆勒和施洛策尔，以及戈特利布·齐格弗里德·拜尔和约翰·菲利普·克鲁格（Johann Philipp Krug）等外籍人士，就像波利多尔·维吉尔在英国时一样，并无爱国主义观念的约束，均认为创立俄罗斯民族的英雄留里克（Rurik）及其追随者属于"诺曼人"，也就是斯堪的纳维亚人。施洛策尔还对将斯拉夫人等同于古代斯基泰人和萨尔马特人（Sarmatian）的观点表示质疑。[107]

尽管在德国和俄国学者之间，关系并不总是和谐融洽的，但我们可以看到的，在他们的相互接触过程中，形成了某种混合的知识。这些外籍客居者共同取得的成就，是创造了新的学问，并在日后发展成为一门新的学科——民族学。客居者们参加科学考察而发表的论著，既对已有的学科，也对一些新兴学科的进步做出了重大贡献。

例如，穆勒描述西伯利亚各民族风俗习惯的未刊论文，就是一项开创性的研究，他称之为"民族描述"（Völker-Beschreibung），也就是不久之后定名的民族学。事实上，近来有研究也把穆勒（像萨阿贡和拉菲托一样）称为"第一位民族志学家"。在学术讨论中正式使用"民族研究"（Völkerkunde）和"民族志"（Ethnographie）这两个词，正是穆勒的前助手施洛策尔在回到哥廷根大学后所倡导的（而"民族学"[ethnologia]也差不多在同一时期被引入）。诸如此类的新词汇，推动了将过去人们对于风俗习惯的兴趣，转化成一门新的学科。[108]

当然,正如我们已述及的那样,旅行者、商人和传教士们自古以来便有描述记录所见所遇的各地风俗的传统,如拉菲托之于易洛魁人(穆勒在西伯利亚之行时便随身携带着拉菲托的著作)、坎普弗之于日本一样。穆勒也曾读过伏尔泰的《风俗论》(*Essai sur les moeurs*),该书对欧洲风俗习惯的长期变化做了描述。由穆勒添加的创新之处,是其所谓的"系统描述"(*eine systematische geographische Beschreibung von Sibirien*),他制作了一份极为详尽的调查问卷交给助手们去完成。正如萨阿贡和拉菲托的情况一样,穆勒的研究工作也表明,今天我们依然所称的民族志,并不是在20世纪初马林诺夫斯基的时代里打破传统凭空而来的,毋宁说是一种渐进演变的结果。

## 近代晚期的客居者

某个国家政府在意识到国家的落后局面时,邀请外国人前来传经送宝以期迎头赶上,上述的俄罗斯是一个较早的例证。另一个众所周知的例子,是1868年后在经过数百年锁国后突然开放的日本,外国人被纷纷延请来帮助实现国家的现代化。

在第一次世界大战后(1923年宣告)独立的土耳其,新共和国的总统凯末尔·阿塔图尔克(Kemal Atatürk)发起了一场效仿西方模式的现代化运动,至少在官方层面上,提升了土耳其对外国人的接受度。1931年,作为这场运动的一部分,来自瑞士的教育学教授阿尔伯特·马尔凯(Albert Malche)受命改革土耳其的大学体制,他的建议之一就是聘请欧洲的科学家和学者。由于当时德国在科学和学术方面声誉正隆,以及奥斯曼帝国和德国之间传统上的密切关系,德国自然成了土耳其首选的国家。

换言之,恰在1933年犹太裔的教授们纷纷遭遇解职的时候,需求适在土耳其出现了。在1933—1934学年开始之际,已有42名流亡教授在新成立的伊斯坦布尔大学任职。在移居此地的德国教授中,埃里希·奥尔巴赫和利奥·斯皮策是最著名的两人,斯皮策逗留了3年,奥尔巴赫则生活了11年,他们属于一个更为庞大群体的一部分,既是流亡者,又是客居者,他们在被迫逃亡离开德国或奥地利的同时,受邀来到了土耳其。[109]

与奥尔巴赫和斯皮策同行的学生和同事,包括罗斯玛丽·伯卡特（Rosemarie Burkart）、赫伯特·迪克曼（Herbert Dieckmann）和莉塞洛特·迪克曼（Liselotte Dieckmann）、汉斯·马尚（Hans Marchand）等,这一群体中还包括一些科学家,如在伊斯坦布尔停留了四分之一世纪的天文学家沃尔夫冈·格莱斯伯格（Wolfgang Gleissberg）,以及奥斯曼帝国研究的专家,如安德烈亚斯·蒂策（Andreas Tietze）和彼得·苏格尔（Peter Sugar）。

至少其中的一部分客居者兼难民对土耳其的学术文化产生了相当大的影响。科学哲学家汉斯·赖兴巴赫（Hans Reichenbach）向伊斯坦布尔大学的学生们介绍了维也纳的文化圈。古典学家格奥尔格·洛德（Georg Rohde）与他的学生阿兹拉·埃尔哈特（Azra Erhat）一起,发起了一项土耳其语的翻译计划。律师恩斯特·路透（Ernst Reuter）在安卡拉大学引入了政治学研究的新方法,而另一位律师安德烈亚斯·贝托兰·施瓦茨（Andreas Bertholan Schwarz）则培养出了整整一代土耳其的法学家。同样地,包括苏海拉·巴伊拉夫（Süheila Bayrav）和萨拉·萨因（Şara Sayin）等曾经受教于奥尔巴赫和斯皮策的土耳其学生,继承了语文学和比较研究的方法,将之应用到土耳其的文学研究中,如文艺复兴时期人文主义学者们所谓的"翻译研究"（*translatio studii*）。[110]

流亡学者们在土耳其的时光并非尽善尽美:奥尔巴赫常抱怨生活的孤独,莉塞洛特·迪克曼则写到周遭不信任的氛围。他们两人都提到了图书资料的匮乏,至少在各自专长的研究领域里。这一情况后来得到了改善,一定程度上须归功于另一位流亡者——图书馆员沃尔特·戈特沙克,他于1941年来到土耳其,被任命负责伊斯坦布尔大学各个图书馆的管理工作。[111]虽然存在这些问题,但他们的流亡不仅使得土耳其从中受益,也给一些学者本身带来了好处,最明显的当属东方学家们。后来移居华盛顿教授比较法的律师奥斯卡·韦格特（Oscar Weigert），很可能在暂居安卡拉的三年中颇有收获。再以奥尔巴赫来看，如之前已谈到的，正由于在伊斯坦布尔的几年间远离图书馆，而暂时无法继续从事语文学研究，其综合探索西方文学中现实表现的恢宏名著《摹仿论》方得以问世。

## 在巴西的法国人

与西属美洲不同，殖民时期的巴西并没有大学，因此要获取学位，必须远涉重洋前往科英布拉（Coimbra）去学习。在19世纪，一些城市开办起了法学院和医学院，通常均参照法国的模式，因为法国文化在当时的巴西极受推崇，在某种程度上，至今仍然如此。位于里约热内卢的巴西历史和地理研究所（Instituto Histórico e Geográfico Brasileiro）成立于1838年，即以法兰西历史学会为模板。师范学校和政治学院也仿效了法国的"大学校"（Grandes Écoles）模式。

1934年，在当地主要报纸《圣保罗州报》（Estadão）股东们的支持下，圣保罗大学（University of São Paulo, USP）成立，法国模式再次发挥了重要的影响。一年后，即1935年，联邦区大学（University of the Federal District, UDF）在当时的首都里约热内卢成立。在这两所大学里，来自法国的客居者都发挥了积极的作用。他们均是所谓的法国使团（French mission）的成员，同样的词之前曾在1818年被用于一个艺术家代表团（mission artistique），以及1921年的一个军事使团。[112]

再来看所涉及的专业领域，下文重点介绍的46位在知识传播方面做出重要贡献的客居法国人，几乎全部集中在人文和社会科学领域（相比之下，占据自然科学方面职位的通常是德国人和意大利人）。其中清一色为男性：虽然克劳德·列维-斯特劳斯的第一任妻子蒂娜（Dina）也是一位人类学家，但她本人并没有直接收到邀请，不过她始终陪同丈夫参加考察活动并在圣保罗大学授课。就像早年流亡荷兰共和国或普鲁士的胡格诺派教徒一样，语言的差异并未成为这些客居者的障碍，因为巴西的精英阶层大多精通法语，而学生基本也来自这些家庭。

这46位法国人中，包括8位历史学家、7位地理学家、6位社会学家或人类学家。就像前文中移居俄国的德国人一样，他们大多数都是渴望新体验的年轻人（并非所有的学者都乐意离开法国前往如此遥远的国家，当时需经历三周的海上航行）。与德国人的情况一样，他们往往都经过精挑细选，接到通知的时间有时极短。原为法兰西学院学生的列维-斯特劳斯曾参与圣保罗大学的筹建，据其回忆：他接受前往巴西教书的邀约，是在接到一个电话并要求第二天即予以回复后仓促做出的决定。[113]大多数被招募而来的法国人任教于刚刚提及的两所巴西大学——圣保罗大学和联邦区大学。

有16位来自索邦大学的教授去了联邦区大学，包括在年届70后刚刚退休的经济史家亨利·豪瑟（Henri Hauser）和60岁的著名哲学史家埃米尔·布雷耶（Émile Bréhier）。这所新成立的大学存世只有两年。其之所以被封，一方面是（因涉共嫌疑）遭到了教会的反对，另一方面是来自政府方面的疑惧，时任教育部长古斯塔沃·卡帕内马（Gustavo Capanema）与大学的关系势同水火，也正是在大学被关闭的1937年，担任总统的热图利奥·巴尔加斯摇身一变成为"新国家"（*Estado Novo*）的独裁统治者。

不过，最为著名的是前往圣保罗大学的21人，从长远来看也是最具影响力的。其中包括布罗代尔、列维-斯特劳斯、地理学家皮埃尔·蒙贝（Pierre Monbeig），以及社会学家保罗·阿布塞-巴斯蒂德（Paul Arbousse-Bastide）和罗杰·巴斯蒂德（Roger Bastide）。在这一小群人里，有两个同姓巴斯蒂德的人可能会造成混淆，但巴西人通过给他们取绰号来区分。身材瘦小的罗杰被称为"小巴斯蒂德"（Bastidinho），而较为高大的亨利则是"大巴斯蒂德"（Bastidão）。其中大多数人都未在巴西逗留太久。（1934年刚刚32岁的）布罗代尔和（26岁的）列维-斯特劳斯都是前程无量的年轻学者，不过他们的未来并不在巴西。布罗代尔于1937年返回法国，1939年投笔从戎，在德国的战俘营里度过了战争的大部分时间；而列维-斯特劳斯于1939年回国，因其犹太人的身份而被解除了中学教师的资格，不久便逃亡去了美国。而在另一方面，蒙贝在1935到1946年期间一直居住在巴西，而较为年长的罗杰·巴斯蒂德在1938年抵达巴西时已经40岁了，直至1951年才离开。

至少在这其中的一部分客居者心中，巴西给他们留下了深刻的印象，而他们中的一些人也对巴西的学生和学者们产生了相当大的影响。[114]豪瑟在巴西的时间虽然相对较短，但他发表了多篇研究巴西历史的文章，内容从奴隶制到社会理论家圣西门伯爵（Count of Saint-Simon）的巴西弟子们。布罗代尔此前已在阿尔及利亚的一所中学教了10年书，眼界早已大为拓宽，学会了从不同角度审视地中海。在巴西的3年，后来被称为是其一生中最美好的时光，令他的视野更加全球化。如前所述，布罗代尔开始强调历史学家保持超然疏离的重要性，即他所说的距离变位。[115]

保罗·阿布塞-巴斯蒂德曾做过一场"我从巴西所学到的"为题的报告，谈到由于对空间和时间有了不一样的感受，巴西的岁月使他的人生发生了改变，他把圣保罗称为"一个奇妙的文化交汇地"。[116]至于列维-斯特劳斯，正是在圣保罗大学的几年里，他访问了马托格罗索（Mato Grosso）和亚马逊地区，发现了巴西的原住民，如波罗洛人（Bororo）和南比卡瓦拉人（Nambikwara），他在晚年花了很多时间研究他们。

新环境也对客居者们产生影响，最显著的个案当属罗杰·巴斯蒂德，他在到达巴西后不久便改变了研究方向，转而成为非裔巴西宗教的专家。在这方面，他与其同胞皮埃尔·韦格（Pierre Verger）颇为相似，后者并不属于任何学术团体，而是一名摄影师，后来成为坎东布雷教（candomblé）研究的权威，也是这一非裔巴西信仰的领袖人物。巴斯蒂德与之相反，更为超然疏离，他集中将坎东布雷教视为宗教融合的一个例证，抑或说借用了巴西历史学兼社会学家吉尔贝托·弗雷雷的概念，称之为文化的"相互渗透"。布罗代尔也非常推崇弗雷雷的著作，并撰写了一篇热情洋溢的评论，书评发表于《年鉴》（Annales）杂志时，他正被囚禁在德国的战俘营里。1953年，他在意大利推介弗雷雷的《华屋与棚户》时，甚至更加充满激情，盛赞作者"敏锐的智慧",将该书称为"杰作",是一系列"恢宏巨著"的一部分。"最重要的奇迹,是要掌握如何将一种精确而细致的历史叙述与无比微妙的社会学结合在一起。"[117]

反过来,客居者们对巴西的知识生活也产生了相当深刻的影响。就历史学而言,20世纪六七十年代巴西著名的历史学家塞尔吉奥·布瓦尔克便宣称:"豪瑟令我大为受教。"[118]由布罗代尔在圣保罗期间所代表并传播开去的法国史学新方法,至今在巴西仍然深具影响,特别是对研究殖民时期的历史学家,如费尔南多·诺瓦斯(Fernando Novais),他著有殖民体系危机的研究专论;路易斯·费利佩·德·阿伦卡斯特罗(Luiz Felipe de Alencastro),长于奴隶贸易的研究,并将巴西置于大西洋的语境下;劳拉·德·梅洛·埃·索萨(Laura de Melo e Souza),专注于心态史,尤其是巫术的研究。

在地理学方面,在20世纪30年代的巴西这尚是一门新兴学科,来自法国的研究方法依然声誉盛隆,皮埃尔·蒙贝的贡献尤其突出。[119]时至今天,包括罗贝托·达马塔(Roberto DaMatta)和爱德华多·维韦洛斯·德·卡斯特罗(Eduardo Viveiros de Castro)等众多的巴西人类学家,仍然将列维-斯特劳斯奉若神明。在巴西,在有关坎东布雷教甚至更宽泛的宗教融合的研究当中,罗杰·巴斯蒂德依然是一个无法避开的先驱,不论对其持赞同还是反对的态度。在著名的巴西社会学家中,玛丽亚·埃苏拉·佩雷拉·德·奎罗斯(Maria Isaura Pereira de Queiroz)曾是巴斯蒂德的学生,费尔南多·恩里克·卡多佐(Fernando Henrique Cardoso)曾是其助手,不过他更加有名的身份是巴西前总统。

至于说客居者们对其祖国的影响,布罗代尔将其对殖民时期巴西和拉丁美洲研究的热情传递给了他的学生们,其中包括皮埃尔·肖努(Pierre Chaunu),他的诸多著作大量涉及新世界的历史,以及弗雷德里克·莫罗(Frédéric Mauro),他著有17世纪葡萄牙与大西洋世界的专论。这一传统也被更年轻一代的法国历史学家所继承,如内森·瓦奇特尔(Nathan Wachtel)

和塞尔吉·格鲁金斯基（Serge Gruzinski），他们的研究都涉及葡属及西属美洲。

与流亡者不同，在本章中讨论到的许多客居者，一般并不觉得自己身上转介调和的角色。转介调和往往发生在不自觉间，比如教授物理学或改变异教徒的信仰。下一章中，我们将转回到流亡者和更加自觉的转介调和。

# 第五章 大逃亡

近代早期的移民离散,基本上是由于宗教原因而避祸的流亡者,而在1789年后,则主要是政治流亡者或种族清洗的受害者。

## 革命与流亡

法国大革命,特别是1793—1794年的"恐怖"之后,新政权的反对者大举流亡海外,总数约有18万人,他们越过边境来到科尔马(Colmar)、布鲁塞尔或伦敦。正是在这个时期,"移民"(émigré)一词开始频繁出现在法语以及其他语言当中。

这些人中有不少知识分子,其中著名的代表人物,如移居海德堡的博纳尔子爵(Viscount Bonald)和选择伦敦定居的夏多布里昂子爵(Viscount Chateaubriand),后者还在霍尔本区(Holborn)的一个阁楼里暂住过一段时间;移居瑞士后又前往英国的斯塔尔夫人(Madame de Staël);还有先后在洛桑、卡利亚里和圣彼得堡避难的约瑟夫·德·梅斯特(Joseph de Maistre)。正如常常发生的那样,移民的流动总是伴随着思想的流动,至少对于其中一部分人而言,流亡就是一种教育形式,从爱尔兰到俄罗斯,他们在一路之上了解到欧洲的多样性,因而留下了满满一书架的旅行记录。如果认为他们对寄居国所产生的影响似乎并不太明显,这可能是因为法国的文化在当时早已享誉海外了。[1]

波兰的情况则大为不同。在1789年或1793年之后，欧洲离散史的下一个重要时刻是1830—1831年，发生在波兰反抗俄国统治的斗争失败后。在波兰人所称的"大移民潮"（Wielka Emigracja）中，有7万多人离开波兰，主要目的地是巴黎。其中包括弗雷德里克·肖邦（Frédéric Chopin）、亚当·密茨凯维奇和约阿希姆·莱勒维尔。早已以诗人而闻名的密茨凯维奇，改行当了记者和法兰西学院的讲师，法国政府为他专设了一个斯拉夫语言和文学的教席。历史学家莱勒维尔就没有那么幸运了。1833年，莱勒维尔因从事政治活动而被勒令离开巴黎，步行来到比利时，在那里生活了近30年。密茨凯维奇和莱勒维尔都堪称波兰文化的大使，密茨凯维奇的授课讲义被结集为5卷出版，而莱勒维尔用法语所著的波兰历史于1844年出版。费尔南·布罗代尔曾将自己在国际上受到的推崇与他天才的波兰同事维托尔德·库拉（Witold Kula）之间的反差做对比，解释其中的原因是由于其所使用的法语在交流中较之波兰语更为有效。基于同样的原因，有学者认为巴黎也为大移民潮中的波兰反抗者们提供了语言、出版社和其他有助于其在欧洲各地传播思想观念的种种必需。[2]

欧洲流亡历史上接下来的一个重要年份是1848年，也就是"民族之春"的年代，革命在法国、德意志各地、哈布斯堡帝国和其他地区风起云涌。随着1848年革命的失败，来自中欧各国的移民离散至世界各地。有的人远走美国，有的人去往南美（例如巴西或智利），但大多数人留在了欧洲境内相对和平的地区，定居在苏黎世、布鲁塞尔，尤其是伦敦（伦敦的部分地区曾一度被称为"小德国"）。当时的伦敦被形容为"可能是欧洲的难民之都"。[3]

继在巴黎生活多年后，卡尔·马克思成为许多新伦敦人中最有名的一位，其他做出同样选择的革命知识分子，还有：路易·勃朗（Louis Blanc），基于在大英博物馆的研究他完成了其法国史的写作；东方学家西奥多·戈德斯泰克（Theodor Goldstücker），于1852年任伦敦大学学院的梵文教授；弗里德里希·阿尔特豪斯（Friedrich Althaus）翻译了卡莱尔（Thomas Carlyle）的作品，后来也成为伦敦大学学院的德语教授；艺术史家戈特弗里德·金克尔（Gottfried Kinkel）从施潘道监狱（Spandau）成功越狱后也来到了英国，任教于伦敦大学学院和贝德福德女子学院（Bedford College for Women），之后移居苏黎世；还有匈牙利人古斯塔夫·泽尔菲（Gustav Zerffi），他曾任民族主义领袖拉约什·科苏特（Lajos Kossuth）的秘书，来到英国后在位于南肯辛顿（South Kensington）的国家艺术培训学校（National Art Training School）教书。⁴

这些流亡者以及其他客居者作为转介调和者的作用显而易见，不论是翻译卡莱尔等英国作家的论著，还是向英国人引介德国艺术史研究的新方法，都是如此。在自然科学方面，化学家奥格斯特·威廉·冯·霍夫曼（August Wilhelm von Hofmann）是一个典型的例子，在阿尔伯特亲王（Prince Albert）的帮助下，他于1845年应邀来到伦敦担任新成立的皇家化学学院院长。霍夫曼在英国生活了20年，传播德国的科学研究方法，用英文发表文章介绍波恩大学和柏林大学的化学实验室。意大利人安东尼奥·潘尼兹（Antonio Panizzi）原是一名革命者，后成为大英博物馆的图书馆长，不仅使博物馆的意大利文藏书大为丰富，同时对编目进行了改革，帮助设计了新的阅览室，并促使英国政府为国家图书馆增加经费投入。⁵

反过来看，至少也有一部分流亡者从他们的东道主那里得益良多。例如，有人认为，"法国的历史使得马克思转而思考革命的性质、政治改革的局限性以及经济因素在历史变革过程中的重要性"⁶。同样，在英国长达34年的生活，马克思经历了伦敦博览会（1851年）、印度"士兵起义"（Mutiny）和反英起义（1857年）、兰开夏"棉荒"（1861—1965年）等事件，让他得以近距离地观察到资本主义、工业化和帝国主义的发展进程。

3位拉美人的海外经历，也再一次证明了流亡即教育的观点。1810年，安德烈斯·贝略受西蒙·玻利瓦尔的委派来到伦敦为独立运动筹措经费，一住就是19年。如其主编的刊物名称《美洲文荟》（*Biblioteca Americana, Repertorio Americano*）所示，在此期间，他开始将整个南美洲作为一个整体来思考，而不是局限于自己的家乡（即后来的委内瑞拉）。如1830年后生活在巴黎的波兰人一样,来到伦敦的贝略进入到一个当时主要的印刷出版中心,从而使其思想得以广泛传播开去。伦敦的出版商鲁道夫·阿克曼(Rudolf Ackermann)本人也是一名客居的德国侨民,也在这一时期决定在墨西哥、危地马拉、哥伦比亚、阿根廷和秘鲁等地开设书店,销售由居住在伦敦的流亡者翻译成西班牙语的教科书。[7]

智利历史学家本杰明·维库纳·麦肯纳(Benjamín Vicuña MacKenna)在19世纪50年代流亡欧洲,有评论认为,海外岁月里"形成的重大问题,促使他在19世纪六七十年代展开了深入的思考和研究"[8]。哥伦比亚记者何塞·玛丽亚·托雷斯·凯塞多(José María Torres Caicedo)在19世纪50年代流亡巴黎和伦敦,正是在流亡期间,他创造了"拉丁美洲"(América Latina)一词。这个时间点说明,要将如此幅员辽阔的地区视为一个整体,凯塞多首先需要远离开去。

当然,关于1789年、1830—1831年和1848年这三次移民离散在知识领域所产生的后果,还有许多值得讨论的地方,但本章将集中在20世纪的两个案例上。第一个案例,是在十月革命后离开俄罗斯的知识分子。第二个且篇幅更长的案例研究,聚焦于被学者们描述为"20世纪30年代的大逃亡",尽管从犹太人的角度来看,这是他们的第三次大逃亡,而劳拉·费米(Laura Fermi)则称之为"巨浪"。[9]

## 俄国移民

1685年,法国的新教徒们曾面临着不改变信仰就要被驱逐的命运选择,而在流亡者的历史上,1917年比前一个年份更让人刻骨铭心。不过,如果只关注于这一个年份,是有误导性的。因为一直要到1919年俄国内战结束后,布尔什维克政权的反对者们才开始大规模逃亡。对这一时期俄国难民人数的估计差异巨大,从70万到300万不等。[10]他们的足迹遍布"从巴拉圭到中国东北(Manchuria)"的许多地方,但最主要的落脚点是柏林、巴黎和布拉格。[11]

尤其是在这些城市里，难民们得以抵制同化，而建立起他们自己的特定街区，如巴黎的格雷内尔（Grenelle）和克利尼昂库尔（Clignancourt），他们经常光顾专门的咖啡馆，如位于柏林诺伦道夫广场（Nollendorfplatz）的莱昂咖啡馆（Leon），出版自己的报纸，开办自己的学校和教堂。对于难民来说，找工作非常困难，尽管所谓俄国亲王在巴黎沦为出租车司机的故事多为坊间戏说，但确也有真实的例子。[12] 特别是在初期，许多流亡者还奢望于布尔什维克政权不久就会失败，也许很快就能够回归故土。

就知识分子而言，尽管有些人在内战中加入了白军，因而在失败后不得不离开，其中包括文学评论家格莱布·斯特鲁夫（Gleb Struve）及历史学家埃利亚斯·比克曼（Elias Bickerman）和阿纳托尔·马祖尔（Anatole Mazour），但1922年才是离乡潮的关键年份。在这一年里，有150多名学者遭到驱逐，其中不少人是乘坐臭名昭著的"哲学船"来到德国的。这些被驱逐的哲学家，包括尼古拉·别尔嘉耶夫（Nikolai Berdyaev）、谢苗·弗兰克（Semyon Frank）和尼古拉·洛斯基（Nikolai Lossky）等，其他的学者还有社会学家费奥多尔·斯捷潘（Fyodor Stepun）、生物学家米哈伊尔·诺维科夫（Mikhail Novikov）、神学家格奥尔格·弗洛罗夫斯基、经济学家谢尔盖·普罗科波维奇（Sergei Prokopovich）和历史学家亚历山大·基泽韦特（Aleksandr Kizevetter）等。[13]

其中一些学者在索非亚和贝尔格莱德获得了教席，但移民知识分子的中心是布拉格，它也因此被称为"俄国人的牛津"。在捷克斯洛伐克政府的邀请下，大约有70名教授来此定居，在诸如俄罗斯法律学院、俄罗斯人民大学、俄罗斯商学院和乌克兰自由大学等新成立的机构从事教学工作。[14] 1939年德国入侵捷克斯洛伐克后，这一群体再次四散开去。由于政治或经济等原因，一些难民知识分子过着类似游牧的生活，在一座又一座城市之间迁徙。例如，生于乌克兰的经济学家保罗·巴兰（Paul A. Baran），在1921年离开了即将宣告成为苏联的故土，历经波兰、德国、法国、英国，最后来到美国，并（在斯坦福大学）成为据说是全美国唯一的一位信奉马克思主义且

134

获得终身教席的经济学教授。埃利亚斯·比克曼在离开俄国后,先后去了柏林、巴黎、马赛和纽约,最后选择在以色列定居。格奥尔格·弗洛罗夫斯基于1920年被驱逐出俄国,之后在索非亚、布拉格、巴黎、纽约以及哈佛和普林斯顿等地生活工作。类似的"再移民",在20世纪30年代的离散潮中也屡见不鲜。

与胡格诺派的离散学者不同,俄国人需要面对语言的严重挑战。如果用俄语写作,那么只有他们自己的难民同胞才能读到,因为其作品在苏联获得出版的机会微乎其微。在柏林等地由俄罗斯流亡者创办的许多小型出版社,便主要以其他流亡者为服务对象。

另一方面,如果流亡者选择用外语来写作,那他们首先需要掌握该种语言。至少对部分年轻时曾在德国求学的学者来说,德语并不是很难,如社会学家费奥多尔·斯捷潘或文学史家德米特里·齐泽夫斯基(Dmitry Chizhevsky)。而英语则有一些问题。1918年来到威斯康星大学麦迪逊分校任教的古代史家米哈伊尔·罗斯托夫采夫(Mikhail Rostovtzeff),是其研究领域的领军人物之一,但当他讲课时,学生们纷纷抱怨说听不懂他的英语。几年后,当他试图提携以前的学生格奥尔格·韦尔纳德斯基去耶鲁大学时,罗斯托夫采夫提醒他,不仅要说英语,而且要用英语去发表。[15]至少在语言方面,其他流亡者的适应能力要比罗斯托夫采夫更强一些。艺术史家安德烈·格拉巴尔(André Grabar)在法国生活时能用法语写作发表,后来在美国则用英语发表。历史学家罗伯特·维珀(Robert Vipper)在1924至1941年间生活在里加(Riga),当时拉脱维亚仍是一个独立国家,他学会了用拉脱维亚语讲课和写作。

尽管存在着种种问题,难民学者们至少对部分寄居国产生了相当大的影响。失之东隅,而收之桑榆,俄罗斯的损失成为其他国家的收获,其中以保加利亚、南斯拉夫和捷克斯洛伐克最为明显。例如,随着诺维科夫及其俄罗斯同事们的到来,布拉格查理大学动物学研究所在动物学研究领域有了重要的突破。[16]同样,语言学和文学的研究很大程度上得益于逃亡来到布拉格的天才学者们，如尼古拉·特鲁别茨科伊（Nikolai Trubetzkoy）和罗曼·雅各布森（Roman Jakobson）等，而精神分析学则经由俄国人尼古拉·奥西波夫（Nikolai Osipov）和费奥多尔·多苏兹科夫（Fyodor Dosuzhkov）而被引入到了捷克斯洛伐克。

对于流亡者来说，转介调和至关重要，因为他们自认为是在捍卫受到布尔什维克威胁的俄罗斯传统。这种转介工作在法国、英国和美国尤为突出，因为这些国家对于俄罗斯文化所知相对有限。在耶鲁大学，韦尔纳德斯基将俄国史介绍给美国学生，而前外交官米哈伊尔·卡尔波维奇（Mikhail Karpovich）以及阿纳托尔·马祖尔分别在哈佛和斯坦福做了同样的工作。在巴黎和哈佛大学，安德烈·格拉巴尔向其听众讲授东正教艺术。在伦敦大学，德米特里·米尔斯基（Dmitri Mirsky）向英国学生介绍了俄罗斯文学。在牛津，早在1921年自幼就来到英国的以赛亚·柏林潜心研究19世纪俄罗斯思想史，尤其是更早时期即流亡英国的俄罗斯人亚历山大·赫尔岑的思想，而且在政治哲学方面公开讲学。[17]柏林的英语讲得比大部分英国人都要流利，但始终带有俄国口音。

流亡的经历也给难民们带来了深刻的影响，最明显的影响体现在年轻人身上，如迈克尔·波斯坦，他成为研究其寄居国英国历史的专家，但对年长学者的影响也同样如此。曾在哈佛和普林斯顿大学任教的神学家格奥尔格·弗洛罗夫斯基，使自己重新转型为一名俄罗斯文化史家。格奥尔格·费多托夫（George Fyodotov）原专长于法国中世纪史研究，后在流亡期间以《俄罗斯宗教思想》（*The Russian Religious Mind*）的研究而闻名，而康斯坦丁·莫丘利斯基则从罗曼语言和文学转到了俄语的研究，并著有一部有关陀思妥耶夫斯基的重要传记。

眼见和亲历的灾难，激发起流亡者们对因果解释的探求。在索非亚，语言学家尼古拉·特鲁别茨科伊和地理学家彼得·萨维茨基（Pyotr Savitsky），以及弗洛罗夫斯基和韦尔纳德斯基等人一起，提出"欧亚主义"（Eurasianism）的理论来解释布尔什维克革命。根据其理论，布尔什维克主

137 义是一种必然的西化形式，因为它出现在西方衰落和欧亚大陆崛起之际，在这一总体趋势之下，在文化和地理上都位于东西方之间的俄罗斯注定要发挥主导作用。包括历史学家帕维尔·米留科夫（Pavel Miliukov）和政治家兼经济学家彼得·斯特鲁夫（Pyotr Struve）在内的其他流亡者，也对布尔什维克主义崛起的原因进行了思考和写作，而罗斯托夫采夫则从20世纪的危机出发，去认识公元3世纪时所发生的危机。

这些回应在立场上远远称不上疏离超然。尽管有所局限，但仍可以说，且事实上也确实如此，来自外来者较为超然的取向是所谓"流亡者和移民对东欧和中欧现代文学理论的诞生具有重大作用"这一论断的基础。文学评论家维克多·什克洛夫斯基（Viktor Shklovsky）是这一情况的典型例证，他强调所谓"去陌生化"（ostranenie）的艺术价值，即以文学或艺术的技巧鼓励读者或观众以新颖的视角看待日常所熟悉的周边环境。什克洛夫斯基在德国生活多年后回到俄罗斯，他的理论很可能是受到了其在德国的经历的启发，因为许多流亡者都曾对在国外所经历的文化冲击有所感悟，发现过去自认为理所当然的东西对于他们的东道主来说却是陌生的，而在其东道主们看来司空见惯的事物却常常让新来者叹为观止。[18]

在1919—1922年的大流亡之后的几十年里，融合的迹象变得日益明显。诺维科夫被誉为促进了"德国与俄罗斯生物学传统的有效结合"，尽管早在其离开俄罗斯之前，这种结合就已经开始了。另一个更为有力的例子来自语言学。20世纪20年代的布拉格学派以创立符号学研究而闻名，其成员中包括俄罗斯移民（雅各布森、特鲁别茨科伊、民俗学家彼得·波加特列夫［Pyotr Bogatyrev］）和捷克学者，如在1926年共同创立该学派的维莱姆·马修斯（Vilém Mathesius），以及扬·穆卡洛夫斯基（Jan Mukařovský）等。布拉格学派的历史，证明了新思想的产生，可能就来自不同文化的人和不同立场的观点之间的碰撞。

138 与此同时，匈牙利的历史出现了与俄国截然相反的进程。1919年，由库恩·贝洛领导的苏维埃红色政权在短暂执政后，即被霍尔蒂·米克洛什海军上将的白色政权所取代,后者对共产党和犹太人发起了一场"白色恐怖"运动。许多匈牙利人因此流亡国外避难,特别是去往德国。其中包括物理学家利奥·西拉德、化学家乔治·德·赫维西(George de Hevesy)、社会学家奥斯卡·贾希(Oskar Jaszi)和帕尔·森德(Pál Szende)、经济学家卡尔·波兰尼(Karl Polanyi,几年后,其弟迈克尔也步其后尘),以及以格奥尔格·卢卡奇为中心而形成的学术圈的一些主要成员,他们经常在周日去他家中聚会。在这个"周日会社"的成员当中,卡尔·曼海姆、他未来的妻子心理学家尤利娅·朗(Júlia Láng)、艺术史家阿诺德·豪泽尔(Arnold Hauser)和哲学家贝拉·福加拉西(Béla Fogarasi)都在德国避难,而另一位艺术史家弗雷德里克·安塔尔(Frederick Antal)则流亡去了意大利。当纳粹和法西斯主义兴起之后,福加拉西转去了苏联,而曼海姆、朗、豪泽尔和安塔尔等又都再次流亡英国。卢卡奇本人曾担任匈牙利苏维埃共和国的部长,于1919年逃往维也纳,后在1930年移居莫斯科,直到"二战"后才重新回到匈牙利。[19]

## 大逃亡

20世纪真正的"大"逃亡(尽管这一词有时也被用来指1917年后的俄国人和1830年后的波兰人)是逃离希特勒第三帝国的难民们,其中大部分是来自中欧的犹太人,他们先后在1933年后离开德国,1938年后离开奥地利,1939年后离开捷克斯洛伐克。出于政治原因反对希特勒的非犹太裔科学家和学者也在这一时期移居国外。其他学者则离开了墨索里尼统治下的意大利,还有一些人在内战之初或结束后逃离西班牙。

就像17世纪80年代的胡格诺派的难民离散一样,有必要将20世纪30年代的大逃亡置于一个较长时段中加以审视。就犹太难民而言,可以追溯至19世纪80年代初在俄罗斯帝国境内发生的反犹运动及由此导致的难民逃亡。在那场大规模的人口流动中,知识分子群体并不突出,在1880至1914年间,约有250万人被迫离开东欧,一些随父母迁徙的幼童日后在英国成为杰出的学者,在这一时期,有超过12万犹太人移居至英国和美国。

例如,在来到英国的难民中,包括出生于立陶宛的社会学家莫里斯·金斯伯格(Morris Ginsberg),立陶宛当时是俄罗斯帝国的一部分,他在1904年年仅十几岁时来到英国,在25年后,即1929年,成为伦敦政治经济学院教授。经济学家阿巴·勒纳(Abba Lerner)生于比萨拉比亚(Bessarabia),当时也属俄罗斯帝国,他在1906年3岁时随家人来到伦敦,后于1937年移民美国,在加州大学伯克利分校、哥伦比亚大学及其他地方担任教授。政治学家赫尔曼·芬纳(Herman Finer)也生于比萨拉比亚并随父母移居英国。他后来去了美国,并在芝加哥大学任教,而他的弟弟塞缪尔则出生在伦敦,后成为曼彻斯特大学知名的政府学教授。刘易斯·纳米尔于1888年生于俄罗斯治下的加利西亚(Galicia),1907年留学英国。他也成为曼彻斯特大学教授,不过是在历史系。纳米尔是英国最著名的历史学家之一,弟子众多,人称"纳米尔学派"。

中东欧流亡者的子女,在美国学术界取得了更为令人瞩目的成就。例如,人类学家保罗·拉丁,退休前曾任布兰代斯大学人类学系主任,他在1884年来到美国时还是个襁褓中的婴儿。后来成为哥伦比亚大学教授的著名艺术史家迈耶·夏皮罗(Meyer Schapiro),在1907年3岁时来到美国,而后来成为芝加哥社会学派核心人物的路易斯·沃思(Louis Wirth),在1911年从德国来到美国时,年仅14岁。而在知识史上影响更为深远的,是父母为新移民而后在美国出生的一批人。他们在成年后,成为各自学科领域的佼佼者。例如,政治学领域的加布里埃尔·阿尔蒙德(Gabriel Almond);心理学方面的杰罗姆·布鲁纳(Jerome Bruner);人类学领域的梅尔维尔·赫斯科维茨(Melville Herskovits);哲学当中的西德尼·胡克(Sidney Hook);在经济学方面,有米尔顿·弗里德曼(Milton Friedman)和保罗·萨缪尔森(Paul Samuelson);在历史学科,有丹尼尔·布尔斯廷(Daniel Boorstin)和奥斯卡·汉德林(著有两部移民研究的专著);在社会学中,包括丹尼尔·贝尔（Daniel Bell）、莫里斯·贾诺维茨（Morris Janowitz）、罗伯特·默顿和爱德华·希尔斯（Edward Shils）。真可谓是灿若星河！

尽管已有先例，但20世纪30年代的移民离散在知识史上仍具有特殊的地位，不仅因为他们人数众多，而且他们使得知识迁移所带来的后果变得尤为明显。下文中将在简要介绍意大利和西班牙的流亡者之后，用一个较长的篇幅，重点介绍来自德国和奥地利的难民们。

## 意大利流亡者

关于意大利人流亡离散的文献相对较少，尽管这一进程颇为重要，至少在思想史上是如此，有不少著名的人物名列其中。在流亡者中最有政治影响的，可能是历史学家加埃塔诺·萨尔维米尼（Gaetano Salvemini），他在1925年（墨索里尼上台三年后）离开意大利，先后在法国和英国生活，然后于1934年前往哈佛大学从事研究和教学，直到1948年。萨尔维米尼把哈佛看作是一个"迷人的孤岛"，而怀德纳图书馆（Widener Library）更是"天堂"。他的一位前助手称其是在"避世隐居"。尽管如此，萨尔维米尼能说流利的英语，对英美经验主义也深以为许，因而对许多学者和学生都产生了影响。[20]

这位"隐士"在政治上也相当活跃。虽然其早先是中世纪意大利城市公社和法国大革命的研究者，萨尔维米尼在流亡中转向了对法西斯主义的研究。他在美国组织起反法西斯的运动，向美国人介绍意大利的局势。他还写了关于他的时代意大利历史的三部曲著作：《意大利的法西斯独裁》(*The Fascist Dictatorship in Italy*，1927年)、《墨索里尼的外交》(*Mussolini Diplomatico*，1932年)和《法西斯主义的刀斧之下》(*Under the Axe of Fascism*，1936年)。

萨尔维米尼只是众多意大利流亡知识分子中的一员。经济学家皮耶罗·斯拉法（Piero Sraffa）是另一位法西斯主义的反对者，他于1927年移居英国剑桥，留在那里直至去世。政治哲学家马克斯·阿斯科利（Max Ascoli）是犹太人，他于1931年离开意大利前往美国。他任教于社会研究新学院，在正义、自由和法西斯主义的问题上广有著述。政治学家马里奥·伊诺第（Mario Einaudi），其父为后来任意大利总统的路易吉·伊诺第（Luigi Einaudi），因拒绝向法西斯主义宣誓效忠而被墨西拿大学（University of Messina）解职。他于1933年抵达美国，在哈佛大学和康奈尔大学任教，其论著涉及共产主义、基督教民主和他所谓的"罗斯福革命"等议题。

艺术史家廖内洛·文杜里（Lionello Venturi）也拒绝宣誓效忠，移居巴黎后，以为艺术品商人提供咨询和撰写印象派的评论文章为生。德国入侵法国后，他转而前往美国，在多所大学任教。墨索里尼政权的另一位反对者是雷纳托·波吉奥利，他的研究领域是俄罗斯文学。在到达美国后不久，波吉奥利成为反法西斯的马志尼协会（Mazzini Society）的主席，阿斯科利和萨尔维米尼都是该协会的成员。

与1933年后德国的情况一样，意大利的犹太裔学者在1938年后也开始遭到解职，迫使更多的学者和科学家选择移民海外（在1938年，9%的意大利大学教师为犹太人）。[21]例如，物理学家恩里科·费米（Enrico Fermi）于1939年来到美国，并在哥伦比亚大学获得教职，他此后在曼哈顿计划中发挥了重要的作用。在费米的帮助下，1940年抵美时还只有28岁的年轻的微生物学家萨尔瓦多·卢里亚（Salvador Luria）获得了洛克菲勒奖学金，得以在美国站稳了脚跟。其他知名的流亡者，包括移居巴西的生理学家卡洛·福阿（Carlo Foà）；移居阿根廷的数学家贝波·列维（Beppo Levi）；以及移居美国的物理学家布鲁诺·罗西（Bruno Rossi）和埃米利奥·塞格雷（Emilio Segrè）等。罗西和费米一样，也参加了曼哈顿计划，而塞格雷在加州大学伯克利分校工作期间，获得了诺贝尔奖。

在人文学科方面，专长于近东研究的语言学家和历史学家乔尔乔·列维·德拉·维达（Giorgio Levi Della Vida），入职宾夕法尼亚大学，而古代史家阿纳尔多·莫米利亚诺则选择以英国为家，在牛津和布里斯托尔任教多年后,又被聘为伦敦大学学院的教授。

有些学者在寄居国一时难以找到合适的位置。在罗曼和东方研究领域均卓有成就的莱昂纳多·奥斯基的流亡生涯,尤其艰难。奥斯基出生于维罗纳,在海德堡大学获得了罗曼语言学研究的教席。1933年,因犹太人身份被解职后回到意大利,之后在1939年被迫再次流亡来到美国。在美国,他做过许多临时性的工作,抱怨称"在这个崇尚实用主义的世界里"很难为研究本身而从事研究。最后,他获得了伯克利的教职,但却被要求进行入籍宣誓。在拒绝宣誓后,奥斯基回到意大利,直到若干年后他才得以回到美国复职。因此,也无怪乎他会对研究另一位意大利的流浪者马可·波罗特别情有独钟。[22]

许多年轻的意大利移民日后功成名就,包括后来成为耶鲁大学教授的中世纪史家罗伯托·洛佩斯(Roberto Lopez);在麻省理工学院任教的科学史和科学哲学家乔治·德·桑蒂拉纳(Giorgio de Santillana);专长于意大利巴洛克文学研究的剑桥大学教授乌贝托·利蒙坦尼(Uberto Limentani)。1938年离开意大利时只有20岁的布鲁诺·赛维(Bruno Zevi),后来以建筑史家和建筑评论家而闻名;与赛维同龄的弗兰科·莫迪利安尼(Franco Modigliani),后来成为麻省理工学院的经济学教授和诺贝尔奖得主。还有一些年轻学者则离开了学术界。历史学家保罗·特雷韦斯(Paolo Treves)在伦敦当了记者,而他的表弟安东内洛·格尔比(Antonello Gerbi),本是一位历史学家、哲学家和经济学家,则在利马的一家银行工作。

至少在某些个案中,流亡对这些学者的工作所产生的影响是显而易见的。例如,正是在秘鲁,格尔比开始对新世界的历史产生了兴趣,由此完成了他的代表作《新世界的争论》(*La disputa del nuovo mondo*,1955年)及其他的研究。同样,如前所述,正是在流亡期间,萨尔维米尼转向了对法西斯主义的研究。在美国,雷纳托·波吉奥利将教学和写作从俄文扩展到了比较文学,完成了《先锋派理论》(*Theory of the Avant-Garde*)一书,该书意大利语版于1962年问世,英文本在6年后出版。

在这些学者中,至少有一部分人为其寄居国的知识生活带来了显著的影响。在哈佛大学,马里奥·伊诺第协助创立了比较政治学研究,而雷纳托·波吉奥利也在比较文学领域做出了同样的贡献。至于阿纳尔多·莫米利亚诺,不论是在伦敦还是芝加哥(他也曾在此执教),都是学界的风云人物,他学识渊博、精通多种语言、著作等身,而且机智过人。经常在瓦尔堡研究院及其他场合听其授课的英国学生,包括迈克尔·克劳福德(Michael Crawford)、基思·霍普金斯(Keith Hopkins)、萨利·汉弗莱斯(Sally Humphreys)、弗格斯·米勒(Fergus Millar)和奥斯温·默里(Oswyn Murray)等著名古代史家,他们都曾受到过他的教导或至少是启发。莫米利亚诺帮助英国学术界摆脱了地方化,并说服历史学家们利用诸如马克斯·韦伯(Max Weber)和埃米尔·涂尔干(Emile Durkheim)等社会理论家的理论观点(他与萨利·汉弗莱斯合作,在伦敦大学学院开设了一门有关古代史和人类学的课程)。按照意大利的传统,莫米利亚诺还鼓励古代史家们研究他们的前辈学者,包括自文艺复兴时期以来研究古代希腊罗马的古物学家。[23]

## 西班牙流亡者

与意大利的情况不同,内战期间和内战后的西班牙流亡者的情况此前已有较多的讨论。西班牙流亡者的人数更多,约在16万至50万之间,其中约5000人拥有学术学位或相近的专业资格(500人是医学专业人士)。[24]在整个学术界,有42%的人在这一时期逃离了西班牙。[25]有些人为避开战争而提前离开,如哲学家何塞·奥尔特加·加塞特(José Ortega y Gasset)、历史学家克劳迪奥·桑切斯-阿尔伯诺兹(Claudio Sánchez-Albornoz),以及曾收到死亡威胁的学者兼物理学家格雷戈里奥·马拉尼翁(Gregorio Marañón)。更多的人在1939年离开,当时共和派在内战中的败局已无可挽回了。

法国是较受欢迎的流亡地(奥尔特加和马拉尼翁在1936年都选择流亡法国),但在1939年时再去法国避难则很快被证明是极其糟糕的时刻了,因为德国在1940年入侵了法国。那些有能力继续逃亡的人不得不继续前行，通常是前往其他许多人首选的西班牙语国家：例如古巴，像语言学家兼历史学家拉蒙·梅南德斯·皮达尔（Ramón Menéndez Pidal）、哲学家何塞·费拉特·莫拉（José Ferrater Mora）和玛丽亚·赞布拉诺（Maria Zambrano）；流亡委内瑞拉的生理学家奥古斯托·皮·桑尼尔（Augusto Pi i Sunyer）；去往圣多明各的文学史家维森特·洛伦斯（Vicente Lloréns）；去往厄瓜多尔的哲学家胡安·戴维·加西亚·巴卡（Juan David García Bacca）；或是阿根廷，它共接受了大约2500名难民，其中学者包括奥尔特加·加塞特、桑切斯-阿尔伯诺兹、语言学家阿马多·阿隆索（Amado Alonso），以及社会学家兼散文作家弗朗西斯科·阿亚拉（Francisco Ayala）等。

　　墨西哥是最为欢迎这些流亡者的寄居国。拉萨罗·卡德纳斯（Lázaro Cárdenas）总统在西班牙内战中支持共和派，并对接受的难民没有数量限制，实际的人数在2万人左右，其中约一半的人是搭乘了共和派政府专门租用的船只而来的。在最早的一批船上，为帮助难民们对新环境提前有所准备，还"开设了有关墨西哥地理和晚近历史的课程"[26]。

　　适值高等教育快速发展之际，知识分子在墨西哥尤其受欢迎，就像同一时期的土耳其一样，而西班牙仍被普遍视为西班牙语世界的文化中心。一些知名的西班牙学者应邀来到墨西哥，并成立了西班牙之家（Casa de España），不久更名为墨西哥学院（Colegio de Mexico），为很多流亡者提供了工作的场所。在新近到来的学者中，最著名的是历史学家佩雷·博世-金佩拉（Pere Bosch-Gimpera）、路易·尼古拉·德奥尔韦尔（Lluís Nicolau d'Olwer）和约塞普·玛丽亚·米盖尔·维热（Josep Maria Miquel i Verges），三人都是加泰罗尼亚人；哲学家何塞·高斯和华金·西罗（Joaquin Xirau）；以及律师兼社会学家何塞·梅迪纳·埃切瓦里亚（José Medina Echevarría）和路易斯·里卡森斯·西切斯（Luis Recásens Siches）。[27]

　　一些西班牙学者前往英国避难，如外交官兼历史学家萨尔瓦多·德·马达里亚加（Salvador de Madariaga），以及在内战期间一度成为西班牙首相的前生理学教授胡安·内格林（Juan Negrín）。虽然内格林"始终无法决定是否以及如何重启自己生理学家的生涯"，但在流亡期间他对知识也确实有颇不寻常的贡献，他自愿在英国科学家霍尔丹（J. B. S. Haldane）的生理学实验中充当试验品，"研究寒冷、黑暗以及变化的水压气压对人体的作用"。[28]

还有许多共和派人士流亡美国。对有的人来说，这本就是他们的第一选择，如本书早先讨论到的阿梅里科·卡斯特罗，在纽约新学院任政治学教授的前政府部长费尔南多·德·洛斯·里奥斯（Fernando de los Ríos），在哥伦比亚大学任教的文学史家安格尔·德尔·里奥（Angel del Río），以及诗人兼评论家佩德罗·萨利纳斯（Pedro Salinas）和豪尔赫·纪廉（Jorge Guillén），后两人都在韦尔斯利学院（Wellesley College）任教。对于另一些人而言，美国是次一级的选择，如阿马多·阿隆索和何塞·费拉特·莫拉。

在他们的祖国，人才流失成为一个严重的问题，被称作是"科学的毁灭"。[29]西班牙人甚至与自己同胞们在流亡中所发表的作品相隔绝。例如，阿梅里科·卡斯特罗反思西班牙历史的著作在布宜诺斯艾利斯和普林斯顿出版，但在西班牙本土却不为人知。

流亡者们从这么丰富的经历中学到了什么呢？与移居英美的德语国家难民不同，在拉丁美洲的西班牙流亡者们没有语言障碍的烦恼，尽管不少人发现那里的文化较之预期更为陌生。对于寄居国的态度因人而异，从痛苦煎熬到兴奋热情，千差万别。桑切斯-阿尔伯诺兹从阿根廷向奥尔特加写信说："生活在这个世界的一隅，苦日子绵绵不尽。"[30]在另一方面，何塞·高斯对于墨西哥的生活就非常适应，如在导论部分所提到的，他并不觉得是被"连根拔起"，而只是一种"移植"而已；安格尔·德尔·里奥也写道，他对西班牙和美国的文化都有"充分而平等的认同"。[31]

一些流亡者将自己的研究对象从西班牙转向其寄居国。高斯写了一本关于墨西哥思想史的著作；德奥尔韦尔在担任政府部长之前是研究加泰罗尼亚历史和文学的专家，后转而研究16世纪的传教士贝尔纳迪诺·德·萨阿贡以及其寄居国在19和20世纪之交的经济史；哲学家阿道夫·桑切斯·巴斯克斯撰写了一部关于卢梭在墨西哥的专著，讨论其对独立运动中意识形态的影响。[32] 历史学家曼努埃尔·伊西德罗·门德斯（Manuel Isidro Méndez）幼年曾在古巴生活过，1936年作为流亡者再次回到古巴，他著有一部关于古巴民族英雄何塞·马蒂（José Martí）的传记。另一位历史学家米盖尔·维热在到达墨西哥时已经36岁了，继早前对加泰罗尼亚文学的研究后，他写了一本关于墨西哥独立时期新闻媒体作用的著作。对于这些流亡者来说，与拉丁美洲的相遇进一步拓展了他们的知识视野。

而移民学者们相应地又做了什么？最重要的，就是不同形式的转介调和。安格尔·德尔·里奥在1965年提到，其"在美国30年致力于西班牙文化的解释"。先后在威斯康星大学、德克萨斯大学和普林斯顿大学任教的阿梅里科·卡斯特罗，将拉丁美洲的历史灌输到学生们的脑海当中，1938年流亡时年仅16岁的胡安·马里沙尔（Juan Marichal），后来在50年代哈佛大学西班牙文学课程上也做了同样的努力。在墨西哥、阿根廷及其他地方的流亡者，在欧洲文化（除了西班牙文化之外，还有德国的，相当一部分人曾在德国学习）与拉丁美洲文化之间进行了转介调和。

一些流亡的学者在寄居国授业课徒。例如，在高斯的影响下，有两位学生日后成为墨西哥首屈一指的知识分子：历史学家埃德蒙多·奥戈曼（Edmundo O'Gorman）和哲学家莱奥波尔多·塞亚（Leopoldo Zea）；高斯与他们两人有深入而广泛的交流，并有对话录结集出版。[33] 同样，桑切斯-阿尔伯诺兹推动了阿根廷的中世纪史研究，其影响也波及了其他时期的历史研究者，特别是何塞·路易斯·罗梅洛（José Luis Romero），他的研究领域从古代世界贯穿至20世纪，以及图利奥·哈尔佩林·唐伊（Túlio Halperín Donghi），他主要研究的是殖民时代以来的拉丁美洲历史。

转介调和自然也是通过著作书籍来展开的。跟早期的流亡者一样，一些人在初来乍到新世界后便转向了翻译工作。哲学家欧亨尼奥·伊马兹

(Eugenio Ímaz)于1939年到达墨西哥，他将大量的时间投入到威廉·狄尔泰（Wilhelm Dilthey）全集的翻译中。何塞·高斯翻译了多部德国哲学家的著作，包括埃德蒙·胡塞尔（Edmund Husserl）、马克斯·舍勒（Max Scheler）、马丁·海德格尔（Martin Heidegger）和卡尔·雅斯贝斯（Karl Jaspers）。何塞·梅迪纳·埃切瓦里亚翻译了马克斯·韦伯的作品。这些译著在墨西哥出版后，流传至除了佛朗哥统治下的西班牙以外的整个西班牙语世界。

一部分流亡者加入到出版行业中。在墨西哥，新移民们创办了一些小型出版社，与俄国移民在柏林等地所办的小型出版社如出一辙，尽管与俄国人的情况不同，在墨西哥印刷出版的图书，其读者范围并不局限于移民社区。由西班牙流亡者创办的文化经济基金会（Fondo de Cultura Económica）出版了许多经典历史著作的翻译本，如马塞尔·巴塔庸（Marcel Bataillon）关于伊拉斯谟及其西班牙追随者的名著、马克·布洛赫的《历史学家的技艺》和费尔南·布罗代尔的《地中海与菲利普二世时代的地中海世界》。[34]

在阿根廷，流亡者参与印刷出版的规模更大，出现了大型的出版公司，例如互为竞争对手的埃斯帕萨-卡尔佩（Espasa-Calpe）和洛萨达（Losada）出版社。卡尔佩偏重于传统名著的出版，原是一家西班牙出版社的分部，后于1937年独立。洛萨达则是由曾在卡尔佩出版社工作的冈萨罗·洛萨达（Gonzalo Losada）于1938年创立，其经营更为大胆。该公司出版的第一部书是卡夫卡《变形记》的西语译本。[35]在内战期间及内战后，西班牙的出版商完全难以同这些阿根廷的出版公司相竞争。在出版领域（也不仅限于出版），内战使得原本在西班牙语世界中占据文化中心地位的西班牙沦落到地方化的位置。

## 德国和奥地利

从德国和奥地利逃亡外流的知识分子，其规模远远超过了本书中所讨论的其他移民离散。有近1700名德国学者和科学家在希特勒政权初期遭到解职，其中75%以上是犹太人。[36]除了犹太裔学者（在当时，只要有四分之一的犹太血统，就会被解职）之外，难民中还包括配偶为犹太裔的一些个人，以及共产党和社会主义政党的成员。汇总起来，超过五分之一的德国大学教师因故被解职。

一部分难民去了土耳其（如前已提及的埃里希·奥尔巴赫等）；有人去了巴勒斯坦（其中包括历史学家伊扎克·贝尔［Yitzhak Baer］和哲学家汉斯·约纳斯［Hans Jonas］）；还有人去了瑞典（哲学家恩斯特·卡西尔［Ernst Cassirer］）、日本（哲学家卡尔·洛韦斯［Karl Löwith］和城市规划师布鲁诺·陶特［Bruno Taut］）、巴拿马（社会学家弗朗茨·博肯瑙［Franz Borkenau］和保罗·霍尼希施海姆［Paul Honigsheim］）或埃及（社会学家西格弗里德·兰茨胡特［Siegfried Landshut］）。不过，大多数人去了法国（在1940年后又继续迁移）、英国或美国。

为寄居国带去最大影响的移民群体自然当属自然科学家，包括许多著名的科学家，如流亡爱尔兰的埃尔温·薛定谔（Erwin Schrödinger）；恩里科·费米和利奥·西拉德（后者已是二次迁移），他们都在美国参加了曼哈顿计划的工作；受邀来到普林斯顿高等研究院的阿尔伯特·爱因斯坦（Albert Einstein）及其好友数学家库尔特·哥德尔（Kurt Gödel）和全才的约翰·冯·诺伊曼（John von Neumann）。以物理学为例，这一学科的组织结构被认为"独一无二地适合于为新来者提供空间"（也就是说，具有高度的包容性），而移民本身也被称为"架桥者"，将德国的理论传统与英美更偏重于经验的实验传统进行"综合"。[37]换言之，物理学家堪称是本书中频繁提及的"融合会通"的典范。不过，在下文中，我将主要集中讨论人文和社会科学领域的例子。

与前面讨论的新教难民的情况一样，许多流亡学者在求职过程中都遇到过重重的困难。供大于求的现象再次出现，不过这一次过剩的，是教授而不是牧师。在英国和美国，学术职位均较为稀缺，而且在本国人失业的情况下，对于聘请外国人始终存在反对之声。许多学者不得不苦等多时，方才得以稳定下来。社会学家诺贝特·埃利亚斯虽然在到达英国后不久便获得了短期的研究资助，但一直到57岁时，他才最终获得永久教职，成为莱斯特大学的讲师。中世纪史家汉斯·利贝舒茨（Hans Liebeschütz）于1939年来到英国，但在战争期间被拘押，直到1946年才成为利物浦大学的助理讲师，同埃利亚斯一样，当时他已是57岁了。天才的经济史学家弗里茨·雷德利希于1936年来到美国，但直到1952年60岁时才找到一个长期的职位。

一些学者的学术职位不升反降。卡尔·曼海姆在法兰克福时就已是正教授，他对自己在伦敦政治经济学院被降为讲师深为不满。古代史学家维克托·埃伦伯格在1929到1939年即作为正教授任职于布拉格的德国大学，来到英国后，他先是在两所中学做古典学老师，之后才在伦敦贝德福德学院担任讲师，后又升为准教授（reader）。曾任海德堡大学古代史教授的尤金·陶伯勒，在辛辛那提的希伯来联合学院得到了一个微不足道的教职。理查德·拉奎尔（Richard Laqueur）的际遇更为不幸。在失去了哈勒大学古代史教授的职位后，拉奎尔流亡到美国，但找不到工作，而只能"在一家大型书店做包装工"。[38]

从事德语研究的老师尤其难以在新的国度安身立命，如理查德·阿尔温（Richard Alewyn）的例子所示。阿尔温原为海德堡大学教授，是研究17世纪德国文学的知名专家，由于有四分之一的犹太血统而被解除教职。先后在法国、英国、奥地利和瑞士辗转之后，他于1939年移居美国，并最终在位于法拉盛（Flushing）的女王学院（Queens College）获得了一个职位。意大利语研究的专家则相对比较容易找工作。例如，受墨索里尼种族法的迫害，乌贝托·利蒙坦尼于1938年来到英国，先是做中学教师，最终成为剑桥大学的意大利语教授。

一些难民选择在寄居国修读第二个博士学位，因为雇主可能并不认可他们的海外学历。这一类人群中，包括律师兼社会学家弗朗茨·诺伊曼、政治学家卡尔·多伊奇（Karl Deutsch）、艺术史学家乔治·汉夫曼（George

Hanfmann）、哲学家奥拉夫·海尔默（Olaf Helmer）、社会学家欧内斯特·曼海姆（Ernest Manheim，卡尔·曼海姆的表弟）和历史学家罗伯特·坎恩（Robert Kann）等。

在本文所检视的众多个案中，在流亡学者中第一次出现了相当数量的女性（包括本书附录中所列出的名单），这或许也是有史以来的第一次。[39]虽然女性在大学获得从事研究和教学的机会整体发展缓慢，但这份名单中所列出的每个人都产生了显著的影响。尽管如此，必须补充说明的是，女性流亡者较之男性更难获得长期职位。本书附录中收录了20世纪30年代以来的100名女性流亡学者，并附有简略的生平，从中应该可以清楚地体现这种困难。例如中世纪史家海伦·维鲁佐夫斯基（Helene Wieruszowski），在从波恩大学图书馆员的职位上被解职后，先是流亡西班牙和意大利，后于1940年47岁时来到美国，其间做过许多临时性的工作，直到退休前不久，她才被纽约市立大学聘为教授。[40]

相较于男性，一些在后来最终成为大学教师的女性，在此之前常常会做一些五花八门的工作，特别是在就业机会更多一些的美国。有些人做过保姆、服务员或女仆，这是因为她们的职业选择比男性同事更少，或者也可以说是因为她们有着更强的适应能力。例如，哈约·霍尔本的妹妹路易丝·霍尔本（Louise Holborn）在1934年来到美国之前，就已在海德堡学习政治学，1938年，她在40岁时在拉德克利夫学院获得博士学位。在获得教职之前，她通过给人照看孩子、在图书馆打工、教授德语和担任研究助理等来维持生计，后来她先是在韦尔斯利学院，后在康涅狄格女子学院任教。另一个例子是来自维也纳的历史学家格尔达·勒纳（Gerda Lerner，原姓Kronstein），她在1939年19岁时来到美国。在纽约，她做过餐馆服务员、办公室文员和X光技师。20世纪50年代末，她重新回到课堂，先后在社会研究新学院和哥伦比亚大学学习，之后终于在1968年在萨拉·劳伦斯学院（Sarah Lawrence College）获得了一个教职，并在那里创建了一个妇女史研究的学位项目。

从积极的一面来看，如前人曾指出的，布鲁克林学院（Brooklyn

College）对女性难民历史学家尤其欢迎，为维鲁佐夫斯基，还有艾米·海勒（Emmy Heller）和夏洛特·森佩尔（Charlotte Sempell）等提供了职位。事实上，"约有14名因纳粹政策而从欧洲德语地区移民的女性"成为美国高等院校的教授，"数量几乎与整个德国的女历史学家一样"，而在德国，女性在学术界的机会并不多。[41]

在其他国家和其他学科中，女性流亡者就没有这么幸运了。在英国，1938年流亡的捷克社会学家维奥拉·克莱因（Viola Klein），在进入伦敦政治经济学院修读第二个博士学位之前，曾当过保姆或女仆。[42]可是，尽管克莱因拥有两个博士学位并出版了《女性特征》(*The Feminine Character*, 1946年）一书，但她只能做翻译和教师的工作，一直到1964年才成为雷丁大学（University of Reading）的社会学讲师，当时她已经56岁了。1965年，她发表了《英国的已婚女工》(*Britain's Married Women Workers*)，该书也许是其一生最重要的研究成果，被收入了曾由卡尔·曼海姆任主编的系列丛书中。

在来到美国之后，艺术史家萨宾娜·戈瓦（Sabine Gova）最初以做清洁工和教授语言谋生，后来才在泽西市圣彼得学院（St. Peter's College）和福特汉姆大学获得了学术职位。另一位德国艺术史家伊瑟·法克（Ilse Falk）始终未找到大学教职，只能做翻译的工作，还为另一位流亡艺术史学家理查德·奥夫纳（Richard Offner）当过秘书。安妮塔·奥利恩特（Anita Orienter）是另一位没能找到学术职位的流亡艺术史家，她不得不以绘画和艺术品修复为业，也教授过语言。[43]

相当数量的难民有不止一次跨国迁移的经历，有的是因为诸如法国或奥地利等首选的国家变得太过危险，有的时候则是由于无法找到稳定的工作。对一些学者来说，包括兼具政治学和历史学之长的汉斯·巴隆（Hans Baron）、费利克斯·吉尔伯特（Felix Gilbert）和汉斯·罗森伯格（Hans Rosenberg），英国不过是通往美国的一个中转站。马克思主义艺术史家弗雷德里克·安塔尔如果不是因为被视为共产主义分子而遭拒绝入境，他也会选

择同样的道路。⁴⁴

现在再转而来看移民离散在知识领域所产生的后果,人文学科乃至社会科学似乎较之于自然科学,更牢固地扎根于不同的民族文化,因此它们的传播并不容易,不过经济学可能属于例外。正如我们将会看到的那样,文化差异在短期内常常会导致误解的发生。另一方面,从长远来看,则或许可以说新来人的立场使得他们能够在相关学科领域对寄居国做出更大的贡献,其原因正是由于他们的差异。他们有不同的知识背景、提出不同的问题、采用不同的方法,总之,对于新国家里原本占据主导地位的事物,他们能够另辟蹊径。

正如我们在其他案例中所看到的,在这种移民离散群体的许多个人经历中,他们一方面是渴望被同化和融入寄居国的文化当中,另一方面是希望对此加以抵制,这两者之间的矛盾非常明显。一部分人,通常在流亡时还较为年轻,他们在学习新语言的过程中并没有遇到太多的困难,对于当地文化的适应或多或少也比较容易。有些人甚至成为研究其寄居国文化的专家,包括历史、文学、哲学和艺术等各个方面。

例如,移居加利福尼亚的德国艺术史家阿尔弗雷德·诺伊梅尔(Alfred Neumeyer)在继续研究欧洲艺术的同时,也撰文讨论北美和南美的艺术。历史学家埃里希·艾克(Erich Eyck)既研究格莱斯顿(William Ewart Gladstone),也继续研究俾斯麦。恩斯特·卡西尔在60岁时离开德国来到瑞典,他学习瑞典语,与瑞典哲学家展开辩论,并撰写有关瑞典问题的论著,直到再次移民前往美国。尼古拉斯·佩夫斯纳将研究兴趣从中欧艺术转到英国的建筑,以《英国建筑》(*Buildings of England*)一书而留名至今。⁴⁵与布尔什维克革命后的俄国流亡者相比,大逃亡时期的流亡者们在适应新环境方面似乎更为容易,这也许是因为犹太民族在接受同化方面更有经验一些。

不过,也有例外的情况。一部分1933年后的德国移民,就像1919年后的许多俄国人一样,只想在新环境中继续他们过去的生活。不论何时何地,只要有可能,他们就继续讲自己的母语,与流亡同胞相交往,并将主要精力用于研究自己母国的文化。他们的这种反应,可以被看作是与内在移民相反的另一个极端。所谓的内在移民通常依然居住在自己的祖国,但却假装生活在国外,而这些抵制者则是身在异国而心却犹在故乡。

这种在背井离乡后做出的截然相反的反应,可以通过两个相对极端的例子来说明。关于弗朗茨·诺伊曼所说的流亡学者的"同化",我们可以以历史学家杰弗里·埃尔顿为例,他生于德国,长于布拉格,原名叫作格哈德·埃伦伯格(Gerhard Ehrenberg)。埃尔顿在一本书的开篇中坦陈,当1939年来到英国时,他年仅17岁,"在几个月后,我突然意识到我终于来到了我本应出生的国度"。他从未改掉他的德国口音,但一生都致力于英国史的研究,尤其是亨利八世统治时代。[46]埃尔顿强烈地认同英国文化,在成为钦定教授的就职演讲中,大力主张剑桥大学的历史研究应该以英国史为"根本",鼓励"重新唤起人们对国家的某种尊重,因为她有着当之无愧的历史"。[47]

更有甚者,在埃尔顿的历史研究方法中,有着对"真实的事实"的热衷和对理论(包括"碍眼的理论家们")的敌视,这被很多人认为是典型的英国式特征。[48]他喜欢建议学生在进入档案馆之前,心中不要存任何的问题,也不要抱着去检验假设的目的,而只需某个"初步选择的主要研究领域或方法路径"(问题应该在之后才会出现,且需要"通过证据来提出")。[49]简而言之,像许多年轻的移民一样,埃尔顿努力地进行同化,甚至变得比英国人更像英国人了。他并不是唯一一个受到英国经验主义吸引的德裔历史学家。例如,弗朗西斯·卡斯坦早在德国时就开始接触马克思主义,他"更倾向于英国的事实叙述传统(factual narrative)"。再比如原名汉斯·古劳尔(Hans Guhrauer)的约翰·格林维尔(John Grenville),对于自己在英国"接受的英国历史学派的训练"充满敬意,称之为"实用而不为理论所惑"。[50]

虽然极力主张同化,但并不意味着作为在英国的外国人这一身份没有给埃尔顿带来什么益处。由于没有在当地学校接受传统的教育,他可能更容易形成关于亨利八世和托马斯·克伦威尔（Thomas Cromwell）的原创观点。至于他所主张的"都铎王朝政府革命"的核心思想，听起来就像是同样来自中欧的马克斯·韦伯所说的官僚化过程中的一个具体案例而已。[51]

有的学者则拒绝被同化，也就是诺伊曼所说的对寄居国文化的"抵制"。这一类型的极端个案是哲学家西奥多·阿多诺。阿多诺的流亡生涯开始于牛津大学，当时他正在从事对埃德蒙·胡塞尔思想的研究，导师是一位非常与众不同的哲学家吉尔伯特·赖尔（Gilbert Ryle）。阿多诺在自己的新家感到很不开心，他抱怨说，要让英国人理解他的哲学智慧很困难（*Schwierigkeiten [...] meine eigentlich philosophischen Dinge den Engländern begrifflich zu machen*），所以他不得不降到"儿童的水平"（*ein Kinderniveau*）去解说。[52] 尽管在英国生活了4年，后又作为社会研究所（Institut für Sozialforschung）的成员在美国生活了12年，阿多诺始终坚持以德文写作，并尽可能地讲德语。他把自己看作是"彻头彻尾的欧洲人"，并认为这是"自然的"，如其自述，虽然生活在美国，"这是为了让我能够保持个人生活的知识连续性"。他的朋友保罗·拉扎斯菲尔德（Paul Lazarsfeld）对其做过这样的评价："他表现如此怪异，让我觉得他是一位五月花协会的成员。"[53]

当一群学者连同他们曾经工作过的机构一起移民时，对同化的抵制就变得尤其显著，例如两个跨学科的研究机构——瓦尔堡文化科学图书馆（Kulturwissenschaftliche Bibliothek Warburg）和社会研究所，它们因其各自在艺术史和社会学领域的贡献而闻名，但其影响绝不局限于这些学科。

## 两所移民学术机构

如前所述，流亡布拉格的俄国人在20世纪20年代建立了自己的学术机构，但在这两个著名的案例中，20世纪30年代的德国流亡者们则是带着他们机构跨国搬迁。这些集体迁徙的例子，特别清晰地说明了难民们最初对于同化的抵制以及他们后来对寄居国产生的影响。

位于汉堡的瓦尔堡文化科学图书馆，原是博学多才的犹太人阿比·瓦尔堡（Aby Warburg）的私人图书馆，1933年，其工作人员连同藏书（约6万册）一起被转移到伦敦。1944年，图书馆以瓦尔堡研究院的名义被并入伦敦大学，聘请了许多著名的艺术史家，如奥地利人弗里茨·萨克斯尔（Fritz Saxl）和德国人埃德加·温德等。[54]法兰克福的社会研究所于1933年后迁往美国，先是在纽约，后到了洛杉矶，并改用了英文名称。这两个研究机构的作用，特别是一开始，都类似一个飞地，是分别设在伦敦大学和哥伦比亚大学内的外国机构，帮助其中的学者们拥有一片与当地文化相隔离的净土。

例如，在1934年初，瓦尔堡研究院举办的讲座的语言为德语，"参加者也以德国人居多"[55]。在我的记忆中，20世纪60年代时，阅览室的工作人员仍在讲德语。直到1976年，也就是该研究所迁到英国43年后，新西兰人约瑟夫·特拉普（Joseph Trapp）才成为第一位母语为英语的所长。尽管如此，来自汉堡的研究院比起来自法兰克福的研究所还是要更开放一些，它很快就提供了英语的讲座，并组织了诸如"英国艺术和地中海"等展览。1937年《瓦尔堡与科陶德研究院杂志》（*Journal of the Warburg and Courtauld Institutes*）的创办，提高了新来的难民学者在当地的知名度。研究机构在搬迁移栽之后，开始落地生根了。

社会研究所作为一个抗拒同化的例子更富有戏剧性。阿多诺对英美文化的抵制，虽然是一种极端的个人反应（例如，他的同事马克斯·霍克海默［Max Horkheimer］在移民后便开始用英语写作），但也有其存在的微观环境。研究所在当时的"自我隔离"，"对新环境的刻意疏远"（尽管该团体与哥伦比亚大学内的一些个人也有接触，如社会学家罗伯特·林德［Robert Lynd］等），已经不止一次地被注意到。随着研究所决定继续以德语出版所刊《社会研究杂志》（*Zeitschrift für Sozialforschung*），这种拒人千里的冷漠疏远被进一步加强了，甚至是变成了一种符号，刊物所发表的论文中只有诸如查尔斯·比尔德（Charles Beard）和玛格丽特·米德（Margaret Mead）等美国学者的文章是例外。一直到1940年，也就是研究所搬迁7年之后，杂志名称才改为英语的《哲学与社会科学研究》(*Studies in Philosophy and the Social Sciences*)。[56] 据说，作为爱因斯坦、哥德尔、冯·诺伊曼和潘诺夫斯基等人学术家园的普林斯顿高等研究院，"在战争年代几乎完全用德语在运作"[57]。

如新学院的情况一样，由于内部人数众多，因此造成了"难民学者与周围的环境相隔离开来"，而且在早期，其经费捐赠也是来自同样的渠道。[58] 法兰克福学派就像什么都没发生过一样，试图在一个陌生的环境中继续原有的工作，根本谈不上在德国和美国之间发挥转介调和的作用（至少一开始是如此），甚至说他们自己也需要一些中间人，以向哥伦比亚大学和纽约的知识分子们解释他们正在进行的工作。

在另一方面，随着时间的推移，瓦尔堡研究院和（从纽约迁至加利福尼亚的）社会研究所在其新的学术世界里变得越来越引人注目。在其相对陌生的新环境中，它们成为知识学派和风格的象征，开始引起了越来越多的关注，对于瓦尔堡研究院，主要是将艺术史作为更为广泛的文化研究（*Kulturwissenschaft*）的一个组成部分，而社会研究所的贡献，则是一种结合了马克思和弗洛伊德观念的社会学或"批判理论"。

## 两个学科：社会学与艺术史

为了更好地理解这两个机构对其寄居国所产生的影响（尽管并非立竿见影），以及其他难民学者的影响，有必要说一说艺术史和社会学在20世纪30年代英美学术界的地位。在当时，这两个学科的基础更多地植根在中欧，而不是英语世界。这种情况使得流亡者实现了充分的临界价值，为这些学科的发展做出了远超出其人数比重的重要贡献，特别是在英国。[59]

在英国，艺术史研究主要集中在博物馆、美术馆和艺术学院，而不是在大学（爱丁堡大学例外，该校在1879年就设立了艺术史的教授席位），且通常以鉴赏的形式进行，属于一种经验主义和实用的方法。例如，后来成为英国最著名的艺术史家之一的肯尼斯·克拉克（Kenneth Clark），虽然曾在牛津大学修读历史,但其艺术鉴赏能力主要习自阿什莫林博物馆(Ashmolean Museum)以及伯纳德·贝伦森(Bernard Berenson),后者出生在俄罗斯帝国,自幼来到美国。克拉克先是在阿什莫林博物馆工作,后转至伦敦的国家美术馆。[60]

到1933年,这种情况才渐渐有了一丝转变。甚至在1944年时,年轻的艺术评论家约翰·拉塞尔(John Russell)还在称:"艺术史在英国根本不存在。"[61]不过,即使是克拉克也认为英国的艺术鉴赏传统"实际上已经油尽灯枯了",他承认,瓦尔堡(在汉堡)所做的一次演讲改变了自己的人生,使他将研究兴趣转向图像研究(他后来将自己在《裸体艺术》[The Nude]一书中关于"情感"[Pathos]的章节描述为"完全是瓦尔堡式的")。[62]在机构方面,1922年斯莱德美术学院(Slade School of Art)设立了一个艺术史的讲席;1932年,由商人塞缪尔·科陶德(Samuel Courtauld)捐助的科陶德学院(Courtauld Institute)成立。科陶德本人是胡格诺派流亡者的后裔,他在瓦尔堡图书馆由汉堡搬迁到英国的过程中发挥了重要作用,并为在英国寻求庇护的中欧学者们提供了很多帮助。这些学者源源不断,1933年后,仅德国就有250位艺术史学家逃离,接着在1938年后,又有更多的人从奥地利离开。[63]

1933至1948年间,在科陶德学院任职的流亡者中,包括弗雷德里克·安塔尔、恩斯特·贡布里希、奥托·库尔茨(Otto Kurz)、奥托·帕希特(Otto Pächt)和约翰内斯·维尔德(Johannes Wilde)等。(后担任学院院长的)安东尼·布兰特(Anthony Blunt)和批评家约翰·伯格(John Berger)都指出匈牙利学者弗雷德里克·安塔尔对他们知识成长的重要作用,而维尔德则教授过约翰·希曼(John Shearman)等知名的英国艺术史家。1949年,流亡者鲁道夫·维特科夫尔(Rudolf Wittkower)出任斯莱德学院的艺术史教授,其后又由另一位流亡者利奥波德·埃特林格(Leopold Ettlinger)接任,后者在开启学术生涯之前,曾是一位服务难民儿童的社会工作者,还在伯明翰做过学校校长。

1955年,牛津大学专门为埃德加·温德新设了一个艺术史教席,得到了以赛亚·柏林等著名牛津学者的支持，而后者本人也是一位流亡者。温德很快便产生了广泛的影响。在当时，学习或者像他们在牛津所说的"读"艺术史，几乎是不可能的。但在温德讲课的教室里挤满了来自其他专业的学生。我在20世纪50年代末曾听过这些讲座，我想我可以代表整整这一代学生说，我们很高兴能够师从于温德（就像克拉克曾向瓦尔堡学习一样），了解到艺术史中还包括图像研究，我们被他对莱昂纳多·达·芬奇和乔尔乔内等文艺复兴时期艺术家作品的解读所深深吸引。

美国的情况略有不同，因为艺术史在大学的基础比在英国或加拿大更扎实（出生于布雷斯劳［Breslau］①的彼得·布里格［Peter Brieger］在1936年来到加拿大后，几乎以一己之力建立起了这一学科门类）。但是在美国，早先艺术史所讲授的内容多以风格的继承沿袭为主，而在德语传统中，学者们则更关注艺术理论和图像研究，以及绘画、雕塑和建筑的文化背景。不论美国的艺术史研究是否像一些学者认为的那样仍然处于"边缘"，但这两种传统之间迥然的差异，使得难民学者在该学科的教学和研究上做出了独到的贡献。其中最为著名的自然当属欧文·潘诺夫斯基，其研究集中于文艺复兴时期的图像学和图像志，一同流亡美国的同行中，还有许多可与其齐名的艺术史学者，其中包括研究哥特艺术的保罗·弗兰克尔、专长于风格主义的瓦尔特·弗里德兰德（Walter Friedlaender）、伦勃朗和鲁本斯的专家朱利乌斯·赫尔德（Julius Held），以及研究基督教早期至巴洛克时代建筑的理查德·克劳特海默（Richard Krautheimer）等。[64]

对流亡知识分子影响的任何评估，都不能局限于大学，还必须考虑到出版行业，包括美国的出版社普雷格（Praeger）和肖肯（Shocken），英国的韦登菲尔德与尼科尔森（Weidenfeld and Nicolson）出版社，其中弗雷德里克·普雷格（Frederick Praeger）和乔治·韦登菲尔德都来自维也纳，萨尔曼·肖肯（Salman Schocken）来自波森（Posen，今波兹南）。以艺术史

---

① 现称弗罗茨瓦夫（Wrocław），位于波兰。——译者

书籍的出版为例,费顿(Phaidon)出版社发挥了非常重要的作用,该出版社由贝拉·霍洛维茨(Béla Horowitz)和路德维希·戈德沙伊德(Ludwig Goldscheider)于1923年在维也纳创建,在英国出版商斯坦利·昂温(Stanley Unwin)的帮助下迁到伦敦。在出版了恩斯特·贡布里希的《艺术的故事》(*The Story of Art*,1950年)后,该出版社声名大噪,财源也大进,该书共印售了16版700万册,并有30余种语言的译本。费顿在出版艺术史书籍方面的竞争对手泰晤士与哈德逊出版社(Thames and Hudson),也是由来自维也纳的移民瓦尔特·纽拉特(Walter Neurath)在1949年创立的。[65]

与艺术史一样,社会学在1933年的英国学术界也只占很小的份额,这与德国的大学形成了鲜明的对比,在解职开始之前,全德有超过50名社会学家在大学任教。与艺术鉴赏相似,英国也存在社会调查的传统,即出于实用的目的对社会状况进行实证研究,如1900年前后比阿特丽斯·波特(Beatrice Potter,也就是后来著名的比阿特丽斯·韦伯[Beatrice Webb])对伦敦东区的码头工人和裁缝所做的研究。1903年社会学学会在英国成立,1908年发行期刊。最早的一批英国社会学教授是芬兰侨民爱德华·韦斯特马克(Edvard Westermarck)和原为记者的里奥纳德·霍布豪斯(Leonard Hobhouse),两人在1907年被伦敦政治经济学院聘为教授。1929年,霍布豪斯的教席由他的前助手,也是难民的莫里斯·金斯伯格接任,而在1930年,托马斯·马歇尔(Thomas Marshall)也被伦敦政经学院聘为准教授。

英国社会学的状况在1933年后开始出现显著的变化。此前,曾有将社会研究所搬迁到伦敦政治经济学院的动议,但法兰克福学派后来去了美国。不过,伦敦政经学院还是得到了社会学家卡尔·曼海姆(及其助手诺贝特·埃利亚斯)、犯罪学家赫尔曼·曼海姆(Hermann Mannheim,他与卡尔·曼海姆并无亲属关系),以及维奥拉·克莱因和伊利亚·诺伊斯塔特(Ilya Neustadt)等难民学生。

在地方大学中,有三所学校特别值得一提。伯明翰大学对流亡者特别欢迎(德国社会学家威廉·巴尔达姆斯[Wilhelm Baldamus]在此任教)。

曼彻斯特大学聘用了另一位社会学家沃纳·斯塔克（Werner Stark），直到其后来转去美国。而其中最重要的，是莱斯特大学学院。1949年，伊利亚·诺伊斯塔特被聘为该校社会学讲师，独立教授这一学科，之后德国人诺贝特·埃利亚斯也加盟共事。到20世纪60年代中期，莱斯特已由大学学院升级为大学，共有大约180名社会学专业的学生。许多日后成名的社会学家都是埃利亚斯和诺伊斯塔特在那里的学生或年轻同事，包括安东尼·吉登斯（Tony Giddens）、约翰·戈德索普（John Goldthorpe）、基思·霍普金斯、布莱恩·威尔逊（Bryan Wilson）和斯蒂芬·门奈尔（Stephen Mennell）等。

再来看出版方面，卡尔·曼海姆与劳特利奇出版社（Routledge）建立了特殊的合作关系，以"社会学与社会重建国际文库"为题主编了一系列著作，特别还包括了艺术社会学和文学，并将许多匈牙利和其他中欧国家的学者介绍到英语世界（可能是巧合，当时劳特利奇出版社的一个主要负责人塞西尔·富兰克林［Cecil Franklin］，其家族原姓弗兰克尔［Frankl］，也是18世纪由匈牙利移民到英国的）。[66]

在美国，社会学在1933年之前就已经被确立起来了。曾在德国师从著名社会学家格奥尔格·齐美尔的阿尔比恩·斯莫尔（Albion Small），于1892年在芝加哥大学建立了社会学系，并在1895年创办《美国社会学杂志》（*American Journal of Sociology*）。1894年，富兰克林·吉丁斯（Franklin Giddings）出任哥伦比亚大学的社会学教授。罗伯特·帕克与霍布豪斯一样也曾是记者，也同斯莫尔一样师从齐美尔，他在芝加哥大学任教并创立了著名的芝加哥社会学派，学派成员中包括10多岁时从德国来到美国的移民路易斯·沃思。哈佛大学于1930年成立社会学系，首位教授是来自俄罗斯的移民皮蒂里姆·索罗金（Pitirim Sorokin），曾在德国学习社会学的年轻的塔尔科特·帕森斯（Talcott Parsons），不久也加盟该系担任讲师。尽管如此，在1933年时，这门学科仍然刚刚起步，规模也很小，这也使难民社会学家们得以助力其学科的建设形成，而不是简单地被其吸收融入。[67]

## 杂陈的接受

尽管有这许多正面的例子，但和其他时代一样，也不能只是报喜不报忧地加以美化。对流亡者的误解和排斥，在他们寄居的国家里并不鲜见，特别是在初期。不论是在英国还是美国，讲德语的流亡者们所使用的语言和日常习惯常常被认为是粗俗难懂，甚至是自命不凡的。1939年后，随着对德国人的妖魔化，问题变得更加严重了。1945年，一位亲法国的记者蒙哥马利·比尔金（Montgomery Belgion）在《新英格兰周刊》（New English Weekly）上撰文，反对其所谓的"英国的德国化"，并以卡尔·曼海姆作为反例（但曼海姆恰恰不是德国人，而是匈牙利人）。历史学家乔治·马尔科姆·扬（G. M. Young）认为曼海姆的某项研究计划"太过华而不实"，并将他的德国风格与英国的"学术现实主义"（academic realism）进行对比。流亡者们的学生有时也对他们的行事风格有所抱怨。社会学家吉恩·麦克唐纳（Jean McDonald），也就是后来的吉恩·弗劳德（Jean Floud），曾上过曼海姆的课，她回忆说："他与我们打交道的方式很不英国。"[68]

而在曼海姆这一方，他也抱怨在向英国人介绍知识社会学的过程中问题重重，对于美国的社会学则评价道："其特点是特别热衷于某种形式的经验主义，对此可姑且称之为'孤立的经验主义'，即与整体无关的'大量次要细节'。"[69]他在1937年写给一位匈牙利友人的信中，说他"正在试图改变英国人"。诺贝特·埃利亚斯也抱怨为了争取社会学获得认可而做的"无尽的斗争"，并说这种认可"在英国尤为艰难"。[70]

在其他学科中也是如此，艺术史也不例外，流亡者们相对强调方法和理论的研究取向遭到了一些本地学者的抵制。如萨克斯尔在刚来到他的新家时所指出的："英国人普遍对理论不屑一顾，有学问的人尤甚。"[71]在两位建筑学研究者之间曾有过一场不欢而散的文化冲突：一方是约翰·贝杰曼（John Betjeman），一位诗人和自以为是的业余艺术评论家，另一方是有着高度专业素养的尼古拉斯·佩夫斯纳，贝杰曼称后者为"那个普鲁士来的乏味无聊的老学究",还以绰号"博士教授"(Professor-Doktor)戏称之。[72]在文学领域,流亡英国的捷克人勒内·韦勒克对于本地评论家弗兰克·利维斯(Frank Leavis)多有批评,致信写道:"我希望你能够更加清晰地阐述你的假设,更为系统地对其加以辩解。"[73]

对外国人涌入的另一种反应是漠不关心。历史学家埃里克·霍布斯鲍姆在维也纳和柏林长大,于1932年来到英国,曾对所谓"20世纪30年代英国人突出的地方主义"有所议论,例如,对于弗雷德里克·安塔尔的思想,或是经济学家卡尔·波兰尼(迈克尔·波兰尼的兄长)的思想,他们"几乎毫不关注"。[74]虽然诺贝特·埃利亚斯从1954到1977年就一直在英国莱斯特大学任教,但他的研究成果在寄居国却长期未被重视(较之于在荷兰、德国和法国等国均要晚)。古代史家莫米利亚诺曾有过很有名的一条评论,他抱怨说,如果向英国的历史学家提及某些想法,他们的回答是把瓦尔堡研究院的地址给提问者。

不过,随着时间的推移,一些流亡者获得了一定程度的承认,一些思想在移植后也在外国的土壤上扎下了根。匈牙利经济学家托马斯·巴洛夫(Thomas Balogh)和尼古拉斯·卡尔多(Nicholas Kaldor)都成了英国的男爵,奥地利出版商乔治·韦登菲尔德也获得了同样的爵位封号。佩夫斯纳被授勋,成为尼古拉斯爵士,贡布里希成为恩斯特爵士。贡布里希还被授予功绩勋章(Order of Merit)的殊荣,而佩夫斯纳则因其英格兰各郡的建筑指南系列而被尊为"一座英国的学术殿堂"(a British institution)。[75]时至今日,当我们对某栋乡间别墅或教区教堂的建筑细节存有疑问的时候,我们仍会说:"让我们查查佩夫斯纳吧。"在瓦尔堡研究院,贡布里希对年轻学者迈克尔·巴克森德尔(Michael Baxandall)的巨大影响清晰地体现在后者所著《意大利文艺复兴时期的绘画与经验》(*Painting and Experience in Renaissance Italy*,1972年)一书的字里行间。艺术的"语言"、绘画的"解读"、艺术作为一种"机制"以及观者的"期待"等观点,都与贡布里希在《艺术与幻觉》(*Art and Illusion*,1960年)及其他著作中所使用的文字相呼应。在20世纪30年代的英语世界里,"艺术理论"还几乎是一个自相矛盾的词组,但逐渐得到了尊重,甚至变得流行起来。[76]

在美国,法兰克福学派的影响逐渐波及知识分子,尤其是对当时所谓"大众文化"的研究领域,诸如德怀特·麦克唐纳(Dwight Macdonald)等评论家,"借鉴了霍克海默等人关于商品拜物教、顺从、专制和消极化等研究成果"。马克思主义精神分析学家埃里希·弗洛姆(Erich Fromm)发挥了重要的转介调和作用。美国的马克思主义社会学家C. 赖特·米尔斯(C. Wright Mills)也从法兰克福学派及其德国同事汉斯·格尔特(Hans Gerth)那里受益甚多,格尔特被曼海姆称为"我最好的学生之一"。[77]

曼海姆本人也被邀请加入一个叫作"穆特"(Moot)的俱乐部,得以经常接触到英国上层有影响的人物,从曾任贝利奥尔学院(Balliol)院长的林赛勋爵(Lord Lindsay)到同为移民的T. S. 艾略特(T. S. Eliot)。后来成为著名教育社会学家的巴西尔·伯恩斯坦(Basil Bernstein),曾受到曼海姆讲座的极大启发,而剑桥大学的历史学家彼得·拉斯利特(Peter Laslett)则选择他作为论文导师。曼海姆对"情景化知识"(situated knowledge)的重视,清楚地体现在拉斯利特对约翰·洛克政治思想的研究中,他将洛克的思想置于17世纪80年代英国政治危机的背景中。[78]埃利亚斯也逐渐对英国的社会学产生了影响,在学科中向年轻一代的社会学家引入了历史的研究路径,以及诸如"型构"(figurations)、"文明进程"(civilizing process)等概念。[79]

## 其他学科

在人文和社会科学的其他学科中,难民的到来似乎并没有像艺术史和社会学那样带来如此强烈的变化。以历史学为例,在1933年之前,它在英美均早已是一个庞大的学科了,因此,有幸找到工作的新来者(据我的统计约有100人)可以很快地被吸纳,而无须对原有体系做重大的改变。不过,他们对寄居国的历史学研究也做出了特殊的贡献,这不仅是因为他们对中欧知根知底，而且他们也身怀着一种对灾难做出解释的强烈意愿，就像1919年后的一部分俄国流亡者或1492年后来自伊比利亚半岛的犹太流亡者一样。例如，弗朗西斯·卡斯坦就感到有迫切的需要去"探寻普鲁士的历史究竟出了什么'错'"[80]。伊娃·赖希曼（Eva Reichmann）在伦敦完成了她的第二篇博士论文，研究反犹主义的社会根源，从而把她自己的流亡经历置于更广阔的视野中。

语言和文学的系科规模较小，但毫无疑问，利奥·斯皮策和埃里希·奥尔巴赫产生了重要的影响，不仅是在前文所提到的伊斯坦布尔，而且还包括约翰·霍普金斯大学和耶鲁大学。不过，大多数难民语言学家和文学评论家主要从事德语的语言和文学研究，这在国外的需求却很少，这也正是前文中阿尔温所遭遇到的问题。夏洛特·乔尔斯（Charlotte Jolles）的经历也是如此，她是研究特奥多尔·冯塔纳（Theodor Fontane）小说作品的专家，但直到46岁时才被伯贝克学院（Birkbeck College）聘为讲师，此前只能在英国的中学教书。

有两位德国研究专家在如此不利的条件下取得了事业上的成功，巧合的是，他们都来自现属于捷克共和国的德语犹太家庭。约瑟夫·彼得·斯特恩（Joseph Peter Stern）是伦敦大学学院的德语教授，而埃里希·海勒（Erich Heller）先后任斯旺西大学学院和美国西北大学的德语教授。这两位学者都成为近现代德国经典与英语世界之间的转介调和者。海勒将德国的"思维模式"带到了英国，同时将英式的文学批评运用到德国文学的研究中。[81]

由于不同法律体系之间的差异，律师们在从德国或奥地利迁移到英国或美国的过程中，难以继续发挥他们的专业才能。即使是法律哲学的传播也并不顺利。例如，来自奥地利的汉斯·凯尔森（Hans Kelsen）是德语世界重要的法学家，但由于大相径庭的哲学传统，他的思想在美国并未受到积极的欢迎。[82] 为了能够在新的学术环境中生存，难民律师们需要调整适应。其中一些人成功地实现了转变，转型为政治学家（得力于德国法律社会学传统的帮助）或者是国际关系研究中某些新领域的专家。

这种成功转变的例子中，包括约翰·赫兹、汉斯·摩根索（Hans Morgenthau，凯尔森以前的学生），以及后文中将进一步讨论到的弗朗茨·诺伊曼。在更年轻一代的学者里，卡尔·多伊奇从法学向政治学成功转型的杰出代表。美国政治学在20世纪30年代被认为是已是"日薄西山"，难民学者们适时地对此给予了纠正，他们不仅展示出了政治学研究的一种不同路径，而且赫兹等人还引入了对比较分析的强调。[83]

文化传统的差异也给移民后的哲学家们带来了不少的难题。很难想象海德格尔在英国或美国的大学里教本科生的情景，如果他真的下决心移民的话。阿多诺在牛津的际遇之前已经讨论过了，当时他在吉尔伯特·赖尔不近人情的指导下进行胡塞尔的研究。汉娜·阿伦特虽然于1941年到达美国，但并未担任任何学术职务（除了客座教授之外），直到1959年在其最著名的作品《人的境况》（Human Condition）英文版出版一年后，才在普林斯顿大学任教。为了顺利过渡，选择一个在哲学文化上与德国较为接近的地方，可能是更好的选择，例如（收留赫尔穆特·普莱斯纳 [Helmuth Plessner]的）格罗宁根和（恩斯特·卡西尔所去的）哥德堡。其他难民哲学家则从事与英语世界相近或至少相容的哲学研究。其中包括流亡新西兰和英国的卡尔·波普尔（Karl Popper）；流亡美国、属于维也纳学派的逻辑经验主义者，如鲁道夫·卡尔纳普（Rudolf Carnap）和卡尔·亨普尔（Carl Hempel）；以及政治理论家列奥·施特劳斯（Leo Strauss），他的思想被美国的新保守主义所继承。[84]

相比之下，由于使用数学和统计学等国际化的语言，经济学似乎较为容易从一种文化转换到另一种文化当中。许多知名的难民经济学家在新的国度找到了工作并发挥了重要影响。例如，奥地利人弗里德里希·冯·哈耶克（Friedrich von Hayek）曾在伦敦政治经济学院执教近20年，后转至芝加哥大学，在玛格丽特·撒切尔（Margaret Thatcher）担任首相期间，他近乎成为其精神导师。另一位奥地利人弗里茨·马克卢普（Fritz Machlup）去了普林斯顿，是知识经济方面的专家。第三位奥地利人路德维希·冯·米塞斯

（Ludwig von Mises）在纽约大学任教。德国人阿道夫·洛维（Adolf Löwe，后更名为Adolph Lowe）在移居美国之前，任教于曼彻斯特大学和伦敦政治经济学院。乌克兰计量经济学家雅各布·马尔沙克（Jacob Marschak），是一位在1919年逃离俄国的孟什维克流亡者，他先是到了德国，然后又流亡英国，最后到美国，在许多主要大学担任过教职，包括新学院、芝加哥大学、耶鲁大学和加州大学洛杉矶分校等。

移民心理学家的故事则更为复杂，因为不论是过去还是现在，心理学家都分裂成许多互有冲突的门类——实验的、社会的、发展的、精神分析的，等等。截至1941年，有141名难民心理学家来到美国。成功的例子很有限。格式塔（Gestalt）心理学便受到了冷遇，尤其是卡尔·布勒（Karl Bühler），他始终未能在美国找到一个能够与其原先在维也纳大学的教席相称的职位。在另一方面，库尔特·勒温（Kurt Lewin）的社会心理学受到较为热烈的欢迎，而鲁道夫·阿恩海姆（Rudolf Arnheim）的事业则更加成功，他著有《艺术与视觉感知》（*Art and Visual Perception*，1954年），并任哈佛大学的艺术心理学教授。

至于精神分析学，它被认为在美国取得了"惊人的成功"，但在英国却相形逊色，尽管弗洛伊德本人和他的女儿安娜都在伦敦避难。[85]在美国，移民精神分析学家们的到来适逢其时，根据其中之一的弗朗茨·亚历山大（Franz Alexander）的说法，美国心理学已经为弗洛伊德做好了准备。美国的舆论环境似乎也比欧洲更有利于那些在某些观点方面不同于弗洛伊德的精神分析学家；例如埃里希·弗洛姆、卡伦·霍妮（Karen Horney）、埃里克·埃里克森（Erik Erikson）、桑多尔·拉多（Sándor Radó）和威廉·赖希（Wilhelm Reich）等人的职业历程，都可以为证，尽管其中赖希因为其性治疗方法被判定为欺诈而死在宾夕法尼亚州的狱中。

在古典学领域，德国学界拥有崇高的声誉，这为一些重要学者在移民过程中提供了很大的便利，例如维尔纳·耶格尔（Werner Jaeger）在离开柏林大学的教席后，就先后任教于芝加哥大学和哈佛大学，而爱德华·弗伦克尔

（Eduard Fraenkel）则由弗赖堡大学转到牛津大学。耶格尔论希腊文化的三卷本巨著《教化》（*Paideia*）虽然用德语写作，但是在美国完成的，也以其英译本最为人所知，而弗伦克尔关于诗人贺拉斯（Horace）的著作初版即以英语发表。另一位有天赋的古典学家卡尔·莱曼（Karl Lehmann）在遭到纳粹政权解职之前，任明斯特大学（University of Munster）考古学教授，他非常好地适应了美国的新环境，著有一部研究托马斯·杰斐逊的著作，将之视为一位美国的人文主义者。在来自其他国家的古典学家中，意大利古代史家阿纳尔多·莫米利亚诺在牛津大学任教数年后，改任伦敦大学学院教授，并一直工作了四分之一个世纪。

## 转介调和

　　历史学家能够对某一特定时代给出的任何具有洞察力的判断，往往早已被生活在当时的人们所预言到了，通常莫不如此。正如在早前一章中所指出的那样，有关胡格诺派工匠外移会带来消极影响的讨论，可以追溯到17世纪80年代。同样，对于20世纪30年代的流亡知识分子的情况，他们之中的一些成员在当时便曾做出过非常敏锐的分析，尤其是卡尔·曼海姆和弗朗茨·诺伊曼。

　　曼海姆在写所谓难民的"功能"时，强调指出了他们所获得的在其祖国的文化和流亡寄居国文化之间进行转介调和的机会。[86]诺伊曼也提出了相似的观点，即在其祖国通行的理论方法和寄居国中占主导地位的经验方法之间存在着富有成效的互动，他把自己看作是两者之间的转介者。另一位流亡的社会科学家、奥地利人保罗·拉扎斯菲尔德认为，学术创新"往往可以回溯到那些分属两个世界但在任何一个世界里都难以安身的人"，他自称是欧洲和美国学者之间的"连接轴"。[87]

　　许多流亡者选择这条在自我隔离和同化之间的中间路线。一些人担任翻译工作，既做语言也进行文化层面的翻译，向来自寄居国文化的学生们介绍自己祖国的语言和文化。伯恩哈德·格罗修森使得卡夫卡和德国社会学在法国为人所知。在美国,库尔特·沃尔夫(Kurt Wolff)翻译了齐美尔和曼海姆的作品,汉斯·格尔特翻译了马克斯·韦伯,沃纳·斯塔克译介了马克斯·舍勒的著作,而瓦尔特·考夫曼(Walter Kaufmann)则翻译并注解了尼采的多部作品。[88]德国哲学家弗里兹·海纳曼(Fritz Heinemann)以著作的形式向英国人解释存在主义(《存在主义与现代的困境》[*Existentialism and the Modern Predicament*],1958年),而包括乔治·利希特海姆(George Lichtheim)在内的其他一些流亡者,则通过从事新闻工作发挥了转介调和的作用。[89]

也有一些流亡者向他们寄居国的学生们介绍了自己祖国的历史。德国历史"在30年代的美国大学里并没有得到充分的确立"[90]。但是,仅仅相隔了一代人之后,即到了20世纪60年代,情况便发生了巨大的改变,这须归功于诸如哈约·霍尔本、汉斯·罗森伯格、弗里茨·雷德利希、乔治·莫斯(George Mosse)、弗里兹·斯特恩和彼得·盖伊(Peter Gay)等一大批学者。例如,出任耶鲁大学教授的霍尔本在20世纪60年代出版了三卷本的《近代德国史》(*History of Modern Germany*)。与之如出一辙,奥地利人罗伯特·坎恩写了哈布斯堡帝国的历史,匈牙利人彼得·苏格尔写了中东欧的历史。在英国,情况也极其相似。弗朗西斯·卡斯坦回忆说,当他在1947年任韦斯特菲尔德学院(Westfield College)讲师时,他"在起初几乎垄断了"伦敦大学的德国史教学。[91]像诸如格奥尔格·韦尔纳德斯基等俄国难民前辈一样,这些流亡者将他们各自的祖国标记到了美国、英国和其他地方历史研究的版图之上,并教导下一代的本土博士生们继承其事业。

## 疏离超然

对于难民学者们来说,距离既有积极的也有消极的作用,它使得全貌变得更加明显,但同时也对更加专业精深的研究造成了困难,例如流亡伊斯坦布尔的埃里希·奥尔巴赫和普林斯顿时期的阿梅里科·卡斯特罗,都遇到过类似的情况。

在代表作《摹仿论》的一个著名段落里,奥尔巴赫警告他的读者们,这本书完成于伊斯坦布尔,"当地图书馆的藏书条件尚难以满足欧洲研究的需要"。但与此同时,他又承认:"这本书的问世很可能正是因为缺少了这样一座馆藏丰富且专业的图书馆。如果有条件看到前人有关如此众多学科的所有作品,我可能永远都不会有开始写作的那一天。"[92]

与之相似,西班牙学者阿梅里科·卡斯特罗是一位西班牙内战时期的难民,在西班牙时他主要专注于中世纪语言学的研究;但在流亡后,特别是1936年后在美国,他完成了一生最重要的研究成果,将西班牙的历史重新解释为基督教、犹太教和穆斯林三种文化长期接触的结果,并于1948年以《西班牙及其历史》(*España en su historia*)为书名出版。这本书写作于流亡当中,也只能在流亡中出版,因为它富有创新的论点在佛朗哥以"民族主义与天主教"双重统治下的西班牙就等于是离经叛道。卡斯特罗的书受到另一位西班牙流亡者克劳迪奥·桑切斯-阿尔伯诺兹的猛烈抨击,后者曾因为"西班牙没有反犹主义"(*no hay antisemitismo en España*)的评论而声名狼藉。桑切斯-阿尔伯诺兹本人的经历其实就是与其论断相矛盾的一个特例。[93]

因此,疏离的形式之一,是强调整体和全局。而另一种形式,如前面所讨论的,就是超然。超然的状态促进了比较分析的研究,如果没有某种程度的超然,比较分析是非常困难的,甚至是不可能的。因此,不足为奇的是,我们可以发现,也正如之前就已看到的那样,移民学者在比较政治学领域做出了远远超出其人数比例的重要贡献,在比较文学和比较宗教学方面也是如此。

当欧文·潘诺夫斯基撰文辩称学者的象牙塔也是观察哨的时候,他所想到的可能不仅是他在普林斯顿高等研究院里的职位,而且还有其在两种文化之间所处的位置(在1933年被汉堡大学解除教职后,他直到1967年才再次回到自己的祖国德国,但即便那时他也仍然坚持用英语讲课)。[94]在超然方面更为突出的例子,还有政治学家弗朗茨·诺伊曼、历史学家卢西·瓦尔加(Lucie Varga)、社会学家诺贝特·埃利亚斯和历史学家埃里克·霍布斯鲍姆。

在弗朗茨·诺伊曼流亡美国期间与他相识的一位美国学者,认为他"奇怪地超然于周围的环境",这种特质无疑有助于他对制度进行批判分析。[95] 从维也纳客居巴黎的卢西·瓦尔加,曾与吕西安·费弗尔共事,在1937年发表文章对纳粹主义的起源进行了冷静的"社会分析",由于瓦尔加(原名罗莎·斯特恩[Rosa Stern])的犹太人身份,因此显得更加不同寻常。至于诺贝特·埃利亚斯,他不仅亲身实践了超然,而且还撰文加以讨论。在其著名的论"投入和超然"一文中,有一个显著的特点,那就是埃利亚斯并没有说明这两种方式各自相对的优点和缺点,而是保留了自己对超然的赞美,认为它是生存的必要条件。他举了一个虚构的例子,出自埃德加·爱伦·坡(Edgar Allen Poe)的故事,讲的是一个人通过保持头脑冷静得以逃脱了溺水的命运,但埃利亚斯想到的,肯定是他自己1933年时在德国的经历。[96]

像阿梅里科·卡斯特罗和费尔南·布罗代尔一样,埃里克·霍布斯鲍姆比他大多数的历史学同行都要更为清晰地观察到全局,他在革命、资本和帝国时代的三部曲里生动地展示了这一识见。他也是超然出世的一个杰出案例。虽然这样讲,但并不是说霍布斯鲍姆就不会信守承诺。恰恰相反:他对左翼思想的忠诚从很年轻的时候就开始了,并一直保持到人生的尽头。然而,在霍布斯鲍姆身上,这种忠诚是与其超然于研究对象甚至超然于周围环境的非凡能力并存的。在个人的待人处世中,霍布斯鲍姆似乎既是观察者也是参与者,他并不冷漠,但肯定是"冷静"的。在自传《有趣的时代》(Interesting Times)中,他摘录了他在18岁时所写的日记,以近乎非人的(或者说是超人的?)超然疏离来描述自己:"具有敏锐的领悟力、相当丰富而粗浅的一般常识,以及十足的创意……是一个无可救药爱装模作样的人。"[97] 在同一部书里,霍布斯鲍姆更进一步剖析了包括他本人在内的共产党人在几十年来所犯的失误。

这种超然感在霍布斯鲍姆的历史研究中也可以体会到,最明显的是在

《民族与民族主义》(Nations and Nationalism)一书中,开篇就想象了一位有着奥林匹亚山众神视角的来自"星系之间的历史学家",主张要用"冷酷而解密的眼光"来审视研究对象。给人留下的印象是,这位世界主义的大学者眼中所看到的民族主义,是一种奇怪甚至是病态的现象。[98]

第三种形式的疏离可以称之为"换位",即弗洛伊德所说的某种防御机制,用某个不那么危险的话题来代替一个存在威胁的话题。"换位"的情况,可以在20世纪30年代的一些难民的著作中找到,也出现在本书第三章所讨论的17世纪80年代胡格诺派难民的作品里。这方面的例子中,包括两位以意大利文艺复兴研究而著称的历史学家——汉斯·巴隆和他的博士生尼古拉·鲁宾斯坦(Nicolai Rubinstein,他后来在佛罗伦萨担任另一位流亡历史学家俄罗斯人尼古拉·奥托卡的助手)。巴隆强调佛罗伦萨人文主义的公民性、共和性,而鲁宾斯坦则将其对佛罗伦萨历史的热情集中在共和国阶段。

如果说巴隆和鲁宾斯坦在写佛罗伦萨共和国的时候所思考的都是魏玛共和国,这似乎也不无道理。巴隆尤其认为,"捍卫公民自由"以抵御米兰公爵军队的入侵威胁,导致了在今天被称为早期文艺复兴的"知识革命"。更普遍地说,他认为"政治和文化的相互依存"的意识为认识文艺复兴提供了一个"新的制高点"。巴隆自己也承认,其方法"受到了我们这一代人的政治经验的启发",虽然说佛罗伦萨抵抗住了暴君,但魏玛德国却屈服在了淫威之下。[99]

社会学家尼娜·鲁宾斯坦(与尼古拉·鲁宾斯坦并无亲属关系)的父母是布尔什维克革命时期的俄国难民,她在海德堡大学师从卡尔·曼海姆,博士论文以1789年后的法国移民为选题,代替了她原本打算研究的俄国移民问题。不幸的是,在鲁宾斯坦获得博士学位之前,曼海姆就遭到了纳粹的解职,而她自己也被迫流亡,先是在巴黎,后来到了美国,在那里做翻译为生。最终,这个悲伤的故事有了一个圆满的结局。1989年,在迟到了56年后,法兰克福大学授予鲁宾斯坦博士学位。其论文于2000年正式出版,距离她开始研究之时已经过去了差不多70年。[100]

## 综合？

佩里·安德森（Perry Anderson）曾断言，20世纪30年代英国人与难民的相互接触，其结果非但没有削弱反而在实际上强化了经验主义。他们"将对于体系的抗拒变得系统化了。他们把过去那种懒散的经验主义加以规范，从而使其更加定型和具体"[101]。不管这一论断是否在某个时期里确实如此，在此需要指出的是，至少从长远来看，经验主义确实被削弱了，而理论和实证研究之间的综合，或至少是混合，已变得越来越明显。

大逃亡在知识层面带来的最重要的结果，无疑就是深具理论积淀的难民与其东道主的经验主义或实证主义文化之间的相互接触，从而以一种17世纪胡格诺派难民所未曾有过的方式制造产生了新的知识。如前所述，20世纪30年代的移民物理学家被形容为德国理论和英国实验传统之间的"架桥者"。这些物理学家就是文化的转译者。

在人文和社会科学中，融合会通或文化转译的过程还是比较明显的。社会学的学术研究可以被看作是对社会实用知识的一种转译，而艺术史的学术研究则是对艺术鉴赏的转译。这些"转译"中的关键人物，就是流亡者们，这些人本身就经历了"转译"，即被"转化"了，这也是这个词的本来含义。欧文·潘诺夫斯基在回顾自己的职业生涯时，对于能够"接触（偶尔也有冲突）一种原则上不相信抽象推理的盎格鲁-撒克逊实证主义"，可称是"幸事"。[102]

移民出版商乔治·韦登菲尔德在回顾一生时，声称他"渴望……把身在英国但又非英国人的状况，转变为一种优势"[103]。佩夫斯纳确实做到了这一点，尤其是在他论"英国艺术的英国性"的系列讲座中。这些讲座既吸收了其寄居国对于艺术细致而微的实证知识，也借鉴了一些德国艺术史家的推论，尽管他们所关注的是德国艺术中的德国性问题。在德国学者的启发下，佩夫斯纳提出了一个关于"英国性"的一般性问题，而这是英国人自己没有想到过的。简而言之，他推动了融合会通的进程。在瓦尔堡研究院工作的英国学者们也是如此,如迈克尔·巴克森德尔,以及思想史家弗朗西丝·叶芝(Frances Yates)和珀金·沃克(Perkin Walker)。这一小部分人可以说已是半德国化了的,因为他们从每天工作中接触的难民学者那里学到了很多东西,但他们也为瓦尔堡学术传统的逐渐英国化做出了贡献。[104]

在哲学领域,英语和德语的传统在20世纪30年代更是相去甚远,仅有的例外是在英国哲学家与所谓维也纳学派的奥地利同行之间,还存在着某种亲和性。当美国实用主义者约翰·杜威(John Dewey)在纽约新学院遇到流亡中的奥地利法哲学家费利克斯·考夫曼(Felix Kaufmann)时,亲和变成了对话。他们交流的结果,即使不是完全意义上的融合,也至少是两种传统之间的某种互动。[105]再晚近一些,科学哲学家尼古拉斯·雷舍尔(Nicholas Rescher)于1938年在幼时随家人来到美国,他声称要在德国唯心主义与美国实用主义之间实现一种综合。

在政治学方面,卡尔·多伊奇属于适应能力更强的年轻一代流亡者,他在实证和理论两个传统之中都能够游刃有余。多伊奇来自布拉格,在26岁时来到美国,先在哈佛大学学习,后在耶鲁任教,他最有名的作品可能是其政治传播学的研究著作《政府的神经》(The Nerves of Government,1963年)。有评论认为,"多伊奇研究方法中的典型特征,是始终如一地将创新的理论观点与寻找定量数据以支撑论点相结合"。[106]

作为移民后代的社会学家爱德华·希尔斯把美国描述为"传说中理论的不毛之地",正是在这里,来自德国的理论和当地的经验主义之间的对立,即便不是最重要的,但却是最为显著的。[107]像许多二分法一样,也不能把这种对立看得太过尖锐了。不论是德国人还是美国人,都认为自己是将理论与事实相结合的。甚至连阿多诺也承认,自己从美国的经验中也有所获益,他宣称,在被不断地要求为其理论概括提供"证据"之后,他开始变得倾向于"批判性的自我审查"。至少在一段时间里,他对实证研究甚至表现出了某种程度的热情。[108]尽管如此,这两者的组合还是有一定差异的,来自德国的理论在其中占据了更大的比重,英美的学者也很快都注意到了这一点。

美国和德国的研究路径在处理对象时，有着鲜明的反差。苏格兰社会学家罗伯特·麦基弗（Robert McIver）是在哥伦比亚大学负责接待法兰克福研究所的学者之一，他敏锐地注意到，即便使用的是同样的词汇，这两个群体有时仍然会误解对方的意思。"对于美国和德国的研究者来说，方法意味着完全不同的东西。对美国人来说，方法是指主要的研究手段……而对德国人来说，方法是一种原则……简而言之，美国人热衷于新的事实和新的验证，而德国人则探寻新的公式和新的思想建构。"阿多诺本人也提出过类似的观点，他说在美国生活期间，他被"一个基本的方法论问题所困扰——对'方法'一词的理解，更多的是注重其欧洲的认识论的意义，而不是其美国的意义，在美国，方法论实际上是指实用的研究手段"[109]。

这些反差不应当被过分夸大。在其时代首屈一指的美国社会学家塔尔科特·帕森斯就是一个理论家，而主要的移民社会学家之一保罗·拉扎斯菲尔德，则更偏好事实，他曾试图"诱使阿多诺用实证研究将其观点联系起来"[110]。有必要补充说明的是，拉扎斯菲尔德来自奥地利，并不是德国人，而经验主义与"方法论的个人主义"（methodological individualism）的传统长期存在于奥地利，这在另一位流亡者卡尔·波普尔的作品中有非常生动的体现，此外也包括经济学家卡尔·门格尔（Carl Menger）和艺术史家恩斯特·贡布里希，后者在《艺术的故事》的开篇这样写道，"实际上没有艺术这种东西，只有艺术家而已"。同样，作为奥地利经济学家弗里德里希·冯·哈耶克弟子的玛格丽特·撒切尔，也曾宣称"没有社会这种东西"。或许可以用奥地利马克思主义（Austro-Marxism）作为类比，来说明"奥地利经验主义"，甚至可以说这也是奥地利知识分子使自己有别于德国人的一种方式。但无论如何，这种研究路径与英美经验主义之间的亲和性，毫无疑问有助于英语世界更好地接受波普尔和贡布里希以及哈耶克和拉扎斯菲尔德等人的作品。

尽管如此，麦基弗的观点也不无道理。法律和政治理论家汉斯·凯尔森在美国就受到了冷遇，因为他被认为太过理论化，而且他来的时机也不对，当时正值极端务实的"法律现实主义"方兴未艾之际。[111]霍克海默曾希望解决他所形容的"经验研究和理论综合的问题",但在给同事利奥·洛文塔尔（Leo Lowenthal）的一封信（1942年）中感叹道,"日益经验的方法"已经击溃了"日益理论的取向"。一种内在的张力"打破了研究所要统一理论和实证的希望"[112]。在另一方面,从长远来看,美国社会学家对理论所持的态度越来越开放,这尤其要归功于难民和早期东欧移民的子女。[113]

## 威权人格

由法兰克福学派部分学者在美国共同完成并出版的一项著名的研究成果,试图在社会学领域综合德语和英语世界的不同传统,该成果或可展示这一综合的成功和局限之处。这项研究是一个妥协后的结果,最初只是出于经济原因。因为在美国的基金会看来,阿多诺关于反犹主义的研究项目过于理论化、推断性过强。弗朗茨·诺伊曼设法做出了挽回,虽然他也受雇于法兰克福研究所担任行政管理和法律顾问的工作,但并不是真正的核心成员。诺伊曼在魏玛德国曾做过劳工律师,因此深知妥协的艺术,在这个项目上,他主张采取其所说的办法,"将在美国高度发展的实证和量化研究方法与更具理论性的欧洲方法相结合"。通过对项目申请进行修改,使其变得更具实证性,并为此引入了一些合作者,他成功地为阿多诺的研究项目争取到了经费资助。[114]

于是乎,有了《威权人格》(*The Authoritarian Personality*,1950年)这部混合型的著作,这是一本集体合作完成的书,有4位主要作者（阿多诺、难民心理学家埃尔斯·弗伦克尔-布伦斯威克［Else Frenkel-Brunswik］、美国人丹尼尔·莱文森［Daniel Levenson］和内维特·桑福德［Nevitt Sanford］）,以及另外3位合作者。其基本的理论是强调成年人的专制威权态度与儿童时期的成长方式之间的联系,这一观点发展自早期的反犹主义研究,也适用于更普遍的范畴。理论的证据来自问卷调查和访谈,并由弗伦克尔-布伦斯威克和莱文森转译成统计数据的形式。阿多诺承担的第四部分，标题是"意识形态的定性研究"，而霍克海默在序言中坚持认为，这项研究的目的不是"简单地在已有的大量信息中添加更多一些实证的发现"，而是要引入"一个相对新颖的概念"。[115]

不出意料之外，在一项由7个人合作进行的研究中，这两种研究风格的结合并不完全成功。此外，在理论部分，对弗洛伊德（书中对其贡献做了说明）和马克思（其观点虽被引用但未加注明）的综合也并不顺畅。尽管存在这些缺陷，《威权人格》仍然是社会心理学史上的一个里程碑，书中的中心概念一直被提及，也提醒我们注意到它的重要性。[116]

## 失与得

现在来看看大逃亡对流亡者们的故乡所产生的影响，首先是德国和奥地利，后果显而易见，是巨大的损失。流亡者们推动了其寄居国的去地方化，但在另外一面，在失去了他们之后，其祖国反而变得更加地方化了。在战后，德国和奥地利明显地失去了在相当一部分学科中的领先优势，从物理学到心理学、从社会学到艺术史，在移民流出之前，它们在这些学科一直具有优势。社会科学的德国化被社会科学的美国化所取代。例如，德国人是心理学研究的先驱者，但自1933年以来，"美国在该领域的主导地位从未受到过挑战"。[117] 根据难民历史学家尼古拉·鲁宾斯坦的观察，大逃亡的影响"在文艺复兴历史的研究方面尤其是破坏性的，德奥学者之前在这一领域一直占据着主导地位"。[118] 在某些领域，德国和奥地利（后者的情况更甚）始终未能从20世纪30年代的人才流失中恢复过来。

作为部分补偿，一些流亡者的"再移民"为中欧带来了一些新思想。战后，社会研究所重新迁回法兰克福的原址，但与离开时已经大不一样了，因为美国的传统留下了它们的印记。1951年，恩斯特·弗兰克（Ernst Fraenkel）回到德国，协助建立起了美国式的政治学学科，并在柏林应用技术大学和自由大学任教。同样，埃里克·沃格林（Eric Voegelin）于1958年回到德国，在慕尼黑创建了政治学研究院（Institut für Politische Wissenschaft）。弗朗茨·诺伊曼在战后虽然仍留在美国，但他也帮助西德的一些大学建立起政治学学科。勒内·科尼希（René König）也是一位移民（去了瑞士），于1949年回国任科隆大学教授，向学生介绍了美国的社会学研究方法。

从长期来看，美国式的实证研究已在德国被确立了下来，尽管在社会学和哲学之间仍有非常紧密的联系，如尤尔根·哈贝马斯（Jürgen Habermas）的例子。在意大利，生理学家卡洛·福阿于1945年回到了米兰并恢复了原来的教席，而布鲁诺·罗西则在美国退休后，于1974到1980年间回到巴勒莫大学任教。他们两人都帮助意大利的学生们了解美国风格的科学研究。简而言之，知识的融合会通不仅发生在美国和英国，也发生在德国、奥地利和意大利。

不同于社会研究所，瓦尔堡研究院一直留在了英国，但阿比·瓦尔堡以及他的年轻朋友欧文·潘诺夫斯基和埃德加·温德等人的研究方法在德国被年轻一代的艺术史家所复兴。其中包括马丁·瓦恩克（Martin Warnke）和霍斯特·布雷德坎普（Horst Bredekamp），他们从事图像学和艺术政治史的研究，在他们的推动下，汉堡市政府出面买下了瓦尔堡的故居，将其改建为一座新的研究所，即瓦尔堡之家（Warburg Haus），与伦敦的研究院遥相呼应。在文学方面，战时曾在美国任教的德国巴洛克研究专家理查德·阿尔温回到德国，并引入了比较研究的方法。[119]

也许有人会说，如果假以时日，即使没有流亡学者的作用，实证和理论的传统也可能会互相融合或至少有所互动。不过，一项主要以自然科学为对象的研究，得出了较为公允也很有说服力的结论："如果没有强制性移民的特殊压力，似乎不太可能如此迅速地实现如此高程度的趋同和综合。"[120]

德语学者对美国和英国的人文与社会科学产生的整体影响，并不能简单地归纳为经验主义和理论的相遇。这些学者以及他们的意大利同行，如阿纳尔多·莫米利亚诺（他接受的也是历史主义传统的训练），所做出的另一项重要贡献，是推动了"历史学意识"（history-mindedness），这个词出自保罗·蒂利希，他发现在美国缺乏这种意识。换句话说，它指的是研究者对自身学科历史的认识；在社会科学中，就是指对于长时期中的经济史、社会史和政治史的认识。[121]例如，弗朗茨·诺伊曼就认为，在美国"实证研究占主导地位"，使得社会科学家们很难"从它们的历史意义上去认识问题"。他提出的策略，是将哲学和历史与社会科学"整合起来"。[122]在英国，诺贝特·埃利亚斯对他所谓的"社会学家退缩到当下"的现象提出过尖锐的批评，作为回应，他主张并将历史社会学付诸实践。[123]

同样，受到阐释学传统（包括被潘诺夫斯基称为"图像志和图像学"的视觉解释学）训练的德国学者，在流亡中遇到了另一种陌生的传统，即实证主义传统。尤其是美国学者，他们在社会科学甚至人文科学的研究中套用自然科学的模式，所涉及的学科领域从严重依赖定量方法的"政治科学"一直到语言学。例如，曾在芝加哥大学和纽约市立大学教授政治学的汉斯·摩根索，就对自然科学和社会科学之间的类比提出尖锐的批评。在心理学方面，B. F. 斯金纳（B. F. Skinner）等美国行为主义传统的代表人物就与新来者们发生过交锋，虽然后者的研究方法从精神分析到格式塔心理学不一而足，但普遍都排斥行为主义的模式。

在语言学领域，在美国和德国分别占据主导的两种方法之间原有的分歧，随着两个学派主要代表人物之间发生的一场著名论战而变得更具戏剧性，这与其说是文化之间的相遇，不如说是激烈的碰撞。伦纳德·布龙菲尔德（Leonard Bloomfield）在专业期刊发表了一篇有名的文章，认为语言学是一门科学，它采用"只能够转译成物理和生物科学语言的专有名词"。他高度评价巴甫洛夫（Ivan Pavlov）和逻辑实证主义者的工作，并声称语言学家应该摒弃所谓的"心灵主义和泛灵论的术语"。作为回应，以对文学文本的语言和风格采用诠释学方法而闻名的利奥·斯皮策，在同一本刊物上发表文章，批评布龙菲尔德的方法是一种还原主义和"机械论"。斯皮策指出，如果按照他自己所说的标准,布龙菲尔德就不应该再使用诸如"印欧语"或"原罗曼语"等语言学的基本术语,更不用说"文体学"(stylistics)了。[124] 不管斯皮策是否成功地让美国的语言学家接受其诠释学方法,但他至少使他们了解到在布龙菲尔德之外还有其他不同的研究路径。

概括而言:在大逃亡时代,个人之间的相遇接触促进了双方习惯的改变,促进了理论和实证研究之间更为紧密的联系。在本书介绍的各种个案研究中,20世纪30年代流亡者们的案例在融合会通方面提供了最清晰和最重要的例证。

## 尾声:1945年后

自1945年以来,和其他普通人一样,仍有许多知识分子或流亡海外,或客居异乡,因此,在这个简短的结论部分里,再补上一些案例并不难。在众多流亡者或难民中,有些人是为了逃离共产主义国家,有些人则因为躲避所在国家的反共政府,通常是一些军事独裁政权。

"二战"后,随着一系列中东欧国家共产主义政权的建立,又有一批知识分子开始流亡,或拒绝回国。例如,1945年时,波兰政治学家兹比格涅夫·布热津斯基(Zbigniew Brzezinski)正随担任外交官的父亲生活在加拿大,全家决定不再回到已是共产党执政的波兰。布热津斯基后来进入哈佛大学学习,并留校任教,为自肯尼迪以后的多任美国总统提供外交政策方面的意见建议。另一位波兰人,新闻记者耶日·盖德罗伊茨(Jerzy Giedroyć),在1945年后移居巴黎,从1947年开始主编《文化》(*Kultura*)杂志,直至2000年去世。匈牙利精神分析学家玛丽亚·托罗克(Maria Török)在1947年流亡法国,这一年适值共产党赢得了匈牙利大选。

罗马尼亚人米尔恰·伊利亚德是比较宗教学研究的重要人物,战后罗马尼亚共产党政权建立时,他正在海外。此后,伊利亚德一直留在了西方,先是在巴黎,然后迁至芝加哥。另一位罗马尼亚人,社会学家泽维·巴尔布原是新政权的支持者,在伦敦担任外交官期间,获悉自己的一位好友遭到处决,于是他请求政治避难,并回归学术,先后任教于格拉斯哥大学、苏塞克斯大学,以及最后的巴西利亚大学。

在有些个案中,1948年以色列的建国对流亡或客居产生了推动的作用。在当时移居以色列的成名学者或未来的学者中,有来自南斯拉夫的社会学家耶胡达·埃尔卡纳、来自布拉格的历史学家索尔·弗里德兰德(Saul Friedländer)、来自德国的哲学家汉斯·约纳斯,以及来自波兰的政治学家泽夫·施坦赫尔(Zeev Sternhell)。艺术史家摩西·巴拉什(Moshe Barasch)对转介调和的问题有特别深刻的体会,他来自切尔诺维茨(Czernowitz,在他离开时属于罗马尼亚),后在耶路撒冷成为一名教授。专门研究早期意大利文艺复兴的巴拉什,在向学生介绍西方艺术时有时会遇到难题,因为这些学生生长于反偶像的文化中,仍然需要严格地遵守圣经中禁止图像的戒律。[125]

此后的一波流亡潮发生在1956年匈牙利的暴动遭到镇压之后,大约有20万人,其中包括一部分知识分子,有些人早已成名,有些人则后来在国外取得了辉煌的事业。其中哲学家有:伊姆雷·拉卡托什(Imre Lakatos),他曾在剑桥大学学习,并在伦敦政治经济学院教授科学哲学;以及伊斯特万·梅萨罗斯,他曾师从格奥尔格·卢卡奇,后任教于苏塞克斯大学。历史学家包括:曾在牛津和马尔堡(Marburg)学习、在加拿大任教的亚诺什·鲍克,他在20世纪90年代重新回到了匈牙利;利兹大学教授尼古拉斯·普罗奈(Nicholas Pronay),他也是电影史研究的主要倡导者;以及伦敦大学的匈牙利史教授拉斯洛·皮特(Laszlo Péter)。就像在他们之前的俄国和德国流亡者一样,历史学家们让他们的学生了解到匈牙利在欧洲历史中的地位,而哲学家们则揭示并示范了与英语世界流行的经验主义形成反差的另一种思维模式。

第三波流亡潮来自捷克斯洛伐克,发生在1968年苏联入侵之后,大约有25万人,许多知识分子失去了原有的学术职位。许多留下来的人转而从事建筑行业,当文员、出租车司机等等。选择流亡的人则四散开去,有些去了西欧,有些则到了美洲(例如加拿大和智利,以及美国等)。除了米兰·昆德拉(Milan Kundera)这样的作家,这些知识分子中,还包括以文学研究著称的爱德华·戈尔德施蒂克,他在"布拉格之春"中起过重要作用,后成为苏塞克斯大学教授;斯洛伐克裔的科学史家米库拉什·泰希(和他的朋友戈尔德施蒂克一样,早在1938年就曾流亡海外)。达利博·维斯利曾师从于持不同政见的哲学家雅恩·帕托什卡(Jan Patocka),后在剑桥大学教授建筑学,引入了来自欧洲大陆的哲学家们的不同见解;以及历史学家维伦·普瑞坎(Vilém Prečan),他因发表被称为《捷克黑皮书》("Czech Black Book")的1968年苏联入侵时期的文件而遭到捷克斯洛伐克科学院解职,普瑞坎后来流亡去了西德,直到20多年后才回国,主持新成立的国家历史研究院。

大约在同一时期的波兰,随着政府变得日益反动和反犹,一些知识分子选择离开或遭到驱逐,其中包括哲学家莱谢克·科拉科夫斯基,他先是移民加拿大,之后往来于英美之间;历史学家布罗尼斯瓦夫·巴齐科(Bronisław Baczko)和克日什托夫·波米安(Krzysztof Pomian),他们分别迁至日内瓦和巴黎;还有社会学家齐格蒙特·鲍曼,他成为利兹大学教授。这些中东欧的流亡者(以及后文将要讨论到的一些客居者)发挥了转介调和的作用,鼓励来自西方的学生们对那些欧洲地区发生兴趣,同时也激发了他们对于从开放的马克思主义到符号学等各种理论的兴趣,在符号学领域,特别是以尤里·洛特曼(Juri Lotman)及其学派为代表的俄罗斯形式主义。一些逃离卡斯特罗政权的古巴流亡者或他们的子女,在美国成为大学教授,对西班牙和拉丁美洲文化的研究做出了重要的贡献。例如,在西班牙历史方面,有哥伦比亚大学的特奥菲洛·鲁伊斯(Teofilo Ruiz)和耶鲁大学的卡洛·艾尔(Carlo Eire);在西班牙及拉丁美洲文学领域,有也在耶鲁任教的罗贝托·冈萨雷斯·埃切瓦里亚(Roberto González Echevarría)。从小就离开古巴来到美国的玛丽亚·罗莎·梅诺卡(Maria Rosa Menocal),也在耶鲁大学教授中世纪西班牙史,她有一本书专门讨论流亡放逐在抒情诗起源中的作用问题。

逃离右翼政权的难民,包括1964年在巴西、1973年在智利和1976年在阿根廷等国发生军事政变后逃亡的南美知识分子。[126]以巴西为例,就包括经济学家塞尔索·福尔塔多(Celso Furtado),他在1964年任计划部长,军事政变后至墨西哥大使馆避难,此后在美国、法国和英国流亡,并重新以学术为业;教育家保罗·弗莱雷(Paulo Freire)则逃至玻利维亚,再到智利,然后去了瑞士;还有社会学家(后来成为总统的)费尔南多·恩里克·卡多佐,他先是流亡智利,在返回巴西之前还曾去过法国。这一阶段被迫流亡的历史学家,包括在1964年被解除国家档案馆馆长职务的何塞·奥诺里奥·罗德里格斯(José Honorio Rodríguez),以及在1969年被解除圣保罗大学教职的艾米莉亚·维奥蒂·达·科斯塔(Emília Viotti da Costa)。两人都来到了美国,罗德里格斯成为哥伦比亚大学教授,维奥蒂则任耶鲁大学教授。在维奥蒂的帮助下,巴西的历史被纳入北美的学术版图,而弗莱雷把扫盲作为"提升意识"的一种手段的思想,随着他的流亡而在国外广为人知。

来自阿根廷的流亡者包括:历史学家图利奥·哈尔佩林·唐伊,他在1966年较早的一次军事政变后离开阿根廷,此后一生的大部分时间都在加利福尼亚的伯克利任教;任杜克大学教授的文化理论家瓦尔特·米尼奥罗(Walter Mignolo);政治学家吉列尔莫·奥唐纳(Guillermo O'Donnell),他先是流亡巴西,后移居美国,以及任教于埃塞克斯大学的厄内斯特·拉克劳(Ernest Laclau),其思想至今仍有广泛的影响(例如对"我们可以"[Podemos]运动和杰里米·科尔宾[Jeremy Corbyn]的影响);还有人类学家内斯托尔·坎克利尼(Nestor Canclini),他移居墨西哥并对墨西哥文化有重要的研究,以及选择流亡挪威的爱德华多·阿切蒂(Eduardo Archetti),他后来出任奥斯陆大学社会人类学系主任,并继续其对拉丁美洲的研究。阿切蒂对阿根廷的探戈、马球和足球所做的人类学研究,特别是对拉丁风格的足球和北方足球流派之间的对比,充分显示了常常在流亡后出现的与故乡的疏离超然。阿根廷难民对寄居国所带来的影响,可以在精神分析学这一学科找到一个集体性的案例。自20世纪70年代开始,来自阿根廷的精神分析学家们将其学科,特别是雅克·拉康(Jacques Lacan)的学派,引入到了西班牙。[127]

正如以上大多数的案例所示,与20世纪30年代西班牙共和派流亡者的情况(其大多数人移居至西班牙语国家)恰恰相反,20世纪70年代来自拉丁美洲的大多数流亡者选择了需要学习新语言的地方落脚。更晚近以后,客居者们也随着难民接踵而至。例如,来自哥伦比亚的卡洛斯·加鲁居伊(Carlos Jáuregui)在圣母大学(University of Notre Dame)教授文学,曾撰文讨论拉丁美洲"文化食人主义"(cultural cannibalism),即消化和转化欧洲影响的进程。豪尔赫·卡伊扎雷斯-埃斯盖拉(Jorge Cañizares-Esguerra)出生于厄瓜多尔,在墨西哥和哥伦比亚长大,现在德州奥斯汀教授拉美历史,他强调伊比利亚文化对西方文化的重要贡献。巴西人路易斯·费利佩·德·阿伦卡斯特罗于2000年任索邦大学的巴西史教授,这也倒转了20世纪30年代知名学者由法国到巴西任教的流动轨迹。总体来说,整个拉丁美洲的学者群体一直在充当转介调和的角色,鼓励外国人对拉丁美洲进行研究。继20世纪30和50、60年代的中东欧流亡者之后,他们也进一步强调了理论的重要性。

介于流亡和客居之间的,还有在种族隔离时代离开南非的一部分知识分子,他们通常先是外出留学,然后继续从教。例如,人类学家简·科马洛夫(Jean Comaroff)和约翰·科马洛夫(John Comaroff)夫妇,他们执教于芝加哥大学,而他们的同行亚当·库珀(Adam Kuper)则在伦敦大学任教。英国的非洲研究在相当程度上要归功于来自南非的学者们,例如:人类学家梅耶·福蒂斯(Meyer Fortes)、马克斯·格鲁克曼(Max Gluckman)和艾萨克·沙佩拉(Isaac Shapera),以及历史学家舒拉·马克斯(Shula Marks)。社会学家约翰·雷克斯(John Rex)和斯坦利·科恩(Stanley

Cohen），也是从南非移居英国的。[128] 另有一批从北非前往法国的客居者，例如：来自阿尔及利亚的埃莱娜·西苏（Hélène Cixous）和雅克·德里达（Jacques Derrida），来自突尼斯的历史学家卢塞特·瓦伦西（Lucette Valensi）等。与此类似，两位来自保加利亚的符号学家朱莉娅·克里斯蒂娃（Julia Kristeva）和茨维坦·托多罗夫（Tzvetan Todorov），均是在20世纪60年代来巴黎留学，此后就一直留在了法国。

在一个不那么含糊的意义上，客居者中还包括一些来自南亚的知识分子，他们在英语世界中获得了事业的成功。在人类学领域，包括印度人阿尔君·阿帕杜莱（Arjun Appadurai）和帕沙·查特吉（Partha Chatterjee），以及两位斯里兰卡人加纳纳什·奥贝赛克拉（Gananath Obeyesekere）和斯坦利·坦比亚（Stanley Tambiah），他们四人都在美国担任教授。在文学和文化理论中，来自加尔各答的加亚特里·查克拉沃蒂·斯皮瓦克（Gayatri Chakravorty Spivak）和来自孟买的霍米·巴巴（Homi Bhabha），都在美国取得了成功，经济学家阿马蒂亚·森（Amartya Sen）和哲学家阿奎尔·比尔格拉米（Akeel Bilgrami），也同样如此。客居海外的印度历史学家的数量尤其众多。例如，拉纳吉特·古哈围绕"庶民研究"的概念开创了一个学派，在移居澳大利亚之前他曾在苏塞克斯大学任教。在美国执教的印度历史学家，包括芝加哥的迪佩什·查卡拉巴提、普林斯顿的吉安·普拉卡什和洛杉矶（在巴黎和牛津工作一段时间后）的桑杰·苏布拉曼亚姆。在他们的共同努力下，印度历史也被放上了美国学生的知识版图，并且推动了诸如"自下层看历史""关联的历史"和后殖民理论等研究趋势。

得益于这些学者，西方学生和知识分子才得以更好地理解我们今天所身处的文化全球化的进程。要对本书所讨论的从15世纪50年代到20世纪70年代的移民离散给世界带来的各种影响进行厚描和深入分析，是一项不可能完成的任务。相反地，回到当下，我想邀请读者们来做一个虚拟历史的思维实验。试着想象一下，流亡者们，特别是20世纪30年代的流亡者，如果他们没有在那个时代来到英国或是其他某个西方国家，那个国家的知识水平,尤其是人文和社会科学领域的状况,会是什么样子的?我自己认为会出现的景象是,如果没有流亡者们的贡献,欧洲和美洲的许多地方将仍然处于更加地方化的状态,就像流亡者如果依然留在他们的故乡,那他们也将仍然处于更加地方化的状态。当您合上这本书的时候,我最希望读者们记住的是,无论是晚近以来还是在更为久远的时代,这种双重的去地方化所具有的重要意义。

# 论英国脱欧

2016年初,当我在完成本书最后几个段落时,曾提到,如果没有移民学者的贡献,许多国家将仍然处在更加地方化的状态,未曾料想到的是,在6月的公投中,英国的选民们(以微弱的多数)投票决定脱离欧盟,为的是能够限制移民的数量。截至本文写作之时,还不能完全确定英国是否将会脱离欧盟,即使真的离开了,也不清楚这一决定的后果会是什么,无论是对已经在英国定居的欧盟公民还是对其他想要移居来此的人们。我只能说,在我看来,如果英国脱欧真的发生了,不仅对英国经济是一场灾难,而且正如本书中的证据所示,对英国的文化也将会是一场灾难。

《16至20世纪知识史中的流亡者与客居者》一书认为,从工匠到学者的移民们,以一种"双重去地方化"的进程,往往不仅使其"寄居国"的人们受益匪浅,而且也令他们自己从中获益良多。相反地,限制移民从长远来看将可能导致知识的地方化。假设我们编制一份20世纪英国主要知识分子的名单,将他们分成两组——生于英国的"本国人"和包括流亡者与客居者在内的"外来移民"。在哲学领域,本国的伯特兰·罗素(Bertrand Russell)可与移民路德维希·维特根斯坦(Ludwig Wittgenstein)相比肩,而迈克尔·奥克肖特(Michael Oakeshott)同以赛亚·柏林不相上下。在历史学方面,爱德华·汤普森(Edward Thompson)与埃里克·霍布斯鲍姆、理查德·索森(Richard Southern)与刘易斯·纳米尔可以互相媲美争长。人类学领域的杰克·古迪(Jack Goody)与欧内斯特·盖尔纳、经济学里的约翰·梅纳德·凯恩斯（John Maynard Keynes）与尼古拉斯·卡尔多，各自不相伯仲。在艺术史方面，没有一个本国人能够与恩斯特·贡布里希相提并论，而在社会学上，也没有人可与诺贝特·埃利亚斯并列。

如果移民的源流枯竭，或者只是严重减少了，在认知多样性（cognitive diversity）方面造成的损失，其后果也许假以时日才能完全显现出来，但它们很可能就会是非常严重的。如果英国把自己同其他的观点隔绝开来，就将使英国人变得越来越封闭，越来越狭隘，越来越缺乏创造力。本书中所讨论的案例表明，即使没有人真正想要这样的未来，但是假如英国脱离了欧盟，它将在几十年后不可避免地出现。

# 附录：人文科学领域100位女性难民学者，1933—1941年

在名录中，艺术史家（占总数的一半）的重要地位，特别值得注意（尽管这一数字可能只是因为这一学科比其他学科已有了更为深入的研究）。同样值得注意的是，还有相当数量的女性艺术史家在流亡中未从事学术工作，而是成为艺术家、艺术品商人或策展人，无论这是她们的主动选择还是因为无法在大学找到教职。人数居于其次的专业，是历史学、语言学、文学以及心理学（包括精神分析学），各有十多位流亡学者；社会学领域，有五六人。此处并未列出的，还有一些流亡的女科学家，其中最为有名的当属莉泽·迈特纳（Lise Meitner）。

**主要资料来源：**

Werner Röder and Herbert A. Strauss (eds.), *International Biographical Dictionary of Central European Emigrés* (Munich: Saur, 1983); Ulrike Wendland (ed.), *Biographisches Handbuchdeutschsprachiger Kunsthistoriker in Exil* (Munich: Saur, 1999); Susanne Blumesberger, Michael Doppelhofer, and Gabriele Mauthe (eds.), *Handbuch österreichische Autorinnen und Autoren jüdische Herkunft* (Vienna: Saur, 2002); *Dictionary of Art Historians*, https://dictionaryofarthistorians.org/.

1. 汉娜·阿伦特，1906—1975年，来自柯尼斯堡（Konigsberg，今加里宁格勒），哲学家，在弗赖堡和海德堡师从海德格尔、胡塞尔、雅斯贝斯等。1933年流亡巴黎，1941年流亡美国。

2. 欧娜·奥尔巴赫（Erna Auerbach），1897—1975年，来自法兰克福，学习艺术史，1933年流亡英国，进入科陶德学院学习，成为画家、肖像画评论家，任皇家霍洛威（Royal Holloway）学院和韦斯特菲尔德学院讲师。

3. 英格褒·奥尔巴赫（Ingeborg Auerbach，原姓Fraenkel），生于1903年，艺术史家，在汉堡师从潘诺夫斯基学习，博士论文以安德烈·德尔·萨尔托（Andrea del Sarto）为题，1935年流亡英国，后放弃艺术史研究。

4. 苏珊·格若格·贝尔（Susan Groag Bell），生于1926年，来自捷克斯洛伐克，1939年流亡英国，结识芭芭拉·哈蒙德（Barbara Hammond）后激起她对历史学的兴趣，后移居加利福尼亚，开始研究妇女史，并在斯坦福大学任教。

5. 特蕾丝·贝内德克（Therese Benedek，原姓Friedmann），1890—1977年，来自埃格尔（Eger），在布达佩斯求学期间从医学转向精神分析学，1920年离开匈牙利至莱比锡，1936年移居芝加哥。

6. 爱丽丝·伯格尔（Alice Bergel，原姓Berger），1911—1998年，来自柏林，罗曼语研究者，1939年流亡英国，1941年移居美国，在加州大学尔湾分校任教。

7. 玛格丽特·比伯（Margarete Bieber），1879—1978年，生于普鲁士舍瑙（Schönau，今属波兰），古典学家和艺术史学家，吉森（Giessen）大学教授，1934年应巴纳德学院（Barnard College）邀请移居美国，任副教授直至退休。

8. 森塔·比尔（Senta Bier，原姓Dietzel），1900—1978年，来自菲尔特（Fürth），在慕尼黑师从沃尔夫林学习艺术史，1938年流亡美国，做过美术和德语教师，后在肯塔基州的路易斯维尔（Louisville）任艺术史教授。

9. 格特鲁德·宾（Gertrud Bing），1892—1964年，来自汉堡，艺术史

学家，曾与阿比·瓦尔堡共事，1933年随瓦尔堡研究院逃亡伦敦，1933—1955年任助理所长，1955—1959年任所长。

10. 格尔达·布卢门塔尔（Gerda Blumenthal），生于1923年，来自柏林，罗曼语研究专家，大约1941年流亡美国，在纽约学习，后在华盛顿特区的美国天主教大学教授法国文学。

11. 赫达·博尔加（Hedda Bolgar），1909—2013年，生于苏黎世，精神分析学家，在维也纳学习，后移居美国，在芝加哥从事精神分析工作直至102岁。

12. 夏洛特·布勒（Charlotte Bühler，原姓Malachowski），1893—1974年，来自柏林，心理学家，维也纳大学教授，1938年流亡挪威，后至伦敦，后又到美国。

13. 卜爱玲（Anneliese Bulling），1900—2004年，萨克森（Saxony）人，中国艺术史学家，曾在柏林学习，1935年流亡英国，在剑桥大学获得博士学位，1956年移居美国，著有汉代建筑的研究，并担任翻译工作。

14. 格特鲁德·库尔（Gertrude Coor，原姓Achenbach），1915—1962年，来自法兰克福，艺术史学家，1933年后移居意大利，后至威尔士，后又到美国。从事"普林斯顿基督教艺术索引"项目的工作，并在大学任教，为艺术史学家米拉德·迈斯（Millard Meiss）的研究助理，出版有一部关于尼罗乔·德·兰迪（Neroccio de'Landi）的专著。

15. 汉娜·德因哈德（Hanna Deinhard，原姓Levy），1912—1984年，艺术史学家，沃尔夫林的学生，1933年流亡法国，后至巴西并撰文论殖民艺术，1947年移居美国，在纽约的新学院和女王学院任教，出版有绘画社会学的研究著作。

16. 海伦·多伊奇（Helene Deutsch，原姓Rosenbach），1884—1982年，来自波兰，心理学家，1907年移居维也纳，学习医学，与弗洛伊德合作，1934年移民美国，从事专业精神分析。

17. 莉塞洛特·迪克曼（原姓Neisser），1902—1994年，德国研究专家，1933年流亡罗马，后至伊斯坦布尔，后又到美国，在圣路易斯任教。

18. 伊洛娜·杜钦斯卡（Ilona Duczynska），1897—1978年，来自维也纳，在匈牙利从事革命工作，被派往苏黎世，后至莫斯科，后又到维也纳，与卡尔·波兰尼结婚，1933年移居英国，后又到美国，从事翻译工作。

19. 伊瑟·法克，生于1906年，来自汉堡，艺术史学家，在柏林学习，博士论文研究安德烈·皮萨诺（Andrea Pisano），1937年流亡瑞士，后至美国，担任艺术史学家理查德·奥夫纳的秘书，以及做翻译工作。

20. 埃尔斯·弗伦克尔-布伦斯威克，1908—1958年，来自利沃夫（Lviv），心理学家，1919年流亡维也纳，任夏洛特·布勒的助手，1938年流亡美国，曾与阿多诺合作。

21. 安娜·弗洛伊德，1895—1982年，奥地利精神分析学家，1938年随父亲流亡英国。

22. 玛格丽特·弗罗伊登塔尔-萨利斯（Margarete Freudenthal-Sallis），生于1893年，来自施派尔（Speyer），社会学家，师从卡尔·曼海姆，博士论文研究家庭的历史，1934年移民巴勒斯坦。

23. 吉赛尔·弗罗因德（Gisèle Freund），1908—2000年，来自柏林，摄影师，在法兰克福师从阿多诺、霍克海默和曼海姆学习，1933年流亡巴黎，后至阿根廷和墨西哥。

24. 弗兰西斯卡·弗里德-博克瑟（Franziska Fried-Boxer），生于1904年，来自维也纳，艺术史家，曾师从约瑟夫·斯特里格夫斯基（Josef Strzygowski），著有安德烈·皮萨诺的研究，1930—1932年在汉堡的瓦尔堡图书馆工作，后回到奥地利，1939年流亡英国，后又到美国。

25. 特蕾莎·格雷斯·弗里希（Teresa Grace Frisch），来自维也纳，艺术史学家，专长哥特艺术，1947—1966年任韦尔斯利学院教授，学院院长。

26. 莉莉·弗洛里希-布姆（Lili Fröhlich-Bume，原名Caroline Bum），1886—约1975年，来自维也纳，艺术史家，1938年流亡英国，成为一名撰写画展评论的艺术记者。

27. 艾丽卡·弗洛姆（Erika Fromm，原姓Oppenheimer），1910—2003年，心理学家，在法兰克福学习实验心理学，1934年流亡荷兰，1936年流亡美国。

28. 梅丽塔·格哈德（Melitta Gerhard），1891—1981年，德国研究专家，任基尔大学编外讲师（*Privatdozent*），1933年遭解职，1934年流亡美国，在韦尔斯利学院任教，著有席勒、歌德的研究。

29. 弗朗西斯·格雷·戈德温（Francis Gray Godwin，原名Franziska Grabkowitz），1908—1979年，来自维也纳，艺术史学家，斯特里格夫斯基的学生，1930年移居美国，师从理查德·奥夫纳，1945—1970年任教于女王学院，以出色的教学而著称。

30. 萨宾娜·戈瓦（原姓Spiero），1901—2000年，来自汉堡，艺术史家，1933年流亡法国，在巴黎学习，遭到遣送，但得以逃脱，于1941年移民美国，做过清洁工，教授法语和德语，后成为泽西市圣彼得学院和福特汉姆大学的教授。

31. 汉娜·格雷（Hanna Gray，原姓Holborn），生于1930年，来自海德堡，是哈约·霍尔本的女儿，1934年随家人流亡美国，专长于文艺复兴时期的历史研究，为耶鲁大学校长。

32. 卡门·格罗瑙（Carmen Gronau，原姓von Wogau），1910—1999年，专长于意大利文艺复兴时期的艺术史家，1935年离开德国来到伦敦，在苏富比（Sotheby's）工作。

33. 伊冯娜·哈肯布罗赫（Yvonne Hackenbroch），1912—2012年，来自法兰克福，师从于平德（Wilhelm Pinder），1937年流亡英国，大英博物馆策展人，珠宝研究专家，1945年移居加拿大，1949年至美国，后又回到英国。

34. 伊丽莎白·玛丽亚·哈约斯（Elisabeth Maria Hajós），1900—1982年，生于匈牙利，艺术史家，曾在维也纳阿尔贝蒂娜（Albertina）博物馆工作，在布达佩斯任教，1938年流亡美国，著有论20世纪建筑和文艺复兴的作品。

35. 贝蒂·海曼（Betty Heimann），1888—1961年，来自万茨贝克（Wandsbek），印度学家，在基尔大学和哈勒大学求学，汉堡大学教授，1933年流亡英国，1957年移居（东）德。

36. 艾米·海勒，1886—1956年，中世纪史家，在海德堡学习，流亡美国后于1937—1956年在布鲁克林学院任教。

37. 赫塔·赫尔佐格（Herta Herzog），1910—2010年，来自维也纳，社会心理学家，1935年移居美国，1976年返回欧洲。

38. 罗斯玛丽·海德（原姓Burkart），1905—2002年，来自柏林，从事罗曼语研究，利奥·斯皮策的学生，后成为其助手，1933年随其去往伊斯坦布尔，1942年随丈夫回到德国，在达姆施塔特（Darmstadt）教语言，并担任口译员。

39. 海德维格·辛策（原姓Guggenheimer），1884—1942年，来自慕尼黑，历史学家，师从弗里德里希·迈内克（Friedrich Meinecke），从事法国大革命研究，曾获得新学院的教职邀请但被美国拒绝入境，1939年流亡荷兰，在被遣送前去世（可能是自杀？）。

40. 乌苏拉·霍夫（Ursula Hoff），1909—2005年，生于英国，艺术史家，在汉堡长大，是潘诺夫斯基的学生，1933年流亡英国，成为博物馆策展人，1939年移居澳大利亚，在维多利亚州国立美术馆和墨尔本大学工作。

41. 路易丝·威廉明娜·霍尔本，1898—1975年，政治学家，哈约·霍尔本的妹妹，1933年流亡伦敦，1934年到美国，1938年获得博士学位，依靠照看孩子、在图书馆打工、给人上德语课及做研究助理谋生，后在韦尔斯利学院和康涅狄格女子学院任教。

42. 玛丽·雅荷达，1907—2001年，奥地利社会心理学家，1937年移民英国，后到美国，在巴纳德学院和哥伦比亚大学学习，其博士生导师为拉扎斯菲尔德，1938年任巴纳德学院教授，1965年转至苏塞克斯大学。

43. 夏洛特·乔尔斯，1909—2003年，来自柏林，从事德国研究，1939年流亡英国，做过服务难民儿童的工作、学校教师，1955年起在伯贝克学院任教，是研究冯塔纳的专家。

44. 索尼娅·卡森（Sonja Karsen），生于1919年，来自柏林，从事罗曼语研究，1933年流亡瑞士，后到美国，在哥伦比亚大学获得博士学位，在多所美国大学担任西班牙语教授。

45. 维奥拉·克莱因，1908—1973年，来自布拉格，1938年流亡英国，当过保姆，在伦敦政治经济学院修读了第二个博士学位，当过翻译、教师，最后（56岁时）在雷丁大学任社会学讲师。

46. 奥尔加·科塞莱夫-戈登（Olgar Koselleff-Gordon），1904年生于塞瓦斯托波尔（Sebastopol），艺术史家，1906年移居德累斯顿，研究中世纪的雕塑与彩饰，1933年后流亡美国。

47. 特鲁德·克劳特海默-赫斯（Trude Krautheimer-Hess），1902—1987年，来自埃尔福特。艺术史家，曾在法兰克福学习，1933年流亡意大利，后到美国，艺术收藏家，与丈夫理查德合作著有洛伦佐·吉贝尔蒂（Lorenzo Ghiberti）的研究。

48. 贝蒂·库尔斯（Betty [Bettina Dorothea] Kurth，原姓Kris），1878—1948年，来自维也纳，艺术史家，师从马克斯·德沃夏克（Max Dvořák），是中世纪挂毯研究的专家，1939年流亡英国，在格拉斯哥美术馆兼职工作。

49. 希尔德·库尔兹（Hilde Kurz，原姓Schüller），1910—1970年，来自维也纳，艺术史家，施洛塞尔（Julius von Schlosser）的学生，1937年移居英国，与其丈夫奥托合作。

50. 克莱尔·拉赫曼（Claire Lachmann，原姓Ullman），1904—1991年，生于海牙，艺术史家，在汉堡师从潘诺夫斯基、萨克斯尔学习，并在瓦尔堡图书馆担任助理，1934年流亡巴勒斯坦，成为一名艺术评论家和记者。

51. 厄苏拉·兰姆（Ursula Lamb，原姓Schaefer），1914—1996年，来自埃森（Essen），历史学家，反纳粹，1935年离开德国，在伯克利学习，后在哥伦比亚、耶鲁和亚利桑那大学任教，著有西班牙帝国的研究。

52. 尤利娅·朗，匈牙利心理学家，1933年与丈夫卡尔·曼海姆一起从德国流亡英国。

53. 蓝氏（Olga Lang，原姓 Joffe），1897—1992年，俄罗斯汉学家，属于法兰克福学派，与魏复古（Karl Wittfogel）结婚，1934年移居美国，在斯沃斯莫尔学院（Swarthmore）教俄语，著有关于中国家庭的研究。

54. 伊迪丝·莱内尔（Edith Lenel），生于1909年，历史学家，在柯尼斯堡师从罗特费尔斯（Hans Rothfels）学习，后流亡美国，在史密斯学院（Smith College）担任汉斯·库恩（Hans Kohn）的助手，在蒙特克莱尔州立学院（Montclair State College）任图书馆员，后改教德语并成为德语系主任。

55. 格尔达·勒纳（原姓 Kronstein），1920—2013年，来自维也纳，历史学家，反纳粹，1939年去往美国之前曾被捕，当过服务员，在新学院学习，萨拉·劳伦斯学院教授，并创建妇女史项目。

56. 安妮·利布莱希，1889—约1940年，来自威斯特伐利亚，艺术史家，著有斯鲁特（Claus Sluter）雕塑的研究，大约1933年流亡法国，成为福西永（Henri Focillon）的助手，后自杀。

57. 伊尔瑟·李普希（Ilse Lipschutz，原姓 Hempel），1923年生于符腾堡，罗曼语专家，1936年流亡巴黎，后至西班牙和美国，任瓦萨（Vassar）大学法语教授、系主任。

58. 玛格丽特·玛勒（Margaret Mahler，原姓 Schönberger），1897—1985年，来自肖普朗（Sopron），精神分析学家，在慕尼黑和维也纳学习医学，在移居英国后，又于1938年到美国，在纽约精神分析研究所工作。

59. 厄纳·曼多夫斯基（Erna Mandowsky），1906—1970年，来自汉堡，艺术史家，潘诺夫斯基的学生，1933年流亡英国，后到美国，著有对里帕（Cesare Ripa）和利戈里奥（Pirro Ligorio）的研究。

60. 安妮·玛丽·迈耶（Anne Marie Meyer），1919—2004年，来自柏林，1933年同家人流亡英国，1937—1984年在瓦尔堡研究院担任秘书和教务主任，研究歌剧和芭蕾舞的历史。

61. 西比尔·莫霍利-纳吉（Sibyl Moholy-Nagy，原姓 Pietzsch），

1903—1971年，来自德国，建筑师的女儿，与拉兹洛·莫霍利-纳吉（Laszlo Moholy-Nagy）结婚，1934年移居阿姆斯特丹，1937年到美国，在丈夫去世后转为建筑史家，在纽约的普拉特艺术学院（Pratt Institute）任教。

62. 伊丽莎白·摩西（Elisabeth Moses），1894—1957年，来自科隆，在波恩学习艺术史，博物馆策展人，1933年被解职，流亡意大利，后在1933年到美国，在旧金山做策展人。

63. 爱丽丝·米萨姆（Alice Mühsam，原姓Freymarck），1889—1968年，来自柏林，古代艺术史家和艺术品修复师，1940年流亡美国，在纽约当过清洁工，在布鲁克林博物馆做艺术修复，在哥伦比亚大学做课程辅导。

64. 安妮塔·奥利恩特，1896—约1990年，生于巴西，父亲来自罗马尼亚，1900年移居柏林，师从沃尔夫林学习，1939年回到巴西，成为画家和修复师，1948年移居纽约，由于找不到艺术史相关的工作，只能给人教授语言。

65. 多萝西娅（多拉）·潘诺夫斯基（Dorothea [Dora] Panofsky，原姓Mosse），1885—1965年，欧文·潘诺夫斯基的妻子，与他一起移居美国，并合作研究。

66. 洛特·布兰德·菲利普（Lotte Brand Philip，原姓Forster），1910—1986年，来自汉堡的阿尔托纳（Altona），艺术史家，潘诺夫斯基的学生，1941年移居美国，珠宝设计师，研究荷兰艺术并著有论著，在纽约大学和女王学院任教。

67. 安娜玛丽·波普（Annemarie Pope，原姓Henle），1910—2001年，艺术史家，1931年在海德堡获得博士学位，后移居美国，在华盛顿特区做艺术管理工作。

68. 伊迪丝·波拉达（Edith Porada），1912—1994年，来自维也纳，古代近东考古学家和艺术史家，1938年流亡美国，在大都会博物馆、女王学院和哥伦比亚大学工作。

69. 莉泽洛特·普尔弗马赫·埃格尔（Lieselotte Pulvermacher Egers），生于1904年，来自柏林，艺术史家，师从瓦尔特·弗里德兰德，著有德国雕塑研究，大约1937年移居美国，在多所大学教授德语和艺术史。

70. 贝娅塔·兰克（Beata Rank，原姓Minzer），1886—1967年，来自波兰，精神分析学家，婚后生活在维也纳，将弗洛伊德作品翻译为波兰语，1936年移民美国。

71. 安妮·赖希（Annie Reich，原姓Pink），1902—1971年，来自维也纳，精神分析学家，原学习医学，接受威廉·赖希的精神分析后与其结婚，生活在柏林，1933年移居布拉格，1938年到美国，在纽约的精神分析研究所工作。

72. 伊娃·加布里埃莱·赖希曼（Eva Gabriele Reichmann，原姓Jungmann），1897—1998年，来自西里西亚（Silesia），犹太历史学家和社会学家，1939年流亡伦敦，担任翻译，在伦敦政治经济学院获得第二个博士学位，研究反犹主义的社会根源，任维也纳图书馆（Wiener Library）研究部主任，大屠杀研究的先驱。

73. 格雷特·林（Grete Ring），1887—1952年，来自柏林，艺术史家，在慕尼黑师从沃尔夫林学习，后成为一名艺术品商人，1938年在伦敦开办保罗·卡西尔（Paul Cassirer）画廊，专业经营19世纪的绘画作品，著有15世纪法国绘画研究。

74. 海伦·罗森瑙（Helen Rosenau），1900—1984年，艺术史家，在慕尼黑师从沃尔夫林学习，1933年流亡英国，在科陶德学院学习，后在伦敦政治经济学院工作，任教于伦敦大学和曼彻斯特大学。

75. 格特鲁德·罗森塔尔（Gertrud Rosenthal），1903—1989年，来自迈恩（Mayen），艺术史家，在科隆大学学习，1938年流亡英国，在科陶德学院工作，1940年移居美国，艺术图书馆员，巴尔的摩艺术博物馆馆长。

76. 尼娜·鲁宾斯坦，1908—1996年，来自柏林，父母是（波罗的海地区）俄国自由派流亡者，博士论文由卡尔·曼海姆指导，研究法国移民，1933年流亡巴黎，后到纽约，做翻译工作。

77. 莉昂尼·萨克斯（Leonie Sachs，原姓Feiler），生于1908年，来自柏林，从事罗曼语研究，1933年流亡西班牙，后到法国和美国，任亨特学院

（Hunter College）西班牙语教授。

78. 罗莎·夏皮尔（Rosa Schapire），1874—1954年，来自加利西亚，艺术史家，在海德堡师从托德（Henry Thode）学习，当代艺术的收藏家，1939年流亡伦敦，以翻译为生。

79. 费利西·沙尔夫（Felicie Scharf，原姓Radziejewski），生于1901年，来自柏林，艺术史家，博士论文选题为罗马式雕塑研究，1933年流亡英国，教授德语，后成为一名艺术品商人。

80. 赫尔塔·舒巴特（Herta Schubart，原姓Müller，因其历史小说《信仰与宗教裁判所》[Faith and Inquisition] 而以苏珊·卡尔文[Susanne Carwin] 为人所知），1898—1975年，艺术史家，在汉堡师从潘诺夫斯基，博士论文选题为《圣经》中的插图，1933年流亡西班牙，后在1937年到法国和英国，1945年回到德国，成为艺术品商人和记者。

81. 伯塔·塞戈尔（Berta Segall），1902—1976年，艺术史家，犹太人，师从施洛塞尔，在柏林任博物馆策展人，1933年流亡英国，1934年到雅典，在贝纳基博物馆（Benaki Museum）工作，1938年移居美国，在约翰·霍普金斯大学的艺术博物馆工作，1956年返回德国，在汉堡的艺术博物馆担任策展人。

82. 夏洛特·森佩尔，生于1909年，历史学家，著有关于石勒苏益格-荷尔斯泰因（Schleswig-Holstein）问题和罗伯斯庇尔的研究，反纳粹，移居巴黎、乌拉圭和美国，1947—1974年在布鲁克林学院兼职任教。

83. 朱迪丝·施克莱（Judith Shklar），1928—1992年，来自里加，犹太人，大约1940年流亡加拿大，后到美国，哈佛大学政治学教授。

84. 埃莉卡·斯皮瓦克夫斯基（Erika Spivakovsky，原姓Zarden），1909—1998年，来自汉堡，历史学家，曾在布宜诺斯艾利斯和柏林学习，1936—1939年在墨尔本大学教西班牙语，1962—1964年在拉德克利夫学院任教，著有迭戈·赫尔塔多·德·门多萨（Diego Hurtado de Mendoza）的传记。

85. 凯特·史坦尼斯（原姓Traumann，有时化名Annette C. Nobody），1889—1975年，来自西里西亚，艺术史家，1936年流亡美国，成为艺术图书馆员和画家。

86. 塞尔玛·斯特恩-陶伯勒（Selma Stern-Täubler），1890—1981年，历史学家，研究犹太历史，1941年移居美国，任辛辛那提美国犹太人档案馆馆长。

87. 爱丽丝·泰乔瓦（Alice Teichova），1920—2015年，经济学家，奥地利人，1938年流亡英国，1945年前往捷克斯洛伐克，在查理大学（Charles University）任教，1968年回到英国，任东安格利亚大学（University of East Anglia）教授。

88. 埃里卡·提兹-康拉特（Erica Tietze-Conrat），1883—1958年，来自维也纳，艺术史家，李格尔（Alois Riegl）的学生，与丈夫合作研究，1938年流亡美国，任哥伦比亚大学讲师。

89. 卢西·瓦尔加（原名Rosa Stern），1904—1941年，奥地利历史学家，多普施（Alfons Dopsch）的学生，1933年在与弗朗茨·博肯瑙结婚后来到巴黎，1934—1937年间担任费弗尔的助手并与其合作。

90. 伊迪丝·韦格特（Edith Weigert，原姓Vowinckel），1894—1982年，来自杜塞尔多夫（Dusseldorf），精神分析学家，在柏林学习，后与丈夫奥斯卡一起流亡安卡拉，之后在1938年到美国。

91. 约瑟法·魏茨曼（Josefa Weitzmann，原姓Fiedler），1904—2000年，艺术史家，1935年在德国与库尔特·魏茨曼（Kurt Weitzmann）结婚后，随其一起去了普林斯顿。

92. 赫尔塔·韦舍尔（Herta Wescher，原姓Kauert），1899—1971年，来自克雷菲尔德（Krefeld），艺术史家，在慕尼黑师从沃尔夫林学习，1933年移居巴黎，担任记者，1942年移居瑞士，成为自由撰稿人和评论家，是拼贴画的专家。

93. 多萝西·韦斯特法尔（Dorothee Westphal），1902—1968年，艺术

史家，师从沃尔夫林和施洛塞尔，研究文艺复兴时期的威尼斯画派，移居英国，从事文物保护工作。

94. 海伦·维鲁佐夫斯基，1893—1978年，来自埃伯菲尔德（Elberfeld），历史学家，师从于利维森（Wilhelm Levison）和迈内克，在波恩大学担任图书馆员，1934年被解职，在西班牙和意大利进行研究工作，1940年移居美国，做一些兼职工作，最后任纽约城市大学教授。

95. 拉赫尔·威施尼策（Rahel Wischnitzer，原姓Bernstein），1885—1989年，来自明斯克（Minsk），艺术史家，犹太人，在德国学习和生活，参加犹太百科全书的编辑并在柏林的犹太博物馆工作，1938年移居法国，1940年到美国，在纽约的叶史瓦学院（Yeshiva College）任教，发表有关于犹太艺术和建筑的论著。

96. 玛戈·维特科夫尔（Margot Wittkower，原姓Holzmann），1902—1995年，来自柏林，设计师和艺术史家，与鲁道夫·维特科夫尔结婚，1933年流亡伦敦，后到美国，与丈夫合著出版多部著作。

97. 阿尔玛·维特林（Alma Wittlin，原姓Frischauer），1899—1990年，来自利沃夫，艺术史家，在维也纳师从斯特里格夫斯基学习，1937年流亡英国，在剑桥大学的考古学与人类学博物馆工作，1952年移居美国，在圣菲（Santa Fe）担任博物馆馆长。

98. 凯瑟·玛丽亚·沃尔夫（Käthe Maria Wolf），1907—1957年，来自维也纳，儿童心理学家，布勒夫妇的助手，1939年移居瑞士，1941年到美国，在耶鲁和纽约城市大学工作。

99. 爱丽丝·沃尔夫（Alice Wolfe，又作Wolf，原姓Frisch），1905—1983年，来自匈牙利，艺术史家，在维也纳学习，1939年流亡英国，之后到美国，在耶鲁大学美术馆工作，直至与丈夫移居爱达荷州。

100. 玛丽亚·赞布拉诺，1904—1991，哲学家，奥尔特加的学生，曾移居古巴、波多黎各、意大利、法国、瑞士，在1984年回到西班牙。

# 注　释

导论

1　Frederick Jackson Turner, "The Significance of History" (1891: 重印收录于Fulmer Mood [ed.], *The Early Writings of Frederick Jackson Turner*, Madison: University of Wisconsin Press, 1938), 47–48.

2　Karl Mannheim, "The Problem of a Sociology of Knowledge," 英译本*Essays in the Sociology of Knowledge* (London: Routledge, 1952) 134–90; Peter Burke, *A Social History of Knowledge from Gutenberg to Diderot* (Cambridge: Polity Press, 2000); Burke, *A Social History of Knowledge from the Encyclopédie to Wikipedia* (Cambridge: Polity Press, 2012).

3　Yitzhak Baer, *Galut* (1936: 英译本New York: Schocken, 1947).

4　José Gaos, "La adaptación de un español a la sociedad hispanoamericana," *Revista de Occidente* 14 (1966): 168–78, at 178; Adolfo Sánchez Vázquez, *Del exilio en Mexico* (Mexico City: Grijalbo, 1991), 34及散见于其他页。关于高斯, 参见Aurelia Valero Pie, "Metáforas del exilio: José Gaos y su experiencia del 'transtierro,'" *Revista de Hispanismo Filosófico* 18 (2013), 71–78, at 72–73。

5　Fernando Ortiz, *Contrapunteo cubano* (Havana: Montero, 1940). "跨文化"一词见于该书副标题。

6　Antoon de Baets, "Exile and Acculturation: Refugee Historians Since the Second World War," *International History Review* 28 (2006): 316–35, at 329.

7　关于英语术语, 参见*Oxford English Dictionary* (2nd ed., Oxford: Oxford University Press, 1993); 法语术语, 参见Henri Basnage, *Dictionnaire*, 转引自David van der Linden, *Experiencing Exile: Huguenot Refugees in the Dutch Republic, 1680–1700* (Farnham: Ashgate, 2015), 11。

8   Jan Lucassen and Leo Lucassen (eds.), *Migration, Migration History, History: Old Paradigms and New Perspectives* (Bern: Peter Lang, 1997), 11.

9   Hannah Arendt, "We Refugees," in Ron H. Feldman (ed.), *The Jew as Pariah: Hannah Arendt* (New York: Grove Press, 1978), 55–66, at 55; Ariel Dorfman转引自Mario Sznajder and Luis Roniger, *The Politics of Exile in Latin America* (Cambridge: Cambridge University Press, 2009), 28. 关于赫兹，参见Peter Stirk, "International Law, Émigrés and the Foundation of International Relations," in Felix Rösch (ed.), *Émigré Scholars and the Genesis of International Relations* (Basingstoke: Palgrave Macmillan, 2014), 61–80, at 75。

10  关于抗拒，参见Nina Rubinstein, *Die französische Emigration nach 1789: Ein Beitrag zur Soziologie der politischen Emigration* (Graz: Nausner and Nausner, 2000), 93, 176。另参见1987年鲁宾斯坦的访谈，转引自David Kettler, Colin Loader, and Völker Meja, *Karl Mannheim and the Legacy of Max Weber* (Aldershot: Ashgate, 2008), 148–49. 关于朱利厄及胡格诺派，参见Elisabeth Labrousse, *Pierre Bayle*, vol. 1 (2 vols., The Hague: Nijhoff, 1963–64), 203, 209. 关于佩夫斯纳，参见Susie Harries, *Nikolaus Pevsner: The Life* (London: Chatto and Windus, 2011), 190。

11  Michel S. Laguerre, "The Transglobal Network Nation: Diaspora, Homeland and Hostland," in Eliezer Ben-Rafael and Yitzhak Sternberg (eds.), *Transnationalism: Diasporas and the Advent of a New (Dis) Order* (Leiden: Brill, 2009), 195–210. 在德语中，"*Gastland*"词即有"寄居国"之意，且出现更早，参见Rubinstein, *Die französische Emigration*, 92 (写作于1933年)。

12  我在20世纪60年代在安德列斯基访问苏塞克斯大学期间，曾亲听到他谈到此事。

13  Friedrich K. Stadler, "Transfer and Transformation of Logical Empiricism," in Gary L. Hardcastle and Alan W. Richardson (eds.), *Logical Empiricism in North America* (Minneapolis: University of Minnesota Press, 2003), 216–33, at 222.参见Diederick Raven and Wolfgang Krohn, "Edgar Zilsel: His Life and Work," in Zilsel, *The Social Origins of Modern Science* (Dordrecht: Kluwer, 2000), xix–lix。

14  Leonardo Olschki to Karl Vossler, Feb. 9, 1947, 转引自Hans Helmut Christmann and Frank-Rutger Hausmann (eds.), *Deutsche und österreichische Romanisten als Verfolgte des National Sozialismus* (Tübingen: Stauffenburg, 1989), 255.

15  Colin Eisler, "*Kunstgeschichte* American Style: A Study in Migration," in Donald Fleming and Bernard Bailyn (eds.), *The Intellectual Migration: Europe and America, 1930–1960* (Cambridge, MA: Harvard University Press, 1968), 544–629, at 578; Erwin Panofsky, letter to Abraham Flexner, 1938, 转引自Karen Michels, *Transplantierte Wissenschaft:*

*Der Wandel einer Disziplin als Folge der Emigration deutschsprachiger Kunsthistoriker in die USA* (Berlin: Akademie Verlag, 1999), 119; Pevsner转引自ibid., 123.

16 Theodor Adorno, *Minima Moralia* (Frankfurt: Suhrkampf, 1951), 13.
17 Casaubon转引自John P. Considine, *Dictionaries in Early Modern Europe* (Cambridge: Cambridge University Press, 2008), 98; Zweig转引自George Prochnik, *The Impossible Exile: Stefan Zweig at the End of the World* (New York: Other Press, 2014), 40; Edward W. Said, *Out of Place: A Memoir* (London: Granta, 2000).
18 Lee Congdon, *Exile and Social Thought: Hungarian Intellectuals in Germany and Austria, 1919–1933* (Princeton: Princeton University Press, 1991); Leo Szilard, "Reminiscences," in Fleming and Bailyn, *The Intellectual Migration*, 94–151, at 95.
19 Maria Lúcia G. Pallares-Burke, *O triunfo do fracasso: Rudiger Bilden, o amigo esquecido de Gilberto Freyre* (São Paulo: UNESP, 2012).
20 Catherine Epstein, "*Schicksalsgeschichte*: Refugee Historians in the United States," in Hartmut Lehmann and James Sheehan (eds.), *An Interrupted Past: German-Speaking Refugee Historians in the United States after 1933* (Washington, DC: German Historical Institute, 1991), 116–35.
21 转引自Stephen Games, *Pevsner: The Early Life* (London: Continuum, 2010), 202。
22 Paul K. Hoch and Jennifer Platt, "Migration and the Denationalization of Science," in Elizabeth Crawford et al. (eds.), *Denationalizing Science* (Dordrecht and Boston: Kluwer, 1993), 133–52, at 143.
23 Anton Blok, *The Blessings of Adversity* (Cambridge: Polity Press, 2016).
24 Epstein, "*Schicksalsgeschichte*," 135.
25 Franz Neumann, "The Social Sciences," in Neumann (ed.), *The Cultural Migration: The European Scholar in America* (Philadelphia: University of Pennsylvania Press, 1953), 4–26.
26 Rubinstein, *Die französische Emigration*.
27 George Weidenfeld, *Remembering My Good Friends* (London: Harper-Collins, 1994), 94.
28 关于艺术，参见Jarrell J. Jackman and Carla M. Borden (eds.), *The Muses Flee Hitler* (Washington, DC: Smithsonian Press, 1983); Daniel Snowman, *The Hitler Emigrés: The Cultural Impact on Britain of Refugees from Nazism* (London: Chatto and Windus, 2002)。
29 两段文字均转引自其讣告，载*The Independent*, Apr. 4, 2013。
30 Laura Fermi, *Illustrious Immigrants: The Intellectual Migration from Europe, 1930–41* (Chicago: University of Chicago Press, 1968).
31 Robert K. Merton, "The Matthew Effect in Science," *Science* 159 (1968): 56–63.

## 第一章　来自边缘的视角

1  Christhard Hoffmann, "The Contribution of German-speaking Jewish Immigrants to British Historiography," in Werner E. Mosse (ed.), *Second Chance: Two Centuries of German-Speaking Jews in the United Kingdom* (Tübingen: Mohr, 1991), 153–76, at 154.

2  Mitchell Ash, "Forced Migration and Scientific Change," in Roberto Scazzieri and Raffaella Simili (eds.), *The Migration of Ideas* (Sagamore Beach, MA: Science History Publications, 2008), 161–78, at 162, 166.

3  Gilberto Freyre, *Ingleses* (Rio de Janeiro: Olympio, 1942), 115; Darcy Ribeiro, "Gilberto Freyre: Uma introdução a Casa Grande e Senzala," 重印于Freyre, *Casa Grande e Senzala: Edição crítica*, ed. Guillermo Giucci, Enrique Larreta, and Edson Nery de Fonseca (Nanterre: Allca XX, 2002), 1026–37, at 1031. 另参见Peter Burke and Maria Lúcia Pallares-Burke, *Gilberto Freyre: Social Theory in the Tropics* (Oxford: Peter Lang, 2008), ch. 2。

4  Paul Tillich, "The Conquest of Theological Provincialism," in Franz Neumann (ed.), *The Cultural Migration: The European Scholar in America* (Philadelphia: University of Pennsylvania Press, 1953), 138–56, at 138; Edit Fél and Tamás Hofer, *Proper Peasants: Traditional Life in a Hungarian Village* (Chicago: Aldine, 1969), 17.

5  W. G. Sumner, *Folkways* (Boston: Ginn, 1906), 13.

6  转引自Otto P. Pflanze, "The Americanization of Hajo Holborn," in Lehmann and Sheehan, *An Interrupted Past*, 170–79, at 176。

7  Sznajder and Roniger, *The Politics of Exile*, 288; G. K. Chesterton, *Tremendous Trifles* (London: Methuen, 1909), 204; Richard Graham, "An Interview with Sergio Buarque de Holanda," *Hispanic American Historical Review* 62 (1982): 3–18, at 5.

8  Kantorowicz to Bernard Flexner, 1941, 转引自Karen J. Greenberg, "Refugee Historians and American Academe," in Lehmann and Sheehan, *An Interrupted Past*, 94–101, at 98.

9  Karl Mannheim, "The Function of the Refugee," *New English Weekly*, Apr. 19, 1945.

10  Peter Hennock, "Myself as Historian," in Peter Alter (ed.), *Out of the Third Reich: Refugee Historians in Post-War Britain* (London: I. B. Tauris, 1998), 73–98, at 85.

11  Bruno Latour, *Science in Action* (Cambridge, MA: Harvard University Press, 1987).

12  关于天文学，基歇尔得到了捷克耶稣会士瓦伦丁·斯坦塞尔（Valentin Stansel）来自巴伊亚（Bahia）、意大利修士尼科洛·马斯卡迪（Nicolò Mascardi）来自智利，以及弗莱芒修士让·雷蒙·康宁科（Jean Raymond Coninck）来自秘鲁的报告：Andrés I. Prieto, *Missionary Scientists: Jesuit Science in Spanish South America, 1570–1810* (Nashville: Vanderbilt University Press, 2011), 130–31。

13 Alexis de Tocqueville, *De la démocratie en Amérique* (1835–40: ed. Eduardo Nolla, vol. 1, Paris: Vrin, 1990), 310; August Schlözer, *Weltgeschichte* (1792),转引及译自Ernst Breisach, *Historiography: Ancient, Medieval And Modern* (Chicago: University of Chicago Press, 1983), 318.有关文化距离和疏离的重要研究包括：David Lowenthal, *The Past Is a Foreign Country* (1985: rev. ed., Cambridge: Cambridge University Press, 2015); Carlo Ginzburg, *Wooden Eyes: Nine Reflections on Distance* (1998: 英译本, London: Verso, 2002); Mark S. Phillips, *On Historical Distance* (New Haven: Yale University Press, 2013)。

14 Fernando Nicolazzi, *Umestilodehistória* (São Paulo: UNESP, 2015), 50.

15 Erich Auerbach, *Mimesis: The Representation of Reality in Western Literature* (1947: 英译本, Princeton: Princeton University Press, 1953); Américo Castro, *The Structure of Spanish History* (Princeton: Princeton University Press, 1954).

16 Fernand Braudel, "Histoire et sciences sociales: la longue durée" (1958: 重印于*Les ambitions de l'histoire*, Paris: Fallois, 1997, 149–79), at 162; Braudel, *La Méditerranée et le monde méditerranéen à l'époque de Philippe II* (1949: 2nd ed., Paris: Armand Colin, 1966), 17.参见John Marino, "The Exile and His Kingdom: The Reception of Braudel's Mediterranean," *Journal of Modern History* 75 (2004): 622–52。

17 Simmel, "The Stranger"; Karl Mannheim, *Ideology and Utopia* (1929: 英译本, London: Routledge, 1936), 253.

18 Pierre Bayle, *Critique générale de l'histoire du calvinisme* (1682),转引自Arnaldo Momigliano, "Ancient History and the Antiquarian" (1950: 重印于*Studies in Historiography*, London: Weidenfeld and Nicolson, 1966), 1–39, at 10.

19 Lewis Namier, *The Structure of Politics at the Accession of George III* (London: Macmillan, 1929). 参见Linda Colley, *Lewis Namier* (London: Weidenfeld and Nicolson, 1989),特别是6–20; Herbert Butterfield, *George III and the Historians* (rev. ed., New York: Macmillan, 1959), 206, 297。

20 Lewis Namier, "The Biography of Ordinary Men" (1928: 重印于*Crossroads of Power*, London: Hamish Hamilton, 1961), 1–6.参见Matthias Gelzer, *Die Nobilität der römanischen Republik* (Leipzig and Berlin: Teubner, 1912)。相关批评，参见Butterfield, *George III*, 296。

21 Eric J. Hobsbawm, *Interesting Times: A Twentieth-Century Life* (London: Weidenfeld and Nicolson, 2002), 103; Hobsbawm, "The Historians' Group of the Communist Party," in Maurice Cornforth (ed.), *Rebels and Their Causes: Essays in Honour of A. L. Morton*

(London: Lawrence and Wishart, 1978), 21–48, at 23.

22　Ernest Gellner, *Words and Things* (London: Gollancz, 1959), 237–39; John A. Hall, *Ernest Gellner* (London: Verso, 2010), 104.

23　Claude Lévi-Strauss, *Le regard éloigné* (Paris: Plon, 1983).

24　个案的例子包括Meyer Fortes, Max Gluckman, Isaac Schapera, Adam Kuper, and John Comaroff。

25　Jeremy Adelman, *Worldly Philosopher: The Odyssey of Alberto O. Hirschman* (Princeton: Princeton University Press, 2013), 4, 88, 186, 383, 401, 452.

26　Helmut Koenigsberger, "Fragments of an Unwritten Biography," in Peter Alter (ed.), *Out of the Third Reich: Refugee Historians in Post-war Britain* (London: I. B. Tauris, 1998), 99–118, at 104, 109, 111.

27　Martin Jay, *Permanent Exiles: Essays on the Intellectual Migration from Germany to America* (New York: Columbia University Press, 1986), 152.

28　Mannheim, *Ideology*, 137–38.

29　Norbert Elias, "Problems of Involvement and Detachment," *British Journal of Sociology* 7 (1956): 226–52.

30　Norbert Elias and John Scotson, *The Established and the Outsiders* (London: Cass, 1965).

31　Arnold Thackray and Robert Merton, "On Discipline Building: The Paradoxes of George Sarton," *Isis* 63 (1972): 472–95.

32　Robert E. Park, "Human Migration and the Marginal Man," *American Journal of Sociology* 33 (1928): 881–93, at 888, 892. 参见Thorstein Veblen, "The Intellectual Pre-Eminence of Jews in Modern Europe," *Political Science Quarterly* 34 (1919): 33–42。

33　Jay, *Permanent Exiles*, 137.

34　Paul Hartig转引自Klaus G. Kracht, *Zwischen Berlin und Paris: Bernhard Groethuysen (1880–1946)* (Tübingen: Niemeyer, 2002), 196.

35　Fritz Stern, *Five Germanies I Have Known* (Wassenaar: NIAS, 1998), 14; Yehudah Elkanah, *Leben in Contexten* (Berlin: Wissenschaftskolleg, 2015), 76.

36　转引自Robert Boyers (ed.), *The Legacy of the German Refugee Intellectuals* (New York: Schocken, 1972), 33。

37　Harald Fischer-Tiné, *Pidgin-Knowledge: Wissen und Kolonialismus* (Zurich and Berlin: Diaphanes, 2013).

38　Scott Page, *The Difference: How the Power of Diversity Creates Better Groups, Firms, Schools and Societies* (Princeton: Princeton University Press, 2007).

39 Michael Polanyi, *Personal Knowledge* (London: Routledge, 1958); John M. Ziman, *Ideas Move Around Inside People* (London: Birkbeck College, 1974).

40 Gunnar Törnqvist, "Creativity and the Renewal of Regional Life," in Anne Buttimer (ed.), *Creativity and Context* (Lund: University of Lund, 1983), 91–112, at 96; 参见Carlo Cipolla, "The Diffusion of Innovations in Early Modern Europe," *Comparative Studies in Society and History* 14 (1972): 46–52; Ziman, *Ideas*.

41 Donald A. Schön, *Displacement of Concepts* (London: Tavistock, 1963); Michael Mulkay, "Conceptual Displacement and Migration in Science," *Science Studies* 4 (1974): 205–34; Paul K. Hoch, "Institutional versus Intellectual Migrations in the Nucleation of New Scientific Specialities," *Studies in the History and Philosophy of Science* 18 (1987): 481–500; Paul B. Paulus and Bernard A. Nijstad (eds.), *Group Creativity: Innovation through Collaboration* (Oxford: Oxford University Press, 2003); Page, *The Difference*.

42 Georg Simmel, "The Stranger," in Charles Lemert (ed.), *Social Theory* (Boulder, CO: Westview Press, 1999), 184–89; 参见Zygmunt Bauman, *Modernity and the Holocaust* (Cambridge: Polity Press, 1989), 53.

43 Park, "Human Migration and the Marginal Man."

44 Leszek Kołakowski, "In Praise of Exile" (1985: 重印于其著*Modernity on Endless Trial*, Chicago: University of Chicago Press, 1990), 55–59.

45 齐格蒙特·鲍曼的访谈，参见Maria Lúcia Pallares-Burke: *Tempo Social* 16 (2004): 301–25, at 312–13（此处的英语译文，转译自采访者对鲍曼英语原话的葡萄牙语译本）。

46 Edward Said, "Reflections on Exile" (1984: 重印于其著*Reflections on Exile*, London: Granta, 2001), 173–86; Said, *Representations of the Intellectual* (London: Vintage, 1994), 35–48.

47 Erwin Panofsky, *Meaning in the Visual Arts* (New York: Doubleday, 1955), 332; Marie Jahoda, "The Migration of Psychoanalysis," in Fleming and Bailyn, *The Intellectual Migration*, 371–419, at 421, 445.

## 第二章　全球议题

1 Plutarch, "On Exile," in his *Moralia*, vol. 7 (London: Heinemann, 1959), 519–71.

2 George Sarton, *Galen of Pergamon* (Lawrence: University of Kansas Press, 1954).

3 Frank W. Walbank, *Polybius* (Berkeley: University of California Press, 1972), 3, 21.

4 Erich S. Gruen, *Diaspora: Jews amidst Greeks and Romans* (Cambridge, MA: Harvard

University Press, 2002), vii; Gruen, "Polybius and Josephus on Rome," in Bruce Gibson and Thomas Harrison (eds.), *Polybius and His World* (Oxford: Oxford University Press, 2013), 255–65.

5   Jérôme Labourt, *Le christianisme dans l'empire perse* (Paris: Lecoffre, 1904); Richard N. Frye, *The Golden Age of Persia* (London: Weidenfeld and Nicolson, 1975), 163–65; Seyyed Hossein Nasr, "Life Sciences, Alchemy and Medicine," in Richard N. Frye (ed.), *The Cambridge History of Iran*, vol. 4 (Cambridge: Cambridge University Press, 1975), 396–418; Dimitri Gutas, *Greek Thought, Arabic Culture: The Graeco-Arabic Translation Movement in Baghdad and Early Abbasid Society* (London: Routledge, 1998).

6   Martin Colcutt, *Five Mountains* (Cambridge, MA: Harvard University Press, 1981); Jiang Wu, "The Taikun's Zen Master from China," *East Asian History* 38 (2014): 75–96.

7   Donald M. Reid, *The Odyssey of Farah Antun* (Minneapolis and Chicago: Bibliotheca Islamica, 1975), 42–62; Sylvia G. Haim (ed.), *Arab Nationalism* (Berkeley: University of California Press, 1962), 19–25.

## 第三章　近代早期的流亡者

1   Heinz Schilling, "Innovation through Migration: The Settlements of Calvinistic Netherlanders in Sixteenth- and Seventeenth-Century Central and Western Europe," *Histoire Sociale—Social History* 16 (1983): 7–34, at 32; Nicholas Terpstra, *Religious Refugees in the Early Modern World* (Cambridge: Cambridge University Press, 2015), 4.

2   Deno J. Geanakoplos, *Greek Scholars in Venice* (Cambridge, MA: Harvard University Press, 1962), 77.

3   Peter Burke, "The Myth of 1453: Notes and Reflections," in Michael Erbe et al. (eds.), *Querdenken: Dissens und Toleranz im Wandel der Geschichte: Festschrift Hans Guggisberg* (Mannheim: Palatium, 1996), 23–30, at 24, 27–28.

4   Jonathan Ray, *After Expulsion: 1492 and the Making of Sephardic Jewry* (New York: New York University Press, 2013), 8, 18–23.

5   关于以撒·阿布拉瓦内尔，参见Baer, *Galut*, 60–68; Benzion Netanyahu, *Don Isaac Abravanel, Statesman and Philosopher* (1953: 2nd ed., Philadelphia: Jewish Publication Society of America, 1968), 53–60。

6   Henry Kamen, "The Mediterranean and the Expulsion of the Spanish Jews in 1492," *Past and Present* 119 (1988): 30–55; Kamen, *The Disinherited: The Exiles Who Created Spanish Culture* (London: Allen Lane, 2007), 1–52; Haim Beinart, *The Expulsion of the Jews from*

*Spain* (英译本 Oxford: Littman Library, 2002); François Soyer, *The Persecution of the Jews and Muslims of Portugal* (Leiden: Brill, 2007), 241–81.

7　关于卡洛，参见 R. J. Zwi Werblowsky, *Joseph Caro, Lawyer and Mystic* (1962: 2nd ed., Philadelphia: Jewish Publication Society of America, 1977)。

8　Avigdor Levy, *The Sephardim in the Ottoman Empire* (Princeton: Darwin Press, 1992), 37.

9　Netanyahu, *Abravanel*, 130–49; Yosef H. Yerushalmi, *Zakhor: Jewish History and Jewish Memory* (Seattle: University of Washington Press, 1982), 57–76, at 58–59; Ray, *After Expulsion*, 145–55; Jacqueline Genot-Bismuth, "L'argument de l'histoire dans la tradition espagnole de polémique judéo-chrétienne," in Yedida K. Stillman and Norman A. Stillman (eds.), *From Iberia to Diaspora* (Leiden: Brill, 1999), 197–213.

10　Yosef Kaplan, "La Jérusalem du Nord," in Henry Méchoulan (ed.), *Les juifs d'Espagne: Histoire d'une diaspora, 1492–1992* (Paris: Lévi, 1992), 191–209.

11　Mark Mazower, *Salonica, City of Ghosts: Christians, Muslims and Jews, 1430–1950* (London: HarperCollins, 2004), 48.

12　Marvin J. Heller, *The Seventeenth-Century Hebrew Book* (2 vols., Leiden: Brill, 2011) vol. 1, xxix.

13　David W. Davies, *The World of the Elseviers, 1580–1712* (The Hague: Nijhoff, 1954), 129; Renata G. Fuks-Mansfield, "The Hebrew Book Trade in Amsterdam in the 17th Century," in Christiane Berkvens-Stevelinck et al. (eds.), *Le magasin de l'univers: The Dutch Republic as the Centre of the European Book Trade* (Leiden: Brill, 1992), 155–68.

14　Joseph Penso de la Vega, *Confusión de Confusiones* (1688: 影印重印于 Madrid: Sociedad de Estudios y Publicaciones, 1958), 82, 156 及散见于其他页。关于其背景，参见 Jonathan Israel, "Jews and the Stock Exchange" (1990)，修订版载于 Israel, *Diasporas within a Diaspora* (Leiden: Brill, 2002), 449–88, at 472–74, 483–85。

15　Yosef Kaplan, "The Portuguese Community in Seventeenth-Century Amsterdam and the Ashkenazi World," in Jozeph Michman (ed.), *Dutch Jewish History*, vol. 2 (Jerusalem: Hebrew University, 1989), 23–45.

16　Lajb Fuks and Renata G. Fuks-Mansfeld, *Hebrew Typography in the Northern Netherlands, 1585–1815* (Leiden: Brill, 1984), 233–47, 340–41.

17　此处须感谢约赛夫·卡普兰所提供的信息。

18　Dejanirah Couto, "The Role of Interpreters, or *Linguas*, in the Portuguese Empire in the Sixteenth Century," www.brown.edu/Departments/Portuguese_Brazilian_Studies/ejph/

html/issue2/html.
19   Kapil Raj, "Beyond Postcolonialism," *Isis* 104 (2013): 337–47.
20   António Júlio de Andrade and Maria Fernanda Guimarães, *Jacob de Carlos Sarmento* (Lisbon: Vega, 2010).
21   Bernard Vincent, *1492: L'année admirable* (Paris: Aubier, 1991), 118– 20; Soyer, *Persecution*, 241–81; Kamen, *The Disinherited*, 53–93.
22   Oumelbanine Zhiri, *L'Afrique au miroir de l'Europe: Fortunes de Jean-Léon l'Africain à la Renaissance* (Geneva: Droz, 1991); Natalie Z. Davis, *Trickster Travels: A Sixteenth-Century Muslim between Worlds* (London: Faber, 2007).
23   Javier Burriez Sánchez, "Los misioneros de la restauración católica: La formación en los colegios ingleses," in Charlotte de Castelnau-L'Estoile (ed.), *Missions d'évangélisation et circulation des savoirs: XVIe–XVIIIe siècle* (Madrid: Casa de Velázquez, 2011), 87–110.
24   *Oxford Dictionary of National Biography*, "Lassels, Richard."
25   Geert H. Janssen, "The Counter-Reformation of the Refugee," *Journal of Ecclesiastical History* 63 (2012): 671–92.
26   Colm Lennon, *Richard Stanihurst the Dubliner, 1547–1618* (Dublin: Irish Academic Press, 1981).
27   Vittorio Cian, *L'immigrazione dei gesuiti spagnuoli letterati in Italia* (Turin: Clausen, 1895); Miquel Batllori, *La cultura hispano-italiana de los jesuitas expulsos* (Madrid: Gredos, 1966); Manfred Tietz and Dietrich Briesemeister (eds.), *Los jesuitas españoles expulsos* (Frankfurt: Vervuert, 2001); Niccolò Guasti, "The Exile of the Spanish Jesuits in Italy," in Jeffrey D. Burston and Jonathan Wright (eds.), *The Jesuit Suppression in Global Context* (Cambridge: Cambridge University Press, 2015), 248–61.
28   Lorenzo Hervás y Panduro, *Catalogo delle lingue conosciute* (Cesena: Biasini, 1784); Marisa González Montero, *Lorenzo Hervás y Panduro, el gran olvidado de la Ilustración española* (Madrid: Iberediciones, 1994); Gerda Hassler, "Teoría lingüística y antropología en las obras de Lorenzo Hervás y Panduro," in Tietz and Briesemeister, *Los jesuitas*, 379–400; Klaus Zimmermann, "Los aportes de Hervás a la lingüística," ibid., 647–68.
29   Juan Andrés y Morell, *Dell'origine, progressi e stato d'ogni attuale letteratura* (Parma: Stamperia Reale, 1782–99); Batllori, *La cultura hispano-italiana*, 24, 84.
30   Johannes Meier, "Los jesuitas expulsados de Chile," in Tietz and Briesemeister, *Los jesuitas*, 423–41; 参见 Prieto, *Missionary Scientists*, 223–27.
31   Antonello Gerbi, *La disputa del nuovo mondo: Storia di una polemica (1750–1900)* (2nd

ed., Milan: Adelphi, 2000); David Brading, *The First America: The Spanish Monarchy, Creole Patriots and the Liberal State, 1492–1866* (Cambridge: Cambridge University Press, 1991), 447–64.

32  Javier Pinedo, "El exílio de los jesuitas latinoamericanos: un creativo dolor," in Carlos Sanhueza and Javier Pinedo (eds.), *La patria interrumpida: Latinoamericanos en ex exílio, siglos XVIII–XX* (Santiago: Universidad de Talca, 2010), 35–57, at 47.

33  Philip Benedict, *Rouen during the Wars of Religion* (Cambridge: Cambridge University Press, 1981), 170.

34  Kurt Johannesson, *The Renaissance of the Goths in Sixteenth-Century Sweden: Johannes and Olaus Magnus as Politicians and Historians* (1982: 英译本Berkeley: University of California Press, 1991); Graham Parry, *The Trophies of Time: English Antiquarians of the Seventeenth Century* (Oxford: Oxford University Press, 1995), 49–69; Paul Arblaster, *Antwerp and the World: Richard Verstegan and the International Culture of Catholic Reformation* (Leuven: Leuven University Press, 2004), 265–67.

35  John Tedeschi, "Italian Reformers and the Diffusion of Renaissance Culture," *Sixteenth-Century Journal* 5 (1974): 79–94.

36  Delio Cantimori, *Eretici italiani del Cinquecento* (Florence: Sansoni, 1939); Joanna Kostylo, *Medicine and Dissent in Reformation Europe* (Oxford: Oxford University Press, 2015).

37  Markus Kutter, *Celio Secondo Curione* (Basel: Helbing and Lichtenhahn, 1955); Leandro Perini, *La vita e tempi di Pietro Perna* (Rome: Edizioni di Storia e Letteratura, 2002).

38  Simonetta Adorni Braccesi and Simone Ragagli, "Lando, Ortensio," in *Dizionario Biografico degli Italiani*, vol. 63 (Roma, Istituto dell'Enciclopedia Italiana, 2004), www.treccani.it/enciclopedia/ortensiolando_(Dizionario_Biografico)/.

39  Heinz Schilling, *Niederländische Exulanten im 16. Jahrhundert* (Gütersloh: Mohn, 1972); Jonathan Israel, *The Dutch Republic: Its Rise, Greatness and Fall, 1477–1806* (Oxford: Oxford University Press, 1995), 308.

40  Schilling, "Innovation through Migration," 21.

41  Christina H. Garrett, *The Marian Exiles* (Cambridge, 1938), 26–7, 20及散见于其他页。

42  Jack L. Davis, "Roger Williams among the Narragansett Indians," *New England Quarterly* 43 (1970): 593–604.

43  Milada Blekastad, *Comenius* (Oslo: Universitetsforlaget, 1969).

44  Hugh R. Trevor-Roper, "Three Foreigners," *Encounter* (Feb. 1960): 3–20, at 4.

45 Thomas Sprat, *History of the Royal Society*, ed. Jackson I. Cope and Harold W. Jones (London: Routledge, 1958), 67.

46 Mark Greengrass, Michael Leslie, and Timothy Raylor (eds.), *Samuel Hartlib and Universal Reformation* (Cambridge: Cambridge University Press, 1994), 2.

47 Pamela R. Barnett, *Theodore Haak FRS* (The Hague: Mouton, 1962).

48 John T. Young, *Faith, Medical Alchemy and Natural Philosophy: Johann Moriaen, Reformed Intelligencer, and the Hartlib Circle* (Aldershot: Ashgate, 1998), 83; Greengrass et al., *Samuel Hartlib*, 95.

49 Heiko Oberman, "*Europa Afflicta*: The Reformation of the Refugees," *Archiv für Reformationsgeschichte* 83 (1992): 91–111.

50 Hugh Trevor-Roper, "Mayerne," *Oxford Dictionary of National Biography* (Oxford: Oxford University Press, 2004), 581. 参见 Trevor-Roper, *Europe's Physician: The Various Life of Sir Theodore de Mayerne* (New Haven: Yale University Press, 2006)。

51 Katherine R. Lambley, *The Teaching of French in England during Tudor and Stuart Times* (Manchester: Manchester University Press, 1920), 155–78.

52 Laurent Berec, *Claude de Sainliens: Un Huguenot bourbonnais au temps de Shakespeare* (Paris: Orizons, 2012); Juliet Fleming, "The French Garden: An Introduction to Women's French," *English Literary History* 56 (1989): 19–51.

53 Warren C. Scoville, *The Persecution of Huguenots and French Economic Development, 1680–1720* (Berkeley: University of California Press, 1960), 118–21; Myriam Yardeni, *Le Refuge huguenot: Assimilation et culture* (Paris: Champion, 2002), 15.流亡荷兰的难民人数经修订已由5万人减至3.5万，参见Hubert Nusteling, "The Netherlands and the Huguenot Émigrés," in Hans Bots and G. H. M. Posthumus Meyjes (eds.), *La Révocation de l'Édit de Nantes et les Provinces-Unies, 1685* (Amsterdam: APA-Holland University Press, 1986), 26–30。

54 Pierre Bayle, *Dictionnaire Historique et Critique* (5th ed., Amsterdam: Brunel, 1740), vol. 3, 25.

55 Jürgen Kämmerer, *Russland und die Hugenotten im 18. Jahrhundert* (Wiesbaden: Harrassowitz, 1978).

56 Catherine Swindlehurst, "'An unruly and presumptuous rabble': The Reaction of the Spitalfields Weaving Community to the Settlement of the Huguenots, 1660–90," in Randolph Vigne and Charles Littleton (eds.), *From Strangers to Citizens* (Brighton: Sussex Academic Press, 2001), 366–74; Ulrich Niggemann, *Immigrationspolitik zwischen*

*Konflikt und Konsens: Die Huguenotten Siedlung in Deutschland und England, 1681–1697* (Cologne: Böhlau, 2008).

57 Scoville, *Persecution*, 325, 336.
58 Scoville, *Persecution*, 12–13, 17.
59 Yardeni, *Refuge huguenot*, 115–16.
60 Hans Bots, "Les pasteurs français au refuge des Provinces-Unies," in Jens Häseler and Antony McKenna (eds.), *La vie intellectuelle aux refuges protestants* (Paris: Champion, 1999), 9–18, at 9–10.
61 Yardeni, *Refuge protestant*, 62.
62 Bots, "Pasteurs," 11; Van der Linden, *Experiencing Exile*, 62–69.
63 个体研究包括 Joseph Almagor, *Pierre Des Maizeaux* (Amsterdam: APA-Holland University Press, 1989); Christiane Berkvens-Stevelinck, *Prosper Marchand* (Leiden: Brill, 1987); Labrousse, *Pierre Bayle*; Margaret E. Rumbold, *Traducteur huguenot: Pierre Coste* (New York: Lang, 1991); Hugh R. Trevor-Roper, "A Huguenot Historian: Paul Rapin," in Irene Scouloudi (ed.), *Huguenots in Britain and Their French Background, 1550–1800* (Basingstoke: Macmillan, 1987), 3–19。
64 Lambley, *The Teaching of the French Language*, 400.
65 Stephen W. Massil, "Huguenot Librarians and Some Others," *World Library and Information Congress*, 2003, webdoc.sub.gwdg.de/ebook/aw/2003/ifla/vortraege/ . . . /058e-Massil.pdf; *Oxford Dictionary of National Biography*, "Justel."
66 Rumbold, *Traducteur huguenot*.
67 Donald F. Bond, "Armand de la Chapelle and the First French Version of *The Tatler*," in Carroll Camden (ed.), *Restoration and Eighteenth-Century Literature* (Chicago: University of Chicago Press, 1963), 161–84.
68 Erich Haase, *Einführung in der Literatur der Refuge* (Berlin: Duncker and Humblot, 1959), 401–4; Jens Häseler, "Les Huguenots traducteurs," in Jens Häseler and Antony McKenna (eds.), *La vie intellectuelle aux refuges protestants* (2 vols., Paris: Champion, 1999–2002), vol. 2, 15–25, at 16.
69 Hugh Trevor-Roper, "A Huguenot Historian."
70 Van der Linden, *Experiencing Exile*, 195.
71 Martin Mulsow, "Views of the Berlin Refuge," in Sandra Pott, Martin Mulsow, and Lutz Danneberg (eds.), *The Berlin Refuge, 1680–1780: Learning and Science in European Context* (Leiden: Brill, 2003), 25–46, at 26.

72　Jacques Basnage, *Histoire des Juifs* (6 vols., Rotterdam: Leers, 1706-7).引自英译本 *The History of the Jews* (London: Bever and Linot, 1708), 465, 693。关于隐喻，参见 Peter Burke, "History as Allegory," *Inti* 45 (1997): 337-51；关于巴斯纳吉的隐喻，参见 Jonathan M. Elukin, "Jacques Basnage and the History of Jews," *Journal of the History of Ideas* 53 (1992): 603-30, at 606。

73　Haase, *Einführung*, 404-20; Myriam Yardeni, *Le refuge protestant* (Paris: Champion, 1985), 201-7; Herbert Jaumann, "Der Refuge und der Journalismus um 1700," in Pott, Mulsow, and Danneberg, *The Berlin Refuge*, 155-82, 161-63.

74　Hubert Bost, *Un intellectuel avant la lettre: Le journaliste Pierre Bayle* (Amsterdam-Maarssen: APA-Holland University Press, 1994), 143-60；参见 Bost, *Pierre Bayle historien, critique et moraliste* (Turnhout: Brepols, 2006), 43-54.

75　Edward Gibbon, *Decline and Fall of the Roman Empire*, ed. David Womersley (London: Allen Lane, 1994), vol. 3, 88; vol. 1, 456 (ch. 49 and 15).

76　Basnage, *History of the Jews*, ix, 693, 738.

77　Hubert Bost, *Ces messieurs de la R. P. R.* (Paris: Champion, 2001), 267-79.

78　Paul de Rapin-Thoyras, *Histoire de l'Angleterre* (1723: new ed., 4 vols., Basel: Brandmuller, 1740), vol. 1, 9, 14; vol. 3, 387-90: Trevor-Roper, "A Huguenot Historian."

79　Hans Bots, "Le role des périodiques néerlandais pour la diffusion du livre (1684-1747)," in Christiane Berkvens-Stevelinck (ed.), *Le magasin de l'univers: The Dutch Republic as the Centre of the European Book Trade* (Leiden: Brill, 1992), 49-70, at 51.《文学与学术著作评论杂志》的作者被认为是富朗索瓦・布瑞斯（François Bruys）。

80　Elisabeth Labrousse, *Bayle* (Oxford: Oxford University Press, 1983), 12, 22, 51; Labrousse, *Pierre Bayle*, vol. 2, 3-38, 99.

81　Hans Bots, "Pierre Bayle's *Dictionnaire* and a New Attitude towards Islam," in Marjet Derks et al. (eds.), *What's Left Behind: The Lieux de Mémoire of Europe beyond Europe* (Nijmegen: Vantilt, 2015), 183-89.

82　"l'objectivité lui était rendue plus facile par sa condition ambiguë de Français calviniste": Labrousse, *Pierre Bayle*, vol. 2, 24.

83　Lynn Hunt, Margaret Jacob, and Wijnand Mijnhardt, *The Book That Changed Europe: Picart and Bernard's Religious Ceremonies of the World* (Cambridge, MA: Harvard University Press, 2010).

84　Davies, *The World of the Elseviers*, 102-3.

85　Paul Hoftijzer, "Metropolis of Print: The Amsterdam Book Trade in the Seventeenth

Century," in Patrick O'Brien (ed.), *Urban Achievement in Early Modern Europe* (Cambridge: Cambridge University Press), 249–65, at 251.

86　Richard Florida, *The Rise of the Creative Class* (New York: Basic Books, 2002).

87　Hoftijzer, "Metropolis of Print," 253.

88　Berkvens-Stevelinck, "L'édition française en Hollande," 325.

89　Manuela Böhm, *Sprachenwechsel: Akkulturation und Mehrsprachigkeit der Brandenburger Hugenotten vom 17. bis 19. Jahrhundert* (Berlin: De Gruyter, 2010).

90　Hunt, Jacob, and Mijnhardt, *The Book That Changed Europe*, 1, 129, 158, 179, 201及散见于其他页。

91　Christiane Berkvens-Stevelinck, "Prosper Marchand, intermédiaire du refuge Huguenot," in Berkvens-Stevelinck, Hans Bots, and Jens Häseler (eds.), *Les grands intermédiaires de la République des Lettres* (Paris: Champion, 2005), 361–86.

92　关于卢扎克，参见Jean Sgard (ed.), *Dictionnaire des journalistes, 1600– 1789* (Oxford: Voltaire Foundation, 1999), 663–67。

93　Jens Häseler, "J. H. S. Formey," in Berkvens-Stevelinck, Bots, and Häseler, *Les grands intermédiaires*, 413–34.

94　Scott Mandelbrote, "Pierre des Maizeaux: History, Toleration and Scholarship," in Christopher R. Ligota and J.-L. Quantin (eds.), *History of Scholarship* (Oxford: Oxford University Press, 2006), 385–98, at 387, 398.

95　Labrousse, *Pierre Bayle*, vol. 1, 168.

96　福米转引自Frédéric Hartweg, "Die Huguenotten in Deutschland: Eine Minderheit zwischen zwei Kulturen," in Rudolf von Thadden and Michelle Magdelaine (eds.), *Die Huguenotten, 1685–1985* (Munich: Beck, 1985), 172–85, at 193。

97　Gerald Cerny, *Theology, Politics and Letters at the Crossroads of European Civilization: Jacques Basnage and the Baylean Huguenot Refugees in the Dutch Republic* (The Hague: Nijhoff, 1987), 257.

98　Bost, *Un intellectuel avant la lettre*, 110.

99　Yardeni, *Refuge protestant*, 69.

100　Haase, *Einführung*, 388–89.

101　Grahame Gibbs, "The Role of the Dutch Republic as the Intellectual Entrepôt of Europe in the Seventeenth and Eighteenth Centuries," *Bijdragen en Mededelingen betreffende de Geschiedenis van de Nederlanden* 86 (1971): 323–49; Hans Bots, "Les Provinces-Unies, centre d'information européenne au XVIIe siècle," *Quaderni del Seicento Francese* 5

(1983): 283-306; Woodruff D. Smith, "Amsterdam as an Information Exchange in the Seventeenth Century," *Journal of Economic History* 44 (1984): 985-1005; Harold J. Cook, "*Amsterdam*, entrepôt des savoirs au XVIIe siècle," *Revue d'Histoire Moderne et Contemporaine* 55 (2008): 19-42.

102 Folke Dahl, "Amsterdam — Earliest Newspaper Centre of Western Europe," *Het Boek* 25 (1939): 160-97.

103 Robert Darnton, *The Forbidden Best-Sellers of Pre-Revolutionary France* (New York: Norton, 1995); Elizabeth Eisenstein, *Grub Street Abroad: Aspects of the French Cosmopolitan Press from the Age of Louis XIV to the French Revolution* (Oxford: Clarendon Press, 1992).

104 Ross Hutchison, *Locke in France 1688-1734* (Oxford: Voltaire Foundation, 1991); 关于贝尔纳, 参见 Hunt, Jacob, and Mijnhardt, *The Book That Changed Europe*, 128。

## 第四章　三种类型的客居者

1 Tito Boeri et al. (eds.), *Brain Drain and Brain Gain* (Oxford: Oxford University Press, 2012).

2 Michel Espagne and Michael Werner (eds.), *Transferts: Les relations interculturelles dans l'espace franco-allemand, XVIIIe et XIXe siècles* (Paris: Éditions Recherche sur les Civilisations, 1988).

3 Michael Gordin, *Scientific Babel: The Language of Science* (London: Profile Books, 2015), 192.

4 Ferdinand Geldner, *Die deutsche Inkunabeldrucker* (2 vols., Stuttgart: Hiersemann, 1968-70).

5 Joan Pau Rubiés, *Travel and Ethnology in the Renaissance: South India through European Eyes, 1250-1625* (Cambridge: Cambridge University Press, 2000), 204-22, at 207, 217. 参见 Ângela Barreto Xavier and Ines G. Županov, *Catholic Orientalism: Portuguese Empire, Indian Knowledge (16th-18th Centuries)* (Delhi: Oxford University Press, 2015), 31-35。

6 Mansel Dames (ed.), *The Book of Duarte Barbosa* (2 vols., London, Hakluyt Society, 1918-21), 193.

7 Armando Cortesão (ed.), *The* Suma Oriental *of Tomé Pires* (2 vols., London, Hakluyt Society, 1944), vol. 1, 175-76; vol. 2, 266.

8 Ursula Lamb, *Cosmographers and Pilots of the Spanish Maritime Empire* (Aldershot: Variorum, 1995); Alison Sandman, "Controlling Knowledge: Navigation, Cartography and

Secrecy in the Early Modern Spanish Atlantic," in James Delbourgo and Nicholas Dew (eds.), *Science and Empire in the Atlantic World* (New York: Routledge, 2008), 31−51; Maria M. Portuondo, *Secret Science: Spanish Cosmography and the New World* (Chicago: University of Chicago Press, 2009), 95−100, 103−11. 安吉拉·巴雷托·哈维尔（Ângela Barreto Xavier）参与了一项有关印度堡的研究课题。

9 Günther Schilder, "Organization and Evolution of the Dutch East India Company's Hydrographic Office," *Imago Mundi* 28 (1976): 61−78.

10 Schilder, "Organization," 62−63.

11 Patrick van Mil (ed.), *De VOC in de kaart gekeken, 1602−1799* (The Hague: SDU, 1988); Kees Zandvliet, *Mapping for Money* (Amsterdam: Batavian Lion International, 1998), 86−163.

12 Adrian Delmas, "From Travelling to History: An Outline of the VOC Writing System during the Seventeenth Century," in Delmas and Nigel Penn (eds.), *Written Culture in a Colonial Context* (Leiden: Brill, 2012), 97−126, at 116.

13 Nils Steensgaard, "The Dutch East India Company as an Institutional Innovation," in Maurice Aymard (ed.), *Dutch Capitalism and World Capitalism* (Cambridge: Cambridge University Press, 1982), 235−57, at 238; 关于德·莱特，参见 Stefan Ehrenpreis, "Empiricism and Image-Building: the Creation and Dissemination of Knowledge in Dutch Brazil, 1636− 1750," in Susanne Friedrich, Arndt Brendecke, and Stefan Ehrenpreis (eds.), *Transformations of Knowledge in Dutch Expansion* (Berlin: De Gruyter, 2015), 69−92, at 74−75.

14 Delmas, "From Travelling to History," 98.

15 Smith, "Amsterdam as an Information Exchange," 1001−3. 参见 Leonard Blussé and Ilonka Ooms (eds.), *Kennis en Compagnie: De VOC en de moderne Wetenschap* (Amsterdam: Balans, 2002)。

16 Matthew H. Edney, *Mapping an Empire: The Geographical Construction of British India, 1765−1843* (Chicago: University of Chicago Press, 1990); Bernard S. Cohn, *Colonialism and Its Forms of Knowledge:The British in India* (Princeton: Princeton University Press, 1996), 81−88.

17 转引自 Cohn, *Colonialism*, 31。

18 Rosane Rocher, *Orientalism, Poetry and the Millennium* (Delhi: Banarsidess, 1983), 48−72; Kapil Raj, *Relocating Modern Science: Circulation and the Construction of Knowledge in South Asia and Europe, 1650−1900* (Basingstoke: Ashgate, 2007), 125−38;

Donald R. Davis Jr., "Law in the Mirror of Language," in Thomas R. Trautmann (ed.), *The Madras School of Orientalism* (Oxford: Oxford University Press, 2009), 288–309.

19 转引自 Charles Boxer, *Jan Compagnie in Japan, 1600–1817* (1936: 2nd ed., London: Oxford University Press, 1968), 141。参见 Klaas van Berkel, "Een onwillige mecenas? De rol van de VOC bij het natuurwetenschappelijk onderzoek in de zeventiende eeuw," in J. Bethlehem and A. C. Meijer (eds.), *VOC en Cultuur* (Amsterdam: Schiphouwer and Brinkman, 1993), 59–76, at 56。

20 Roelof van Gelder, "Engelbert Kaempfer as a Scientist in the Service of the Dutch East India Company," in Detlef Haberland (ed.), *Engelbert Kaempfer: Ein Gelehrtenleben zwischen Tradition und Innovation* (Wiesbaden: Harassowitz, 2004), 211–25, at 212–13; Huib J. Zuidervaart and Rob H. Van Gent, "'A Bare Outpost of Learned European Culture on the Edge of the Jungles of Java': Johan Maurits Mohr (1716–1775) and the Emergence of Instrumental and Institutional Science in Dutch Colonial Indonesia," *Isis* 95 (2004): 1–33, at 2–3.

21 Gelder, "Engelbert Kaempfer," 217.

22 Derek Massarella, "Epilogue: Inquisitive and Intelligent Men," in Beatrice Bodart-Bailey and Derek Massarella (eds.), *The Furthest Goal: Engelbert Kaempfer's Encounter with Tokugawa Japan* (Folkestone: Japan Library, 1995), 152–64; Raj, *Relocating Modern Science*, 107–14.

23 Harold J. Cook, "Global Economies and Local Knowledge in the East Indies," in Londa Schiebinger and Claudia Swan (eds.), *Colonial Botany* (Philadelphia: University of Pennsylvania Press, 2005), 100–118; Anjana Singh, "Botanical Knowledge in Early Modern Malabar and the Netherlands," in Friedrich, Brendecke, and Ehrenpreis, *Transformations of Knowledge*, 187–208.

24 Klaas van Berkel, "The Natural Sciences in the Colonies," in Berkel, Albert van Helden, and Lodewijk Palm (eds.), *A History of Science in the Netherlands* (Leiden: Brill, 1999), 210–28; Raj, *Relocating Modern Science*, 37–38, 44–52; Harold J. Cook, *Matters of Exchange: Commerce, Medicine and Science in the Dutch Golden Age* (New Haven: Yale University Press, 2007), 175–225, 304–77.

25 Ray Desmond, *The European Discovery of the Indian Flora* (Oxford: Oxford University Press, 1992); Richard H. Drayton, *Nature's Government* (New Haven: Yale University Press, 2000); Kapil Raj, "Dynamiques urbaines et savants à Calcutta (XVIIIe siècle)," *Revue d'Histoire Moderne et Contemporaine* 55 (2008): 70–99.

26 Christopher A. Bayly, *Empire and Information: Intelligence Gathering and Social Communication in India, 1780–1870* (Cambridge: Cambridge University Press, 1996), 264–83.
27 Michael J. Franklin, *Orientalist Jones* (Oxford: Oxford University Press, 2011), 205–50.
28 Zuidervaart and Van Gent, "'A Bare Outpost,'" 19; Bayly, *Empire and Information*, 261–64.
29 Franklin, *Orientalist Jones*, 1–42; Sylvia Murr, *L'Inde philosophique entre Bossuet et Voltaire* (2 vols., Paris: École Français d'Extrême-Orient, 1987); Xavier and Županov, *Catholic Orientalism*, 156, 206, 290.库尔杜的回忆录当时并未出版，因此琼斯没能读到。
30 Thomas R. Trautmann, *Languages and Nations: The Dravidian Proof in Colonial Madras* (Berkeley: University of California Press, 2006).
31 Peter J. Marshall (ed.), *The British Discovery of Hinduism in the Eighteenth Century* (Cambridge: Cambridge University Press, 1970).
32 Peter Rietbergen, "VOC Travelogues," in Friedrich, Brendecke, and Ehrenpreis, *Transformations of Knowledge*, 231–49, at 235.
33 Peter Kornicki, "European Japanology at the end of the Seventeenth Century," *Bulletin of the School of Oriental and African Studies* 56 (1993): 502–24.
34 Lissa Roberts, "Re-Orienting the Transformation of Knowledge in Dutch Expansion: Nagasaki as a Centre of Accumulation and Management," in Friedrich, Brendecke, and Ehrenpreis, *Transformations of Knowledge*, 19–42.
35 Engelbert Kaempfer, *History of Japan* (London: Woodward, 1727), book 5, chapters 12, 4, 13; Detlef Haberland, *Engelbert Kaempfer, 1651– 1716* (London: British Library, 1996); Brigitte Hoppe, "Kaempfer's Forschungen über japanische Pflanzen," in Detlef Haberland (ed.), *Engelbert Kaempfer: Ein Gelehrtenleben zwischen Tradition und Innovation* (Wiesbaden: Harassowitz, 2004), 125–53; Wolfgang Muntschick, "The Plants That Carry His Name: Kaempfer's Study of the Japanese Flora," in Beatrice Bodart-Bailey and Derek Massarella (eds.), *The Furthest Goal: Engelbert Kaempfer's Encounter with Tokugawa Japan* (Folkestone: Japan Library, 1995), 71–95.
36 Bertil Nordenstam (ed.), *Carl Peter Thunberg: Linnean, resenäre, Naturforskare, 1743–1828* (Stockholm: Atlantis, 1993).关于德胜，参见Boxer, *Jan Compagnie*, 135–72。
37 Michael S. Dodson, *Orientalism, Empire and National Culture: India, 1770–1880* (Basingstoke: Palgrave Macmillan, 2007), 112–14.

38 有关罗吉尔的引文，参见Donald F. Lach and Edwin J. Van Kley, *Asia in the Making of Europe*, vol. 3 (Chicago: University of Chicago Press, 1993), 479; Haberland, *Engelbert Kaempfer*, 77。

39 Raj, *Relocating Modern Science*, 13.

40 Richard Grove, "The Transfer of Botanical Knowledge between Asia and Europe, 1498–1800," *Journal of the Japan-Netherlands Institute* 3 (1991): 160–76; Kapil Raj, "Surgeons, Fakirs, Merchants and Craftspeople," in Schiebinger and Swan, *Colonial Botany*, 252–69; Trautmann, *Madras School*, 7, 78–80.

41 Paul van der Velde, "The Interpreter Interpreted: Kaempfer's Japanese Collaborator Imamura Genemon Eisei," in Bodart-Bailey and Massarella, *The Furthest Goal*, 44–58.

42 Donald Keene, *The Japanese Discovery of Europe 1720–1830* (1952: rev. ed., Stanford: Stanford University Press, 1969); Rebekah Clements, *A Cultural History of Translation in Early Modern Japan* (Cambridge: Cambridge University Press, 2015), 特别是146–50.

43 Castelnau-L'Estoile, *Missions*.

44 Jorge Klor de Alva, "Sahagún and the Birth of Modern Ethnography," in Klor de Alva, Henry B. Nicholson, and Eloise G. Keber (eds.), *The Work of Bernardino de Sahagún* (Austin: University of Texas Press, 1988), 31–52; Miguel León-Portilla, *Bernardino de Sahagún: Pionero de la antropología* (Mexico City: UNAM, 1999), 120–24, 212–13; Henry D. Nicholson, "Fray Bernardino de Sahagun," in Eloise Q. Keber (ed.), *Representing Aztec Ritual* (Boulder: University of Colorado Press, 2002), 21–39.

45 Urs App, *The Birth of Orientalism* (Philadelphia: University of Pennsylvania Press, 2010), 77–110; Rubiés, "Reassessing," 130–31.

46 Steven T. Harris, "Confession-Building, Long-Distance Networks, and the Organization of Jesuit Science," *Early Science and Medicine* 1 (1996): 287-318.关于圣方济各会，参见Barreto and Županov, *Catholic Orientalism*, 158–201。

47 Harris, "Confession-Building," 299–300; Markus Friedrich, *Der lange Arm Roms? Globale Verwaltung und Kommunikation im Jesuitenorden, 1540–1773* (Frankfurt: Campus, 2011).

48 Prieto, *Missionary Scientists*, 117.

49 Mordechai Feingold, "Jesuits: Savants," in Feingold (ed.), *Jesuit Science and the Republic of Letters* (Cambridge, MA: MIT Press, 2003), 1–46, at 7.

50 比较和对照Riva Feldhay, "Knowledge and Salvation in Jesuit Culture," *Science in Context* 1 (1987): 195–213; Harris, "Confession- Building"; Antonella Romano, "Les jésuites

entre apostolat missionaire et activité scientifique," *Archivum Historicum Societatis Jesu* 74 (2005): 213–36; Florence Hsia, *Sojourners in a Strange Land: Jesuits and Their Scientific Missions in Late Imperial China* (Chicago: University of Chicago Press, 2009); Prieto, *Missionary Scientists*, 154–59。

51  Aliocha Moldavsky, "The Problematic Acquisition of Indigenous Languages" in John O'Malley et al. (eds.), *The Jesuits, II: Cultures, Sciences and the Arts, 1540–1773* (Toronto: University of Toronto Press, 2006), 602–15.

52  Klor de Alva, "Sahagún," 43; Hervé Pennec, "Missionary Knowledge in Context: Geographical Knowledge of Ethiopia," in Delmas and Penn, *Writing in a Colonial Context*, 75–96, at 93.

53  Anthony Pagden, *The Fall of Natural Man: The American Indian and the Origins of Comparative Ethnology* (Cambridge: Cambridge University Press, 1982), 146–200; Prieto, *Missionary Scientists*, 146–68.

54  Pennec, "Missionary Knowledge."

55  Jonathan Spence, *The Memory Palace of Matteo Ricci* (London: Faber, 1985); Ronnie Po-chia Hsia, *A Jesuit in the Forbidden City* (Oxford: Oxford University Press, 2010); Mary Laven, *Mission to China: Matteo Ricci and the Encounter with the East* (London: Faber, 2011).

56  Qiong Zhang, *Making the New World Their Own: Chinese Encounters with Jesuit Science in the Age of Discovery* (Leiden: Brill, 2015).

57  Lach and Van Kley, *Asia*, 481.

58  Franco Demarchi and Riccardo Scartezzini (eds.), *Martino Martini umanista e scienziato nella Cina del secolo XVII* (Trento: Università di Trento, 1995); Henri Bernard, "Les sources mongoles et chinoises de l'Atlas Martini," in Roman Malek and Arnold Zingerle (eds.), *Martino Martini SJ und die Chinamission* (Nettetal: Institut Monumenta Serica, 2000), 223–40.

59  Lach and Van Kley, *Asia*, 368–79; Luisa Maria Paternicò, *When the Europeans Began to Study Chinese: Martino Martini's* Grammatica Linguae Sinensis (Leuven: Ferdinand Verbiest Institute, 2013).

60  Giovanni Pizzorusso, "La Congrégation De Propaganda Fide: Centre d'accumulation et de production des 'savoirs missionaires,'" in Castelnau-L'Estoile, *Missions*, 25–40.

61  Zandvliet, *Mapping for Money*, 124.

62  Hsia, *Sojourners in a Strange Land*; Catherine Jani, "The Jesuits' Negotiation of Science

between France and China," in László Kontler et al. (eds.), *Negotiating Knowledge in Early Modern Empires* (Basingstoke: Palgrave Macmillan, 2014), 53-78.

63  Isabelle Landry-Deron, *La preuve par la Chine: La "description" de J.-B. Du Halde* (Paris: Éditions EHESS, 2002), 53-64, 143-75.

64  Peter Burke, "The Jesuits and the Art of Translation in Early Modern Europe," in O'Malley, *The Jesuits, II*, 24-32.

65  Luke Clossey, *Salvation and Globalization in the Early Jesuit Missions* (Cambridge: Cambridge University Press, 2008, 225-37.

66  Anthony Pagden, *The Fall of Natural Man*, 162-68.

67  Pagden, *The Fall of Natural Man*, 199; William N. Fenton and Eliza- beth L. Moore, "J.-F. Lafitau (1681-1746), Precursor of Scientific Anthropology," *Southwestern Journal of Anthropology* 25 (196): 173-87.

68  Adriano Prosperi, "'Otras *Indias*': Missionari della contrarriforma tra contadini e selvaggi," in Paola Zambelli (ed.), *Scienze, credenze occulte, livelli di cultura* (Florence: Olschki, 1982), 205-34.

69  Geoffrey A. Oddie, "Constructing 'Hinduism': The Impact of the Protestant Missionary Movement on Hindu Self-Understanding," in Robert E. Frykenberg (ed.), *Christians and Missionaries in India* (London: RoutledgeCurzon, 2003), 155-82; Will Sweetman, *Mapping Hinduism. "Hinduism" and the Study of Indian Religions, 1600-1776* (Halle: Franckeschen Stiftungen, 2003); David N. Lorenzen, *Who Invented Hinduism?* (New Delhi: Yoda Press, 2006); Barreto and Župavov, *Catholic Orientalism*, 145-57.

70  关于沃德，参见Geoffrey A. Oddie, *Imagined Hinduism: British Protestant Missionary Constructions of Hinduism, 1793-1900* (London: Sage, 2006), 159-81。

71  关于罗吉尔，参见Sweetman, *Mapping Hinduism*, 89-103。

72  Joan-Pau Rubiés, *Travel and Ethnology*, 315-18; Rubiés, "The Jesuit Discovery of Hinduism," *Archiv für Religionsgeschichte* 3 (2001): 210- 56; Rubiés, "Reassessing 'the Discovery of Hinduism': Jesuit Discourse on Gentile Idolatry and the European Republic of Letters," in Anand Amaladass and Ines G. Župavov (eds.), *Intercultural Encounter and the Jesuit Mission in South Asia (16th-18th Centuries)* (Bangalore: ATC, 2014), 113-55.

73  Ines G. Župavov, *Disputed Mission: Jesuit Experiments and Brahmanical Knowledge in Seventeenth-Century South India* (New Delhi: Oxford University Press, 1999), 52, 142，书中将*maquina*译作"制造"（fabrication），但我觉得在这一语境下，其意义更接近于"机制"（system）。

74 Rubiés, "The Jesuit Discovery"; José Wicki (ed.), *Tratado do Pe. Gonçalo Fernandez Trancoso sobre o hinduísmo* (Lisbon: Centro de Estudos Históricos Ultramarinos, 1973); Roberto de Nobili, *On Indian Customs* (Palayamkottai: St. Xavier's College, 1972), ch. 2; 关于他对其作为单一宗教的反对意见，参见Sweetman, *Mapping Hinduism*, 62, 159.

75 Philip C. Almond, *The British Discovery of Buddhism* (Cambridge: Cambridge University Press, 1988), 4.

76 App, *The Birth of Orientalism*, 172–79.

77 Henri de Lubac, *La rencontre du Bouddhisme et de l'occident* (Paris: Aubier, 1952), 特别是51–104.

78 App, *The Birth of Orientalism*, 123–25.

79 Luciano Petech (ed.), *I missionari italiani nel Tibet e nel Nepal*, pt. 6 (Rome: Istituto Poligrafico dello Stato, 1955), 115–30.

80 Leonard Zwilling (ed.), *Mission to Tibet* (Boston: Wisdom Publishers, 2010), 8.

81 Peter Burke, "The Spread of Italian Humanism," in Anthony Goodman and Angus Mackay (eds.), *The Impact of Humanism on Western Europe* (London: Longman, 1990), 1–22.

82 Denys Hay, *Polydore Vergil: Renaissance Historian and Man of Letters* (Oxford: Clarendon Press, 1952), 109, 151, 158–60, 199.

83 Ole P. Grell, Andrew Cunningham, and Jon Arrizabalaga (eds.), *Centres of Medical Excellence? Medical Travel and Education in Europe, 1500–1789* (Aldershot: Ashgate, 2010), 171.

84 Stina Hansson, *"Afsatt på Swensko": 1600-talets tryckta översättningslitteratur* (Göteborg: Litteraturvetenskapliga institutionen vid Göteborgs universitet, 1982).

85 Vladimir I. Guerrier, *Leibniz in seinen Beziehungen zu Russland und Peter den Grossen* (St. Petersburg: Akademie der Wissenschaften, 1873); Han F. Vermeulen, *Before Boas: The Genesis of Ethnography and Ethnology in the German Enlightenment* (Lincoln: University of Nebraska Press, 2015), 39–86.

86 Eduard Winter (ed.), *Die deutsch-russische Begegnung und Leonard Euler* (Berlin: Akademie Verlag, 1958); 关于翻译，参见Irina Gouzévitch, "Le transfert des connaissances et les réformes de Pierre I," *Bulletin de la Sabix* 33 (2003): 74–121.

87 Gouzévitch, "Le transfert."

88 Eric Robinson, "The Transference of British Technology to Russia, 1760–1820," in Barrie M. Ratcliffe (ed.), *Great Britain and Her World* (Manchester: Manchester University Press, 1975), 1–26; Dennis Reinhartz, "In the Service of Catherine the Great: The Siberian

Explorations and Map of Sir Samuel Bentham," *Terrae Incognitae* 26 (1994): 49–60.

89  Anthony Cross, *By the Banks of the Neva: Chapters from the Lives and Careers of the British in Eighteenth-Century Russia* (Cambridge: Cambridge University Press, 1997).

90  Alexander Vucinich, *Science in Russian Culture: A History to 1860* (Stanford: Stanford University Press, 1963), 75–122; James Cracraft, "Academy of Sciences," in his *The Petrine Revolution in Russian Culture* (Cambridge, MA: Harvard University Press, 2004), 240–55.

91  Leonhard Stejneger, *Georg Wilhelm Steller: The Pioneer of Alaskan Natural History* (Cambridge, MA: Harvard University Press, 1936); James R. Masterson and Helen Browe, *Bering's Successors, 1745–1780: Contributions of Peter Simon Pallas to the History of Russian Exploration toward Alaska* (Seattle: University of Washington Press, 1948).

92  关于梅塞施密特，参见Vermeulen, *Before Boas*, 87–130。

93  Franz Babinger, *Gottlieb Siegfried Bayer* (Munich: Schön, 1915).

94  Joseph L. Black, *G.-F. Müller and the Imperial Russian Academy* (Kingston and Montreal: McGill-Queen's University Press, 1986); Peter Hoffmann, *Gerhard Friedrich Müller (1705–1783): Historiker, Geograph, Archivar im Dienste Russlands* (Frankfurt: Peter Lang, 2005); Vermeulen, *Before Boas*, 131–218.

95  Martin Peters, *Altes Reich und Europa: Der Historiker, Statistiker und Publizist August Ludwig (v.) Schlözer (1735–1809)* (Münster: LIT, 2003), Vermeulen, *Before Boas*, 269–356.

96  Reinhard Lauer, "Schlözer und die Slaven," in Heinz Duchhardt and Martin Espenhorst (eds.), *August Ludwig (von) Schlözer in Europa* (Göttingen: Vandenhoeck und Rupprecht, 2012), 23–40, at 25.

97  Eduard Winter (ed.), *Lomonosov Schlözer Pallas* (Berlin: Akademie Verlag, 1962), 111; Peters, *Altes Reich*, 55–88.

98  Ludmilla Schulze, "The Russification of the St. Petersburg Academy of Sciences and Arts in the Eighteenth Century," *British Journal for the History of Science* 18 (1985): 305–35.

99  Peters, *Altes Reich*, 89–96.

100  Denis J. B. Shaw, "Geographical Practice and its Significance in Peter the Great's Russia," *Journal of Historical Geography* 22 (1996): 160–76.

101  Vermeulen, *Before Boas*, 110–11.

102  Günter Johannes Stipa, *Finnisch-Ugrische Sprachforschung von der Renaissance bis zum Neupositivismus* (Helsinki: Suomalais-Ugrilainen Seura, 1990), 167–205; Michael

Branch, "The Academy of Sciences in St Petersburg as a Centre of Finno-Ugrian Studies, 1725–1860" (1994), ajsjogren.weebly.com/ . . . /m_branch_academy_in_st_petersburg_part_1.pdf.

103 Johannes Fabian, *Out of Our Minds: Reason and Madness in the Exploration of Central Africa* (Berkeley: University of California Press, 2000).

104 Peters, *Altes Reich*, 101–6.

105 关于这些及其他俄国人，参见Vermeulen, *Before Boas*, 196–97。

106 转引自Alexander Etkind, *Internal Colonization: Russia's Imperial Experience* (Cambridge: Polity Press, 2011), 52。

107 Nikolai Riasanovsky, "The Norman Theory of the Origin of the Russian State," *Russian Review* 7 (1947): 96–110, at n. 96, 98; Lauer, "Schlözer und die Slaven," 32.

108 Günther Mühlpfordt, "Schlözer als Begründer der kritisch-ethnischen Geschichtsforschung," *Jahrbuch für Geschichte* 25 (1982): 23–72; Justin Stagl, *A History of Curiosity* (London: Routledge, 1995), 233–68; Gudrun Bucher, *"Von Beschreibung der Sitten und Gebräuche der Völker": Die Instruktionen Gerhard Friedrich Müllers und ihre Bedeutung für die Geschichte der Ethnologie und der Geschichtswissenschaft* (Wiesbaden: Harrassowitz, 2002); Han F. Vermeulen, "The German Invention of *Völkerkunde*," in Sara Eigen and Mark Larrimore (eds.), *The German Invention of Race* (Albany: State University of New York Press, 2006), 123–46; Vermeulen, "Von der Empirie zur Theorie: Deutschsprachige Ethnographie und Ethnologie, 1740–1881," *Zeitschrift für Ethnologie* 134 (2009): 253–66; Vermeulen, *Before Boas*, 269–70, 276–83, 437–58.

109 Kader Konuk, "Jewish-German Philologists in Turkish Exile: Leo Spitzer and Erich Auerbach," in Alexander Stephan (ed.), *Exile and Otherness: New Approaches to the Experience of the Nazi Refugees* (Oxford: Oxford University Press, 2005), 31–47.

110 Fermi, *Illustrious Immigrants*, 66–70; Horst Widmann, *Exil und Bildungshilfe: Die deutsch-sprachige akademische Emigration in der Türkei nach 1933* (Bern: Lang, 1973); Kemal Bozay, *Exil Türkei: Ein Forschungsbeitrag zur deutschsprachigen Emigration in der Türkei (1933– 1945)* (Münster: LIT, 2001); Konuk, "Jewish-German Philologists"; Emily Apter, "Global *Translatio*: The 'Invention' of Comparative Literature, Istanbul 1933," *Critical Inquiry* 29 (2003): 253–81; Lâle Aka Burk, "An Open Door: German Refugee Scholars in Turkey," in Peter I. Rose (ed.), *The Dispossessed* (Amherst: University of Massachusetts Press, 2005), 235–56; Regine Erichsen, "Das Turkische Exil als Geschichte von Frauen," *Berichte zur Wissenschaftsgeschichte* 28 (2005): 337–53.

111 Hildegard Müller, "German Librarians in Exile in Turkey," *Libraries and Culture* 33 (1998): 294–305.

112 Jean-Paul Lefebvre, "Les professeurs français des missions universitaires au Brésil (1934–44)," *Cahiers du Brésil Contemporain* 12 (1990): 1–10, www.revues.msh-paris.fr/... /8-J.P%20Lefebvre.pdf.

113 Claude Lévi-Strauss, *Tristes tropiques* (Paris: Plon, 1955), 37–38.

114 Thomas Skidmore, "Lévi-Strauss, Braudel and Brazil: A Case of Mutual Influence," *Bulletin of Latin American Research* 22 (2003): 340–49.

115 Peter Burke, *The French Historical Revolution: The Annales School, 1929–2014* (1990: rev. and enl., Cambridge: Polity Press, 2015), 37; Erato Paris, *La genèse intellectuelle de l'oeuvre de Fernand Braudel* (Athens: Institut de Recherches Néo-Helléniques, 1999), 224–58.

116 Paul Arbousse-Bastide, "O que o Brasil me ensinou," *Revista da Faculdade de Educação* 10 (1984): 331–44.

117 Roberto Motta, "L'apport brésilien dans l'oeuvre de Roger Bastide," in Philippe Laburthe-Tolra (ed.), *Roger Bastide ou le réjouissement de l'abîme* (Paris: L'Harmattan, 1994), 169–78; Astrid Reuter, *Das wilde Heilige: Roger Bastide (1898–1974) und die Religionswissenschaft seiner Zeit* (Frankfurt: Campus, 2000); Fernand Braudel, "A travers un continent d'histoire: Le Brésil et l'oeuvre de Gilberto Freyre," *Mélanges d'Histoire Sociale* 4 (1943): 3–20; Braudel, "Introduzione" to Gilberto Freyre, *I padroni e i servi* (Turin: Einaudi, 1958), ix–xi.

118 Graham, "An Interview with Sergio Buarque," 6. 参见 Luiz Felipe de Alencastro, "Henri Hauser et le Brésil," in Séverine-Antigone Marin and Georges-Henri Soutou (eds.), *Henri Hauser* (Paris: Presses de l'Université Paris-Sorbonne, 2006), 281–96; and Marieta de Moraes Ferreira, "Les professeurs français et l'enseignement de l'histoire à Rio de Janeiro pendant les années 1930," in François Crouzet, Philippe Bonichon, and Denis Rolland (eds.), *Pour l'histoire du Brésil* (Paris: L'Harmattan, 2000), 123–40。

119 Maria Isaura Pereira de Queiroz, "La recherche géographique au Brésil," in Hervé Théry and Martine Droulers (eds.), *Pierre Monbeig* (Paris: Institut des hautes études de l'Amérique latine, 1991), 59–64.

## 第五章 大逃亡

1 Fernand Baldensperger, *Le mouvement des idées dans l'émigration française, 1789–1815* (2 vols., Paris: Plon, 1924), 46. 参见 Rubinstein, *Französische Emigration*; Kirsty Carpenter,

*Refugees of the French Revolution: Émigrés in London, 1789–1802* (Basingstoke: Macmillan, 1999)。

2   Lloyd S. Kramer, *Threshold of a New World: Intellectuals and the Exile Experience in Paris, 1830–1848* (Ithaca: Cornell University Press, 1988), 232; John D. Stanley, "Joachim Lelewel," in Peter Brock et al. (eds.), *Nation and History* (Toronto: University of Toronto Press, 2006), 52–84.关于19世纪欧洲流亡者的调查分析，参见Michael Marrus, *The Unwanted: European Refugees in the 20th Century* (New York: Oxford University Press, 1985), 14–50。

3   Marrus, *The Unwanted*, 15.

4   Rosemary Ashton, *Little Germany: Exile and Asylum in Victorian England* (Oxford: Oxford University Press, 1986); Heléna Tóth, *An Exiled Generation: German and Hungarian Refugees of Revolution, 1848–1871* (Cambridge: Cambridge University Press, 2014).

5   Edward Miller, *Prince of Librarians: The Life and Times of Antonio Panizzi of the British Museum* (London: Deutsch, 1967).

6   Kramer, *Threshold of a New World*, 175.

7   Fernando Murillo Rubiera, *Andrés Bello* (Caracas: la Casa de Bello, 1986); *Oxford Dictionary of National Biography*, "Rudolf Ackermann."

8   José Luis Renique,转引自Sznajder and Roniger, *The Politics of Exile*, 79.

9   Fermi, *Illustrious Immigrants*, 3.

10  Cathérine Gousseff, *L'exil russe: La fabrique du réfugié apatride* (Paris: CNRS, 2008), 54–56.

11  Robert C. Williams, *Culture in Exile: Russian Émigrés in Germany, 1881–1941* (Ithaca: Cornell University Press, 1972), 5.参见Marc Raeff, *Russia Abroad: A Cultural History of the Russian Emigration* (New York: Oxford University Press, 1990)。

12  Gousseff, *L'exil russe*, 132–35.

13  Michel Heller, "L'histoire de l'expulsion des personnalités culturelles hors de l'Union Soviétique en 1922," *Cahiers du Monde Russe et Soviétique* 20 (1979): 131–72, at 164; Tomáš Hermann and Karel Kleisner, "The Five 'Homes' of Mikhail M. Novikov," *Jahrbuch für Europäische Wissenschaftskultur* 1 (2005): 87–130, at 96.

14  Zdeněk Sládek, "Prag: Das 'russische Oxford,'" in Karl Schlögel (ed.), *Der Grosse Exodus* (Munich: Beck, 1994), 218–33; Catherine Andreyev and Ivan Savický, *Russia Abroad: Prague and the Russian Diaspora, 1919–38* (New Haven: Yale University Press, 2004).

15 Marinus A. Wes, *Michael Rostovtzeff, Historian in Exile* (Stuttgart: Steiner, 1990), 52, 75.
16 Hermann and Kleisner, "The Five 'Homes' of Mikhail M. Novikov," 103.
17 Robert H. Johnston, *"New Mecca, New Babylon": Paris and the Russian Exiles, 1920–1945* (Kingston and Montreal: Magill University Press, 1988), 5, 28.
18 Galin Tihanov, "Russian Emigré Literary Criticism and Theory between the World Wars," in Evgeny Dobrenko and Galin Tihanov (eds.), *A History of Russian Literary Theory and Criticism* (Pittsburgh: University of Pittsburgh Press, 2011), 144–62, at 148.
19 Congdon, *Exile and Social Thought*; Tibor Frank, *Double Exile: Migrations of Jewish-Hungarian Professionals through Germany to the United States, 1919–1945* (Oxford: Oxford University Press, 2009).
20 Charles Killinger, *Gaetano Salvemini* (Westport, CT: Praeger, 2002), 203–66, at 241, 245, 247.
21 Ariane Dröscher, "Gli italiani e l'estero: Flussi di migrazione intellettuale," in Francesco Cassata and Claudio Pogliano (eds.), *Storia d'Italia, Annali* 26 (Turin: Einaudi, 2011), 807–32.
22 Christmann and Hausmann, *Romanisten*, 255; Anke Dörner, *La Vita Spezzata: Leonardo Olschki, ein jüdische Romanist zwischen Integration und Emigration* (Tübingen: Stauffenburg, 2005).
23 Michael H. Crawford, "L'insegnamento di Arnaldo Momigliano in Gran Bretagna," in Lellia Cracco Ruggini (ed.), *Omaggio ad Arnaldo Momigliano* (Como: New Press, 1989), 27–42; Peter Miller (ed.), *Momigliano and Antiquarianism: Foundations of the Modern Cultural Sciences* (Toronto: University of Toronto Press, 2007).
24 José Luis Abellán (ed.), *El exilio español de 1939*, vol. 1 (Madrid: Taurus, 1976), 16; Francisco Caudet, *El exilio republicano de 1939* (Madrid: Cátedra, 2005); Henry Kamen, *The Disinherited*, 272; Andrea Pagni (ed.), *El exilio republicano español en México y Argentina* (Madrid: Iberoamericana, 2011), 11;关于医学人士，参见Rockwell Gray, "The Spanish Diaspora: A Culture in Exile," *Salmagundi* 77 (1988): 53–83, at 72.
25 María Fernanda Mancebo, *La España de los exilios* (Valencia: Universitat de València, 2008), 255–97, at 259.
26 Gabriel Jackson, *Juan Negrín* (Eastbourne: Sussex Academic Press, 2010), 297–98.
27 Caudet, *El exilio republicano*, 127–66; José María López Sánchez, "El exilio científico republicano en México," in Luis Enrique Otero Carvajal (ed.), *La destrucción de la ciencia en España* (Madrid: Com- plutense, 2006), 177–239.

28  Jackson, *Juan Negrín*, 294, 309.
29  Luis Enrique Otero (ed.), *La destrucción de la ciencia en España* (Madrid: Complutense, 2006).
30  转引自Kamen, *The Disinherited*, 273。
31  José Gaos, "La adaptación de un español a la sociedad hispanoamericana," *Revista de Occidente* (1966): 170–72; Angel del Río, *The Clash and Attraction of Two Cultures* (英译本Baton Rouge: Louisiana State University Press, 1965), xii.
32  José Gaos, *En torno a la filosofía Mexicana* (Mexico: Alianza, 1980); Adolfo Sánchez Vázquez, *Rousseau en México* (Mexico City: Grijalbo, 1967).
33  Gaos, *En torno a la filosofía Mexicana*, 137–41, 159–63.
34  Adeline Rucquoi, "Spanish Medieval History and the *Annales*," in Miri Rubin (ed.), *The Work of Jacques Le Goff* (Woodbridge: Boydell Press, 1997), 123–41, at 125.
35  Fernando Larraz Elorriaga, "Los exiliados y las colecciones editoriales en Argentina, 1938–54," in Pagni, *El exilio republican español en México y Argentina*, 129–44.
36  Herbert A. Strauss, "Wissenschaftsemigration als Forschungsproblem," in Strauss et al. (eds.), *Die Emigration der Wissenschaften nach 1933* (Munich: Saur, 1991), 7–24; H. Stuart Hughes, *Sea Change: The Migration of Social Thought, 1930–1965* (New York: Harper, 1975), 18.
37  Charles Weiner, "The Refugees and American Physics," in Fleming and Bailyn, *The Intellectual Migration*, 190–228, at 228; Paul K. Hoch, "The Reception of Central European Refugee Physicists," *Annals of Science* 40 (1983): 217–46; Hoch, "Some Contributions to Physics by German-Jewish Emigrés in Britain and Elsewhere," in Mosse, *Second Chance*, 229–42, at 232–33.
38  Epstein, *"Schicksalsgeschichte,"* 120.
39  Marion Berghahn, "Women Emigrés in England," in Sybille Quack (ed.), *Between Sorrow and Strength: Women Refugees in Nazi Germany* (Cambridge: Cambridge University Press, 1995), 69–80; Andrea Hammel, "Gender and Migration," in Edward Timms and Jon Hughes (eds.), *Intellectual Migration and Cultural Transformation* (Vienna and New York: Springer, 2003), 207–18.
40  Catherine Epstein, "Woman, Refugee, Historian: The Life and Career of Helene Wieruszowski," in Axel Fair-Schulz and Mario Kessler (eds.), *German Scholars in Exile* (Lanham, MD: Lexington Books, 2011), 85–92.
41  Catherine Epstein, "Fashioning Fortuna's Whim: German-Speaking Women Emigrant

Historians in the United States," in Sybille Quack (ed.), *Between Sorrow and Strength: Women Refugees in Nazi Germany* (Cambridge: Cambridge University Press, 1995), 301–23, at 306, 322.

42  E. Stina Lyon, "Karl Mannheim and Viola Klein," in Shula Marks, Paul Weindling, and Laura Wintour (eds.), *In Defence of Learning: The Plight, Persecution and Placement of Academic Refugees, 1933–1980s* (Oxford: Oxford University Press, 2011), 177–90, at 181–87.

43  Ulrike Wendland (ed.), *Biographisches Handbuch deutschsprachiger Kunsthistoriker in Exil* (Munich: Saur, 1999), "Gova," "Falk," and "Orienter."

44  Alfons Söllner, "In Transit to America: Political Scientists from Germany in Great Britain," in Mosse, *Second Chance*, 121–36.

45  Jonas Hansson and Svante Nordin, *Ernst Cassirer: The Swedish Years* (Bern: Peter Lang, 2006); Harries, *Nikolaus Pevsner*.

46  Geoffrey R. Elton, *The English* (Oxford: Blackwell, 1992), preface. 米库拉什·泰希告诉我，埃尔顿的口音属于"布拉格德国人"的口音。

47  Geoffrey R. Elton, *Return to Essentials* (Cambridge: Cambridge University Press, 1991), 91, 124.

48  Elton, *Return to Essentials*, 54.

49  Geoffrey R. Elton, *The Practice of History* (1967. 2nd ed., Oxford: Blackwell, 2002), 56–57.

50  Francis Carsten, "From Revolutionary Socialism to German History," in Peter Alter (ed.), *Out of the Third Reich: Refugee Historians in Post-War Britain* (London: I. B. Tauris, 1998), 25–40, at 34; John Grenville, "From Gardener to Professor," ibid., 55–72, at 70.

51  Geoffrey R. Elton, *The Tudor Revolution in Government* (Cambridge: Cambridge University Press, 1953).

52  Wolfgang Rogge (ed.), *Theodor W. Adorno und Ernst Krenek, Briefwechsel* (Frankfurt: Suhrkampf, 1974), 44.

53  Theodor Adorno, "Scientific Experiences of a European Scholar in America," in Donald Fleming and Bernard Bailyn, *The Intellectual Migration: Europe and America, 1930–1960* (Cambridge, MA: Harvard University Press, 1968), 33–70, at 38; Paul Lazarsfeld, "An Episode in the History of Social Research," ibid., 270–334, at 301.

54  Dieter Wuttke, "Die Emigration der Kulturwissenschaftlichen Bibliothek Warburg und die Anfänge des Universitätsfaches Kunstgeschichte in Grossbritannien," *Artibus et Historiae*

5 (1984): 133–46; Dorothea McEwan, "Mapping the Trade Routes of the Mind: The Warburg Institute," in Timms and Hughes, *Intellectual Migration*, 37–50.
55 Nicholas Mann, "*Translatio Studii*: Warburgian *Kunstwissenschaft* in London, 1933–45," in Roberto Scazzieri and Raffaella Simili (eds.), *The Migration of Ideas* (Sagamore Beach, MA: Science History Publications, 2008), 151–60.
56 Jay, *Permanent Exiles*, 41, 43; David Kettler, "Negotiating Exile: Franz Neumann as Political Scientist," in Caroline Arni (ed.), *Der Eigensinn des Materials* (Frankfurt: Stroemfeld, 2007), 205–24; Thomas Wheatland, *The Frankfurt School in Exile* (Minneapolis: University of Minnesota Press, 2009), 66, 73, 76–77, 205–7.
57 Gordin, *Scientific Babel*, 204.
58 Lewis A. Coser, *Refugee Scholars in America: Their Impact and Their Experiences* (New Haven: Yale University Press, 1984), 12, 106.
59 Erwin Panofsky, "The History of Art," in Franz Neumann (ed.), *The Cultural Migration: The European Scholar in America* (Philadelphia: University of Pennsylvania Press, 1953), 82–111; Eisler, "*Kunstgeschichte* American Style"; Wuttke, "Die Emigration der Kunstwissenschaftlichen Bibliothek Warburg"; Michels, *Transplantierte Kunstwissenschaft*; Johannes Feichtinger, "The Significance of Austrian Emigré Art Historians for English Art Scholarship," in Timms and Hughes, *Intellectual Migration*, 51–70.
60 Kenneth Clark, *Another Part of the Wood* (London: Murray, 1974).
61 转引自 Mann, "*Translatio Studii*," 158。
62 Kenneth Clark, "A Lecture That Changed My Life," in Stephan Füssell (ed.), *Mnemosyne* (Göttingen: Gratia-Verlag, 1979), 47–48.
63 Coser, *Refugee Scholars in America*, 85; Michels, *Transplantierte Kunstwissenschaft*, 15.
64 Eisler, "*Kunstgeschichte* American Style," 559; Coser, *Refugee Scholars*, 255–60; Michels, *Transplantierte Kunstwissenschaft*.
65 Uwe Westphal, "German, Czech and Austrian Jews in English Publishing," in Mosse, *Second Chance*, 195–208; Nigel Spivey, *Phaidon, 1923–98* (London: Phaidon, 1999).
66 此处谨向剑桥大学的西蒙·富兰克林所做出的说明致以感谢。
67 Craig Calhoun (ed.), *Sociology in America: A History* (Chicago: University of Chicago Press, 2007),该论文集缺少了关于移民学者所做出贡献的章节。
68 吉恩·弗劳德转引自 David Kettler and Volker Meja, *Karl Mannheim and the Crisis of Liberalism* (New Brunswick, NJ: Rutgers University Press, 1995, 295; 参见其著"Karl

Mannheim," *New Society* Dec. 29 1966, 971)。

69  转引自Colin Loader, *The Intellectual Development of Karl Mannheim* (Cambridge: Cambridge University Press, 1985), 127; Karl Mannheim, *Essays on Sociology and Social Psychology* (London: Routledge, 1953), 225。

70  Karl Mannheim, *Correspondence*, ed. Éva Gábor (Lewiston, NY: Edwin Mellen Press, 2003), 202; Loader, *The Intellectual Development of Karl Mannheim*, 127; Mannheim, "Function"; Kettler and Meja, *Karl Mannheim*, 281; Norbert Elias, "Sociology and Psychiatry," in Siegmund H. Foulkes and G. Stewart Prince (eds.), *Psychiatry in a Changing Society* (London: Tavistock, 1969), 117–44.

71  转引自Dorothea McEwan, "Mapping the Trade Routes of the Mind," 42。

72  Tim Mowl, *Stylistic Cold Wars: Betjeman versus Pevsner* (London: John Murray, 2000).

73  Perry Anderson, "Components of the National Culture," *New Left Review* 50 (1968): 3–58, at 51. 韦勒克虽然出生于维也纳，但为捷克后裔。

74  Hobsbawm, "The Historians' Group of the Communist Party," 23.

75  Games, *Pevsner*, 2.

76  Cynthia Freeland, *Art Theory: A Very Short Introduction* (Oxford: Oxford University Press, 2003); Robert Williams, *Art Theory: An Historical Introduction* (Oxford: Blackwell, 2004).

77  Wheatland, *Frankfurt School*, 171, 178, 306–7; Mannheim, *Selected Correspondence*, 113.

78  Peter Laslett, "Karl Mannheim in 1939: A Student's Recollection," *Revue Européenne des Sciences Sociales et Cahiers Vilfredo Pareto* 17 (1979): 223–26.

79  Stephen Mennell, *Norbert Elias* (Oxford: Blackwell, 1989).

80  Carsten, "From Revolutionary Socialism," 30.

81  Rodney Livingstone, "The Contribution of German-Speaking Jewish Refugees to German Studies in Britain," in Mosse, *Second Chance*, 137–52, at 147.

82  William E. Scheuerman, "Professor Kelsen's Amazing Disappearing Act," in Felix Rösch (ed.), *Émigré Scholars and the Genesis of International Relations* (Basingstoke: Ashgate, 2014), 81–102.

83  Alfons Söllner, "Von Staatsrecht zur 'political science'— die Emigration deutscher Wissenschaftler nach 1933, ihr Einfluss auf die Transformation einer Disziplin," in Herbert A. Strauss et al. (eds.), *Die Emigration der Wissenschaften nach 1933* (Munich: Saur, 1991), 137–64; Rösch, *Émigré Scholars*; Gerhard Loewenberg, "The Influence of

European Émigré Scholars on Comparative Politics, 1925–1965," *American Political Science Review* 100 (2006): 597–604.

84 Herbert Feigl, "The *Wiener Kreis* in America," in Fleming and Bailyn, *The Intellectual Migration*, 630–73; Coser, *Refugee Scholars*, 202–7, 298–306; Eugene R. Sheppard, *Leo Strauss and the Politics of Exile: The Making of a Political Philosopher* (Hanover, NH: University Press of New England, 2006).

85 Fermi, *Illustrious Immigrants*, 139–73; Jean M. Mandler and George Mandler, "The Diaspora of Experimental Psychology," in Fleming and Bailyn, *The Intellectual Migration*, 371–419; Jahoda, "The Migration of Psychoanalysis"; Mitchell G. Ash, "Disziplinentwicklung und Wissenschaftstransfer— deutschsprachige Psychologen in der Emigration," *Berichte zur Wissenschaftsgeschichte* 7 (1984), 207–26; Coser, *Refugee Scholars*, 19, 22–27.

86 Mannheim, "The Function of the Refugee."

87 Hughes, *Sea Change*, 114; Lazarsfeld, "An Episode," 271, 302.

88 Walter Kaufmann, "The Reception of Existentialism in the United States," in Boyers, *The Legacy*, 69–96, at 79–80; David Pickus, "At Home with Nietzsche, at War with Germany: Walter Kaufmann and the Struggles of Nietzsche Interpretation," in Richard Bodek and Simon Lewis (eds.), *The Fruits of Exile* (Columbia: University of South Carolina Press, 2010), 156–76; Peter Breiner, "Translating Max Weber," in Rösch, *Émigré Scholars*, 40–58.

89 Jay, *Permanent Exiles*, 142.

90 Kenneth D. Barkin, "Émigré Historians in America, 1950–1980," in Lehmann and Sheehan, *An Interrupted Past*, 149–69, at 153.

91 Carsten, "From Revolutionary Socialism," 36.

92 Auerbach, *Mimesis*, 557.斯皮策也曾抱怨,在伊斯坦布尔大学"几乎没有什么书"(转引自Konuk, "Jewish- German Philologists," 43),另莉塞洛特·迪克曼也有过类似的评论(Erichsen, "Türkische Exil," 345)。

93 Yosef Kaplan, "Between Yitzhak Baer and Claudio Sánchez Albornoz: The Rift That Never Healed," in Richard I. Cohen et al. (eds.), *Jewish Culture in Early Modern Europe* (Pittsburgh: University of Pittsburgh Press, 2014), 356–68.桑切斯-阿尔伯诺兹作品中有关反犹主义的例子,参见Peter Russell, "The Nessus-Shirt of Spanish History," *Bulletin of Hispanic Studies* 36 (1959): 219–25, at 223; and Peter Linehan, *History and the Historians of Medieval Spain* (Oxford: Clarendon Press, 1993), 51。

94 Erwin Panofsky, "In Defense of the Ivory Tower," *Centennial Review* 1 (1957): 111-12; Jan Białostocki, "Erwin Panofsky: Thinker, Historian, Human Being," *Simiolus* 4 (1970): 68-89, at 70.

95 H. Stuart Hughes, "Franz Neumann," in Fleming and Bailyn, *The Intellectual Migration*, 446-62, at 449, 462.

96 Lucie Varga, "La genèse du national-socialisme: Notes d'analyse sociale," *Annales d'Histoire Économique et Sociale* 9 (1937): 529-46; Norbert Elias, "Problems of Involvement and Detachment," *British Journal of Sociology* 7 (1956): 226-52.

97 Hobsbawm, *Interesting Times*, 98.

98 Eric J. Hobsbawm, *Nations and Nationalism since 1780* (Cambridge: Cambridge University Press, 1990), 1, 130, 168; Ernest Gellner, *Nations and Nationalism* (Oxford: Blackwell, 1983).

99 Hans Baron, *The Crisis of the Early Italian Renaissance* (2 vols., Princeton: Princeton University Press, 1955), vol. 1, x, xii, 8, 10; vol. 2, 389; Anthony Molho, "Hans Baron's Crisis," in David S. Peterson and Daniel E. Bornstein (eds.), *Florence and Beyond* (Toronto: University of Toronto Press, 2008), 61-90.

100 Rubinstein, *Die französische Emigration*.

101 Anderson, *Components*, 19.

102 Panofsky, *Meaning in the Visual Arts*, 329.

103 Weidenfeld, *Remembering My Good Friends*, 115.

104 Jennifer Platt, "Some Issues in Intellectual Method and Approach," in Timms and Hughes, *Intellectual Migration*, 7-20, at 14.

105 Reuben Abel, "Felix Kaufmann," in Boyers, *The Legacy*, 288-91. 参见Feigl, "The *Wiener Kreis* in America"。

106 Coser, *Refugee Scholars*, 211-12; 参见Alfons Söllner, "From International Law to International Relations: Émigré Scholars in American Political Science and International Relations," in Rösch, *Émigré Scholars*, 197-211, at 204.

107 Edward Shils, "The Calling of Sociology," in Talcott Parsons et al. (eds.), *Theories of Society* (New York: Free Press, 1961), 1405-50, at 1407.

108 Adorno, "Scientific Experiences," 340; Jay, *Permanent Exiles*, 107-37, at 123-24.

109 麦基弗转引自John Higham and Paul Conkin (eds.), *New Directions in American Intellectual History* (Baltimore: Johns Hopkins University Press, 1979), 8; Adorno, "Scientific Experiences," 343。

110 Lazarsfeld, "An Episode," 322.
111 关于霍克海默，参见James Schmidt, "*The Eclipse of Reason* and the End of the Frankfurt School in America," in Bodek and Lewis, *The Fruits of Exile*, 1-28, at 7；关于凯尔森，参见 Jeremy Telman, "Selective Affinities," ibid., 40-58, at 43-45; and Scheuerman, "Professor Kelsen's Amazing Disappearing Act"。
112 Jay, *Permanent Exiles*, 35, 107.
113 Shils, "The Calling of Sociology," 1407.
114 Wheatland, *Frankfurt School*, 128, 131.
115 Theodor Adorno, Else Frenkel-Brunswik, Daniel J. Levinson, and Nevitt Sanford, *The Authoritarian Personality* (New York: Norton, 1950).
116 Adorno et al., *The Authoritarian Personality*; Hughes, *Sea Change*, 3, 150, 152-53.
117 Jahoda, "Migration of Psychoanalysis," 421.
118 Nicolai Rubinstein, "Germany, Italy and England," in Peter Alter (ed.), *Out of the Third Reich: Refugee Historians in Post-war Britain* (London: I. B. Tauris, 1998), 237-46, at 242.
119 Regina Weber, "Zur Remigration des Germanisten Richard Alewyn," in Herbert A. Strauss et al. (eds.), *Die Emigration der Wissenschaften nach 1933* (Munich: Saur, 1991), 235-56.
120 Hoch and Platt, "Migration," 139.
121 Tillich, "The Conquest," 155.
122 Neumann, "Social Sciences," 24;诺伊曼关于1939年在芝加哥举办的一次社会科学研讨会的备忘录，转引自Thomas Wheatland, "Frank L. Neumann: Negotiating Political Exile," *German Historical Institute Bulletin*, suppl. 10 (2014): 111-38, at 119-20.
123 Norbert Elias, "The Retreat of Sociologists into the Present," *Theory, Culture and Society* 4 (1987): 223-47.
124 Leonard Bloomfield, "Language or Ideas?" *Language* 12 (1936-38): 89-95; Leo Spitzer, "Answer to Mr. Bloomfield," *Language* 20 (1944): 245-51.
125 私人通信，20世纪90年代。
126 Andrew Graham-Yoole, "The Wild Oats They Sowed: Latin American Exiles in Europe," *Third World Quarterly* 9 (1987): 246-53.
127 Eduardo P. Archetti, *Masculinities: Football, Polo and the Tango in Argentina* (Oxford: Berg, 1999); Sznajder and Roniger, *The Politics of Exile*, 214.
128 Shula Marks, "South African Refugees in the UK," in Marks, Weindling, and Wintour, *In Defence of Learning*, 257-79.

# 参考书目

Abel, Reuben. "Felix Kaufmann." In *The Legacy of the German Refugee Intellectuals*, edited by Robert Boyers, 288–91. New York: Schocken, 1972.

Abellán, José Luis, ed. *El exilio español de 1939*. 2 vols. Madrid: Taurus, 1976.

Adelman, Jeremy. *Worldly Philosopher: The Odyssey of Albert O. Hirschman*. Princeton: Princeton University Press, 2013.

Adorni Braccesi, Simonetta, and Simone Ragagli. "Lando, Ortensio." In *Dizionario biografico degli Italiani*, vol. 63. Rome: Istituto dell'Enciclopedia Italiana, 2004. www.treccani.it/enciclopedia/ortensio-lando_(Dizionario_Biografico)/.

Adorno, Theodor. *Minima Moralia*. Frankfurt: Suhrkampf, 1951.

——. "Scientific Experiences of a European Scholar in America." In *The Intellectual Migration: Europe and America, 1930–1960*, edited by Donald Fleming and Bernard Bailyn, 33–70. Cambridge, MA: Harvard University Press, 1968.

——, Else Frenkel-Brunswik, Daniel J. Levinson, and Nevitt Sanford. *The Authoritarian Personality*. New York: Norton, 1950.

Alencastro, Luiz Felipe de. "Henri Hauser et le Brésil." In *Henri Hauser*, edited by Séverine-Antigone Marin and Georges-Henri Soutou, 281–96. Paris: Presses de l'Université Paris-Sorbonne, 2006.

Almagor, Joseph. *Pierre Des Maizeaux*. Amsterdam: APA-Holland University Press, 1989.

Anderson, Perry. "Components of the National Culture." *New Left Review* 50 (1968): 3–58.

Andrade, António Júlio de, and Maria Fernanda Guimarães, *Jacob de Carlos Sarmento*. Lisbon: Vega, 2010.

Andrés y Morell, Juan. *Dell'origine, progressi e stato d'ogni attuale letteratura*. Parma: Stamperia Reale, 1782–1799.

Andreyev, Catherine, and Ivan Savický. *Russia Abroad: Prague and the Russian Diaspora, 1919–38*. New Haven: Yale University Press, 2004.

App, Urs. *The Birth of Orientalism*. Philadelphia: University of Pennsylvania Press, 2010.

Apter, Emily. "Global *Translatio*: The 'Invention' of Comparative Literature, Istanbul 1933." *Critical Inquiry* 29 (2003): 253–81.

Arblaster, Paul. *Antwerp and the World: Richard Verstegan and the International Culture of Catholic Reformation*. Leuven: Leuven University Press, 2004.

Arbousse-Bastide, Paul. "O que o Brasil me ensinou." *Revista da Faculdade de Educação* 10 (1984): 331–44.

Archetti, Eduardo P. *Masculinities: Football, Polo and the Tango in Argentina*. Oxford: Berg, 1999.

Arendt, Hannah. "We Refugees." In *The Jew as Pariah: Hannah Arendt*, edited by Ron H. Feldman, 55–66. New York: Grove Press, 1978.

Ash, Mitchell G. "Disziplinentwicklung und Wissenschaftstransfer— deutschsprachige Psychologen in der Emigration." *Berichte zur Wissenschaftsgeschichte* 7 (1984): 207–26.

——. "Forced Migration and Scientific Change." In *The Migration of Ideas*, edited by Roberto Scazzieri and Raffaella Simili, 161–78. Sagamore Beach, MA: Science History Publications, 2008.

Ashton, Rosemary. *Little Germany: Exile and Asylum in Victorian England*. Oxford: Oxford University Press, 1986.

Auerbach, Erich. *Mimesis: The Representation of Reality in Western Literature* (1947). English trans. Princeton: Princeton University Press, 1953.

Babinger, Franz. *Gottlieb Siegfried Bayer*. Munich: Schön, 1915.

Baer, Yitzhak. *Galut* (1936). English trans. New York: Schocken, 1947.

Baets, Antoon de. "Exile and Acculturation: Refugee Historians since the Second World War," *International History Review* 28 (2006): 316–35.

Baldensperger, Fernand. *Le mouvement des idées dans l'émigration française, 1789–1815*. 2 vols. Paris: Plon, 1924.

Barkin, Kenneth D. "Émigré Historians in America, 1950–1980." In *An Interrupted Past: German-Speaking Refugee Historians in the United States after 1933*, edited by Hartmut Lehmann and James J. Sheehan, 149–69. Washington, DC: German Historical Institute, 1991.

Barnett, Pamela R. *Theodore Haak FRS*. The Hague: Mouton, 1962.

Baron, Hans. *The Crisis of the Early Italian Renaissance*. 2 vols. Princeton: Princeton University Press, 1955.

Barreto Xavier, Ângela, and Ines G. Županov, *Catholic Orientalism:Portuguese Empire, Indian Knowledge (16th–18th Centuries)*. Delhi: Oxford University Press, 2015.

Basnage, Jacques. *Histoire des Juifs*. 6 vols. Rotterdam: Leers, 1706–7.

Batllori, Miquel. *La cultura hispano-italiana de los jesuitas expulsos*. Madrid: Gredos, 1966.

Bauman, Zygmunt. *Modernity and the Holocaust*. Cambridge: Polity Press, 1989.

Bayle, Pierre. *Dictionnaire Historique et Critique* (1697). 5th ed. Amsterdam: Brunel, 1740.

Bayly, Christopher A. *Empire and Information: Intelligence Gathering and Social Communication in India, 1780–1870*. Cambridge: Cambridge University Press, 1996.

Beinart, Haim. *The Expulsion of the Jews from Spain*. English trans. Oxford: Littman Library, 2002.

Bellot, Jacques. *Familiar Dialogues* (1586). Facsimile repr. Menston: Scolar Press, 1969.

Benedict, Philip. *Rouen during the Wars of Religion*. Cambridge: Cambridge University Press, 1981.

Berec, Laurent. *Claude de Sainliens: Un Huguenot bourbonnais au temps de Shakespeare*. Paris: Orizons, 2012.

Berghahn, Marion. "Women Emigrés in England." In *Between Sorrow and Strength: Women Refugees of the Nazi Period*, edited by Sybille Quack, 69–80. Cambridge: Cambridge University Press, 1995.

Berkel, Klaas van. "The Natural Sciences in the Colonies." In *A History of Science in the Netherlands*, edited by Berkel, Albert van Helden, and Lodewijk Palm, 210–28. Leiden: Brill, 1999.

———. "Een onwillige mecenas? De rol van de VOC bij het natuurwetenschappelijk onderzoek in de zeventiende eeuw." In *VOC en Cultuur*, edited by J. Bethlehem and A. C. Meijer, 59–76. Amsterdam: Schiphouwer and Brinkman, 1993.

Berkvens-Stevelinck, Christiane. *Prosper Marchand*. Leiden: Brill, 1987.

———. "Prosper Marchand, intermédiaire du Refuge Huguenot." In *Les grands intermédiaires de la République des Lettres*, edited by Berkvens- Stevelinck, Hans Bots, and Jens Häseler, 361–86. Paris: Champion, 2005.

Bernard, Henri. "Les sources mongoles et chinoises de l'Atlas Martini." In *Martino Martini SJ und die Chinamission*, edited by Roman Malek and Arnold Zingerle, 223–40. Nettetal: Institut Monumenta Serica, 2000.

Białostocki, Jan. "Erwin Panofsky: Thinker, Historian, Human Being." *Simiolus* 4 (1970): 68–89.

Black, Joseph L. *G.-F. Müller and the Imperial Russian Academy*. Kingston and Montreal: McGill-Queen's University Press, 1986.

Blekastad, Milad. *Comenius*. Oslo: Universitetsforlaget, 1969.

Blok, Anton. *The Blessings of Adversity*. Cambridge: Polity Press, 2016.

Bloomfield, Leonard. "Language or Ideas?" *Language* 12 (1936–38): 89–95.

Blussé, Leonard, and Ilonka Ooms, eds. *Kennis en Compagnie: De VOC en de moderne Wetenschap*. Amsterdam: Balans, 2002.

Boeri, Tito, et al., eds. *Brain Drain and Brain Gain*. Oxford: Oxford University Press, 2012.

Bond, Donald F. "Armand de la Chapelle and the First French Version of *The Tatler*." In *Restoration and Eighteenth-Century Literature*, edited by Carroll Camden, 161–84. Chicago: University of Chicago Press, 1963.

Bost, Hubert. *Un intellectuel avant la lettre: Le journaliste Pierre Bayle*. Amsterdam-Maarssen: APA-Holland University Press, 1994.

———. *Ces Messieurs de la R. P. R.* Paris: Champion, 2001.

———. *Pierre Bayle historien, critique et moraliste*. Turnhout: Brepols, 2006.

Bots, Hans. "Les pasteurs français au refuge des Provinces-Unies." In *La viè intellectuelle aux refuges protestants*, edited by Jens Häseler and Antony McKenna, 9–18. Paris: Champion, 1999.

———. "Pierre Bayle's *Dictionnaire* and a New Attitude towards the Islam." In *What's Left Behind: The Lieux de Mémoire of Europe beyond Europe*, edited by Marjet Derks et al., 183–89. Nijmegen: Vantilt, 2015.

———. "Les Provinces-Unies, centre d'information européenne au XVIIe siècle." *Quaderni del Seicento Francese* 5 (1983): 283–306.

———. "Le role des périodiques néerlandais pour la diffusion du livre (1684–1747)." In *Le magasin de l'univers: The Dutch Republic as the Centre of the European Book Trade*, edited by Christiane Berkvens- Stevelinck, 49–70. Leiden: Brill, 1992.

Boxer, Charles R. *Jan Compagnie in Japan, 1600–1817* (1936). 2nd ed. London: Oxford University Press, 1968.

Boyers, Robert, ed. *The Legacy of the German Refugee Intellectuals*. New York: Schocken, 1972.

Bozay, Kemal. *Exil Türkei: Ein Forschungsbeitrag zur deutschsprachigen Emigration in der*

*Türkei (1933–1945)*. Münster: LIT, 2001.

Brading, David. *The First America: The Spanish Monarchy, Creole Patriots and the Liberal State 1492–1866*. Cambridge: Cambridge University Press, 1991.

Branch, Michael. "The Academy of Sciences in St Petersburg as a Centre of Finno-Ugrian Studies, 1725–1860" (1994). ajsjogren.weebly.com/ . . ./m_branch_academy_in_st_petersburg_part_1.pdf.

Braudel, Fernand. "Histoire et sciences sociales: La longue durée" (1958). Repr. in *Les Ambitions de l'histoire*, 149–79. Paris: Fallois, 1997.

———. *La Méditerranée et le monde méditerranéen à l'époque de Philippe II* (1949). 2nd ed. Paris: Armand Colin, 1966.

———. "A travers un continent d'histoire: Le Brésil et l'oeuvre de Gilberto Freyre." *Mélanges d'Histoire Sociale* 4 (1943): 3–20.

Breiner, Peter. "Translating Max Weber." In *Émigré Scholars and the Genesis of International Relations*, edited by Felix Rösch, 40–58. Basingstoke: Ashgate, 2014.

Bucher, Gudrun. *"Von Beschreibung der Sitten und Gebräuche der Völker": Die Instruktionen Gerhard Friedrich Müllers und ihre Bedeutung für die Geschichte der Ethnologie und der Geschichtswissenschaft*. Wiesbaden: Harrassowitz, 2002.

Burk, Lâle Aka. "An Open Door: German Refugee Scholars in Turkey." In *The Dispossessed*, edited by Peter I. Rose, 235–56. Amherst: University of Massachusetts Press, 2005.

Burke, Peter. *The French Historical Revolution: The Annales School, 1929– 2014* (1990). Rev. and enl. ed. Cambridge: Polity Press, 2015.

———. "History as Allegory." *Inti* 45 (1997): 337–51.

———. "The Jesuits and the Art of Translation in Early Modern Europe." In *The Jesuits, II: Cultures, Sciences and the Arts, 1540–1773*, edited by John O'Malley et al., 24–32. Toronto: University of Toronto Press, 2006.

———. "The Myth of 1453: Notes and Reflections." In *Querdenken: Dissens und Toleranz im Wandel der Geschichte: Festschrift Hans Guggisberg*, edited by Michael Erbe et al., 23–30. Mannheim: Palatium, 1996.

———. *A Social History of Knowledge from the Encyclopédie to Wikipedia*. Cambridge: Polity Press, 2012.

———. *A Social History of Knowledge from Gutenberg to Diderot*. Cambridge: Polity Press, 2000.

———. "The Spread of Italian Humanism." In *The Impact of Humanism on Western Europe*, edited by Anthony Goodman and Angus Mackay, 1–22. London: Longman, 1990.

———, and Maria Lúcia Pallares-Burke. *Gilberto Freyre: Social Theory in the Tropics*. Oxford: Peter Lang, 2008.

Burriez Sánchez, Javier. "Los misioneros de la restauración católica: La formación en los colegios ingleses." In *Missions d'évangélisation et circulation des savoirs: XVIe-XVIIIe siècle*, edited by Charlotte de Castelnau-L'Estoile, 87–110. Madrid: Casa de Velázquez, 2011.

Butterfield, Herbert. *George III and the Historians*. Rev. ed. New York: Macmillan, 1959.

Calhoun, Craig, ed. *Sociology in America: A History*. Chicago: University of Chicago Press, 2007.

Cantimori, Delio. *Eretici italiani del Cinquecento*. Florence: Sansoni, 1939. Carpenter, Kirsty. *Refugees of the French Revolution: Émigrés in London, 1789–1802*. Basingstoke: Macmillan, 1999.

Carsten, Francis. "From Revolutionary Socialism to German History." In *Out of the Third Reich: Refugee Historians in Post-war Britain*, edited by Peter Alter, 25–40. London: I. B. Tauris, 1998.

Castro, Américo. *The Structure of Spanish History*. Princeton: Princeton University Press, 1954.

Caudet, Francisco. *El exilio republicano de 1939*. Madrid: Catedra, 2005.

Cerny, Gerald. *Theology, Politics and Letters at the Crossroads of European Civilization: Jacques Basnage and the Baylean Huguenot Refugees in the Dutch Republic*. The Hague: Nijhoff, 1987.

Christmann, Hans Helmut, and Frank-Rutger Hausmann, eds. *Deutsche und österreichische Romanisten als Verfolgte des National Sozialismus*. Tübingen: Stauffenburg, 1989.

Cian, Vittorio. *L'immigrazione dei gesuiti spagnuoli letterati in Italia*. Turin: Clausen, 1895.

Cipolla, Carlo. "The Diffusion of Innovations in Early Modern Europe," *Comparative Studies in Society and History* 14 (1972): 46–52.

Clark, Kenneth. *Another Part of the Wood*. London: Murray, 1974.

———. "A Lecture that Changed my Life." In *Mnemosyne*, edited by Stephan Füssell, 47–48. Göttingen: Gratia-Verlag, 1979.

Clements, Rebekah. *A Cultural History of Translation in Early Modern Japan*. Cambridge: Cambridge University Press, 2015.

Clossey, Luke. *Salvation and Globalization in the Early Jesuit Missions*. Cambridge:

Cambridge University Press, 2008.

Cohn, Bernard S. *Colonialism and Its Forms of Knowledge: The British in India*. Princeton: Princeton University Press, 1996.

Colcutt, Martin. *Five Mountains*. Cambridge, MA: Harvard University Press, 1981.

Colley, Linda. *Lewis Namier*. London: Weidenfeld and Nicolson, 1989.

Congdon, Lee. *Exile and Social Thought: Hungarian Intellectuals in Germany and Austria, 1919–1933*. Princeton: Princeton University Press, 1991.

Considine, John P. *Dictionaries in Early Modern Europe*. Cambridge: Cambridge University Press, 2008.

Cook, Harold J. "Amsterdam, entrepôt des savoirs au XVIIe siècle." *Revue d'Histoire Moderne et Contemporaine* 55 (2008): 19–42.

———. "Global Economies and Local Knowledge in the East Indies." In *Colonial Botany*, edited by Londa Schiebinger and Claudia Swan, 100–118. Philadelphia: University of Pennsylvania Press, 2005.

———. *Matters of Exchange: Commerce, Medicine and Science in the Dutch Golden Age*. New Haven: Yale University Press, 2007.

Cortesão, Armando, ed. *The* Suma Oriental *of Tomé Pires*. 2 vols. London: Hakluyt Society, 1944.

Coser, Lewis A. *Refugee Scholars in America: Their Impact and Their Experiences*. New Haven: Yale University Press, 1984.

Couto, Dejanirah. "The Role of Interpreters, or *Linguas*, in the Portuguese Empire in the Sixteenth Century." c. 1998. www.brown.edu/Departments/Portuguese_Brazilian_Studies/ejph/html/issue2/html.

Cracraft, James. *The Petrine Revolution in Russian Culture*. Cambridge, MA: Harvard University Press, 2004.

Crawford, Michael H. "L'insegnamento di Arnaldo Momigliano in Gran Bretagna." In *Omaggio ad Arnaldo Momigliano*, edited by Lellia Cracco Ruggini, 27–42. Como: New Press, 1989.

Cross, Anthony. *By the Banks of the Neva: Chapters from the Lives and Careers of the British in Eighteenth-Century Russia*. Cambridge: Cambridge University Press, 1997.

Dahl, Folke. "Amsterdam — Earliest Newspaper Centre of Western Europe," *Het Boek* 25 (1939): 160–97.

Dames, Mansel, ed. *The Book of Duarte Barbosa*. 2 vols. London: Hakluyt Society, 1918–21.

Darnton, Robert. *The Forbidden Best-Sellers of Pre-Revolutionary France*. New York: Norton, 1995.

Davies, David W. *The World of the Elseviers, 1580–1712*. The Hague: Nijhoff, 1954.

Davis Jr., Donald R. "Law in the Mirror of Language." In *The Madras School of Orientalism*, edited by Thomas R. Trautmann, 288–309. Oxford: Oxford University Press, 2009.

Davis, Jack L. "Roger Williams among the Narragansett Indians." *New England Quarterly* 43 (1970): 593–604.

Davis, Natalie Z. *Trickster Travels: A Sixteenth-Century Muslim between Worlds*. London: Faber, 2007.

Delmas, Adrian. "From Travelling to History: An Outline of the VOC Writing System during the Seventeenth Century." In *Written Culture in a Colonial Context*, edited by Delmas and Nigel Penn, 97–126. Leiden: Brill, 2012.

Demarchi, Franco, and Riccardo Scartezzini, eds. *Martino Martini umanista e scienziato nella Cina del secolo XVII*. Trento: Università di Trento, 1995.

Desmond, Ray. *The European Discovery of the Indian Flora*. Oxford: Oxford University Press, 1992.

Dodson, Michael S. *Orientalism, Empire and National Culture: India, 1770–1880*. Basingstoke: Palgrave Macmillan, 2007.

Dörner, Anke. *La Vita Spezzata: Leonardo Olschki, ein jüdische Romanist zwischen Integration und Emigration*. Tübingen: Stauffenburg, 2005.

Drayton, Richard H. *Nature's Government*. New Haven: Yale University Press, 2000.

Dröscher, Ariane. "Gli italiani e l'estero: Flussi di migrazione intellettuale." In *Storia d'Italia, Annali* 26, edited by Francesco Cassata and Claudio Pogliano, 807–32. Turin: Einaudi, 2011.

Edney, Matthew H. *Mapping an Empire: The Geographical Construction of British India, 1765–1843*. Chicago: University of Chicago Press, 1990.

Ehrenpreis, Stefan. "Empiricism and Image-Building: The Creation and Dissemination of Knowledge in Dutch Brazil, 1636–1750." In *Transformations of Knowledge in Dutch Expansion*, edited by Susanne Friedrich, Arndt Brendecke, and Stefan Ehrenpreis, 69–92. Berlin: De Gruyter, 2015.

Eisenstein, Elizabeth. *Grub Street Abroad: Aspects of the French Cosmopolitan Press from the Age of Louis XIV to the French Revolution*. Oxford: Clarendon Press, 1992.

Eisler, Colin. "*Kunstgeschichte* American Style: A Study in Migration." In *The Intellectual*

*Migration: Europe and America, 1930–1960*, edited by Donald Fleming and Bernard Bailyn, 544–629. Cambridge, MA: Harvard University Press, 1968.

Elias, Norbert. "Problems of Involvement and Detachment." *British Journal of Sociology* 7 (1956): 226–52.

———. "The Retreat of Sociologists into the Present." *Theory, Culture and Society* 4 (1987): 223–47.

———. "Sociology and Psychiatry." In *Psychiatry in a Changing Society*, edited by Siegmund H. Foulkes and G. Stewart Prince, 117–44. London: Tavistock, 1969.

———, and John Scotson. *The Established and the Outsiders*. London: Cass, 1965.

Elkanah, Yehudah. *Leben in Contexten*. Berlin: Wissenschaftskolleg, 2015.

Elton, Geoffrey R. *The English*. Oxford: Blackwell, 1992.

———. *The Practice of History* (1967). 2nd ed. Oxford: Blackwell, 2002.

———. *Return to Essentials*. Cambridge: Cambridge University Press, 1991.

———. *The Tudor Revolution in Government*. Cambridge: Cambridge University Press, 1953.

Elukin, Jonathan M. "Jacques Basnage and the History of Jews." *Journal of the History of Ideas* 53 (1992): 603–30.

Epstein, Catherine. "Fashioning Fortuna's Whim: German-Speaking Women Emigrant Historians in the United States." In *Between Sorrow and Strength: Women Refugees in Nazi Germany*, edited by Sybille Quack, 301–23. Cambridge: Cambridge University Press, 1995.

———. "*Schicksalsgeschichte*: Refugee Historians in the United States." In *An Interrupted Past: German-Speaking Refugee Historians in the United States after 1933*, edited by Hartmut Lehmann and James Sheehan, 116–35. Washington, DC: German Historical Institute, 1991.

———. "Woman, Refugee, Historian: The Life and Career of Helene Wieruszowski." In *German Scholars in Exile*, edited by Axel Fair-Schulz and Mario Kessler, 85–92. Lanham, MD: Lexington Books, 2011.

Erichsen, Regine. "Das Turkische Exil als Geschichte von Frauen." *Berichte zur Wissenschaftsgeschichte* 28 (2005): 337–53.

Espagne, Michel, and Michael Werner, eds. *Transferts: Les relations interculturelles dans l'espace franco-allemand, XVIIIe et XIXe siècles*. Paris: Éditions Recherche sur les Civilisations, 1988.

Etkind, Alexander. *Internal Colonization: Russia's Imperial Experience*. Cambridge: Polity Press, 2011.

Fabian, Johannes. *Out of Our Minds: Reason and Madness in the Exploration of Central*

*Africa*. Berkeley: University of California Press, 2000.

Feichtinger, Johannes. "The Significance of Austrian Emigré Art Historians for English Art Scholarship." In *Intellectual Migration and Cultural Transformation*, edited by Edward Timms and Jon Hughes, 51–70. Vienna and New York: Springer, 2003.

Feigl, Herbert. "The *Wiener Kreis* in America." In *The Intellectual Migration: Europe and America, 1930–1960*, edited by Donald Fleming and Bernard Bailyn, 630–73. Cambridge, MA: Harvard University Press, 1968.

Feingold, Mordechai. "Jesuits: Savants." In *Jesuit Science and the Republic of Letters*, edited by Feingold, 1–46. Cambridge, MA: MIT Press, 2003.

Fél, Edit, and Tamás Hofer. *Proper Peasants: Traditional Life in a Hungarian Village*. Chicago: Aldine, 1969.

Feldhay, Rivka. "Knowledge and Salvation in Jesuit Culture." *Science in Context* 1 (1987): 195–213.

Fenton, William N., and Elizabeth L. Moore, "J.-F. Lafitau (1681–1746), Precursor of Scientific Anthropology." *Southwestern Journal of Anthropology* 25 (196): 173–87.

Fermi, Laura. *Illustrious Immigrants: The Intellectual Migration from Europe 1930–41*. Chicago: University of Chicago Press, 1968.

Fischer-Tiné, Harald. *Pidgin-Knowledge: Wissen und Kolonialismus*. Zurich and Berlin: Diaphanes, 2013.

Fleming, Donald, and Bernard Bailyn, eds. *The Intellectual Migration: Europe and America, 1930–1960*. Cambridge, MA: Harvard University Press, 1969.

Fleming, Juliet. "The French Garden: An Introduction to Women's French." *English Literary History* 56 (1989): 19–51.

Floud, Jean. "Karl Mannheim." *New Society* 29 (Dec. 1966): 971.

Frank, Tibor. *Double Exile: Migrations of Jewish-Hungarian Professionals through Germany to the United States, 1919–1945*. Oxford: Oxford University Press, 2009.

Franklin, Michael J. *Orientalist Jones*. Oxford: Oxford University Press, 2011.

Freeland, Cynthia. *Art Theory: A Very Short Introduction*. Oxford: Oxford University Press, 2003.

Freyre, Gilberto. *Ingleses*. Rio de Janeiro: Olympio, 1942.

Friedrich, Markus. *Der lange Arm Roms? Globale Verwaltung und Kommunikation im Jesuitenorden, 1540–1773*. Frankfurt: Campus, 2011.

Frye, Richard N. *The Golden Age of Persia*. London: Weidenfeld and Nicolson, 1975.

Fuks, Lajb, and Renata G. Fuks-Mansfeld, *Hebrew Typography in the Northern Netherlands, 1585–1815*. Leiden: Brill, 1984.

Fuks-Mansfield, Renata G. "The Hebrew Book Trade in Amsterdam in the 17th Century." In *Le magasin de l'univers: The Dutch Republic as the Centre of the European Book Trade*, edited by Christiane Berkvens- Stevelinck et al., 155–68. Leiden: Brill, 1992.

Games, Stephen. *Pevsner: The Early Life*. London: Continuum, 2010. Gaos, José. "La adaptación de un español a la sociedad hispano-americana." *Revista de Occidente* 14 (1966): 168–78.

——. *En torno a la filosofía Mexicana*. Mexico: Alianza, 1980. Garrett, Christina H. *The Marian Exiles*. Cambridge, 1938.

Geanakoplos, Deno J. *Greek Scholars in Venice*. Cambridge, MA: Harvard University Press, 1962.

Gelder, Roelof van. "Engelbert Kaempfer as a Scientist in the Service of the Dutch East India Company." In *Engelbert Kaempfer: Ein Gelehrtenleben zwischen Tradition und Innovation*, edited by Detlef Haberland, 211–25. Wiesbaden: Harassowitz, 2004.

Geldner, Ferdinand. *Die deutsche Inkunabeldrucker*. 2 vols. Stuttgart: Hiersemann, 1968–70.

Gellner, Ernest. *Words and Things*. London: Gollancz, 1959.

Gelzer, Matthias. *Die Nobilität der römanischen Republik*. Leipzig and Berlin: Teubner, 1912.

Genot-Bismuth, Jacqueline. "L'argument de l'histoire dans la tradition espagnole de polémique judéo-chrétienne." In *From Iberia to Diaspora*, edited by Yedida K. Stillman and Norman A. Stillman, 197–213. Leiden: Brill, 1999.

Gerbi, Antonello. *La disputa del nuovo mondo: Storia di una polemica (1750–1900)*. 2nd ed. Milan: Adelphi, 2000.

Gibbon, Edward. *Decline and Fall of the Roman Empire*, edited by David Womersley. London: Allen Lane, 1994.

Gibbs, Grahame C. "The Role of the Dutch Republic as the Intellectual Entrepôt of Europe in the Seventeenth and Eighteenth Centuries." *Bijdragen en Mededelingen betreffende de Geschiedenis van de Nederlanden* 86 (1971): 323–49.

——. "Some Intellectual and Political Influences of the Huguenot Emigrés in the United Provinces." *Bijdragen en Mededelingen betreffende de Geschiedenis der Nederlanden* 90 (1975): 264–87.

Ginzburg, Carlo. *Wooden Eyes: Nine Reflections on Distance* (1998). English trans. London: Verso, 2002.

González Montero, Marisa. *Lorenzo Hervás y Panduro, el gran olvidado de la Ilustración Española*. Madrid: Iberediciones, 1994.

Gordin, Michael. *Scientific Babel: The Language of Science*. London: Profile Books, 2015.

Gousseff, Cathérine. *L'exil russe: La fabrique du réfugié apatride*. Paris: CNRS, 2008.

Gouzévitch, Irina. "Le transfert des connaissances et les réformes de Pierre I." *Bulletin de la Sabix* 33 (2003): 74–121.

Graham, Richard. "An Interview with Sergio Buarque de Holanda." *Hispanic American Historical Review* 62 (1982): 3–18.

Graham-Yoole, Andrew. "The Wild Oats They Sowed: Latin American Exiles in Europe." *Third World Quarterly* 9 (1987): 246–53.

Gray, Rockwell. "The Spanish Diaspora: A Culture in Exile." *Salmagundi* 77 (1988): 53–83.

Greenberg, Karen J. "Refugee Historians and American Academe." In *An Interrupted Past: German-Speaking Refugee Historians in the United States after 1933*, edited by Hartmut Lehmann and James Sheehan, 94–101. Washington, DC: German Historical Institute, 1991.

Greengrass, Mark, Michael Leslie, and Timothy Raylor, eds. *Samuel Hartlib and Universal Reformation*. Cambridge: Cambridge University Press, 1994.

Grell, Ole P., Andrew Cunningham, and Jon Arrizabalaga, eds. *Centres of Medical Excellence? Medical Travel and Education in Europe, 1500–1789*. Aldershot: Ashgate, 2010.

Grenville, John. "From Gardener to Professor." In *Out of the Third Reich: Refugee Historians in Post-war Britain*, edited by Peter Alter, 55–72. London: I. B. Tauris, 1998.

Grove, Richard. "The Transfer of Botanical Knowledge between Asia and Europe, 1498–1800." *Journal of the Japan-Netherlands Institute* 3 (1991): 160–76.

Gruen, Erich S. *Diaspora: Jews amidst Greeks and Romans*. Cambridge, MA: Harvard University Press, 2002.

——. "Polybius and Josephus on Rome." In *Polybius and his World*, edited by Bruce Gibson and Thomas Harrison, 255–65. Oxford: Oxford University Press, 2013.

Guasti, Niccolò. "The Exile of the Spanish Jesuits in Italy." In *The Jesuit Suppression in Global Context*, edited by Jeffrey D. Burston and Jonathan Wright, 248–61. Cambridge: Cambridge University Press, 2015.

Guerrier, Vladimir I. *Leibniz in seinen Beziehungen zu Russland und Peter den Grossen*. St. Petersburg: Akademie der Wissenschaften, 1873.

Gutas, Dimitri. *Greek Thought, Arabic Culture: The Graeco-Arabic Translation Movement in Baghdad and Early Abbasid Society*. London: Routledge, 1998.

Haase, Erich. *Einführung in der Literatur der Refuge*. Berlin: Duncker and Humblot, 1959.

Haberland, Detlef. *Engelbert Kaempfer, 1651–1716*. London: British Library, 1996.

Haim, Sylvia G., ed. *Arab Nationalism*. Berkeley: University of California Press, 1962.

Hall, John A. *Ernest Gellner*. London: Verso, 2010.

Hammel, Andrea. "Gender and Migration." In *Intellectual Migration and Cultural Transformation*, edited by Edward Timms and Jon Hughes, 207–18. Vienna and New York: Springer, 2003.

Hansson, Jonas, and Svante Nordin, *Ernst Cassirer: The Swedish Years*. Bern: Peter Lang, 2006.

Hansson, Stina. *"Afsatt på Swensko": 1600-talets tryckta översättningslitteratur*. Göteborg: Litteraturvetenskapliga institutionen vid Göteborgs universitet, 1982.

Harries, Susie. *Nikolaus Pevsner: The Life*. London: Chatto and Windus, 2011.

Harris, Steven T. "Confession-Building, Long-Distance Networks, and the Organization of Jesuit Science." *Early Science and Medicine* 1 (1996): 287–318.

Hartweg, Frédéric. "Die Hugenotten in Deutschland: Eine Minderheit zwischen zwei Kulturen." In *Die Huguenotten, 1685–1985*, edited by Rudolf von Thadden and Michelle Magdelaine, 172–85. Munich: Beck, 1985.

Häseler, Jens. "Les Huguenots traducteurs." In *La vie intellectuelle aux refuges protestants*, edited by Jens Häseler and Antony McKenna, vol. 2, 15–25. 2 vols. Paris: Champion, 1999–2002.

———. "J. H. S. Formey." In *Les grands intermédiaires de la République des Lettres*, edited by Christiane Berkvens-Stevelinck, Hans Bots, and Jens Häseler, 413–34. Paris: Champion, 2005.

Hassler, Gerda. "Teoría lingüística y antropología en las obras de Lorenzo Hervás y Panduro." In *Los jesuitas españoles expulsos*, edited by Manfred Tietz and Dietrich Briesemeister, 379–400. Frankfurt: Vervuert, 2001.

Hay, Denys. *Polydore Vergil: Renaissance Historian and Man of Letters*. Oxford: Clarendon Press, 1952.

Heller, Marvin J. *The Seventeenth-Century Hebrew Book*. 2 vols. Leiden: Brill, 2011.

Heller, Michel. "L'histoire de l'expulsion des personnalités culturelles hors de l'Union Soviétique en 1922." *Cahiers du Monde Russe et Soviétique* 20 (1979): 131–72.

Hennock, Peter. "Myself as Historian." In *Out of the Third Reich: Refugee Historians in Postwar Britain*, edited by Peter Alter, 73–98. London: I. B. Tauris, 1998.

Hermann, Tomáš, and Karel Kleisner. "The Five 'Homes' of Mikhail M.Novikov." *Jahrbuch für Europäische Wissenschaftskultur* 1 (2005): 87–130.

Hervás y Panduro, Lorenzo. *Catalogo delle lingue conosciute*. Cesena: Biasini, 1784.

Higham, John, and Paul Conkin, eds. *New Directions in American Intellectual History*. Baltimore: Johns Hopkins University Press, 1979.

Hobsbawm, Eric J. "The Historians' Group of the Communist Party." In *Rebels and Their Causes: Essays in Honour of A. L. Morton*, edited by Maurice Cornforth, 21–48. London: Lawrence and Wishart, 1978.

———. *Interesting Times: A Twentieth-Century Life*. London: Weidenfeld and Nicolson, 2002.

———. *Nations and Nationalism since 1780*. Cambridge: Cambridge UP, 1990.

Hoch, Paul K. "Institutional versus Intellectual Migrations in the Nucleation of New Scientific Specialities." *Studies in the History and Philosophy of Science* 18 (1987): 481–500.

———. "The Reception of Central European Refugee Physicists." *Annals of Science* 40 (1983): 217–46.

———. "Some Contributions to Physics by German-Jewish Emigrés in Britain and Elsewhere." In *Second Chance: Two Centuries of German-Speaking Jews in the United Kingdom*, edited by Werner E. Mosse, 229–42. Tübingen: Mohr, 1991.

———, and Jennifer Platt. "Migration and the Denationalization of Science." In *Denationalizing Science*, edited by Elizabeth Crawford et al., 133–52. Dordrecht and Boston: Kluwer, 1993.

Hoffmann, Christhard. "The Contribution of German-speaking Jewish Immigrants to British Historiography." In *Second Chance: Two Centuries of German-Speaking Jews in the United Kingdom*, edited by Werner E. Mosse, 153–76. Tübingen: Mohr, 1991.

Hoffmann, Peter. *Gerhard Friedrich Müller (1705–1783): Historiker, Geograph, Archivar im Dienste Russlands*. Frankfurt: Peter Lang, 2005.

Hoftijzer, Paul. "Metropolis of Print: The Amsterdam Book Trade in the Seventeenth Century." In *Urban Achievement in Early Modern Europe*, edited by Patrick O'Brien, 249–65. Cambridge: Cambridge University Press.

Hoppe, Brigitte. "Kaempfer's Forschungen über japanische Pflanzen." In *Engelbert Kaempfer: Ein Gelehrtenleben zwischen Tradition und Innovation*, edited by Detlef Haberland, 125–53. Wiesbaden: Harassowitz, 2004.

Hsia, Florence. *Sojourners in a Strange Land: Jesuits and Their Scientific Missions in Late Imperial China*. Chicago: University of Chicago Press, 2009.

Hsia, Ronnie Po-chia. *A Jesuit in the Forbidden City*. Oxford: Oxford University Press, 2010.

Hughes, H. Stuart. "Franz Neumann." In *The Intellectual Migration: Europe and America, 1930–1960*, edited by Donald Fleming and Bernard Bailyn, 446–62. Cambridge, MA: Harvard University Press, 1968.

———. *Sea Change: The Migration of Social Thought, 1930–1965*. New York: Harper, 1975.

Hunt, Lynn, Margaret Jacob, and Wijnand Mijnhardt. *The Book That Changed Europe: Picart and Bernard's Religious Ceremonies of the World*. Cambridge, MA: Harvard University Press, 2010.

Hutchison, Ross. *Locke in France, 1688–1734*. Oxford: Voltaire Foundation, 1991.

Israel, Jonathan. *The Dutch Republic: Its Rise, Greatness and Fall, 1477– 1806*. Oxford: Oxford University Press, 1995.

———. "Jews and the Stock Exchange" (1990). Rev. version in his *Diasporas within a Diaspora*, 449–88. Leiden: Brill, 2002.

Jackman, Jarrell J., and Carla M. Borden, eds. *The Muses Flee Hitler*. Washington, DC: Smithsonian Press, 1983.

Jackson, Gabriel. *Juan Negrín*. Eastbourne: Sussex Academic Press, 2010.

Jahoda, Marie. "The Migration of Psychoanalysis." In *The Intellectual Migration: Europe and America, 1930–1960*, edited by Donald Fleming and Bernard Bailyn, 371–419. Cambridge, MA: Harvard University Press, 1968.

Jani, Catherine. "The Jesuits' Negotiation of Science between France and China." In *Negotiating Knowledge in Early Modern Empires*, edited by László Kontler et al., 53–78. Basingstoke: Palgrave Macmillan, 2014.

Janssen, Geert H. "The Counter-Reformation of the Refugee." *Journal of Ecclesiastical History* 63 (2012): 671–92.

Jaumann, Herbert. "Der Refuge und der Journalismus um 1700." In *The Berlin Refuge, 1680–1780: Learning and Science in European Context*, edited by Sandra Pott, Martin Mulsow, and Lutz Danneberg, 155–82. Leiden: Brill, 2003.

Jay, Martin. *Permanent Exiles: Essays on the Intellectual Migration from Germany to America*. New York: Columbia University Press, 1986.

Johannesson, Kurt. *The Renaissance of the Goths in Sixteenth-Century Sweden: Johannes and Olaus Magnus as Politicians and Historians* (1982). English trans. Berkeley: University of California Press, 1991.

Johnston, Robert H. *"New Mecca, New Babylon": Paris and the Russian Exiles, 1920–1945*. Kingston and Montreal: Magill University Press, 1988.

Kaempfer, Engelbert. *History of Japan*. London: Woodward, 1727.

Kamen, Henry. *The Disinherited: The Exiles Who Created Spanish Culture*. London: Allen Lane, 2007.

——. "The Mediterranean and the Expulsion of the Spanish Jews in 1492." *Past and Present* 119 (1988): 30–55.

Kämmerer, Jürgen. *Russland und die Hugenotten im 18. Jahrhundert*. Wiesbaden: Harrassowitz, 1978.

Kaplan, Yosef. "Between Yitzhak Baer and Claudio Sánchez Albornoz: The Rift That Never Healed." In *Jewish Culture in Early Modern Europe*, edited by Richard I. Cohen et al., 356–68. Pittsburgh: University of Pittsburgh Press, 2014.

——. "La Jérusalem du Nord." In *Les Juifs d'Espagne: Histoire d'une disaspora, 1492–1992*, edited by Henry Méchoulan, 191–209. Paris: Lévi, 1992.

——. "The Portuguese Community in Seventeenth-Century Amsterdam and the Ashkenazi World." In *Dutch Jewish History*, edited by Jozeph Michman, vol. 2, 23–45. Jerusalem: Hebrew University, 1989.

Kaufmann, Walter. "The Reception of Existentialism in the United States." In *The Legacy of the German Refugee Intellectuals*, edited by Robert Boyers, 69–96. New York: Schocken, 1972.

Keene, Donald. *The Japanese Discovery of Europe, 1720–1830* (1952). Rev. ed. Stanford: Stanford University Press, 1969.

Kettler, David. "Negotiating Exile: Franz L. Neumann as Political Scientist." In *Der Eigensinn des Materials*, edited by Caroline Arni, 205–24. Frankfurt: Stroemfeld, 2007.

——, Colin Loader, and Völker Meja. *Karl Mannheim and the Legacy of Max Weber*. Aldershot: Ashgate, 2008.

——, and Volker Meja. *Karl Mannheim and the Crisis of Liberalism*. New Brunswick: Rutgers University Press, 1995.

Killinger, Charles. *Gaetano Salvemini*. Westport, CT: Praeger, 2002.

Klor de Alva, Jorge. "Sahagún and the Birth of Modern Ethnography." In *The Work of Bernardino de Sahagún*, edited by Klor de Alva, Henry B. Nicholson, and Eloise G. Keber, 31–52. Austin: University of Texas Press, 1988.

Koenigsberger, Helmut. "Fragments of an Unwritten Biography." In *Out of the Third Reich: Refugee Historians in Post-war Britain*, edited by Peter Alter, 99–118. London: I. B. Tauris, 1998.

Kołakowski, Leszek. "In Praise of Exile" (1985). Repr. in his *Modernity on Endless Trial*, 55–59. Chicago: University of Chicago Press, 1990.

Konuk, Kader. "Jewish-German Philologists in Turkish Exile: Leo Spitzer and Erich Auerbach." In *Exile and Otherness: New Approaches to the Experience of the Nazi Refugees*, edited by Alexander Stephan, 31–47. Oxford: Oxford University Press, 2005.

Kornicki, Peter. "European Japanology at the End of the Seventeenth Century." *Bulletin of the School of Oriental and African Studies* 56 (1993): 502–24.

Kostylo, Joanna. *Medicine and Dissent in Reformation Europe*. Oxford: Oxford University Press, 2015.

Kracht, Klaus G. *Zwischen Berlin und Paris: Bernhard Groethuysen (1880–1946)*. Tübingen: Niemeyer, 2002.

Kramer, Lloyd S. *Threshold of a New World: Intellectuals and the Exile Experience in Paris, 1830–1848*. Ithaca: Cornell University Press, 1988.

Kutter, Markus. *Celio Secondo Curione*. Basel: Helbing and Lichtenhahn, 1955.

Labourt, Jérôme. *Le christianisme dans l'empire perse*. Paris: Lecoffre, 1904.

Labrousse, Elisabeth. *Bayle*. Oxford: Oxford University Press, 1983.

———. *Pierre Bayle*. 2 vols. The Hague: Nijhoff, 1963–64.

Lach, Donald F., and Edwin J. Van Kley. *Asia in the Making of Europe*, vol. 3. Chicago: University of Chicago Press, 1993.

Laguerre, Michel S. "The Tranglobal Network Nation: Diaspora, Homeland and Hostland." In *Transnationalism: Diasporas and the Advent of A New (Dis)Order*, edited by Eliezer Ben-Rafael and Yitzhak Sternberg, 195–210. Leiden: Brill, 2009.

Lamb, Ursula. *Cosmographers and Pilots of the Spanish Maritime Empire*. Aldershot: Variorum, 1995.

Lambley, Katherine R. *The Teaching of French in England during Tudor and Stuart Times*. Manchester: Manchester University Press, 1920.

Landry-Deron, Isabelle. *La preuve par la Chine: La "description" de J.-B. Du Halde*. Paris: éditions EHESS, 2002.

Larraz Elorriaga, Fernando. "Los exiliados y las colecciones editorials en Argentina, 1938–54." In *El exilio republican español en México y Argentina*, edited by Andrea Pagni, 129–44. Madrid: Iberoamericana, 2011.

Laslett, Peter. "Karl Mannheim in 1939: A Student's Recollection." *Revue Européenne des Sciences Sociales et Cahiers Vilfredo Pareto* 17 (1979): 223–26.

Latour, Bruno. *Science in Action*. Cambridge, MA: Harvard University Press, 1987.

Lauer, Reinhard. "Schlözer und die Slaven." In *August Ludwig (von) Schlözer in Europa*, edited by Heinz Duchhardt and Martin Espenhorst, 23–40. Göttingen: Vandenhoeck und Rupprecht, 2012.

Laven, Mary. *Mission to China: Matteo Ricci and the Encounter with the East*. London: Faber, 2011.

Lazarsfeld, Paul. "An Episode in the History of Social Research." In *The Intellectual Migration: Europe and America, 1930–1960*, edited by Donald Fleming and Bernard Bailyn, 270–334. Cambridge, MA: Harvard University Press, 1968.

Lefebvre, Jean-Paul. "Les professeurs français des missions universitaires au Brésil (1934–44)." *Cahiers du Brésil Contemporain* 12 (1990): 1–10. www.revues.msh-paris.fr/ . . . /8-J.P%20Lefebvre.pdf.

Lennon, Colm. *Richard Stanihurst the Dubliner, 1547–1618*. Dublin: Irish Academic Press, 1981.

León-Portilla, Miguel. *Bernardino de Sahagún: Pionero de la antropología*. Mexico City: UNAM, 1999.

Lévi-Strauss, Claude. *Le regard éloigné*. Paris: Plon, 1983.

———. *Tristes Tropiques*. Paris: Plon, 1955.

Levy, Avigdor. *The Sephardim in the Ottoman Empire*. Princeton: Darwin Press, 1992.

Linden, David van der. *Experiencing Exile: Huguenot Refugees in the Dutch Republic, 1680–1700*. Farnham: Ashgate, 2015.

Linehan, Peter. *History and the Historians of Medieval Spain*. Oxford: Clarendon Press, 1993.

Livingstone, Rodney. "The Contribution of German-Speaking Jewish Refugees to German Studies in Britain." In *Second Chance: Two Centuries of German-Speaking Jews in the United Kingdom*, edited by Werner E. Mosse, 137–52. Tübingen: Mohr, 1991.

Loader, Colin. *The Intellectual Development of Karl Mannheim*. Cambridge: Cambridge University Press, 1985.

Loewenberg, Gerhard. "The Influence of European Émigré Scholars on Comparative Politics, 1925–1965." *American Political Science Review* 100 (2006): 597–604.

López Sánchez, José María. "El exilio científico republicano en México." In *La destrucción de la ciencia en España*, edited by Luis Enrique Otero Carvajal, 177–239. Madrid: Complutense, 2006.

Lorenzen, David N. *Who Invented Hinduism?* New Delhi: Yoda Press, 2006.

Lowenthal, David. *The Past is a Foreign Country* (1985). Rev. ed. Cambridge: Cambridge University Press, 2015.

Lubac, Henri de. *La rencontre du Bouddhisme et de l'occident*. Paris: Aubier, 1952.

Lucassen, Jan, and Leo Lucassen, eds. *Migration, Migration History, History: Old Paradigms and New Perspectives*. Bern: Peter Lang, 1997.

Lyon, E. Stina. "Karl Mannheim and Viola Klein." In *In Defence of Learning: The Plight, Persecution and Placement of Academic Refugees, 1933–1980s*, edited by Shula Marks, Paul Weindling, and Laura Wintour, 177–90. Oxford: Oxford University Press, 2011.

Mancebo, María Fernanda. *La España de los exilios*. Valencia: Universitat de València, 2008.

Mandelbrote, Scott. "Pierre des Maizeaux: History, Toleration and Scholarship." In *History of Scholarship*, edited by Christopher R. Ligota and J.-L. Quantin, 385–98. Oxford: Oxford University Press, 2006.

Mandler, Jean M., and George Mandler, "The Diaspora of Experimental Psychology." In *The Intellectual Migration: Europe and America, 1930–1960*, edited by Donald Fleming and Bernard Bailyn, 371–419. Cambridge, MA: Harvard University Press, 1968.

Mann, Nicholas. "*Translatio Studii*: Warburgian *Kunstwissenschaft* in London, 1933–45." In *The Migration of Ideas*, edited by Roberto Scazzieri and Raffaella Simili, 151–60. Sagamore Beach, MA: Science History Publications, 2008.

Mannheim, Karl. *Correspondence*, edited by Éva Gábor. Lewiston, NY: Edwin Mellen Press, 2003.

———. *Essays on Sociology and Social Psychology*. London: Routledge, 1953.

———. "The Function of the Refugee." *New English Weekly*, 19 April 1945.

———. *Ideology and Utopia* (1929). English trans. London: Routledge, 1936.

———. "The Problem of a Sociology of Knowledge." Trans. in his *Essays in the Sociology of Knowledge*, 134–90. London: Routledge, 1952.

Marino, John. "The Exile and His Kingdom: The Reception of Braudel's *Mediterranean*." *Journal of Modern History* 75 (2004): 622–52.

Marks, Shula. "South African Refugees in the UK." In *In Defence of Learning: The Plight, Persecution and Placement of Academic Refugees, 1933–1980s*, edited by Shula Marks, Paul Weindling, and Laura Wintour, 257–79. Oxford: Oxford University Press, 2011.

Marrus, Michael. *The Unwanted: European Refugees in the 20th Century*. New York: Oxford University Press, 1985.

Marshall, Peter J., ed. *The British Discovery of Hinduism in the Eighteenth Century*.

Cambridge: Cambridge University Press, 1970.

Massarella, Derek. "Epilogue: Inquisitive and Intelligent Men." In *The Furthest Goal: Engelbert Kaempfer's Encounter with Tokugawa Japan*, edited by Beatrice Bodart-Bailey and Derek Massarella, 152–64. Folkestone: Japan Library, 1995.

Massil, Stephen W. "Huguenot Librarians and Some Others." *World Library and Information Congress*, 2003. webdoc.sub.gwdg.de/ebook/aw/2003/ifla/vortraege/ . . . /058e-Massil.pdf.

Masterson, James R., and Helen Browe, *Bering's Successors, 1745– 1780: Contributions of Peter Simon Pallas to the History of Russian Exploration toward Alaska*. Seattle: University of Washington Press, 1948.

Mazower, Mark. *Salonica, City of Ghosts: Christians, Muslims and Jews, 1430–1950*. London: HarperCollins, 2004.

McEwan, Dorothea. "Mapping the Trade Routes of the Mind: the Warburg Institute." In *Intellectual Migration and Cultural Transformation*, edited by Edward Timms and Jon Hughes, 37–50. Vienna and New York: Springer, 2003.

Meier, Johannes. "Los jesuitas expulsados de Chile." In *Los jesuitas españoles expulsos*, edited by Manfred Tietz and Dietrich Briesemeister, 423–41. Frankfurt: Vervuert, 2001.

Mennell, Stephen. *Norbert Elias*. Oxford: Blackwell, 1989.

Merton, Robert K. "The Matthew Effect in Science." *Science* 159 (1968): 56–63.

Michels, Karen. *Transplantierte Wissenschaft: Der Wandel einer Disziplin als Folge der Emigration deutschsprachiger Kunsthistoriker in die USA*. Berlin: Akademie Verlag, 1999.

Mil, Patrick van, ed. *De VOC in de kaart gekeken, 1602–1799*. The Hague: SDU, 1988.

Miller, Edward. *Prince of Librarians: The Life and Times of Antonio Panizzi of the British Museum*. London: Deutsch, 1967.

Miller, Peter, ed. *Momigliano and Antiquarianism: Foundations of the Modern Cultural Sciences*. Toronto: University of Toronto Press, 2007.

Moldavsky, Aliocha. "The Problematic Acquisition of Indigenous Languages." In *The Jesuits, II: Cultures, Sciences and the Arts, 1540– 1773*, edited by John O'Malley et al., 602–15. Toronto: University of Toronto Press, 2006.

Molho, Anthony. "Hans Baron's Crisis." In *Florence and Beyond*, edited by David S. Peterson and Daniel E. Bornstein, 61–90. Toronto: University of Toronto Press, 2008.

Momigliano, Arnaldo. "Ancient History and the Antiquarian" (1950). Repr. in *Studies in Historiography*, 1–39. London: Weidenfeld and Nicolson, 1966.

Moraes Ferreira, Marieta de. "Les professeurs français et l'enseignement de l'histoire à Rio de

Janeiro pendant les années 1930." In *Pour l'histoire du Brésil*, edited by François Crouzet, Philippe Bonichon, and Denis Rolland, 123–40. Paris: L'Harmattan, 2000.

Mosse, Werner E., ed. *Second Chance: Two Centuries of German-Speaking Jews in the United Kingdom.* Tübingen: Mohr, 1991.

Motta, Roberto. "L'apport brésilien dans l'oeuvre de Roger Bastide." In *Roger Bastide ou le réjouissement de l'abîme*, edited by Philippe Laburthe-Tolra, 169–78. Paris: L'Harmattan, 1994.

Mowl, Tim. *Stylistic Cold Wars: Betjeman versus Pevsner.* London: John Murray, 2000.

Mühlpfordt, Günther. "Schlözer als Begründer der kritisch-ethnischen Geschichtsforschung." *Jahrbuch für Geschichte* 25 (1982): 23–72.

Mulkay, Michael. "Conceptual Displacement and Migration in Science." *Science Studies* 4 (1974): 205–34.

Müller, Hildegard. "German Librarians in Exile in Turkey." *Libraries and Culture* 33 (1998): 294–305.

Mulsow, Martin. "Views of the Berlin Refuge." In *The Berlin Refuge, 1680–1780: Learning and Science in European Context*, edited by Sandra Pott, Martin Mulsow, and Lutz Danneberg, 25–46. Leiden: Brill, 2003.

Muntschick, Wolfgang. "The Plants That Carry His Name: Kaempfer's Study of the Japanese Flora." In *The Furthest Goal: Engelbert Kaempfer's Encounter with Tokugawa Japan*, edited by Beatrice Bodart-Bailey and Derek Massarella, 71–95. Folkestone: Japan Library, 1995.

Murillo Rubiera, Fernando. *Andrés Bello.* Caracas: la Casa de Bello, 1986.

Murr, Sylvia. *L'Inde philosophique entre Bossuet et Voltaire.* 2 vols. Paris: École Français d'Extrême-Orient, 1987.

Namier, Lewis. "The Biography of Ordinary Men," (1928). Repr. In *Crossroads of Power*, 1–6. London: Hamish Hamilton, 1961.

———. *The Structure of Politics at the Accession of George III.* London: Macmillan, 1929.

Nasr, Seyyed Hossein. "Life Sciences, Alchemy and Medicine." In *The Cambridge History of Iran*, vol. 4, edited by Richard N. Frye, 396–418. Cambridge: Cambridge University Press, 1975.

Netanyahu, Benzion. *Don Isaac Abravanel, Statesman and Philosopher* (1953). 2nd ed. Philadelphia: Jewish Publication Society of America, 1968.

Neumann, Franz. "The Social Sciences." In *The Cultural Migration: The European Scholar in*

*America*, edited by Franz Neumann, 4–26. Philadelphia: University of Pennsylvania Press, 1953.

Nicholson, Henry B. "Fray Bernardino de Sahagun." In *Representing Aztec Ritual*, edited by Eloise Q. Keber, 21–39. Boulder: University of Colorado Press, 2002.

Nicolazzi, Fernando. *Um estilo de história*. São Paulo: UNESP, 2015.

Niggemann, Ulrich. *Immigrationspolitik zwischen Konflikt und Konsens: Die Hugenotten Siedlung in Deutschland und England, 1681–1697*. Cologne: Böhlau, 2008.

Nordenstam, Bertil, ed. *Carl Peter Thunberg: Linnean, resenäre, Naturforskare, 1743–1828*. Stockholm: Atlantis, 1993.

Nusteling, Hubert. "The Netherlands and the Huguenot Émigrés." In *La Révocation de l'Édit de Nantes et les Provinces-Unies, 1685*, edited by Hans Bots and G. H. M. Posthumus Meyjes, 26–30. Amsterdam: APA-Holland University Press, 1986.

Oberman, Heiko. "*Europa Afflicta*: the Reformation of the Refugees." *Archiv für Reformationsgeschichte* 83 (1992): 91–111.

Oddie, Geoffrey A. "Constructing 'Hinduism': The Impact of the Protestant Missionary Movement on Hindu Self-Understanding." In *Christians and Missionaries in India*, edited by Robert E. Frykenberg, 155–82. London: RoutledgeCurzon, 2003.

——. *Imagined Hinduism: British Protestant Missionary Constructions of Hinduism, 1793–1900*. London: Sage, 2006.

Ortiz, Fernando. *Contrapunteo Cubano*. Havana: Montero, 1940.

Otero, Luis Enrique, ed. *La destrucción de la ciencia en España*. Madrid: Complutense, 2006.

Pagden, Anthony. *The Fall of Natural Man: The American Indian and the Origins of Comparative Ethnology*. Cambridge: Cambridge University Press, 1982.

Page, Scott. *The Difference: How the Power of Diversity Creates Better Groups, Firms, Schools and Societies*. Princeton: Princeton University Press, 2007.

Pagni, Andrea, ed. *El exilio republicano español en México y Argentina*. Madrid: Iberoamericana, 2011.

Pallares-Burke, Maria Lúcia G. Interview with Zygmunt Bauman. *Tempo Social* 16 (2004): 301–25.

——. *O triunfo do fracasso: Rudiger Bilden, o amigo esquecido de Gilberto Freyre*. São Paulo: UNESP, 2012.

Panofsky, Erwin. "In Defense of the Ivory Tower." *Centennial Review* 1 (1957): 111–12.

——. "The History of Art." In *The Cultural Migration: The European Scholar in America*, edited by Franz Neumann, 82–111. Philadelphia: University of Pennsylvania Press, 1953.

——. *Meaning in the Visual Arts*. New York: Doubleday, 1955.

Paris, Erato. *La genèse intellectuelle de l'oeuvre de Fernand Braudel*. Athens: Institut de Recherches Néo-Helléniques, 1999.

Park, Robert E. "Human Migration and the Marginal Man." *American Journal of Sociology* 33 (1928): 881–93.

Parry, Graham. *The Trophies of Time: English Antiquarians of the Seventeenth Century*. Oxford: Oxford University Press, 1995.

Paternicò, Luisa Maria. *When the Europeans Began to Study Chinese: Martino Martini's Grammatica Linguae Sinensis*. Leuven: Ferdinand Verbiest Institute, 2013.

Paulus, Paul B., and Bernard A. Nijstad, eds. *Group Creativity: Innovation through Collaboration*. Oxford: Oxford University Press, 2003.

Pennec, Hervé. "Missionary Knowledge in Context: Geographical Knowledge of Ethiopia." In *Written Culture in a Colonial Context*, edited by Adrian Delmas and Nigel Penn, 75–96. Leiden: Brill, 2012.

Pereira de Queiroz, Maria Isaura. "La recherche géographique au Brésil." In *Pierre Monbeig*, edited by Hervé Théry and Martine Droulers, 59–64. Paris: Institut des hautes études de l'Amérique latine, 1991.

Perini, Leandro. *La vita e tempi di Pietro Perna*. Rome: Edizioni di Storia e Letteratura, 2002.

Petech, Luciano, ed. *I missionari italiani nel Tibet e nel Nepal*, part 6. Rome: Istituto Poligrafico dello Stato, 1955.

Peters, Martin. *Altes Reich und Europa: Der Historiker, Statistiker und Publizist August Ludwig (v.) Schlözer (1735–1809)*. Münster: LIT, 2005.

Pflanze, Otto P. "The Americanization of Hajo Holborn." In *An Interrupted Past: German-Speaking Refugee Historians in the United States after 1933*, edited by Hartmut Lehmann and James Sheehan, 170–79. Washington, DC: German Historical Institute, 1991.

Phillips, Mark S. *On Historical Distance*. New Haven: Yale University Press, 2013.

Pickus, David. "At Home with Nietzsche, at War with Germany: Walter Kaufmann and the Struggles of Nietzsche Interpretation." In *The Fruits of Exile*, edited by Richard Bodek and Simon Lewis, 156–76. Columbia: University of South Carolina Press, 2010.

Pinedo, Javier. "El exílio de los jesuitas latinoamericanos: un creativo dolor." In *La patria interrumpida: Latinoamericanos en ex exílio. Siglos XVIII–XX*, edited by Carlos Sanhueza and Javier Pinedo, 35–57. Santiago: Universidad de Talca, 2010.

Pizzorusso, Giovanni. "La Congrégation De Propaganda Fide: Centre d'accumulation et de production des 'savoirs missionaires.'" In *Missions d'évangélisation et circulation des savoirs: XVIe-XVIIIe siècle*, edited by Charlotte de Castelnau-L'Estoile, 25–40. Madrid: Casa de Velázquez, 2011.

Platt, Jennifer. "Some Issues in Intellectual Method and Approach." In *Intellectual Migration and Cultural Transformation*, edited by Edward Timms and Jon Hughes, 7–20. Vienna and New York: Springer, 2003.

Plutarch. "On Exile." In his *Moralia*, vol. 7, 519–71. London: Heinemann, 1959.

Polanyi, Michael. *Personal Knowledge*. London: Routledge, 1958.

Portuondo, Maria M. *Secret Science: Spanish Cosmography and the New World*. Chicago: University of Chicago Press, 2009.

Prieto, Andrés I. *Missionary Scientists: Jesuit Science in Spanish South America, 1570–1810*. Nashville: Vanderbilt University Press, 2011.

Prochnik, George. *The Impossible Exile: Stefan Zweig at the End of the World*. New York: Other Press, 2014.

Prosperi, Adriano. "'Otras *Indias*': Missionari della contrarriforma tra contadini e selvaggi." In *Scienze, credenze occulte, livelli di cultura*, edited by Paola Zambelli, 205–34. Florence: Olschki, 1982.

Raeff, Marc. *Russia Abroad. A Cultural History of the Russian Emigration*. New York: Oxford University Press, 1990.

Raj, Kapil. "Beyond Postcolonialism." *Isis* 104 (2013): 337–47.

——. "Dynamiques urbaines et savants à Calcutta (XVIIIe siècle)." *Revue d'Histoire Moderne et Contemporaine* 55 (2008): 70–99.

——. *Relocating Modern Science: Circulation and the Construction of Knowledge in South Asia and Europe, 1650–1900*. Basingstoke: Ashgate, 2007.

——. "Surgeons, Fakirs, Merchants and Craftspeople." In *Colonial Botany*, edited by Londa Schiebinger and Claudia Swan, 252–69. Philadelphia: University of Pennsylvania Press, 2005.

Rapin-Thoyras, Paul de. *Histoire de l'Angleterre* (1723). New ed., 4 vols. Basel: Brandmuller, 1740.

Raven, Diederick, and Wolfgang Krohn, "Edgar Zilsel: His Life and Work." Introduction to Zilsel, *The Social Origins of Modern Science*. Dordrecht: Kluwer, 2000.

Ray, Jonathan. *After Expulsion: 1492 and the Making of Sephardic Jewry*. New York: New

York University Press, 2013.

Reid, Donald M. *The Odyssey of Farah Antun*. Minneapolis and Chicago: Bibliotheca Islamica, 1975.

Reinhartz, Dennis. "In the Service of Catherine the Great: The Siberian Explorations and Map of Sir Samuel Bentham." *Terrae Incognitae* 26 (1994): 49–60.

Reuter, Astrid. *Das Wilde Heilige: Roger Bastide (1898–1974) und die Religionswissenschaft seiner Zeit*. Frankfurt: Campus, 2000.

Riasanovsky, Nikolai. "The Norman Theory of the Origin of the Russian State." *Russian Review* 7 (1947): 96–110.

Ribeiro, Darcy. "Gilberto Freyre: uma introdução a *Casa Grande e Senzala*" (1977). Repr. in *Casa Grande e Senzala: Edição Crítica*, edited by Guillermo Giucci, Enrique Larreta, and Edson Nery de Fonseca, 1026–37. Nanterre: Allca XX, 2002.

Rietbergen, Peter. "VOC Travelogues." In *Transformations of Knowledge in Dutch Expansion*, edited by Susanne Friedrich, Arndt Brendecke, and Stefan Ehrenpreis, 231–49. Berlin: De Gruyter, 2015.

Río, Angel del. *The Clash and Attraction of Two Cultures*. English trans. Baton Rouge: Louisiana State University Press, 1965.

Roberts, Lissa. "Re-Orienting the Transformation of Knowledge in Dutch Expansion: Nagasaki as a Centre of Accumulation and Management." In *Transformations of Knowledge in Dutch Expansion*, edited by Susanne Friedrich, Arndt Brendecke, and Stefan Ehrenpreis, 19–42. Berlin: De Gruyter, 2015.

Robinson, Eric. "The Transference of British Technology to Russia, 1760–1820." In *Great Britain and Her World*, edited by Barrie M. Ratcliffe, 1–26. Manchester: Manchester University Press, 1975.

Rocher, Rosane. *Orientalism, Poetry and the Millennium*. Delhi: Banarsidess, 1983.

Rogge, Wolfgang, ed. *Theodor W. Adorno und Ernst Krenek, Briefwechsel*. Frankfurt: Suhrkampf, 1974.

Romano, Antonella. "Les jésuites entre apostolat missionaire et activité scientifique." *Archivum Historicum Societatis Jesu* 74 (2005): 213–36.

Rubiés, Joan Pau. "The Jesuit Discovery of Hinduism." *Archiv für Religionsgeschichte* 3 (2001): 210–56.

——. "Reassessing 'the Discovery of Hinduism': Jesuit Discourse on Gentile Idolatry and the European Republic of Letters." In *Intercultural Encounter and the Jesuit Mission in South*

Asia (16th–18th Centuries), edited by Anand Amaladass and Ines G. Županov, 113–55. Bangalore: ATC, 2014.

——. Travel and Ethnology in the Renaissance: South India through European Eyes, 1250–1625. Cambridge: Cambridge University Press, 2000.

Rubinstein, Nicolai. "Germany, Italy and England." In Out of the Third Reich: Refugee Historians in Post-War Britain, edited by Peter Alter, 237–46. London: I. B. Tauris, 1998.

Rubinstein, Nina. Die französische Emigration nach 1789: Ein Beitrag zur Soziologie der politischen Emigration. Graz: Nausner and Nausner, 2000.

Rucquoi, Adeline. "Spanish Medieval History and the Annales." In The Work of Jacques Le Goff, edited by Miri Rubin, 123–41. Woodbridge: Boydell Press, 1997.

Rumbold, Margaret E. Traducteur huguenot: Pierre Coste. New York: Lang, 1991.

Russell, Peter. "The Nessus-Shirt of Spanish History." Bulletin of Hispanic Studies 36 (1959): 219–25.

Said, Edward W. Out of Place: A Memoir. London: Granta, 2000.

——. "Reflections on Exile" (1984). Repr. in his Reflections on Exile, 173–86. London: Granta, 2001.

——. Representations of the Intellectual. London: Vintage, 1994.

Sánchez Vázquez, Adolfo. Del exilio en Mexico. Mexico City: Grijalbo, 1991.

——. Rousseau en México. Mexico City: Grijalbo, 1967.

Sandman, Alison. "Controlling Knowledge: Navigation, Cartography and Secrecy in the Early Modern Spanish Atlantic." In Science and Empire in the Atlantic World, edited by James Delbourgo and Nicholas Dew, 31–51. New York: Routledge, 2008.

Sarton, George. Galen of Pergamon. Lawrence: University of Kansas Press, 1954.

Scheuerman, William E. "Professor Kelsen's Amazing Disappearing Act." In Émigré Scholars and the Genesis of International Relations, edited by Felix Rösch, 81–102. Basingstoke: Ashgate, 2014.

Schilder, Günther. "Organization and Evolution of the Dutch East India Company's Hydrographic Office," Imago Mundi 28 (1976): 61–78.

Schilling, Heinz. "Innovation through Migration: The Settlements of Calvinistic Netherlanders in Sixteenth- and Seventeenth-Century Central and Western Europe." Histoire Sociale—Social History 16 (1983): 7–34.

——. Niederländische Exulanten im 16. Jahrhundert. Gütersloh: Mohn, 1972.

Schmidt, James. "The Eclipse of Reason and the End of the Frankfurt School in America." In

*The Fruits of Exile*, edited by Richard Bodek and Simon Lewis, 1–28. Columbia: University of South Carolina Press, 2010.

Schön, Donald A. *Displacement of Concepts*. London: Tavistock, 1963.

Schulze, Ludmilla. "The Russification of the St Petersburg Academy of Sciences and Arts in the Eighteenth Century." *British Journal for the History of Science* 18 (1985): 305–35.

Scoville, Warren C. *The Persecution of Huguenots and French Economic Development, 1680–1720*. Berkeley: University of California Press, 1960.

Sgard, Jean, ed. *Dictionnaire des journalistes, 1600–1789*. Oxford: Voltaire Foundation, 1999.

Shaw, Denis J. B. "Geographical Practice and its Significance in Peter the Great's Russia." *Journal of Historical Geography* 22 (1996): 160–76.

Sheppard, Eugene R. *Leo Strauss and the Politics of Exile: The Making of a Political Philosopher*. Hanover, NH: University Press of New England, 2006.

Shils, Edward. "The Calling of Sociology." In *Theories of Society*, edited by Talcott Parsons et al., 1405–50. New York: Free Press, 1961.

Simmel, Georg. "The Stranger." In *Social Theory*, edited by Charles Lemert, 184–89. Boulder, CO: Westview Press, 1999.

Singh, Anjana. "Botanical Knowledge in Early Modern Malabar and the Netherlands." In *Transformations of Knowledge in Dutch Expansion*, edited by Susanne Friedrich, Arndt Brendecke, and Stefan Ehrenpreis, 187–208. Berlin: De Gruyter, 2015.

Skidmore, Thomas. "Lévi-Strauss, Braudel and Brazil: A Case of Mutual Influence." *Bulletin of Latin American Research* 22 (2003): 340–49.

Sládek, Zdeněk. "Prag: Das 'russische Oxford.'" In *Der Grosse Exodus*, edited by Karl Schlögel, 218–33. Munich: Beck, 1994.

Smith, Woodruff D. "Amsterdam as an Information Exchange in the Seventeenth Century." *Journal of Economic History* 44 (1984): 985–1005.

Snowman, Daniel. *The Hitler Emigrés: The Cultural Impact on Britain of Refugees from Nazism*. London: Chatto and Windus, 2002.

Söllner, Alfons. "From International Law to International Relations: Émigré Scholars in American Political Science and International Relations." In *Émigré Scholars and the Genesis of International Relations*, edited by Felix Rösch, 197–211. Basingstoke: Ashgate, 2014.

———. "In Transit to America: Political Scientists from Germany in Great Britain." In *Second Chance: Two Centuries of German-Speaking Jews in the United Kingdom*, edited by Werner

Mosse, 121–36. Tübingen: Mohr, 1991.

———. "Von Staatsrecht zur 'political science'— die Emigration deutscher Wissenschaftler nach 1933, ihr Einfluss auf die Transformation einer Disziplin." In *Die Emigration der Wissenschaften nach 1933*, edited by Herbert A. Strauss et al., 137–64. Munich: Saur, 1991.

Soyer, François. *The Persecution of the Jews and Muslims of Portugal*. Leiden: Brill, 2007.

Spence, Jonathan. *The Memory Palace of Matteo Ricci*. London: Faber, 1985.

Spitzer, Leo. "Answer to Mr Bloomfield." *Language* 20 (1944): 245–51.

Spivey, Nigel. *Phaidon, 1923–98*. London: Phaidon, 1999.

Sprat, Thomas. *History of the Royal Society*, edited by Jackson I. Cope and Harold W. Jones. London: Routledge, 1958.

Stadler, Friedrich K. "Transfer and Transformation of Logical Empiricism." In *Logical Empiricism in North America*, edited by Gary L. Hardcastle and Alan W. Richardson, 216–33. Minneapolis: University of Minnesota Press, 2003.

Stagl, Justin. *A History of Curiosity*. London: Routledge, 1995.

Stanley, John D. "Joachim Lelewel." In *Nation and History*, edited by Peter Brock et al., 52–84. Toronto: University of Toronto Press, 2006.

Steensgaard, Nils. "The Dutch East India Company as an Institutional Innovation." In *Dutch Capitalism and World Capitalism*, edited by Maurice Aymard, 235–57. Cambridge: Cambridge University Press, 1982.

Stejneger, Leonhard. *Georg Wilhelm Steller: The Pioneer of Alaskan Natural History*. Cambridge, MA: Harvard University Press, 1936.

Stern, Fritz. *Five Germanies I Have Known*. Wassenaar: NIAS, 1998.

Stipa, Günter Johannes. *Finnisch-Ugrische Sprachforschung von der Renaissance bis zum Neupositivismus*. Helsinki: Suomalais-Ugrilainen Seura, 1990.

Stirk, Peter. "International Law, Émigrés and the Foundation of International Relations." In *Émigré Scholars and the Genesis of International Relations*, edited by Felix Rösch, 61–80. Basingstoke: Palgrave Macmillan, 2014.

Strauss, Herbert A. "Wissenschaftsemigration als Forschungsproblem." In *Die Emigration der Wissenschaften nach 1933*, edited by Strauss et al., 7–24. Munich: Saur, 1991.

Strauss, Herbert A., et al., eds. *Die Emigration der Wissenschaften nach 1933*. Munich: Saur, 1991.

Sweetman, Will. *Mapping Hinduism: "Hinduism" and the Study of Indian Religions, 1600–1776*. Halle: Franckeschen Stiftungen, 2003.

Swindlehurst, Catherine. "'An unruly and presumptuous rabble': The Reaction of the Spitalfields Weaving Community to the Settlement of the Huguenots, 1660–90." In *From Strangers to Citizens*, edited by Randolph Vigne and Charles Littleton, 366–74. Brighton: Sussex Academic Press, 2001.

Szilard, Leo. "Reminiscences." In *The Intellectual Migration: Europe and America, 1930–1960*, edited by Donald Fleming and Bernard Bailyn, 94–151. Cambridge, MA: Harvard University Press, 1968.

Sznajder, Mario, and Luis Roniger. *The Politics of Exile in Latin America*. Cambridge: Cambridge University Press, 2009.

Tedeschi, John. "Italian Reformers and the Diffusion of Renaissance Culture." *Sixteenth-Century Journal* 5 (1974): 79–94.

Telman, Jeremy. "Selective Affinities." In *The Fruits of Exile*, edited by Richard Bodek and Simon Lewis, 40–58. Columbia: University of South Carolina Press, 2010.

Terpstra, Nicholas. *Religious Refugees in the Early Modern World*. Cambridge: Cambridge University Press, 2015.

Thackray, Arnold, and Robert Merton. "On Discipline Building: The Paradoxes of George Sarton." *Isis* 63 (1972): 472–95.

Tietz, Manfred, and Dietrich Briesemeister, eds. *Los jesuitas españoles expulsos*. Frankfurt: Vervuert, 2001.

Tihanov, Galin. "Russian Emigré Literary Criticism and Theory between the World Wars." In *A History of Russian Literary Theory and Criticism*, edited by Evgeny Dobrenko and Galin Tihanov, 144–62. Pittsburgh: University of Pittsburgh Press, 2011.

Tillich, Paul. "The Conquest of Theological Provincialism." In *The Cultural Migration: The European Scholar in America*, edited by Franz Neumann, 138–56. Philadelphia: University of Pennsylvania Press, 1953.

Timms, Edward, and Jon Hughes, eds. *Intellectual Migration and Cultural Transformation: Refugees from National Socialism in the English- Speaking World*. Vienna: Springer, 2003.

Tocqueville, Alexis de. *De la démocratie en Amérique* (1835–40), edited by Eduardo Nolla, vol. 1. Paris: Vrin, 1990.

Törnqvist, Gunnar. "Creativity and the Renewal of Regional Life." In *Creativity and Context*, edited by Anne Buttimer, 91–112. Lund: University of Lund, 1983.

Tóth, Heléna. *An Exiled Generation: German and Hungarian Refugees of Revolution, 1848–1871*. Cambridge: Cambridge University Press, 2014.

Trautmann, Thomas R. *Languages and Nations: The Dravidian Proof in Colonial Madras*. Berkeley: University of California Press, 2006.

Trevor-Roper, Hugh R. *Europe's Physician: The Various Life of Sir Theodore de Mayerne*. New Haven: Yale University Press, 2006.

——. "A Huguenot Historian: Paul Rapin." In *Huguenots in Britain and their French Background, 1550–1800*, edited by Irene Scouloudi, 3–19. Basingstoke: Macmillan, 1987.

——. "Mayerne." *Oxford Dictionary of National Biography*, 581. Oxford: Oxford University Press, 2004.

——. "Three Foreigners." *Encounter*, Feb. 1960: 3–20.

Turner, Frederick Jackson. "The Significance of History." In *The Early Writings of Frederick Jackson Turner*, edited by Fulmer Mood. Madison: University of Wisconsin Press, 1938.

Valero Pie, Aurelia. "Metáforas del exilio: José Gaos y su experiencia del 'transtierro.'" *Revista de Hispanismo Filosófico* 18 (2013): 71–8.

Varga, Lucie. "La genèse du national-socialisme: Notes d'analyse sociale." *Annales d'Histoire Économique et Sociale* 9 (1937): 529–46.

Veblen, Thorstein. "The Intellectual Pre-Eminence of Jews in Modern Europe." *Political Science Quarterly* 34 (1919): 33–42.

Vega, Joseph Penso de la. *Confusión de Confusiones* (1688). Facsimile repr. Madrid: Sociedad de Estudios y Publicaciones, 1958.

Velde, Paul van der. "The Interpreter Interpreted: Kaempfer's Japanese Collaborator Imamura Genemon Eisei." In *The Furthest Goal: Engelbert Kaempfer's Encounter with Tokugawa Japan*, edited by Beatrice Bodart-Bailey and Derek Massarella, 44–58. Folkestone: Japan Library, 1995.

Vermeulen, Han F. *Before Boas: The Genesis of Ethnography and Ethnology in the German Enlightenment*. Lincoln: University of Nebraska Press, 2015.

——. "The German Invention of *Völkerkunde*." In *The German Invention of Race*, edited by Sara Eigen and Mark Larrimore, 123–46. Albany: State University of New York Press, 2006.

——. "Von der Empirie zur Theorie: Deutschsprachige Ethnographie und Ethnologie, 1740–1881." *Zeitschrift für Ethnologie* 134 (2009): 253–66.

Vincent, Bernard. *1492: L'année admirable*. Paris: Aubier, 1991.

Vucinich, Alexander. *Science in Russian Culture: A History to 1860*. Stanford: Stanford University Press, 1963.

Walbank, Frank W. *Polybius*. Berkeley: University of California Press, 1972.

Weber, Regina. "Zur Remigration des Germanisten Richard Alewyn." In *Die Emigration der Wissenschaften nach 1933*, edited by Herbert A. Strauss et al., 235–56. Munich: Saur, 1991.

Weidenfeld, George. *Remembering My Good Friends*. London: HarperCollins, 1994.

Weiner, Charles. "The Refugees and American Physics." In *The Intellectual Migration: Europe and America, 1930–1960*, edited by Donald Fleming and Bernard Bailyn, 190–228. Cambridge, MA: Harvard University Press, 1968.

Wendland, Ulrike, ed. *Biographisches Handbuch deutschsprachiger Kunsthistoriker in Exil*. Munich: Saur, 1999.

Werblowsky, R. J. Zwi. *Joseph Caro, Lawyer and Mystic* (1962). 2nd ed. Philadelphia: Jewish Publication Society of America, 1977.

Wes, Marinus A. *Michael Rostovtzeff, Historian in Exile*. Stuttgart: Steiner, 1990.

Westphal, Uwe. "German, Czech and Austrian Jews in English Publishing." In *Second Chance: Two Centuries of German-Speaking Jews in the United Kingdom*, edited by Werner E. Mosse, 195–208. Tübingen: Mohr, 1991.

Wheatland, Thomas. "Frank L. Neumann: Negotiating Political Exile." *German Historical Institute Bulletin*, suppl. 10 (2014): 111–38.

———. *The Frankfurt School in Exile*. Minneapolis: University of Minnesota Press, 2009.

Wicki, José, ed. *Tratado do Pe. Gonçalo Fernandez Trancoso sobre o hinduísmo*. Lisbon: Centro de Estudos Históricos Ultramarinos, 1973.

Widmann, Horst. *Exil und Bildungshilfe: Die deutsch-sprachige akademische Emigration in der Türkei nach 1933*. Bern: Lang, 1973.

Williams, Robert. *Art Theory: An Historical Introduction*. Oxford: Blackwell, 2004.

Williams, Robert C. *Culture in Exile: Russian Émigrés in Germany, 1881– 1941*. Ithaca: Cornell University Press, 1972.

Winter, Eduard, ed. *Die deutsch-russische Begegnung und Leonard Euler*. Berlin: Akademie Verlag, 1958.

———. *Lomonosov Schlözer Pallas*. Berlin: Akademie Verlag, 1962.

Wu, Jiang. "The Taikun's Zen Master from China," *East Asian History* 38 (2014): 75–96.

Wuttke, Dieter. "Die Emigration der Kulturwissenschaftichen Bibliothek Warburg und die Anfänge des Universitätsfaches Kunstgeschichte in Grossbritannien." *Artibus et Historiae* 5 (1984): 133–46.

Yardeni, Myriam. *Le refuge huguenot: Assimilation et culture*. Paris: Champion, 2002.

———. *Le refuge protestant*. Paris: Champion, 1985.

Yerushalmi, Yosef H. *Zakhor: Jewish History and Jewish Memory*. Seattle: University of Washington Press, 1982.

Young, John T. *Faith, Medical Alchemy and Natural Philosophy: Johann Moriaen, Reformed Intelligencer, and the Hartlib Circle*. Aldershot: Ashgate, 1998.

Zandvliet, Kees. *Mapping for Money*. Amsterdam: Batavian Lion International, 1998.

Zhang, Qiong. *Making the New World Their Own: Chinese Encounters with Jesuit Science in the Age of Discovery*. Leiden: Brill, 2015.

Zhiri, Oumelbanine. *L'Afrique au miroir de l'Europe: Fortunes de Jean-Léon l'Africain à la Renaissance*. Geneva: Droz, 1991.

Ziman, John M. *Ideas Move Around Inside People*. London: Birkbeck College, 1974.

Zimmermann, Klaus. "Los aportes de Hervás a la lingüística." In *Los jesuitas españoles expulsos*, edited by Manfred Tietz and Dietrich Briesemeister, 647–68. Frankfurt: Vervuert, 2001.

Zuidervaart, Huib J., and Rob H. Van Gent, "'A Bare Outpost of Learned European Culture on the Edge of the Jungles of Java': Johan Maurits Mohr (1716–1775) and the Emergence of Instrumental and Institutional Science in Dutch Colonial Indonesia." *Isis* 95 (2004): 1–33.

Županov, Ines G. *Disputed Mission: Jesuit Experiments and Brahmanical Knowledge in Seventeenth-Century South India*. New Delhi: Oxford University Press, 1999.

Zwilling, Leonard, ed. *Mission to Tibet*. Boston: Wisdom Publishers, 2010.

## 索 引

[本索引中的页码为英文原书的页码,即本书边码。]

### A

Ablancourt, N. F. d'  尼古拉·弗雷蒙·达布兰考特  70

Abraham ben Salomon  亚伯拉罕·本·所罗门  43

Abravanel, I.  以撒·阿布拉瓦内尔  43—44

Abravanel, J. L  犹大·莱昂·阿布拉瓦内尔  43

Abu Hayyan  阿布·海扬  37

Abu Ma'shar  阿布·马沙尔  37

accommodation  适应  99, 101—103

Acher, A.  亚伯兰·阿赫尔  66

Ackermann, R.  鲁道夫·阿克曼  133

Aconcio, J.  雅科波·阿孔齐奥  55

Acosta, J. de  何塞·德·阿科斯塔  101, 107

Adorno, T.  西奥多·阿多诺  6, 28—29, 154—155, 175—177

Afghani, al-  贾迈勒丁·阿富汗尼  37

Ainslie, W.  怀特洛·安斯利  91

Albertinus, A.  艾吉迪乌斯·阿尔贝提努斯  51

Alegre, F. J.  弗朗西斯科·哈维尔·阿莱格里  53

Alemanno, Y.  约哈南·阿莱曼诺  41

Alencastro, L. F. de  路易斯·费利佩·德·阿伦卡斯特罗  128—129, 186

Alewyn, R.  理查德·阿尔温  149—150, 165

Allen, W.  威廉·艾伦  53

Almeida, M. de  曼努埃尔·德·阿尔梅达  101

Almond, G.  加布里埃尔·阿尔蒙德  140

Almosnino, M.  摩西·阿尔莫斯尼诺  44

Alonso, A.  阿马多·阿隆索  144—145

Alsted, J. H.  约翰·海因里希·阿尔斯泰德  60

Althaus, F.  弗里德里希·阿尔特豪斯  131

Alvares Cabral, P.  佩德罗·阿尔瓦雷斯·卡布拉尔  48

Amatus Lusitanus  阿马图斯·鲁西塔努斯  44

Ammonio, A.  安德里亚·阿蒙尼奥  112

Anchieta, J. de  何塞·德·安切塔  100

Ancillon, C.  查理·安西隆  3, 67, 70

Anderson, P.  佩里·安德森  173

Andreski, S.　斯坦尼斯拉夫·安德列斯基　5

"Anglicists"　英国派　91

*Anglistik*　英语研究，参阅 literary studies 文学研究

Antal, F.　弗雷德里克·安塔尔　138, 152, 158, 163

anthropology　人类学　21, 97, 107, 121, 129, 143, 185—186，亦可参阅 ethnography 民族志

Antun, F.　法拉赫·安吞　38

Appadurai, A.　阿尔君·阿帕杜莱　186

Arbousse-Bastide, P.　保罗·阿布塞-巴斯蒂德　127

Archetti, E.　爱德华多·阿切蒂　185

Ardutiel, A.　亚伯拉罕·阿尔杜蒂尔　44

Arendt, H.　汉娜·阿伦特　4, 166, 189

Argyropoulos, J.　约翰内斯·阿尔吉罗波洛斯　40

Arias Montano, B.　贝尼托·阿里亚斯·蒙塔诺　11

Ariosto, L.　阿里奥斯托　2

Arnauld, A., "Le Grand,"　（大）安托万·阿尔诺　50

Arnheim, R.　鲁道夫·阿恩海姆　167

art history　艺术史　136, 157—160

Ascoli, M.　马克斯·阿斯科利　141

Assimilation　同化　9, 28, 54, 78—79, 134, 152—155

Astronomy　天文学　35, 37, 43, 58, 60, 85, 92, 102, 104—105, 116, 124

Athias, J.　约瑟夫·阿蒂亚斯　46

Aubry, J.　让·奥布里　62

Auerbach, E.　埃里希·奥尔巴赫　22, 124—125, 170

Aurispa, G.　乔瓦尼·奥里斯帕　40

Ayala, F.　弗朗西斯科·阿亚拉　144

Azevedo, L. de　路易斯·德·阿兹维多　101

**B**

Bacmeister, H.　哈特维格·巴克梅斯特　117, 121

Baczko, B.　布罗尼斯瓦夫·巴齐科　183

Baer, Y.　伊扎克·贝尔　148

Bak, J.　亚诺什·鲍克　183

Baldaeus, P.　菲利普·巴尔达乌斯　88, 109

Baldamus, W.　威廉·巴尔达姆斯　160

Ballantyne, J. R.　詹姆斯·罗伯特·巴兰坦　95

Balogh, T.　托马斯·巴洛夫　163

Baran, P. A.　保罗·巴兰　134

Barasch, M.　摩西·巴拉什　182

Barbeyrac, J.　让·巴贝拉克　67, 69—70

Barbosa, D.　杜阿尔特·巴尔波萨　84

Barbu, Z.　泽维·巴尔布　182

Barlaeus, C.　卡斯帕·巴拉乌斯　57—58, 88

Baron, H.　汉斯·巴隆　152, 172—173

Bartoli, D.　达尼埃尔·巴尔托利　104

Bashilov, S.　谢米扬·巴希洛夫　121

Basnage, H.　亨利·巴斯纳吉　70—71, 78—79

Basnage, J.　雅克·巴斯纳吉　71—72

Bass, S.　沙卜泰·巴斯　47

Bastide, R. 罗杰·巴斯蒂德 127—129
Baudartius, W. 威廉·博达尔缇厄斯 58
Baudouin, P. 皮埃尔·博杜安 64
Bauman, Z. 齐格蒙特·鲍曼 31—32, 184
Baxandall, M. 迈克尔·巴克森德尔 163, 174
Bayer, G. 戈特利布·拜尔 117, 120, 122
Bayle, P. 皮埃尔·贝尔 24, 64, 66, 68, 71—72, 74—75, 78—79
Bayrav, S. 苏海拉·巴伊拉夫 125
Beausobre, I. de 艾萨克·德·博索布勒 70, 72
Beirav, J. 雅各布·贝拉夫 43
Belgion, M. 蒙哥马利·比尔金 162
Bell, D. 丹尼尔·贝尔 140
Bello, A. 安德烈斯·贝略 38, 132—133
Bellot, J. 雅克·贝洛 63
Bendix, R. 莱因哈特·本迪克斯 26
Benjamin, W. 瓦尔特·本雅明 5
Benoist, E. 埃利·贝诺瓦 70, 72—73
Bentham, S. 塞缪尔·边沁 115
Benveniste, I. 伊曼纽尔·本韦尼斯特 46
Berdyaev, N. 尼古拉·别尔嘉耶夫 134
Berenson, B. 伯纳德·贝伦森 158
Bering, V. 维图斯·白令 115
Berlin, I. 以赛亚·柏林 20, 136, 158
Bernard, J. 雅克·贝尔纳 71
Bernard, J.-F. 让-弗雷德里克·贝尔纳 11, 75, 77, 80
Bernier, F. 弗朗索瓦·贝尔尼埃 109
Bernstein, B. 巴西尔·伯恩斯坦 164
Bernstein, E. 爱德华·伯恩斯坦 20
Beschi, C. 康斯坦佐·贝斯齐 104
Bessarion, J. 亚诺什·贝萨里翁 42
Betjeman, J. 约翰·贝杰曼 162—163
Beyer, G. 戈特利布·拜尔 117
Beza, T. 贝扎 62
Bhabha, H. 霍米·巴巴 186
Bickerman, E. 埃利亚斯·比克曼 134—135
bifocal vision 双焦视野 29
Bilden, R. 吕迪格·比尔登 7—8
Bilgrami, A. 阿奎尔·比尔格拉米 187
Bisterfeld, J. H. 约翰·海因里希·贝斯特菲尔德 60
Blaeu family 布劳家族 86, 104
Blanc, L. 路易·勃朗 131
Bloch, M. 马克·布洛赫 14, 107
Blok, A. 安东·布洛克 8
Bloomfield, L. 伦纳德·布龙菲尔德 181
Boas, F. 弗朗兹·博厄斯 8, 21, 107, 121
Bochart, S. 塞缪尔·伯沙特 113
Bodeck, J. von 约翰·冯·博德克 57
Bogatyrev, P. 彼得·波加特列夫 137
Bomberg, D. 丹尼尔·邦伯格 56
Bonald 博纳尔子爵 130
Bonfini, A. 安东尼奥·邦菲尼 112
Bontius, J. 雅各布·邦提乌斯 90
Boorstin, D. 丹尼尔·布尔斯廷 140
Borayya, K. V. 卡瓦利·文卡塔·鲍拉亚 95
Borkenau, F. 弗朗茨·博肯瑙 148
Bosch-Gimpera, P. 佩雷·博世-金佩拉 144
Botany 植物学 48, 89—91, 94, 105, 117
Bouhéreau, E. 埃利·布埃罗 68—69

Bourdieu, P. 皮埃尔·布尔迪厄 2, 26, 74
Boyer, A. 亚伯·博耶 67—69, 71
Boym, M. 卜弥格 102—103
"brain drain" 人才流失 82
Braudel, F. 费尔南·布罗代尔 23, 127—129, 131
Bredekamp, H. 霍斯特·布雷德坎普 179
Bréhier, E. 埃米尔·布雷耶 126
Bressani, F.-G. 弗朗切斯科·朱塞佩·布列萨尼 107
Brieger, P. 彼得·布里格 159
Bristow, R. 理查德·布里斯托 53
Brunel, P. 皮埃尔·布鲁内尔 66
Bruner, J. 杰罗姆·布鲁纳 140
Bruni, L. 列昂纳多·布鲁尼 40, 43
Bry, J.-T. 让-提奥多尔·布莱 57
Bry, T. de 提奥多尔·德·布莱 57
Brzezinski, Z. 兹比格涅夫·布热津斯基 182
Buarque de Holanda, S. 塞尔吉奥·布瓦尔克·德·霍兰达 19, 128
Buccella, N. 尼科洛·布切拉 55
Buddhism 佛教 110—111
Budé, G. 纪尧姆·比代 41
Bühler, K. 卡尔·布勒 167
Buissière, P. 保罗·比絮埃 66, 72
Buonaccorsi, F. 菲利波·布纳科西 112
Burkart, R. 罗斯玛丽·伯卡特 124, 193

C

Calliergis, Z. 扎卡里亚斯·卡列尔吉斯 42
Callistus, A. 安德罗尼库斯·卡里斯蒂斯 41

Calvin, J. 加尔文 62
Camões, L. 卡蒙斯 11—12
Campbell, A. 亚历山大·坎贝尔 88
Canclini, N. 内斯托尔·坎克利尼 185
Cañizares-Esguerra, J. 豪尔赫·卡伊扎雷斯-埃斯盖拉 186
Cardoso, F. H. 费尔南多·恩里克·卡多佐 129, 184
Carnap, R. 鲁道夫·卡尔纳普 166
Caro, J. 约瑟夫·卡罗 44
Carochi, H. 贺拉西奥·卡洛齐 100
Caron, F. 弗朗索瓦·卡隆 62, 93—94
Carpeaux, O. 奥托·马利亚·卡尔佩奥 5, 21
Carsten, F. 弗朗西斯·卡斯坦 26, 154, 165, 169
Casaubon, I. 伊萨克·卡索邦 7, 62
Cassirer, E. 恩斯特·卡西尔 148, 153, 166
Castelvetro, G. 贾科莫·卡斯泰尔韦特罗 56
Castelvetro, L. 卢多维科·卡斯泰尔韦特罗 55—56
Castro, A. 阿梅里科·卡斯特罗 22, 145, 170
Castro Sarmento, J. 雅各布·卡斯特罗·萨尔门托 48
Castro Tartas, D. de 大卫·德·卡斯特罗·塔尔塔斯 46—47
Catherine the Great 叶卡捷琳娜大帝 114, 117, 119
Cervantes, M. 塞万提斯 11—12
Chakrabarty, D. 迪佩什·查卡拉巴提 187

Chalcondyles, D.　德美特里·卡尔孔狄利斯　40—41

Chapelle, A. de la　阿尔芒·德·拉·夏佩尔　69

Chateaubriand　夏多布里昂　130

Chatterjee, P.　帕沙·查特吉　186

Chaunu, P.　皮埃尔·肖努　129

Chauvin, E.　埃蒂安·肖万　68, 72

chemistry　化学　115, 132

Chesterton, G. K.　切斯特顿　19

Chevalier, N.　尼古拉斯·谢瓦利埃　67

Chizhevsky, D.　德米特里·齐泽夫斯基　135

Chrysoloras, J.　亚诺什·赫里索罗拉斯　40

Chrysoloras, M.　曼努埃尔·赫里索罗拉斯　40, 43

Cixous, H.　埃莱娜·西苏　186

Claesz, C.　科内利斯·克拉兹　58

Clark, K.　肯尼斯·克拉克　157—158

classical studies　古典学　36, 40, 120, 124, 143, 149, 168

Clavijero, F. J.　弗朗西斯科·哈维尔·克拉维耶罗　53

Cleyer, A.　安德列斯·克莱耶尔　90

Coeurdoux, G.-L.　加斯顿-洛朗·库尔杜　92, 104, 108

cognitive diversity　认知多样性　30

Cohen, J. ha　约瑟夫·柯亨　44

Cohen, S.　斯坦利·科恩　186

Colomiez, P.　彼得·科洛梅兹　68

Columbanus　高隆邦　36

Comaroff, J. and J.　简和约翰·科马洛夫　186

Comenius, J. A.　扬·阿姆斯·夸美纽斯　59—60

Commelin, J.　扬·康梅林　58

comparative analysis　比较分析　10, 13, 26, 52, 101, 107, 125, 143, 166, 170, 179, 182

Conrad, J.　康拉德　12

Coor, G.　格特鲁德·库尔　193

Costa, U. da　乌列尔·达·科斯塔　45

Coste, P.　皮埃尔·科斯特　69, 78, 80

Couplet, P.　柏应理　105, 111

Courcelles, E. de　埃蒂安·德·库尔塞　80

Courtauld, S.　塞缪尔·科陶德　158

Crawford, M.　迈克尔·克劳福德　143

cultural translation　文化翻译　21, 102

Cunitz, M.　玛丽亚·库尼茨　60

Curione, C. S.　切里奥·塞昆多·库里昂　56

D

Daillé, P.　皮埃尔·达耶　64

DaMatta, R.　罗贝托·达马塔　129

Damilas, D.　德米特里斯·达米拉斯　42

Dante　但丁　2

Davis, S.　塞缪尔·戴维斯　92

Decembrio, P. C.　皮耶尔·坎迪多·德切布里奥　39

Delisle, J.-N.　约瑟夫-尼古拉斯·德利尔　115

deprovincialization　去地方化　16, 18—19, 31, 143, 178, 187

Derrida, J.　雅克·德里达　186

Desaguliers, T.　约翰·西奥菲勒斯·德萨

古里耶斯 78

Desbordes, H. 亨利·德伯尔德 66, 71

Descartes, R. 笛卡尔 80—81, 113

Desideri, I. 伊波利托·德西迪利 111

Des Maizeaux, P. 皮埃尔·迪·梅佐 69, 77—78

Desmarets, H. 亨利·德玛雷 80

*destierro* 连根拔起 2

Des Vignolles, A. 阿方索·迪·维尼奥尔 72

detachment 疏离超然，参阅 distanciation 疏离

Deutsch, K. 卡尔·多伊奇 150, 166, 175

Dewey, J. 约翰·杜威 174

Dhyanabhadra 提纳薄陀（指空）36—37

Dieckmann, H. 赫伯特·迪克曼 124

Dieckmann, L. 莉塞洛特·迪克曼 124—125, 193

Dilthey, P. 菲利普·狄尔西 117—118

displaced concepts 概念位移 30

displaced persons 流离失所者 3, 7, 30

distanciation 疏离 12, 22—28, 61, 72—73, 95, 122, 137, 170—173

Dollond, J. 让·多伦德 65

Dollond, P. 彼得·多伦德 65

Dorfman, A. 阿里尔·多夫曼 4

Dorman, T. 托马斯·多曼 54

Dosuzhkov, F. 费奥多尔·多苏兹科夫 136

Doukas, D. 德米特里欧斯·杜卡斯 42

Dow, A. 亚历山大·道 93, 108

Dronke, P. 彼得·德隆克 27

Drusius, J. 约翰内斯·德鲁修斯 58

Duez, N. 纳撒内尔·杜伊兹 63

Du Halde, J.-B. 杜赫德 105—106

Durand, D. 大卫·杜兰德 70

Dury, J. 约翰·杜里 60

Dutch East India Company 荷兰东印度公司，参阅 VOC

E

East India Company (British) 英国东印度公司 86—93, 108—109

economics 经济学 140, 166—167

Ehrenberg, V. 维克托·埃伦伯格 5, 149

Einaudi, M. 马里奥·伊诺第 141, 143

Einstein, A. 阿尔伯特·爱因斯坦 148

Eire, C. 卡洛·艾尔 184

Eisei, I. G. 今村英生 96

Eisenstadt, S. N. 什穆埃尔·艾森施塔特 26

Eliade, M. 米尔恰·伊利亚德 26, 182

Elias, N. 诺贝特·埃利亚斯 27—28, 30—31, 149, 160—164, 171

Elkanah, Y. 耶胡达·埃尔卡纳 29, 182

Ellis, F. W. 弗朗西斯·怀特·埃利斯 93

Elsevier family 爱思唯尔家族 58, 89

Elton, G. 杰弗里·埃尔顿 20, 153—154

Emili, P. 保罗·埃米利 112

empiricism 经验主义 19, 80—81, 140, 148, 154, 157, 160, 162, 166, 168, 173, 175, 179

Ennin 圆仁 36

Enzinas, F. 弗朗西斯科·恩济纳斯 55

Erasmus 伊拉斯谟 41, 78, 113

Erhat, A. 阿兹拉·埃尔哈特 124

Erikson, E. H. 埃里克·埃里克森 168

Estienne, H. 亨利·埃斯蒂安 7, 62
Estienne, R. 罗贝尔·埃斯蒂安 62
ethnography 民族志 84, 122—123，参阅 anthropology 人类学
Euler, L. 莱昂哈德·欧拉 116
Evans-Pritchard, E. E. 爱德华·埃文斯-普里查德 21
Eyck, E. 埃里希·艾克 153

F

face-to-face encounters 面对面的交流 30, 113—114, 137
Falk, I. 伊瑟·法克 152, 193
Farabi, al- 法拉比 37
Fenicio, G. 贾科莫·费尼西奥 109
Ferber, J. 约翰·费伯 115
Fermi, E. 恩里科·费米 141, 148
Fermi, L. 劳拉·费米 133
Fernandes, G. 贡萨洛·费尔南德斯 109
Ferrater Mora, J. 何塞·费拉特·莫拉 144—145
Ficino, M. 费奇诺 41
Filangieri, G. 乔瓦尼·费兰吉里 112
Filelfo, F. 弗朗切斯科·菲莱尔福 40
Finer, H. 赫尔曼·芬纳 139
Finer, S. 塞缪尔·芬纳 139
Fischer, J. 约翰·费舍尔 118, 121
Florida, R. 理查德·佛罗里达 76
Florio, J. 约翰·弗洛里奥 56
Florio, M. 米开朗基罗·弗洛里奥 56
Florovsky, G. 格奥尔格·弗洛罗夫斯基 20, 134—136
Floud, J. 吉恩·弗劳德 162

*Flüchtling* 流亡者 3
Foà, C. 卡洛·福阿 141, 179
Fogarasi, B. 贝拉·福加拉西 138
Fontaney, J. de 洪若翰 104—105
Formey, S. 塞缪尔·福米 77—78
Fortes, M. 梅耶·福蒂斯 186
Foubert, S. de 所罗门·德·傅贝尔 68
Foucault, M. 米歇尔·福柯 2
Fowler, J. 约翰·福勒 54
Foxe, J. 约翰·福克斯 59
Fraenkel, E. 爱德华·弗伦克尔 168, 178
Frank, S. 谢苗·弗兰克 134
Frank, T. 托马斯·弗兰克 42
Frankl, P. 保罗·弗兰克尔 6, 159
Freire, P. 保罗·弗莱雷 184—185
Frenkel-Brunswik, E. 埃尔斯·弗伦克尔-布伦斯威克 177, 193—194
Freud, A. 安娜·弗洛伊德 167, 194
Freud, S. 西格蒙德·弗洛伊德 167, 178
Freyre, G. 吉尔贝托·弗雷雷 8, 18, 22, 128
Fried-Boxer, F. 弗兰西斯卡·弗里德-博克瑟 194
Friedlaender, W. 瓦尔特·弗里德兰德 159
Friedländer, S. 索尔·弗里德兰德 182
Friedman, M. 米尔顿·弗里德曼 140
Friedmann, W. 威廉·弗里德曼 5
Fromm, E. 埃里希·弗洛姆 164, 167
Furtado, C. 塞尔索·福尔塔多 184
Fyodotov, G. 格奥尔格·费多托夫 136

G

Galen 盖伦 34

Gama, V. da 瓦斯科·达·伽马 48
Ganjin 鉴真 36
Gaos, J. 何塞·高斯 2—3, 145—147
García Bacca, J. D. 胡安·戴维·加西亚·巴卡 144
Gaubil, A. 宋君荣 105
Gaza, T. 塞奥多鲁斯·加扎 40—41
Gellner, E. 欧内斯特·盖尔纳 25
Gemma, G. B. 詹巴蒂斯塔·杰玛 55
generations 世代 9—10, 20, 76—78, 164, 166, 169, 175, 179
Gentile, B. 贝尔纳多·詹蒂尔 112
Gentili, R. 罗伯特·詹蒂莱 56
Gentili, S. 西皮奥内·詹蒂莱 56
geography 地理学 85, 96, 103, 114, 129
George of Trebizond 特拉比松的乔治 41, 43
Gerbi, A. 安东内洛·格尔比 142—143
Germanistik 德语研究, 参阅 literary studies 文学研究
Gerth, H. 汉斯·格尔特 164, 169
Gibbon, E. 爱德华·吉本 72
Giddens, A. 安东尼·吉登斯 161
Giddings, F. 富兰克林·吉丁斯 161
Giedroyć, J. 耶日·盖德罗伊茨 182
Gilbert, F. 费利克斯·吉尔伯特 152
Gilchrist, J. 约翰·吉尔克里斯特 88
Ginsberg, M. 莫里斯·金斯伯格 139, 160
Gleissberg, W. 沃尔夫冈·格莱斯伯格 124
Gluckman, M. 马克斯·格鲁克曼 186
Gmelin, J. G. 约翰·乔治·格梅林 116—117, 121
Gödel, K. 库尔特·哥德尔 148

Gogol, N. 尼古拉·果戈理 122
Goldscheider, L. 路德维希·戈德沙伊德 159
Goldstücker, T. 西奥多·戈德斯泰克 131
Goldstuecker, E. 爱德华·戈尔德施蒂克 183
Goldthorpe, J. 约翰·戈德索普 161
Gollancz, I. 伊斯雷尔·葛兰奇 20
Gombrich, E. H. 恩斯特·贡布里希 158, 160, 163, 176
González Echevarría, R. 罗贝托·冈萨雷斯·埃切瓦里亚 184
González Holguín, D. 迪亚哥·冈萨雷斯·奥尔金 100
González de Mendoza, J. 胡安·冈萨雷斯·德·门多萨 102
Gottschalk, W. 沃尔特·戈特沙克 11, 125
Gova, S. 萨宾娜·戈瓦 151—152, 195
Grabar, A. 安德烈·格拉巴尔 135—136
Grant, C. 查尔斯·格兰特 108
Grenville, J. 约翰·格林维尔 154
Griffith, W. 威廉·格里菲斯 90
Grimm, H. N. 赫尔曼·尼克拉斯·格里姆 90
Grocyn, W. 威廉·格罗辛 41
Groethuysen, B. 伯恩哈德·格罗修森 29, 169
Grotius, H. 雨果·格劳秀斯 45
Gruzinski, S. 塞尔吉·格鲁金斯基 129
Guarino of Verona 维罗纳的瓜里诺 40
Guha, R. 拉纳吉特·古哈 187
Guicciardini, F. 弗朗切斯科·圭恰迪尼 2, 45

Guillén, J. 豪尔赫·纪廉 145
Gutsmann, W. 威利·古茨曼 11
Gyarmathy, S. 萨缪尔·加马西 121

## H

Haak, T. 西奥多·哈克 61
Hajós, E. M. 伊丽莎白·玛丽亚·哈约斯 195
Halevi, U. P. 尤里·菲巴斯·哈列维 47
Halhed, N. 纳桑尼尔·哈尔海德 88, 108
Halperín Donghi, T. 图利奥·哈尔佩林·唐伊 147, 185
Hamon, M. 摩西·哈蒙 44
Handlin, O. 奥斯卡·汉德林 1, 140
Hanfmann, G. 乔治·汉夫曼 150
Harding, T. 托马斯·哈丁 54
Hartlib, S. 塞缪尔·哈特利布 60
Hauser, A. 阿诺德·豪瑟 138
Hauser, H. 亨利·豪瑟 126—128
Hayek, F. von 弗里德里希·冯·哈耶克 167, 176
Heigham, J. 约翰·海格汉姆 50—51
Heinemann, F. 弗里兹·海纳曼 169
Held, J. 朱利乌斯·赫尔德 159
Heller, Emmy 艾米·海勒 151, 195
Heller, Erich 埃里希·海勒 165
Helmer, O. 奥拉夫·海尔默 150
Hempel, C. 卡尔·亨普尔 166
Hennock, P. 彼得·汉诺克 21
Hermann, P. 保罗·赫尔曼 90
Hermonymos, G. 乔治·赫尔蒙尼莫斯 41
Herskovits, M. J. 梅尔维尔·赫斯科维茨 140
Herz, J. 约翰·赫兹 4, 166
Herzen, A. 亚历山大·赫尔岑 38, 136
Hevesy, G. de 乔治·德·赫维西 138
Hinduism 印度教 108—110
Hintze, H. 海德维格·辛策 5, 195—196
Hirschman, A. O. 阿尔伯特·赫希曼 26
historical studies 历史研究 1, 16, 20, 23—24, 26, 44—45, 51—53, 70—74, 112, 117—122, 128, 136, 146, 154, 164—165, 169, 178, 180, 183—187
Hobhouse, L. 里奥纳德·霍布豪斯 160
Hobsbawm, E. J. 埃里克·霍布斯鲍姆 25, 163, 171—172
Hofmann, A. W. von 奥格斯特·威廉·冯·霍夫曼 132
Holborn, H. 哈约·霍尔本 18, 151, 169
Holborn, L. W. 路易丝·霍尔本 151, 196
Holwell, J. Z. 约翰·泽费奈亚·霍尔威尔 93
Holyband, C. 克劳德·霍利班德 63
Hondt, J. de 尤斯特·德·洪特 58
Honigsheim, P. 保罗·霍尼希施海姆 148
Hook, S. 西德尼·胡克 140
Hopkins, K. 基思·霍普金斯 143, 161
Horkheimer, M. 马克斯·霍克海默 156, 176—178
Horney, K. 卡伦·霍妮 167
Horowitz, B. 贝拉·霍洛维茨 159
Hotman, F. 弗朗索瓦·霍特曼 62
Hudde, J. 约翰内斯·胡德 87
Huet, P.-D. 皮埃尔-丹尼尔·休特 113
Huguetan family 胡盖坦家族 66

Hulsius, L. 列维努斯·赫尔休斯 58
Hume, David 大卫·休谟 73
Humphreys, S. 萨利·汉弗莱斯 143
Hunt, G. 乔治·亨特 121
hybridization 融合会通 9, 28—30, 36, 52, 80, 95, 106, 122—123, 137, 173—179

### I
Ibn Jamil, S. T. 谢姆·托夫·伊本·贾米尔 44
Ibn Khaldun 伊本·赫勒敦 37
Ibn Namias family 伊本·纳米亚斯家族 46
Ibn Yahya, G. 吉达拉赫·伊本·亚赫亚 44
iceberg problem 冰山问题 14
iconography 图像学 180
identity 身份认同 5
Idrisi, al- 伊德里西 37
Iglesia, R. 拉蒙·伊格莱西亚 5
Ignatius 圣伊格纳修斯 99
Ímaz, E. 欧亨尼奥·伊马兹 147
Impartiality 公正，参阅 distanciation 疏离
Incarville, P. N. d' 汤执中 105
Institute for Advanced Study 高等研究院 156
Institute for Social Research (Institut für Sozialforschung) 社会研究所 156—157, 177—178
internal exiles 内部流亡者 11
international relations 国际关系，参阅 political science 政治学
Israel, M. ben 玛纳西·本·以色列 45—46
Isselt, M. ab 米凯尔·伊瑟尔特 51

### J
Jaeger, W. 维尔纳·耶格尔 168
Jager, H. de 赫伯特·德·雅格 89
Jahoda, M. 玛丽·雅荷达 33, 196
Jakobson, R. 罗曼·雅各布森 136—137
James, H. 亨利·詹姆斯 12
Jandun, J.-E. 雅克-埃吉德·杜亨·德·约登 68
Janiçon, F. M. 弗朗索瓦·米歇尔·贾尼松 69, 71
Janowitz, M. 莫里斯·贾诺维茨 140
Jaszi, O. 奥斯卡·贾希 138
Jáuregui, C. 卡洛斯·加鲁居伊 185
Jaye, H. 亨利·杰伊 54
Jesuits 耶稣会 21, 52—53, 98—106
Jewel, J. 约翰·朱厄尔 53—54
Jhabvala, R. P. 露丝·鲍尔·贾华拉 12
Jianzhen 鉴真 36
João III 若昂三世 48
Jolles, C. 夏洛特·乔尔斯 165, 196
Jonas, H. 汉斯·约纳斯 148, 182
Joncourt, E. de 埃利·德·容库特 69
Jones, W. 威廉·琼斯 88, 92, 95
Jortin, J. 约翰·乔廷 78—79
Josephus 约瑟夫斯 34—35
journalists 新闻记者 38, 54, 71—72, 76—78, 133, 160, 182
Joyce, J. 詹姆斯·乔伊斯 12
Jurieu, P. 皮埃尔·朱利厄 4, 64—68, 70—71, 74—75

Justel, H. 亨利·朱斯特尔 69, 79

**K**

Kaempfer, E. 恩格尔伯特·坎普弗 69, 90, 94—96, 110
Kaldor, N. 尼古拉斯·卡尔多 163
Kann, R. 罗伯特·坎恩 150, 169
Kantorowicz, E. H. 恩斯特·康托洛维茨 19
Karpovich, M. 米哈伊尔·卡尔波维奇 136
Kaufmann, F. 费利克斯·考夫曼 174
Kaufmann, W. 瓦尔特·考夫曼 169
Kellam, L. 劳伦斯·凯兰姆 54
Kelsen, H. 汉斯·凯尔森 165, 176
Kinkel, G. 戈特弗里德·金克尔 131—132
Kinner, C. 塞普利安·金纳 61
Kiprianov, V. 瓦西里·基普里亚诺夫 114
Kircher, A. 阿塔纳修斯·基歇尔 21—22, 103—104
Kizevetter, A. 亚历山大·基泽韦特 134
Klein, V. 维奥拉·克莱因 151, 160, 196
Klemperer, V. 维克多·克莱普勒 11
Koenig, J. 约翰·科尼希 91
Koenigsberger, H. G. 赫尔穆特·柯尼斯伯格 26
Kołakowski, L. 莱谢克·科拉科夫斯基 31—32, 184
Komenský, J. A. 扬·阿姆斯·考门斯基 59—60
König, R. 勒内·科尼希 179

Kovalevsky, P. 彼得·科瓦列夫斯基 1
Kracauer, S. 西格弗里德·克拉考尔 27
Krafft, G. W. 格奥尔格·沃尔夫冈·克拉夫特 117
Krascheninnikov, S. 斯捷潘·克拉舍宁尼科夫 121
Krautheimer, R. 理查德·克劳特海默 159
Kristeva, J. 朱莉娅·克里斯蒂娃 186
Kroeber, A. 阿尔弗雷德·克鲁伯 21
Kromberger family 克隆伯格家族 84
Krug, J. P. 约翰·菲利普·克鲁格 122
Kumarajiva 鸠摩罗什 36
Kuper, A. 亚当·库珀 186
Kurz, O. 奥托·库尔茨 158
Kyd, R. 罗伯特·基德 91

**L**

Laclau, E. 厄内斯特·拉克劳 185
Laet, J. de 约翰内斯·德·莱特 58, 86, 89
Lafitau, J.-F. 让-弗朗索瓦·拉菲托 101, 107, 123
Lagrue, T. 托马斯·拉格 63
Lakatos, I. 伊姆雷·拉卡托什 183
Lamoot, J. 扬·拉穆特 57
Landino, C. 克里斯托弗罗·兰迪诺 108
Lando, O. 奥尔滕西奥·兰多 56
Landshut, S. 西格弗里德·兰茨胡特 148
Láng, J. 尤利娅·朗 138, 197
Laqueur, R. 理查德·拉奎尔 149
La Roche, M. de 米歇尔·德·拉·罗歇 72, 76

Larrey, I. de　艾萨克·德·拉里　70
Larroque, D. de　丹尼尔·德·拉罗克　72
Laskaris, J.　亚诺斯·拉斯卡里斯　41—42
Laslett, P.　彼得·拉斯利特　164
Lassels, R.　理查德·拉塞尔斯　50
law　法律　67, 88, 117, 124—125, 134, 165—166, 176
Laxmann, E.　埃里克·拉克斯曼　115
Lazarsfeld, P.　保罗·拉扎斯菲尔德　155, 169, 176
Leclerc, J.　让·勒克莱尔　80
Le Comte, L.　李明　105
Le Duchat, J.　雅各布·勒·杜哈特　67, 69
Le Gobien, C.　郭弼恩　105
Lehmann, J. G.　J. G. 莱曼　117
Lehmann, K.　卡尔·莱曼　168
Leibniz, G. W.　戈特弗里德·威廉·莱布尼茨　114—116
Lelewel, J.　约阿希姆·莱勒维尔　26, 130—131
Lenfant, J.　雅克·朗凡　70, 72
Leo Africanus　利奥·阿非利加努斯　49
Lerner, A.　阿巴·勒纳　139
Lerner, G.　格尔达·勒纳　151, 197—198
Levenson, D.　丹尼尔·莱文森　177
Levi, B.　贝波·列维　141
Levi Della Vida, G.　乔尔乔·列维·德拉·维达　142
Levi Mortera, S.　索尔·列维·莫特拉　47
Lévi-Strauss, C.　克劳德·列维-斯特劳斯　25, 107, 126—129
Lévi-Strauss, D.　蒂娜·列维-斯特劳斯　126
Lewin, K.　库尔特·勒温　167
Liang Qichao　梁启超　38
librarians　图书馆员　11, 68—69, 125, 132, 150
Liebeschütz, H.　汉斯·利贝舒茨　149
Liebreich, A.　安妮·利布莱希　5, 198
Limentani, U.　乌贝托·利蒙坦尼　142, 150
Linacre, T.　托马斯·林纳克　41
Lindenau, J.　雅各布·林德诺　115, 121
linguistics　语言学　22—23, 52, 100, 135—137, 142, 165, 181
literary studies　文学研究　20, 21, 26, 52, 78, 95, 117, 125, 131, 135—136, 142, 146, 163, 165, 179, 184—186
Lloréns, V.　维森特·洛伦斯　144
Locke, J.　约翰·洛克　80—81, 164
Lomonosov, M.　米哈伊尔·罗蒙诺索夫　110, 119, 122
London School of Economics　伦敦政治经济学院　25, 139, 149, 151, 160, 167, 183
Lopez, R. S.　罗伯托·洛佩斯　142
Lord, H.　亨利·罗德　109
Lossky, N.　尼古拉·洛斯基　134
Lovati, L.　罗瓦托·洛瓦蒂　40
Löwe, A.　阿道夫·洛维　167
Lowenthal, L.　利奥·洛文塔尔　176
Lowie, R.　罗伯特·罗维　21
Löwith, K.　卡尔·洛韦斯　148
Löwitz, G. M.　乔治·莫里茨·洛维茨　116
Lukács, G.　格奥尔格·卢卡奇　7, 138
Luria, S.　萨尔瓦多·卢里亚　141

Luzac family　卢扎克家族　77

**M**

Machiavelli, N.　马基雅维利　2
Machlup, F.　弗里茨·马克卢普　167
Mackenzie, C.　科林·麦肯齐　87, 93, 95
Madariaga, S. de　萨尔瓦多·德·马达里亚加　145
Maffei, G. P.　吉安佩特罗·马非　104
Magnus, J.　约翰尼斯·马格努斯　51
Magnus, O.　奥劳斯·马格努斯　51
Maistre, J. de　约瑟夫·德·梅斯特　130
Maittaire, M.　米歇尔·梅泰尔　68
Malche, A.　阿尔伯特·马尔凯　124
Malinowski, B.　布罗尼斯拉夫·马林诺夫斯基　7, 21
Manheim, E.　欧内斯特·曼海姆　150
Mannheim, H.　赫尔曼·曼海姆　160
Mannheim, K.　卡尔·曼海姆　2, 5, 19, 23, 27, 30—31, 138, 149, 151, 160—162, 164, 168, 173
Mantino, J.　雅各布·曼蒂诺·本·塞缪尔　43, 49
Manutius, A.　阿尔杜斯·马努提乌斯　42
Márai, S.　马洛伊·山多尔　6
Marañón, G.　格雷戈里奥·马拉尼翁　144
Marchand, H.　汉斯·马尚　124
Marchand, P.　普洛斯佩尔·马尔尚　11, 77
Margounios, M.　马克西莫斯·马古尼奥斯　41
Marian exiles　玛丽流亡者　58—59
Mariátegui, J. M.　何塞·卡洛斯·马里亚特吉　18—19
Marichal, J.　胡安·马里沙尔　146
Marineo, L.　卢卡·马里诺　111—112
Marks, S.　舒拉·马克斯　186
Marne, C. de　克洛德·德·马恩　62
Marschak, J.　雅各布·马尔沙克　167
Martin, G.　格里高利·马丁　53
Martinez Waucquier, M.　马特奥·马丁内斯·沃奎尔　51
Martini, M.　卫匡国　102—104
Marx, K.　卡尔·马克思　131—132, 178
mathematics　数学　78, 85, 87, 102, 115—116, 141, 148
Mathesius, V.　维莱姆·马修斯　137
Matthew Effect　马太效应　14
Maty, M.　马修·马蒂　78—79
Mauclerc, P.-E. de　保罗-埃米尔·德·莫克莱可　77
Mauro, F.　弗雷德里克·莫罗　129
Mayerne, L. Turquet de　路易·杜尔盖特·德·梅耶内　62
Mayerne, T. Turquet de　提奥多尔·杜尔盖特·德·梅耶内　62
Mazour, A.　阿纳托尔·马祖尔　134, 136
McIver, R.　罗伯特·麦基弗　175
mediation　转介调和　19—22, 40—43, 55, 79, 88, 94—95, 106, 146
Medigo, E. del　伊利亚·德尔·梅迪戈　46
Medina Echevarría, J.　何塞·梅迪纳·埃切瓦里亚　145, 147
Melo e Souza, L. de　劳拉·德·梅洛·埃·索萨　129

Méndez, M. I. 曼努埃尔·伊西德罗·门德斯 146
Menéndez Pidal, R. 拉蒙·梅南德斯·皮达尔 144
Mennell, S. 斯蒂芬·门奈尔 161
Menocal, M. R. 玛丽亚·罗莎·梅诺卡 184
Merton, R. 罗伯特·默顿 14, 140
Messerschmidt, D. 丹尼尔·梅塞施密特 117, 120
Mészáros, I. 伊斯特万·梅萨罗斯 183
methodological individualism 方法论个人主义 176
Meursevoet, V. 文森特·默瑟沃 57
Mickiewicz, A. 亚当·密茨凯维奇 12, 130—131
Mignolo, W. 瓦尔特·米尼奥罗 185
Miliukov, P. 帕维尔·米留科夫 137
Millar, F. 弗格斯·米勒 143
Mills, C. W. C. 赖特·米尔斯 164
mineralogy 矿物学 115, 117
Miquel i Verges, J. M. 约塞普·玛丽亚·米盖尔·维热 144, 146
Mirsky, D. 德米特里·米尔斯基 136
Mises, L. von 路德维希·冯·米塞斯 167
Mochulsky, K. 康斯坦丁·莫丘利斯基 20, 136
Modigliani, F. 弗兰科·莫迪利安尼 142
Mohr, J. M. 约翰·莫里斯·莫尔 92
Moivre, A. de 亚伯拉罕·棣莫弗 78
Molesworth, J. 詹姆斯·莫尔斯沃思 88
Molina, A. de 阿隆索·德·莫利纳 99

Momigliano, A. 阿纳尔多·莫米利亚诺 142—143, 163, 168
Mommsen, T. 西奥多·蒙森 5
Monbeig, P. 皮埃尔·蒙贝 127, 129
Montbail, M. de 玛尔特·德·蒙特贝尔 68
Moretti, F. 弗朗科·莫雷蒂 27
Morgenthau, H. 汉斯·摩根索 166, 180
Moriaen, J. 约翰内斯·莫里亚恩 60
Morin, E. 埃蒂安·莫林 68
Motteux, P. -A. 皮埃尔-安托万·莫妥 69, 76
Mukařovský, J. 扬·穆卡洛夫斯基 137
Müller, G. F. 格哈德·弗里德里希·穆勒 116, 118, 120, 122—123
Müller, M. 马克斯·缪勒 26
Murray, O. 奥斯温·默里 143
Musurus, M. 马库斯·马索鲁斯 42

N

Nabokov, V. 纳博科夫 12
Namier, L. 刘易斯·纳米尔 14, 20, 24, 139
natural history 自然史 101, 116—117
Nebrija, A. 安东尼奥·内布里哈 41
Negri, F. 弗朗切斯科·内格里 56
Negrín, J. 胡安·内格林 145
Neumann, F. 弗朗茨·诺伊曼 9, 29—31, 150, 166, 168, 171, 177, 179
Neumann, J. von 约翰·冯·诺伊曼 148
Neumeyer, A. 阿尔弗雷德·诺伊梅尔 153
Neurath, W. 瓦尔特·纽拉特 160
Neustadt, I. 伊利亚·诺伊斯塔特 160—

161

New School for Social Research 社会研究新学院 141, 145, 151, 167, 174
Nieuhof, J. 约翰·纽霍夫 93
Nobili, R. de 罗伯托·德·诺比利 108—110
Novais, F. 费尔南多·诺瓦斯 128
Novikov, M. 米哈伊尔·诺维科夫 134, 135, 137

O

Obeyesekere, G. 加纳纳什·奥贝赛克拉 186
Offner, R. 理查德·奥夫纳 152
O'Donnell, G. 吉列尔莫·奥唐纳 185
O'Gorman, E. 埃德蒙多·奥戈曼 146
Oldenburg, H. 亨利·奥尔登堡 60—61, 89
Olschki, L. 莱昂纳多·奥斯基 6, 142
Olwer, L. N. d' 路易·尼古拉·德奥尔韦尔 144, 146
"Orientalism" 东方学 92
"Orientalists" 东方通 91
Orienter, A. 安妮塔·奥利恩特 152, 198—199
Orta, G. de 加西亚·德·奥尔塔 48, 90
Ortega y Gasset, J. 何塞·奥尔特加·加塞特 144
Ortelius, A. 亚伯拉罕·奥特利尔斯 11
Ortiz, F. 费尔南多·奥尔蒂斯 3
Osipov, N. 尼古拉·奥西波夫 136
Ottokar, N. 尼古拉·奥托卡 20, 172
Ovid 奥维德 34

P

Pächt, O. 奥托·帕希特 158
Pachter, H. 亨利·帕赫特 29
Paez, P. 佩德罗·佩斯 101
Page, S. 斯科特·佩奇 30
Pallas, P. 彼得·帕拉斯 117, 120—121
Panizzi, A. 安东尼奥·潘尼兹 132
Pannartz, A. 阿诺德·潘纳茨 84
Panofsky, E. 欧文·潘诺夫斯基 6, 33, 159, 171, 174
Parival, J.-N. de 让-尼古拉斯·德·帕利瓦 63
Park, R. E. 罗伯特·帕克 28, 31, 161
Parsons, T. 塔尔科特·帕森斯 161, 176
Pelloutier, S. 西蒙·佩鲁蒂埃 77
Penso de la Vega, J. 约瑟夫·彭索·德拉维加 46—47
Pérard, J. 雅克·佩拉尔 77
Pereira de Queiroz, M. I. 玛丽亚·埃苏拉·佩雷拉·德·奎罗斯 129
Perna, P. 彼得罗·佩尔纳 56
Péter, L. 拉斯洛·皮特 183
Peter the Great 彼得大帝 114—115, 117, 120
Petrarch, F. 佩特拉克 40
Pevsner, N. 尼古拉斯·佩夫斯纳 4, 6, 8, 20, 27, 153, 163, 174
philology 语言学, 参阅linguistics philosophy 语言哲学 25, 40—41, 68, 77, 105—106, 117, 124, 136, 153, 155, 165—166, 169, 174, 179
physics 物理学 148, 173
physiology 生理学 117, 144—145, 179

Picart, B. 贝尔纳·皮卡特 77
Pico, G. 乔凡尼·皮科·德拉·米兰多拉 41, 46
Pielat, B. 巴特勒米·皮耶拉特 63
Pires, T. 托梅·皮列士 84
Pi i Sunyer, A. 奥古斯托·皮·桑尼尔 144
Plancius, P. 彼得勒斯·普朗修斯 58, 85—86
Plantin, C. 克里斯托夫·普朗坦 11
Plessner, H. 赫尔穆特·普莱斯纳 166
Plutarch 普鲁塔克 34
Poggioli, R. 雷纳托·波吉奥利 27, 141, 143
Polanyi, K. 卡尔·波兰尼 138, 163
Polanyi, M. 迈克尔·波兰尼 30, 138
Polenov, A. 阿列克谢·波列诺夫 121
political science 政治学 117, 124, 143, 166, 170, 175, 178 80
Polybius 波利比阿 34
Pomian, K. 克日什托夫·波米安 184
Popper, K. 卡尔·波普尔 166, 176
Porada, E. 伊迪丝·波拉达 199
Postan, M. M. 迈克尔·波斯坦 20, 136
Praeger, F. 弗雷德里克·普雷格 159
Prakash, G. 吉安·普拉卡什 187
Prečan, V. 维伦·普瑞坎 183
presentism 当下主义 1—2
Prinsep, J. 詹姆斯·普林塞普 93
printers 印刷商,参阅 publishers 出版商
Prokopovich, S. 谢尔盖·普罗科波维奇 134
Pronay, N. 尼古拉斯·普罗奈 183

prosopography 群体传记学 14, 24, 66, 116, 126, 189
provincialization 地方化 147, 178
psychology 心理学（包括 psychoanalysis 精神分析学） 136, 167, 177—178, 180, 185
publishers 出版商 10—11, 42, 46—47, 50—51, 54, 56—58, 62—63, 66, 75—77, 83—84, 114—115, 133, 147, 159—160
Pyrrhus Lusitanus, Didacus 戴达库斯·皮洛斯·鲁西塔努斯 44

Q
Quesnel, P. 帕斯奎尔·盖内尔 50

R
Radermacher, J. 雅各布·拉德马赫 90, 92
Radin, P. 保罗·拉丁 21, 139
Radischev, A. 亚历山大·拉迪什切夫 114
Radó, S. 桑多尔·拉多 168
Raeff, M. 马克·拉伊夫 1
Rapin-Thoyras, P. de 保罗·德·拉宾-托莱 20, 70, 73, 79—81
Rastell, J. 约翰·拉斯特 54
Recásens Siches, L. 路易斯·里卡森斯·西切斯 145
receptivity 接纳度 32—33, 75—76, 134, 166
Redlich, F. 弗里茨·雷德利希 26, 149
Reede, H. van 亨德里克·范·里德 90—91

regressive method  回溯法  14—15, 107
*réfugiés*  难民  3
Régis, J.-B.  雷孝思  105
Reich, A.  安妮·赖希  199
Reich, W.  威廉·赖希  168
Reichenbach, H.  汉斯·赖兴巴赫  124
Reichmann, E.  伊娃·赖希曼  165, 199
religious studies  宗教学  18, 26, 50, 68, 111, 136
remigration  再移民  17—18, 178—179
Rennell, J.  詹姆斯·伦内尔  87
Rescher, N.  尼古拉斯·雷舍尔  175
resistance  抵制  9, 78—79, 153—155
Reuchlin, J.  约翰·鲁赫林  41
Reuter, E.  恩斯特·路透  124
Rex, J.  约翰·雷克斯  186
Reynolds, W.  威廉·雷诺兹  53—54
Rho, G.  罗雅谷  102
Ribeiro, D.  达西·里贝罗  18
Ricci, M.  利玛窦  101, 103
Rida, M. R.  穆罕默德·拉希德·里达  38
Rincón, A. de  安东尼奥·德·林孔  100
Río, A. del  安格尔·德尔·里奥  145—146
Ríos, F. de los  费尔南多·德·洛斯·里奥斯  145
Robison, J.  约翰·罗比逊  115
Rodríguez, J. H.  何塞·奥诺里奥·罗德里格斯  184
Rogier, A.  亚伯拉罕·罗吉尔  95, 109
Rohde, G.  格奥尔格·洛德  124
Romano, G. F.  乔瓦尼·弗朗切斯科·罗曼诺  107
Romero, J. L.  何塞·路易斯·罗梅洛  147
Rosenberg, H.  汉斯·罗森伯格  152
Rosenthal, G.  格特鲁德·罗森塔尔  200
Rossi, B.  布鲁诺·罗西  141—142, 179
Rostovtzeff, M.  米哈伊尔·罗斯托夫采夫  135, 137
Roth, H.  海因里希·洛特  103
Roxburgh, W.  威廉·罗克斯堡  91
Royle, J.  约翰·罗伊尔  91
Rubino, A.  安东尼奥·鲁比诺  109—110
Rubinstein, Nikolai  尼古拉·鲁宾斯坦  172, 178
Rubinstein, Nina  尼娜·鲁宾斯坦  4, 9, 173, 200
Ruggieri, M.  罗明坚  102—103
Ruiz, T.  特奥菲洛·鲁伊斯  184
Rumpf, G.  格奥尔格·兰普夫  89—90
Russell, P.  帕特里克·拉塞尔  90—91
Rytschkov, N.  尼古拉·雷奇科夫  121

## S

Sahagún, B. de  贝尔纳迪诺·德·萨阿贡  97—98, 107, 146
Said, E.  爱德华·萨义德  7, 32, 37
Sainliens, C. de  克劳德·德·塞利恩斯  63
Sakharov, A.  安德烈·萨哈罗夫  11
Salinas, P.  佩德罗·萨利纳斯  145
Salmasius (Saumaise), C.  克劳迪乌斯·萨尔马修斯  45, 113
Salutati, C.  科卢乔·萨卢塔蒂  40
Salvemini, G.  加埃塔诺·萨尔维米尼  140, 143

Samuelson, P. 保罗·萨缪尔森 140
Sánchez-Albornoz, C. 克劳迪奥·桑切斯-阿尔伯诺兹 144—146, 170
Sánchez Vázquez, A. 阿道夫·桑切斯·巴斯克斯 2, 146
Sanders, N. 尼古拉斯·桑德斯 54
Sanford, N. 内维特·桑福德 177
Santillana, G. de 乔治·德·桑蒂拉纳 142
Santo Tomás, D. de 多明各·德·桑托·托马斯 99
Sarton, G. 乔治·萨顿 28
Savitsky, P. 彼得·萨维茨基 136
Saxl, F. 弗里茨·萨克斯尔 155, 162
Sayin, S. 萨拉·萨因 125
Scaliger, J. J. 约瑟夫·贾斯图斯·斯卡利杰 62
Schall, A. 汤若望 104—105
Schapiro, M. 迈耶·夏皮罗 139
Scharf, F. 费利西·沙尔夫 200
Schilling, H. 海因茨·席林 39
Schlözer, A. L. 奥古斯特·路德维希·施洛策尔 22, 118—123
Schroder, E. 埃里克·施罗德 113
Schrödinger, E. 埃尔温·薛定谔 148
Schwarz, A. B. 安德烈亚斯·贝托兰·施瓦茨 125
Scouloudi, I. 艾琳·斯科洛蒂 13
Sebald, W. G. 塞巴尔德 6—7
second doctorates 第二个博士学位 150
Segrè, E. 埃米利奥·塞格雷 141—142
Sempell, C. 夏洛特·森佩尔 151, 201
Sen, A. 阿马蒂亚·森 187

Servet, M. 米格尔·塞尔维特 55
Shapera, I. 艾萨克·沙佩拉 186
Shils, E. 爱德华·希尔斯 140, 175
Shklovsky, V. 维克多·什克洛夫斯基 137
Silvestre, P. 保罗·西尔维斯特 66, 71
Simmel, G. 格奥尔格·齐美尔 23, 31, 161
skill migrations 技术移民 10, 45, 48, 57, 65
Small, A. 阿尔比恩·斯莫尔 161
Smith, R. 理查德·史密斯 50
sociology 社会学 129, 139—140, 157, 160—164, 179, 186
Soncino family 桑奇诺家族 46
Sorokin, P. 皮蒂里姆·索罗金 161
Speyer family 斯佩耶家族 84
Spinoza, B. 巴鲁克·斯宾诺莎 45, 47
Spitzer, L. 利奥·斯皮策 23, 26, 124, 181
Spivak, G. C. 加亚特里·查克拉沃蒂·斯皮瓦克 186
Sraffa, P. 皮耶罗·斯拉法 141
Staël, G. de 斯塔尔夫人 130
Stählin, J. 雅各布·施塔林 117
Stanihurst, R. 理查德·斯坦尼赫斯特 51
Stapleton, T. 托马斯·斯台普顿 54
Stark, W. 沃纳·斯塔克 160—161, 169
Steller, G. W. 格奥尔格·威廉·斯特勒 117, 121
Stephens, T. 托马斯·斯蒂芬斯 52, 103
Stepun, F. 费奥多尔·斯捷潘 134—135
Stern, F. 弗里兹·斯特恩 29
Stern, J. P. 约瑟夫·彼得·斯特恩 165

Sternhell, Z. 泽夫·施坦赫尔 182
Stevin, S. 西蒙·斯蒂文 57
Stoppani, G. N. 乔瓦尼·尼科洛·斯托帕尼 56
Strauss, L. 列奥·施特劳斯 166
Struve, G. 格莱布·斯特鲁夫 134
Struve, P. 彼得·斯特鲁夫 137
Subramanyam, S. 桑杰·苏布拉曼亚姆 187
Sugar, P. 彼得·苏格尔 124, 169
suicide 自杀 5
Sumner, W. G. 威廉·萨姆纳 18
Surigone, S. 斯特凡诺·苏里戈内 111
Sweynheym, A. 康拉德·斯威恩海姆 84
synthesis 综合，参阅hybridization融合会通
Szende, P. 帕尔·森德 138
Szílárd, L. 利奥·西拉德 7, 138, 148

T

Taitatzak, J. 约瑟夫·泰塔扎克 44
Tambiah, S. 斯坦利·坦比亚 186
Taqla, B. 比沙拉·塔克拉 38
Taqla, S. 萨利姆·塔克拉 38
Täubler, E. 尤金·陶伯勒 5, 149
Taut, B. 布鲁诺·陶特 148
Teich, M. 米库拉什·泰希 183
Teissier, A. 安托万·泰希尔 70
Ten Rhijne, W. 威廉·特恩·赖因 90
Teplov, G. 格里高利·特普洛夫 114
Thatcher, M. 玛格丽特·撒切尔 176
theology 神学，参阅religious studies宗教学

Thunberg, C. P. 卡尔·彼得·图恩伯格 90, 94
Tietze, A. 安德烈亚斯·蒂策 124
Tietze, H. 汉斯·蒂策 6
Tifernate, G. 格雷戈里·提弗纳斯 111
Tillich, P. 保罗·蒂利希 18, 180
Titsingh, I. 伊萨克·德胜 94
Tocqueville, A. de 亚历克西斯·德·托克维尔 22
Todorov, T. 茨维坦·托多罗夫 186
Tomba, M. della 马可·德拉·汤巴 108
Török, M. 玛丽亚·托罗克 182
Torres Caicedo, J. M. 何塞·玛丽亚·托雷斯·凯塞多 133
*transculturación* 跨文化 3
translators 翻译者 19, 21, 35—36, 41, 43, 50—51, 53—59, 61, 69—70, 80, 93—95, 102, 113—114, 117, 124, 131, 147, 169
*transtierro* 移植 2—3
Trapezuntius, G. 特拉比松的乔治 41, 43
Trapp, J. 约瑟夫·特拉普 156
trauma 创伤 5
Traversari, A. 安布罗焦·特拉沃萨里 40
Treves, P. 保罗·特雷韦斯 142
Trigault, N. 金尼阁 102—103
triumphalism 成功 16
Trubetzkoy, N. 尼古拉·特鲁别茨科伊 136—137
Turner, F. J. 弗雷德里克·杰克逊·特纳 1

V

Vaillant family 维扬家族 66
Val, C. de 西普里亚诺·德瓦尔 55

Valdivia, L. de  路易斯·德·瓦尔迪维亚  100
Valensi, L.  卢塞特·瓦伦西  186
Varga, L.  卢西·瓦尔加  171, 201
Vautrollier, T.  托马斯·沃托利耶  63
Veblen, T.  托尔斯坦·凡勃伦  26, 28
Velasco, J. de  胡安·德·贝拉斯科  53
Venturi, L.  廖内洛·文杜里  141
*Verfolgte*  逃犯  3
Verger, P.  皮埃尔·韦格  128
Vergil, P.  波利多尔·维吉尔  112—113
Vernadsky, G.  格奥尔格·韦尔纳德斯基  20, 135—136
Verstegan, R.  理查德·维斯特根  54
Vesely, D.  达利博·维斯利  183
Vico, G. B.  詹巴蒂斯塔·维科  27
Vicuña MacKenna, B.  本杰明·维库纳·麦肯纳  133
Vinogradoff, P.  保罗·维诺格拉多夫  20
Viotti da Costa, E.  艾米莉亚·维奥蒂·达·科斯塔  184—185
Vipper, R.  罗伯特·维珀  135
Viveiros de Castro, E.  爱德华多·维未洛斯·德·卡斯特罗  129
VOC  荷兰东印度公司  80, 85—88, 92—93, 95
Voegelin, E.  埃里克·沃格林  179
Volkov, B.  鲍里斯·沃尔科夫  114
Voltaire  伏尔泰  39, 123
Vossius, I.  艾萨克·沃西斯  113

## W

Wachtel, N.  内森·瓦奇特尔  129
Wadding, L.  卢克·瓦丁  50
Walker, D. P.  珀金·沃克  174
Wallich, N.  纳撒尼尔·沃里奇  91
Warburg Institute  瓦尔堡研究院  155—156, 163, 174, 179
Ward, W.  威廉·沃德  108
Warnke, M.  马丁·瓦恩克  179
Wazzân, H. al-  哈桑·瓦桑  49
Wechel, A.  安德烈·韦歇尔  62
Weidenfeld, G.  乔治·韦登菲尔德  9, 159, 163, 174
Weigert, E.  伊迪丝·韦格特  201
Weigert, O.  奥斯卡·韦格特  125
Wellek, R.  勒内·韦勒克  27, 162
Westermarck, E.  爱德华·韦斯特马克  160
West India Company (Dutch)  荷兰西印度公司  86
Wieruszowski, H.  海伦·维鲁佐夫斯基  150, 202
Wilde, J.  约翰内斯·维尔德  158
Wilkins, C.  查尔斯·威尔金斯  88, 95
Williams, R.  罗杰·威廉姆斯  59
Wilson, B.  布莱恩·威尔逊  161
Wiltens, C.  卡斯珀·威尔滕斯  87
Wind, E.  埃德加·温德  155, 158—159
Wirth, L.  路易斯·沃思  139, 161
Witsen, N.  尼古拉斯·维特森  89
Wittkower, R.  鲁道夫·维特科夫尔  158
Wolff, K.  库尔特·沃尔夫  169
women in exile  女性流亡者  150—152, 191—203
Worthington, T.  托马斯·沃辛顿  53

Wythers, S. 斯蒂芬·怀特斯 58—59

**X**

Xirau, J. 华金·西罗 145
Xuanzhang 玄奘 36

**Y**

Yardeni, M. 米丽娅姆·雅德妮 13, 79
Yates, F. 弗朗西丝·叶芝 174
Yavetz, Y. 约瑟夫·亚维兹 44
Yerushalmi, Y. 约瑟夫·耶鲁沙尔米 45
Young, G. M. 乔治·马尔科姆·扬 162

**Z**

Zacuto, A. 亚伯拉罕·萨库托 43, 45
Zambrano, M. 玛丽亚·赞布拉诺 144, 203
Zea, L. 莱奥波尔多·塞亚 146
Zeiher, J.-E. 泽赫 116
Zerffi, G. 古斯塔夫·泽尔菲 132
Zevi, B. 布鲁诺·赛维 142
Ziegenbalg, B. 巴托洛缪·契根巴格 98
Zilsel, E. 埃德加·齐尔塞尔 5
zoology 动物学 135
Zweig, S. 斯蒂芬·茨威格 5

# "二十世纪人文译丛"出版书目

《希腊精神：一部文明史》　　　　　　〔英〕阿诺德·汤因比　著　乔　戈　译

《十字军史》　　　　　　　　　　　　〔英〕乔纳森·赖利-史密斯　著　欧阳敏　译

《欧洲历史地理》　　　　　　　　　　〔英〕诺曼·庞兹　著　王大学　秦瑞芳　屈伯文　译

《希腊艺术导论》　　　　　　　　　　〔英〕简·爱伦·哈里森　著　马百亮　译

《国民经济、国民经济学及其方法》　　〔德〕古斯塔夫·冯·施穆勒　著　黎　岗　译

《古希腊贸易与政治》　　　　　　　　〔德〕约翰内斯·哈斯布鲁克　著　陈思伟　译

《欧洲思想的危机（1680—1715）》　　〔法〕保罗·阿扎尔　著　方颂华　译

《犹太人与世界文明》　　　　　　　　〔英〕塞西尔·罗斯　著　艾仁贵　译

《独立宣言：一种全球史》　　　　　　〔美〕大卫·阿米蒂奇　著　孙　岳　译

《文明与气候》　　　　　　　　　　　〔美〕埃尔斯沃思·亨廷顿　著　吴俊范　译

《亚述：从帝国的崛起到尼尼微的沦陷》　〔俄〕泽内达·A.拉戈津　著　吴晓真　译

《致命的伴侣：微生物如何塑造人类历史》　〔英〕多萝西·H.克劳福德　著　艾仁贵　译

《希腊前的哲学：古代巴比伦对真理的追求》　〔美〕马克·范·德·米罗普　著　刘昌玉　译

《欧洲城镇史：400—2000年》〔英〕彼得·克拉克　著　宋一然　郑　昱　李　陶　戴　梦　译

《欧洲现代史（1878—1919）：欧洲各国在第一次世界大战前的交涉》
　　　　　　　　　　　　　　　　　　〔英〕乔治·皮博迪·古奇　著　吴莉苇　译

《古代美索不达米亚城市》　　　　　　〔美〕马克·范·德·米罗普　著　李红燕　译

《图像环球之旅》　　　　　　　　　　〔德〕沃尔夫冈·乌尔里希　著　史　良　译

《古代波斯：阿契美尼德帝国简史（公元前550—前330年）》
　　　　　　　　　　　　　　　　　　〔美〕马特·沃特斯　著　吴　玥　译

《古代埃及史》　　　　　　　　　　　〔英〕乔治·罗林森 著　王炎强 译

《酒神颂、悲剧和喜剧》
　　　　　　〔英〕阿瑟·皮卡德-坎布里奇 著 〔英〕T. B. L. 韦伯斯特 修订　周靖波 译

《诗与人格：传统中国的阅读、注解与诠释》　　〔美〕方泽林 著　赵四方 译

《商队城市》　　　　　　　　　　〔美〕M. 罗斯托夫采夫 著　马百亮 译

《希腊人的崛起》　　　　　　　　　〔英〕迈克尔·格兰特 著　刘 峰 译

《历史著作史》　　　　　　　〔美〕哈里·埃尔默·巴恩斯 著　魏凤莲 译

《贺拉斯及其影响》　　　　〔美〕格兰特·肖沃曼 著　陈 红　郑昭梅 译

《人类思想发展史：关于古代近东思辨思想的讨论》
　　　　　　　　〔荷兰〕亨利·法兰克弗特、H. A. 法兰克弗特 等 著　郭丹彤 译

《意大利文艺复兴简史》　　　　　　〔英〕J. A. 西蒙兹 著　潘乐英 译

《人类史的三个轴心时代：道德、物质、精神》　〔美〕约翰·托尔佩 著　孙 岳 译

《欧洲外交史：1451—1789》　　　　　〔英〕R. B. 莫瓦特 著　陈克艰 译

《中世纪的思维：思想情感发展史》〔美〕亨利·奥斯本·泰勒 著　赵立行　周光发 译

《西方古典历史地图集》　〔英〕理查德·J. A. 塔尔伯特 编　庞 纬　王世明　张朵朵 译

《中世纪与文艺复兴时期的佛罗伦萨》　　〔美〕费迪南德·谢维尔 著　陈 勇 译

《乌尔：月神之城》　　　　　　　〔英〕哈丽特·克劳福德 著　李雪晴 译

《塔西佗》　　　　　　　　　　　　〔英〕罗纳德·塞姆 著　吕厚量 译

《哲学的艺术：欧洲文艺复兴后期至启蒙运动早期的视觉思维》
　　　　　　　　　　　　　　　　　　〔美〕苏珊娜·伯杰 著　梅义征 译

《宗教与西方文化的兴起》　　　　〔英〕克里斯托弗·道森 著　长川某 译

《永恒的当下：艺术的开端》　　〔瑞士〕西格弗里德·吉迪恩 著　金春岚 译

《罗马不列颠》　　　　　　　　　　　　　　　　〔英〕柯林武德 著　张作成 译

《历史哲学指南：关于历史与历史编纂学的哲学思考》〔美〕艾维尔泽·塔克 主编　余 伟 译

《罗马艺术史》　　　　　　　　　　　　　　　〔美〕斯蒂文·塔克 著　熊 莹 译

《中世纪的世界：公元1100—1350年的欧洲》〔奥〕费德里希·希尔 著　晏可佳　姚蓓琴 译

《人类的过去：世界史前史与人类社会的发展》
　　　　　　　　　　〔英〕克里斯·斯卡瑞 主编　陈 淳　张 萌　赵 阳　王鉴兰 译

《意大利文学史》　　　　　　　〔意〕弗朗切斯科·德·桑科蒂斯 著　魏 怡 译

《16至20世纪知识史中的流亡者与客居者》　　〔英〕彼得·伯克 著　周 兵 译


## "二十世纪人文译丛·文明史"系列出版书目

《大地与人：一部全球史》　〔美〕理查德·W. 布利特 等 著　刘文明　邢 科　田汝英 译

《西方文明史》　　　　　　　　　　　　　　〔美〕朱迪斯·科芬 等 著　杨 军 译

《西方的形成：民族与文化》　　　　　　　　〔美〕林·亨特 等 著　陈 恒 等 译

图书在版编目（CIP）数据

16至20世纪知识史中的流亡者与客居者/（英）彼得·伯克著；周兵译.— 北京：商务印书馆，2025
（二十世纪人文译丛）
ISBN 978 – 7 – 100 – 24047 – 5

Ⅰ.①1… Ⅱ.①彼… ②周… Ⅲ.世界史—研究—近现代 Ⅳ.①K14

中国国家版本馆 CIP 数据核字（2024）第109795号

权利保留，侵权必究。

16至20世纪知识史中的流亡者与客居者
（英）彼得·伯克 著
周 兵 译

商 务 印 书 馆 出 版
（北京王府井大街36号 邮政编码 100710）
商 务 印 书 馆 发 行
山 东 临 沂 新 华 印 刷 物 流
集 团 有 限 责 任 公 司 印 刷
ISBN 978 – 7 – 100 – 24047 – 5

2025年3月第1版　　开本 640×960　1/16
2025年3月第1次印刷　印张 20
定价：88.00元